사일 동안
이것만 풀면
다 합격!

내 한국토지주택공사

사무직

KB199708

시대에듀

2025 최신판 시대에듀 사이다 모의고사
LH 한국토지주택공사 사무직 NCS + 전공

Always **with you**

사람의 인연은 길에서 우연하게 만나거나 함께 살아가는 것만을 의미하지는 않습니다.
책을 펴내는 출판사와 그 책을 읽는 독자의 만남도 소중한 인연입니다.
시대에듀는 항상 독자의 마음을 헤아리기 위해 노력하고 있습니다. 늘 독자와 함께하겠습니다.

머리말 PREFACE

국민주거안정을 실현하고자 노력하는 LH 한국토지주택공사는 2025년에 사무직 신입사원을 채용할 예정이다. 채용절차는 「지원서 접수 ➡ 서류전형 ➡ 필기전형 ➡ AI면접 · 인성검사 ➡ 면접전형 ➡ 최종합격자 선정」 순서로 진행되며, 서류전형 평가 점수에 가산점을 합산한 총점의 고득점자 순으로 모집분야별 선발예정인원의 30배수에게 필기전형 응시 기회를 부여한다. 필기전형은 직업기초능력과 직무역량을 평가하며, NCS에서 의사소통능력, 문제해결능력, 수리능력을 평가하고, 직무역량에서 모집직무별 전공을 평가한다. 필기전형 고득점자 순으로 채용예정인원의 2~4배수에게 면접전형 응시 기회가 주어지므로, 합격을 위해서는 필기전형에서의 고득점이 중요하다.

LH 한국토지주택공사 사무직 필기전형 합격을 위해 시대에듀에서는 기업별 NCS 시리즈 누적 판매량 1위의 출간경험을 토대로 다음과 같은 특징을 가진 도서를 출간하였다.

도서의 특징

❶ 합격으로 이끌 가이드를 통한 채용 흐름 확인!
- LH 한국토지주택공사 소개와 최신 시험 분석을 수록하여 채용 흐름을 파악하는 데 도움이 될 수 있도록 하였다.

❷ 기출응용 모의고사를 통한 완벽한 실전 대비!
- 철저한 분석을 통해 실제 유형과 유사한 기출응용 모의고사를 4회분 수록하여 시험 직전 4일 동안 자신의 실력을 점검하고 향상시킬 수 있도록 하였다.

❸ 다양한 콘텐츠로 최종 합격까지!
- 온라인 모의고사를 무료로 제공하여 필기전형에 대비할 수 있도록 하였다.
- 모바일 OMR 답안채점/성적분석 서비스를 통해 자동으로 점수를 채점하고 확인할 수 있도록 하였다.

끝으로 본 도서를 통해 LH 한국토지주택공사 사무직 채용을 준비하는 모든 수험생 여러분이 합격의 기쁨을 누리기를 진심으로 기원한다.

SDC(Sidae Data Center) 씀

◇ **미션**

> 국민주거안정의 실현과 국토의 효율적 이용으로
> 삶의 질 향상과 국민경제 발전을 선도

◇ **비전**

> 살고 싶은 집과 도시로 국민의 희망을 가꾸는 기업

◇ **핵심가치**

T	R	U	S	T
Together	Revolution	Unification	Safety & Quality	Transparency
국민중심	미래혁신	소통화합	안전품질	청렴공정

◇ **인재상**

> **LH C.O.R.E. Leadership**
> 소통 · 성과 · 도전 · 공익으로 미래가치를 창출하는 핵심인재

◇ 전사적 경영목표

주택공급 100만 호	주거복지 200만 호
도시조성 250km^2	산업거점 50km^2
품질목표 100% 달성	중대재해 ZERO
부채비율 232% 이하	고객만족 BEST

◇ 중기(2025~2029) 경영목표 및 전략과제

1. 국민 주거생활 향상
- 1-1 국민 주거안정을 위한 주택 공급 확대
- 1-2 저출생 · 고령화 등 대응을 위한 맞춤형 주거지원 강화
- 1-3 국민 삶의 질을 높이는 주거복지 구현

2. 효율과 균형의 국토 · 도시 조성
- 2-1 지역 성장거점 조성으로 국토경쟁력 향상
- 2-2 도시 · 주택 재정비 등 도시관리 기능 강화
- 2-3 편리하고 쾌적한 친환경 도시 조성

3. 건설산업 미래변화 선도
- 3-1 국민이 체감하는 고품질 주택건설 기술 선도
- 3-2 품질과 안전 중심의 건설관리 강화
- 3-3 공정한 건설환경 조성 및 민간성장 지원

4. 지속가능경영 기반 확립
- 4-1 국민중심 경영체계 및 소통강화로 기관 신뢰 회복
- 4-2 디지털 기반 대국민서비스 질 제고
- 4-3 조직역량 제고 및 재무개선으로 경영효율성 강화

◇ 지원자격(공통)

❶ 성별 · 신체조건 · 학력 · 연령 등 : 제한 없음

❷ 자격증

- 사무직(일반행정, 전문 – 법률 · 회계) : 제한 없음
- 사무직(전산, 지적, 문화재) : 해당 모집직무 지원자격 자격증 보유자

❸ 병역 : 남자의 경우 병역필 또는 면제자

※ 단, 입사일 전까지 전역예정자로, 전형절차에 응시 가능한 경우 지원 가능

❹ 기타

- 공사 직원채용 결격사유에 해당되지 않는 자
- 전일근무가 가능하고 인턴기간 중 3주 내외 합숙교육이 가능한 자

◇ 필기전형

구분	평가내용	문항 수	시험시간
NCS 직업기초능력	의사소통능력, 문제해결능력, 수리능력	40문항	110분
직무역량	모집직무별 전공시험 (일반행정의 경우 경영, 경제, 행정 중 택 1)	60문항 (주관식 10문항)	

※ 직무역량검사 60문항 중 단답형 주관식 10문항 출제
※ 사무직 – 일반행정은 입사지원 시 선택한 시험과목 평가결과를 표준점수제에 따라 조정 후 평가
※ 배점비중 : NCS(20%) + 직무역량(80%)

◇ 면접전형

구분	내용	평가항목
직무면접	개별발표면접 : 직무별 상황과 관련한 다양한 업무 자료 분석 및 발표에 대해 평가	정보해석 및 처리능력, 문제해결 및 논리전개 능력 등
인성면접	집단면접 : 자기소개서, 인성검사 등 기반으로 인성 요소 등에 대해 평가	직업관, 가치관, 사회적 책임감 등

※ 직무면접, 인성면접 분리하여 대면면접

❖ 위 채용 안내는 2024년 채용공고를 기준으로 작성하였으므로 세부사항은 확정된 채용공고를 확인하기 바랍니다.

총평

2024년 LH 한국토지주택공사 필기전형은 5지선다 PSAT형으로 진행되었다. 예년과 달리 직업기초능력 40문항, 직무역량 60문항으로 문항 수가 변동되었으며, 직무별 전공과목을 평가하는 등 출제 유형이 대폭 변경되었다. 직업기초능력의 경우 의사소통능력, 문제해결능력, 수리능력이 높은 난이도로 출제되었으며, 전공평가의 경우 타 공사공단에 비해 높은 난이도의 문제가 출제되었고, 단답형 주관식 문제가 10문항씩 출제되었기 때문에 까다로웠다는 평가가 많았다. 특히 100문제나 되는 PSAT형 NCS 문제와 전공 문제를 110분 안에 풀어야 했기 때문에 절대적인 시간이 부족했다는 수험생이 다수였으므로 철저한 시간 관리 연습과 기출응용 모의고사를 통해 주어진 문제를 빠르게 풀어나가는 연습이 필요하다.

◇ 영역별 출제 비중

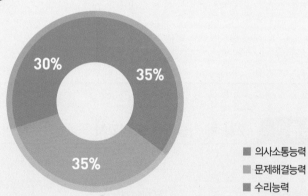

- ■ 의사소통능력
- ■ 문제해결능력
- ■ 수리능력

구분	출제 특징
의사소통능력	• 청년월세지원사업, 환경부 관련 사업 등 공사 관련 지문이 출제됨 • 제목 찾기, 내용 일치, 빈칸 삽입 등의 문제가 출제됨
문제해결능력	• 자원관리능력과 유사한 자료해석 문제가 다수 출제됨 • 긴 지문이 주어진 문제가 출제됨
수리능력	• 도표 계산 문제가 출제됨 • 증감폭 및 증가율을 구하는 문제가 출제됨
직무역량	**경영** 로지스틱스, 유한회사, 황금낙하산, 복리후생과 임금, 포드시스템, 메리크식, 인사시스템, 포지셔닝(다차원척도법, 포지셔닝맵, 컨조인트분석) 시장개발 전략, 메시지 구조, 인적판매, 제휴 라이센스, 생산 라이센스, 제품스왑 등 **경제** 소비자잉여, 생산자 이론, 노동 공급량, 공공재, 피구세, 독점적 경쟁시장, IS-LM, 필립스 곡선, 소비함수, 국제무역, 환율 등

학습플랜 STUDY PLAN

1일 차 학습플랜 — 1일 차 기출응용 모의고사

_____월 _____일		
의사소통능력	문제해결능력	수리능력

경영	경제

2일 차 학습플랜 — 2일 차 기출응용 모의고사

_____월 _____일		
의사소통능력	문제해결능력	수리능력

경영	경제

3일 차 학습플랜   3일 차 기출응용 모의고사

_____월 _____일		
의사소통능력	문제해결능력	수리능력

경영	경제

4일 차 학습플랜   4일 차 기출응용 모의고사

_____월 _____일		
의사소통능력	문제해결능력	수리능력

경영	경제

취약영역 분석 WEAK POINT

1일 차 취약영역 분석

시작 시간	:	종료 시간	:
풀이 개수	개	못 푼 개수	개
맞힌 개수	개	틀린 개수	개
취약영역 / 유형			
2일 차 대비 개선점			

2일 차 취약영역 분석

시작 시간	:	종료 시간	:
풀이 개수	개	못 푼 개수	개
맞힌 개수	개	틀린 개수	개
취약영역 / 유형			
3일 차 대비 개선점			

3일 차 취약영역 분석

시작 시간	:	종료 시간	:
풀이 개수	개	못 푼 개수	개
맞힌 개수	개	틀린 개수	개
취약영역 / 유형			
4일 차 대비 개선점			

4일 차 취약영역 분석

시작 시간	:	종료 시간	:
풀이 개수	개	못 푼 개수	개
맞힌 개수	개	틀린 개수	개
취약영역 / 유형			
시험일 대비 개선점			

이 책의 차례 CONTENTS

문 제 편 LH 한국토지주택공사 사무직 NCS + 전공

1일 차 기출응용 모의고사   **2**

2일 차 기출응용 모의고사   **68**

3일 차 기출응용 모의고사   **134**

4일 차 기출응용 모의고사   **196**

해 설 편 정답 및 해설

1일 차 기출응용 모의고사   **2**

2일 차 기출응용 모의고사   **25**

3일 차 기출응용 모의고사   **49**

4일 차 기출응용 모의고사   **71**

OMR 답안카드

1일 차
기출응용 모의고사

〈문항 및 시험시간〉

영역	문항 수	시험시간	모바일 OMR 답안채점 / 성적분석 서비스	
[NCS] 의사소통능력＋문제해결능력＋ 수리능력 [전공] 경영 / 경제	100문항	110분	경영	경제

1일 차 기출응용 모의고사

문항 수 : 100문항
시험시간 : 110분

|01| NCS

01 다음 글의 주제로 가장 적절한 것은?

> 최근에 사이버공동체를 중심으로 한 시민의 자발적 정치 참여 현상이 많은 관심을 끌고 있다. 이러한 현상과 관련하여 A의 연구가 새삼 주목 받고 있다. A의 연구에 따르면 공동체의 구성원이 됨으로써 얻게 되는 '사회적 자본'이 시민사회의 성숙과 민주주의 발전을 가져오는 원동력이다. A의 이론에서는 공동체에 대한 자발적 참여를 통해 사회 구성원 간의 상호 의무감과 신뢰, 구성원들이 공유하는 규칙과 관행, 사회적 유대 관계와 같은 사회적 자본이 늘어나면 사회 구성원 간의 협조적인 행위가 가능하게 된다고 보았다. 더 나아가 A는 자원봉사자와 같이 공동체 참여도가 높은 사람이 투표할 가능성이 높고 정부 정책에 대한 의견 개진도 활발해지는 등 정치 참여도가 높아진다고 주장하였다.
>
> 몇몇 학자들은 A의 이론을 적용하여 면대면 접촉에 따른 인간관계의 산물인 사회적 자본이 사이버공동체에서도 충분히 형성될 수 있다고 보았다. 그리고 사이버공동체에서 사회적 자본의 증가는 곧 정치 참여도 활성화시킬 것으로 기대했다. 하지만 이러한 기대와는 달리 정치 참여가 활성화되지 않았다. 요즘 젊은이들을 보면 각종 사이버공동체에 자발적으로 참여하는 수준은 높지만 투표나 다른 정치 활동에는 무관심하거나 심지어 정치를 혐오하기도 한다. 이런 측면에서 A의 주장은 사이버공동체가 활성화된 오늘날에는 잘 맞지 않는다.
>
> 이러한 이유 때문에 오늘날 사이버공동체를 중심으로 한 정치 참여를 더 잘 이해하기 위해서 '정치적 자본' 개념의 도입이 필요하다. 정치적 자본은 사회적 자본의 구성 요소와는 달리 정치 정보의 습득과 이용, 정치적 토론과 대화, 정치적 효능감 등으로 구성된다. 정치적 자본은 사회적 자본과 마찬가지로 공동체 참여를 통해서 획득되지만, 정치 과정에의 관여를 촉진한다는 점에서 사회적 자본과는 구분될 필요가 있다. 사회적 자본만으로 정치 참여를 기대하기 어렵고, 사회적 자본과 정치 참여 사이를 정치적 자본이 매개할 때 비로소 정치 참여가 활성화된다.

① 사이버공동체에의 자발적 참여 증가는 정치 참여를 활성화시킨다.

② 사이버공동체의 특수성으로 인해 시민들의 정치 참여가 어렵게 되었다.

③ 사회적 자본이 많은 사회는 정치 참여가 활발하기 때문에 민주주의가 실현된다.

④ 사회적 자본은 정치적 자본을 포함하기 때문에 그 자체로 정치 참여의 활성화를 가져온다.

⑤ 사이버공동체를 통해 축적된 사회적 자본에 정치적 자본이 더해질 때 정치 참여가 활성화된다.

02 다음 글의 내용으로 적절하지 않은 것은?

저작권은 저자의 권익을 보호함으로써 활발한 저작 활동을 촉진하여 인류의 문화 발전에 기여하기 위한 것이다. 그러나 이렇게 공적 이익을 추구하기 위한 저작권이 현실에서는 일반적으로 지나치게 사적 재산권을 행사하는 도구로 인식되고 있다. 저작물 이용자들의 권리를 보호하기 위해 마련한, 공익적 성격의 법조항도 법적 분쟁에서는 항상 사적 재산권의 논리에 밀려 왔다. 저작권 소유자 중심의 저작권 논리는 실제로 저작권이 담당해야 할 사회적 공유를 통한 문화 발전을 방해한다.

2015년 '애국가 저작권'에 대한 논란은 이러한 문제를 단적으로 보여준다. 저자 사후 50년(현재는 70년) 동안 적용되는 국내 저작권법에 따라, 애국가가 포함된 〈한국 환상곡〉의 저작권이 작곡가 안익태의 유족들에게 2015년까지 주어진다는 사실이 언론을 통해 알려진 것이다. 누구나 자유롭게 이용할 수 있는 국가(國歌)마저 공공재가 아닌 개인 소유라는 사실에 많은 사람들이 놀랐다. 창작은 백지 상태에서 완전히 새로운 것을 만드는 것이 아니라 저작자와 인류가 쌓은 지식 간의 상호 작용을 통해 이루어진다. '내가 남들보다 조금 더 멀리 보고 있다면, 이는 내가 거인의 어깨 위에 올라서 있는 난쟁이이기 때문'이라는 뉴턴의 겸손은 바로 이를 말한다.

이렇듯 창작자의 저작물은 인류의 지적 자원에서 영감을 얻은 결과이다. 그러한 저작물을 다시 인류에게 되돌려주는 데 저작권의 의의가 있다. 이러한 생각은 이미 1960년대 프랑스 철학자들에 의해 형성되었다. 예컨대 기호학자인 바르트는 '저자의 죽음'을 거론하면서 저자가 만들어 내는 텍스트는 단지 인용의 조합일 뿐 어디에도 '오리지널'은 존재하지 않는다고 단언한다. 전자 복제 기술의 발전과 디지털 혁명은 정보나 자료의 공유가 지니는 의의를 잘 보여주고 있다. 인터넷과 같은 매체 환경의 변화는 원본을 무한히 복제하고 자유롭게 이용함으로써 누구나 창작의 주체로서 새로운 문화 창조에 기여할 수 있도록 돕는다. 인터넷 환경에서 이용자는 저작물을 자유롭게 교환할 뿐 아니라 수많은 사람들과 생각을 나눔으로써 새로운 창작물을 생산하고 있다. 이러한 상황은 저작권을 사적 재산권의 측면에서보다는 공익적 측면에서 바라볼 필요가 있음을 보여준다.

① 저작권의 의의는 전혀 새로운 문화를 창작한다는 데 있다.
② 창작은 이미 존재하는 지적 자원의 영향을 받아 이루어진다.
③ 매체 환경의 변화로 누구나 새로운 문화를 창조할 수 있게 되었다.
④ 저작권 보호기간이 지난 저작물은 누구나 자유롭게 이용할 수 있다.
⑤ 공적 이익 추구를 위한 저작권이 사적 재산권 보호를 위한 도구로 전락하였다.

03 다음은 L공사에서 서울 및 수도권 지역의 가구를 대상으로 난방방식 및 난방연료 사용현황을 조사한 자료이다. 이에 대한 설명으로 옳은 것은?

〈난방방식 현황〉

(단위 : %)

종류	서울	인천	경기남부	경기북부	전국 평균
중앙난방	22.3	13.5	6.3	11.8	14.4
개별난방	64.3	78.7	26.2	60.8	58.2
지역난방	13.4	7.8	67.5	27.4	27.4

〈난방연료 사용현황〉

(단위 : %)

종류	서울	인천	경기남부	경기북부	전국 평균
도시가스	84.5	91.8	33.5	66.1	69.5
LPG	0.1	0.1	0.4	3.2	1.4
등유	2.4	0.4	0.8	3.0	2.2
열병합	12.6	7.4	64.3	27.1	26.6
기타	0.4	0.3	1.0	0.6	0.3

① 경기북부지역의 경우 도시가스를 사용하는 가구 수가 등유를 사용하는 가구 수의 30배 이상이다.

② 서울과 인천지역에서는 등유를 사용하는 비율이 가장 낮다.

③ 지역난방을 사용하는 가구 수는 서울이 인천의 약 1.7배이다.

④ 경기남부의 가구 수가 경기북부의 가구 수의 2배라면 경기지역에서 개별난방을 사용하는 가구 수의 비율은 약 37.7%이다.

⑤ 경기지역은 남부가 북부보다 지역난방을 사용하는 비율이 낮다.

04 다음 글에서 밑줄 친 ⓐ~ⓜ의 수정 방안으로 적절하지 않은 것은?

'오투오(O2O; Online to Off−line) 서비스'는 모바일 기기를 통해 소비자와 사업자를 유기적으로 이어주는 서비스를 말한다. 어디에서든 실시간으로 서비스가 가능하다는 편리함 때문에 최근 오투오 서비스의 이용자가 증가하고 있다. 스마트폰에 설치된 앱으로 택시를 부르거나 배달 음식을 주문하는 것 등이 대표적인 예이다. 오투오 서비스 운영 업체는 스마트폰에 설치된 앱을 매개로 하여 소비자와 사업자에게 필요한 서비스를 ⓐ 제공받고 있다. 이를 통해 소비자는 시간이나 비용을 절약할 수 있게 되었고, 사업자는 홍보 및 유통 비용을 줄일 수 있게 되었다. 이처럼 소비자와 사업자 모두에게 경제적으로 유리한 환경이 조성되어 서비스 이용자가 ⓑ 증가함으로써 오투오 서비스 운영 업체도 많은 수익을 낼 수 있게 되었다.

ⓒ 게다가 오투오 서비스 시장이 성장하면서 여러 문제들이 발생하고 있다. ⓓ 또한 오투오 서비스 운영 업체의 경우에는 오프라인으로 유사한 서비스를 제공하는 기존 업체와의 갈등이 발생하고 있다. 소비자의 경우 신뢰성이 떨어지는 정보나 기대에 부응하지 못하는 서비스를 제공받는 사례가 늘어나고 있고, 사업자의 경우 관련 법규가 미비하여 수수료 문제로 오투오 서비스 운영 업체와 마찰이 생기는 사례도 증가하고 있다. 이를 해결하기 위해 소비자는 오투오 서비스에서 제공한 정보가 믿을 만한 것인지를 ⓔ 꼼꼼이 따져 합리적으로 소비하는 태도가 필요하고, 사업자는 수수료와 관련된 오투오 서비스 운영 업체와의 마찰을 해결하기 위한 다양한 방법을 강구해야 한다. 오투오 서비스 운영 업체 역시 기존 업체들과의 갈등을 조정하기 위한 구체적인 노력들이 필요하다.

스마트폰 사용자가 늘어나고 있는 추세를 고려할 때, 오투오 서비스 산업의 성장을 저해하는 문제점들을 해결해 나가면 앞으로 오투오 서비스 시장 규모는 더 커질 것으로 예상된다.

① ⓐ : 문맥을 고려하여 '제공하고'로 고친다.
② ⓑ : 격조사의 쓰임이 적절하지 않으므로 '증가함으로서'로 고친다.
③ ⓒ : 앞 문단의 내용을 고려하여 '하지만'으로 고친다.
④ ⓓ : 글의 흐름을 고려하여 뒤의 문장과 위치를 바꾼다.
⑤ ⓔ : 맞춤법에 어긋나므로 '꼼꼼히'로 고친다.

〈주요산업국 연도별 연구개발비 추이〉

(단위 : 백만 달러)

구분	2018년	2019년	2020년	2021년	2022년	2023년
한국	23,587	28,641	33,684	31,304	29,703	37,935
중국	29,898	37,664	48,771	66,430	84,933	–
일본	151,270	148,526	150,791	168,125	169,047	–
독일	69,317	73,737	84,148	97,457	92,552	92,490
영국	39,421	42,693	50,016	47,138	40,291	39,924
미국	325,936	350,923	377,594	403,668	401,576	–

〈2022년 연구개발비 분포〉

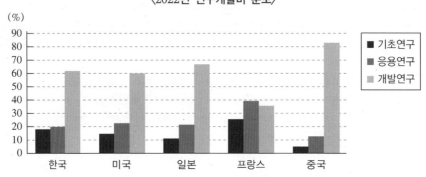

05 다음 중 자료에 대한 설명으로 옳은 것을 〈보기〉에서 모두 고르면?

─〈보기〉─

ㄱ. 2022년도 연구개발비가 전년 대비 감소한 곳은 4곳이다.
ㄴ. 2018년에 비해 2022년도 연구개발비 증가율이 가장 높은 곳은 중국이고, 가장 낮은 곳은 일본이다.
ㄷ. 전년 대비 2020년의 한국의 연구개발비 증가율은 독일보다 높고, 중국보다 낮다.

① ㄱ
② ㄱ, ㄴ
③ ㄱ, ㄷ
④ ㄴ, ㄷ
⑤ ㄱ, ㄴ, ㄷ

06 2022년도 미국의 개발연구비는 한국의 응용연구비의 몇 배인가?(단, 소수점 둘째 자리에서 반올림한다)

① 40.2배 　　　　　　　　　　　　② 40.4배

③ 40.6배 　　　　　　　　　　　　④ 41.2배

⑤ 41.4배

07 다음 중 2022년 연구개발비 분포 자료에 대한 설명으로 옳은 것을 〈보기〉에서 모두 고르면?

―――――――――――――〈보기〉―――――――――――――

ㄱ. 기초연구비 비율이 가장 높은 나라가 응용연구비 비율도 가장 높다.

ㄴ. 개발연구비 비율이 가장 높은 나라와 가장 낮은 나라의 비율 차이보다 기초연구비 비율이 가장 높은 나라
　 와 가장 낮은 나라의 비율 차이가 더 크다.

ㄷ. 기초연구비 비율이 두 번째로 높은 나라가 개발연구비 비율도 두 번째로 높다.

① ㄱ 　　　　　　　　　　　　② ㄷ

③ ㄱ, ㄴ 　　　　　　　　　　　④ ㄴ, ㄷ

⑤ ㄱ, ㄴ, ㄷ

※ D사원은 해외에서 열리는 세미나 참석을 위해 호텔을 예약하였다. 다음 자료를 보고 이어지는 질문에 답하시오. [8~9]

- 출장일 : 12월 18일(수) ~ 22일(일)

〈호텔 숙박가격〉

구분	평일(일 ~ 목)	주말(금 ~ 토)
가격	USD 120	USD 150

〈유의사항〉

- 호텔 숙박을 원하실 경우 총숙박비의 20%에 해당하는 금액을 예치금으로 지불하셔야 합니다.
- 개인사정으로 호텔 예약을 취소 또는 변경하실 때는 숙박 예정일 4일 전까지는 전액 환불이 가능하지만, 그 이후로는 하루에 20%씩 취소 수수료가 부과됩니다. 노쇼(No – Show)의 경우와 체크인 당일 취소를 하실 경우에는 환불이 불가하오니, 이점 유의해 주시기 바랍니다.

08 D사원이 호텔에 지불한 예치금은 얼마인가?

① USD 105   ② USD 108
③ USD 110   ④ USD 120
⑤ USD 132

09 D사원은 회사 사정으로 다른 곳으로 급하게 출장을 가게 되어 예약해두었던 호텔을 취소하게 됐다. 이때, D사원이 호텔 규정에 따라 받을 수 있는 환불금액은?(단, D사원의 출장 출발일은 호텔 체크인 당일이었다)

① USD 108   ② USD 222
③ USD 330   ④ USD 432
⑤ 환불 불가능

10 본사 이전으로 인해 사무실 배치를 새롭게 바꾸기로 하였다. 귀하는 본부장실 배치 담당으로 다음 고려사항을 참고할 때, 3,000mm(가로)×3,400mm(세로)인 직사각형의 사무실에 가능한 가구 배치는?

〈배치 시 고려사항〉

- 사무실 문을 여닫는 데 1,000mm의 간격이 필요함
- 서랍장의 서랍(•로 표시하며, 가로면 전체에 위치)을 열려면 400mm의 간격이 필요(회의 탁자, 책상, 캐비닛은 서랍 없음)하며, 반드시 여닫을 수 있어야 함
- 붙박이 수납장 문을 열려면 앞면 전체에 550mm의 간격이 필요하며, 반드시 여닫을 수 있어야 함
- 가구들은 쌓을 수 없음
- 각각의 가구는 사무실에 넣을 수 있는 것으로 가정함
  - 회의 탁자 : (가로) 1,500mm×(세로) 2,110mm
  - 책상 : (가로) 450mm×(세로) 450mm
  - 서랍장 : (가로) 1,100mm×(세로) 500mm
  - 캐비닛 : (가로) 1,000mm×(세로) 300mm
  - 붙박이 수납장은 벽 한 면 전체를 남김없이 차지함(깊이 650mm)

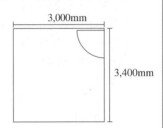

---

①

②

③

④

⑤

11 다음 글의 빈칸에 들어갈 사례로 적절한 것을 〈보기〉에서 찾아 순서대로 바르게 나열한 것은?

아파트 주거환경은 일반적으로 공동체적 연대를 약화하는 것으로 인식됐다. 그러나 오늘날 한국 사회에서 보편화되어 있는 아파트 단지에는 도시화의 진전에 따른 공동체적 연대의 약화를 예방하거나 치유하는 집단적 노력이 존재한다. _____ 물론 아파트의 위치나 평형, 단지의 크기 등에 따라 공동체 형성의 정도가 서로 다른 것은 사실이다. _____

더 심각한 문제는 사회문화적 동질성에 입각한 아파트 근린관계가 점차 폐쇄적이고 배타적인 공동체로 변하고 있다는 것이다. 이에 대한 대책이 '소셜 믹스(Social mix)'이다. 이는 동일 지역에 다양한 계층이 더불어 살도록 함으로써 계층 간 갈등을 줄이려는 정책이다.

그러나 이 정책의 실제 효과에 대해서는 회의적 시각이 많다. 대형 아파트 주민들도 소형 아파트 주민들과 이웃이 되기를 싫어하지만, 저소득층이 대부분인 소형 아파트 주민들 역시 부자들에게 위화감을 느끼면서 굳이 같은 공간에서 살려고 하지 않기 때문이다. 그럼에도 불구하고 우리나라에서는 사회 통합적 주거환경을 규범적 가치로 인식하여, 아파트 단지 구성에 있어 대형과 소형, 분양과 임대가 공존하는 수평적 공간 통합을 지향한다. 우리 사회가 규범적으로는 부자 동네와 가난한 동네가 뚜렷이 구분되지 않는 주거환경을 지향한다는 것이다. _____

아파트를 둘러싼 계층 간의 공간 통합 혹은 공간 분리 문제를 단순히 주거환경의 문제로만 보면 근본적인 해결이 어려울 수도 있다. 지금의 한국인에게 아파트는 주거공간으로서의 의미를 넘어 부의 축적 수단이라는 의미를 담고 있기 때문이다.

〈보기〉
㉠ 아파트 부녀회의 자원 봉사자들이 단지 내의 경로당과 공부방을 중심으로 다양한 프로그램을 운영하여 주민들 사이의 교류를 활성화한 사례
㉡ 대규모 아파트 단지를 조성할 때 소형 및 임대 아파트를 포함해야 한다는 법령과 정책 사례
㉢ 대형 고급 아파트 단지에서는 이웃에 누가 사는지도 잘 모르지만 중소형 서민 아파트 단지에서는 학부모 모임이 활발한 사례

① ㉠, ㉡, ㉢
② ㉠, ㉢, ㉡
③ ㉡, ㉠, ㉢
④ ㉡, ㉢, ㉠
⑤ ㉢, ㉠, ㉡

12 다음은 어린이 안전지킴이집 현황이다. 자료에 대한 설명으로 옳지 않은 것을 〈보기〉에서 모두 고르면?

〈어린이 안전지킴이집 현황〉

(단위 : 개)

구분		2019년	2020년	2021년	2022년	2023년
선정위치별	유치원	2,151	1,731	1,516	1,381	1,373
	학교	10,799	9,107	7,875	7,700	7,270
	아파트단지	2,730	2,390	2,359	2,460	2,356
	놀이터	777	818	708	665	627
	공원	1,044	896	893	958	918
	통학로	6,593	7,040	7,050	7,348	7,661
	합계	24,094	21,982	20,401	20,512	20,205
선정업소 형태별	24시 편의점	3,013	2,653	2,575	2,528	2,542
	약국	1,898	1,708	1,628	1,631	1,546
	문구점	4,311	3,840	3,285	3,137	3,012
	상가	9,173	7,707	6,999	6,783	6,770
	기타	5,699	6,074	5,914	6,433	6,335
	합계	24,094	21,982	20,401	20,512	20,205

〈보기〉

㉠ 선정위치별 어린이 안전지킴이집의 경우 통학로를 제외한 모든 곳에서 매년 감소하고 있다.

㉡ 선정업소 형태별 어린이 안전지킴이집의 수가 2019년 대비 2023년에 가장 많이 감소한 업소는 상가이다.

㉢ 2022년 대비 2023년의 학교 안전지킴이집의 감소율은 2022년 대비 2023년의 유치원 안전지킴이집의 감소율의 10배 이상이다.

㉣ 2023년 선정업소 형태별 전체 어린이 안전지킴이집 중에서 24시 편의점의 개수가 차지하는 비중은 2022년보다 감소하였다.

① ㉠, ㉡
② ㉠, ㉣
③ ㉡, ㉢
④ ㉠, ㉡, ㉣
⑤ ㉠, ㉢, ㉣

〈패시브 하우스(Passive House)〉

수동적(Passive)인 집이라는 뜻으로, 능동적으로 에너지를 끌어 쓰는 액티브 하우스에 ㉠ 포함되는 개념이다. 액티브 하우스는 태양열 흡수 장치 등을 이용하여 외부로부터 에너지를 끌어 쓰는 데 비하여 패시브 하우스는 집안의 열이 밖으로 새나가지 않도록 최대한 ㉡ 차단함으로서 화석연료를 사용하지 않고도 실내온도를 따뜻하게 유지한다. 구체적으로는 냉방 및 난방을 위한 최대 부하가 $1m^2$당 10W 이하인 에너지 절약형 건축물을 가리킨다. 이를 석유로 환산하면 연간 냉방 및 난방 에너지 사용량이 $1m^2$당 1.5ℓ 이하에 해당하는데, 한국 주택의 평균 사용량은 16ℓ이므로 80% 이상의 에너지를 절약하는 셈이고 그만큼 탄소배출량을 줄일 수 있다는 의미이기도 하다.

기본적으로 남향(南向)으로 지어 남쪽에 크고 작은 창을 많이 내는데, 실내의 열을 보존하기 위하여 3중 유리창을 설치하고, 단열재도 일반 주택에서 사용하는 두께의 3배인 30cm 이상을 설치하는 등 첨단 단열공법으로 시공한다. 단열재는 난방 에너지 사용을 줄이는 것이 주목적이지만, 여름에는 외부의 열을 차단하는 역할도 한다.

또한, 폐열회수형 환기장치를 이용하여 신선한 바깥 공기를 내부 공기와 교차시켜 온도차를 ㉢ 최소화한 뒤 환기함으로써 열손실을 막는다. 이렇게 함으로써 난방시설을 사용하지 않고도 한겨울에 실내온도를 약 20℃로 유지하고, 한여름에 냉방시설을 사용하지 않고도 약 26℃를 유지할 수 있다. 건축비는 단열공사로 인하여 일반 주택보다 $1m^2$ 당 50만 원 정도 더 소요된다.

〈액티브 하우스(Active House)〉

태양에너지를 비롯한 각종 에너지를 차단하는 데 목적을 둔 패시브 하우스와 반대로 자연 에너지를 적극적으로 활용한다. 주로 태양열을 적극적으로 활용하기 때문에 액티브 솔라하우스로 불리며 지붕에 태양전지나 반사경을 설치하고 축열조를 설계하여 태양열과 지열을 ㉣ 배출한 후 난방이나 온수 시스템에 활용한다. 에너지를 자급자족하는 형태이고 화석연료처럼 사용 후 환경오염을 일으키지 않아 패시브 하우스처럼 친환경적인 건축물로서 의의가 있으며, 최근에는 태양열뿐 아니라 풍력·바이오매스 등 신재생에너지를 활용한 액티브 하우스가 ㉤ 계발되고 있다.

13 다음 중 패시브 하우스 건축 형식에 대한 설명으로 적절하지 않은 것은?

① 폐열회수형 환기장치를 이용해 설치한다.
② 일반 주택에 사용하는 두께의 3배인 단열재를 설치한다.
③ 기본적으로 남향으로 짓는다.
④ 냉방 및 난방을 위한 최대 부하가 $1m^2$당 10W 이하인 에너지 절약형 건축물이다.
⑤ 실내의 열을 보존하는 것이 중요하므로 창문의 개수를 최소화한다.

14 다음 중 자료를 정리한 내용으로 적절하지 않은 것은?

패시브(Passive) 기술	액티브(Active) 기술

• 남향, 남동향 배치, 단열성능 강화
   – 고성능 단열재 벽재, 지붕, 바닥 단열
   – 블록형 단열재, 열반사 단열재, 진공 단열재, 흡음 단열재, 고무발포 단열재 등
   – 고기밀성 단열창호
   – 로이유리
   – 단열현관문
   – 열차단 필름
 • 외부차양(처마, 전동블라인드)
 • LED · 고효율 조명
 • 옥상녹화(단열＋친환경)
 • 자연채광, 자연환기
 • 패시브(Passive) 기술의 예
   – 고성능 단열재, 고기밀성 단열창호, 열차단 필름, LED조명
	• 기존의 화석연료를 변환하여 이용하거나 햇빛, 물, 지열, 강수, 생물유기체 등을 포함하여 재생 가능한 에너지를 변환하여 이용하는 에너지
	   – 재생에너지 : 태양광, 태양열, 바이오, 풍력, 수력, 해양, 폐기물, 지열
	   – 신에너지 : 연료전지, 석탄액화가스화 및 중질잔사유가스화, 수소에너지
	 • 2030년까지 총 에너지의 11%를 신재생에너지로 보급
	 • 액티브(Active) 기술의 예
	   – 태양광 발전, 태양열 급탕, 지열 냉난방, 수소연료전지, 풍력발전시스템, 목재 펠릿보일러

① 패시브 기술을 사용할 때 남향, 남동향으로 배치하는 것은 일조량 때문이다.
② 패시브 기술의 핵심은 단열이다.
③ 태양열 급탕은 액티브 기술의 대표적인 예 중 하나다.
④ 액티브 기술은 화석연료를 제외하고 재생 가능한 에너지를 변환하여 이용한다.
⑤ 액티브 기술은 2030년까지 총 에너지의 11%를 신재생에너지로 보급하는 것이 목표이다.

15 다음 중 밑줄 친 ㉠~㉤의 수정 방안으로 적절하지 않은 것은?

① ㉠ : '대응하는'으로 수정한다.   ② ㉡ : '차단함으로써'로 수정한다.
③ ㉢ : '최대화한'으로 수정한다.   ④ ㉣ : '저장한'으로 수정한다.
⑤ ㉤ : '개발되고'로 수정한다.

16 L사는 패시브 하우스 건축 자재인 A, B부품을 생산하고 있다. 각 부품에 대한 불량률이 다음과 같을 때, 한 달간 생산되는 A, B부품의 불량품 개수의 차는 얼마인가?

〈부품별 한 달 생산 개수 및 불량률〉

구분	A부품	B부품
생산 개수	3,000개	4,100개
불량률	25%	15%

① 120개   ② 125개
③ 130개   ④ 135개
⑤ 140개

17 다음은 국내 이민자의 경제활동인구에 대한 자료이다. 이에 대한 설명으로 옳은 것을 〈보기〉에서 모두 고르면?

〈국내 이민자 경제활동인구〉

(단위 : 천 명, %)

구분	이민자			국내인 전체
	외국인		귀화허가자	
	남성	여성		
15세 이상 인구	695.7	529.6	52.7	43,735
경제활동인구	576.1	292.6	35.6	27,828
취업자	560.5	273.7	33.8	26,824
실업자	15.6	18.8	1.8	1,003.0
비경제활동인구	119.5	237.0	17.1	15,907.0
경제활동 참가율	82.8	55.2	67.6	63.6

─〈보기〉─

㉠ 15세 이상 국내 인구 중 이민자가 차지하는 비율은 4% 이상이다.
㉡ 15세 이상 외국인 중 실업자의 비율이 귀화허가자 중 실업자의 비율보다 낮다.
㉢ 외국인 취업자의 수는 귀화허가자 취업자 수의 20배 이상이다.
㉣ 외국인 여성의 경제활동 참가율이 국내인 여성의 경제활동 참가율보다 낮다.

① ㉠, ㉡   ② ㉠, ㉢
③ ㉡, ㉢   ④ ㉠, ㉡, ㉢
⑤ ㉡, ㉢, ㉣

18 다음은 L공사 고객의 소리 운영 규정의 일부이다. 고객서비스 업무를 담당하고 있는 1년 차 사원인 A씨는 12월 18일 월요일에 어느 한 고객으로부터 민원을 접수받았다. 그러나 부득이한 사유로 기간 내 처리가 불가능할 것으로 보여 본사 총괄부서장의 승인을 받고 지연하였다. 해당 민원은 늦어도 언제까지 처리가 완료되어야 하는가?

목적(제1조)
이 규정은 L공사에서 고객의 소리 운영에 필요한 사항에 대하여 규정함을 목적으로 한다.

정의(제2조)
"고객의 소리(Voice Of Customer)"라 함은 L공사 직무와 관련된 행정 처리에 대한 이의신청, 진정 등 민원과 L공사의 제도, 서비스 등에 대한 불만이나 불편사항, 건의·단순 질의 등 모든 고객의 의견을 말한다.

처리기간(제7조)
① 고객의 소리는 다른 업무에 우선하여 처리하여야 하며 처리기간이 남아있음 등의 이유로 처리를 지연시켜서는 아니 된다.
② 고객의 소리 처리기간은 24시간으로 한다. 다만, 서식민원은 별도로 한다.

처리기간의 연장(제8조)
① 부득이한 사유로 기간 내에 처리하기 곤란한 경우 중간답변을 하여야 하며, 이 경우 처리기간은 48시간으로 한다.
② 중간답변을 하였음에도 기간 내에 처리하기 어려운 사항은 1회에 한하여 본사 총괄부서장의 승인을 받고 추가로 연장할 수 있다. 이 경우 추가되는 연장시간은 48시간으로 한다.
③ 업무의 성격이나 중요도, 본사 총괄부서의 처리시간에 임박한 재배정 등으로 제1항 내지 제2항의 기간 내에 처리할 수 없는 사항은 부서장 또는 소속장이 본사 총괄부서장에게 특별 기간연장을 요구할 수 있다.

---

① 12월 19일　　　　　　　② 12월 20일
③ 12월 21일　　　　　　　④ 12월 22일
⑤ 12월 23일

※ 다음은 별관과 복지동을 연결하는 다리를 건설하려고 계획 중인 L공사의 입찰기준에 따라 입찰업체를 분야별로 점수화한 자료와 업체별 입찰가격을 나타낸 자료이다. 이어지는 질문에 답하시오. [19~20]

<업체별 입찰기준 점수>

입찰업체	경영 점수(점)	안전 점수(점)	디자인 점수(점)	수상실적(회)
A	9	7	4	–
B	6	8	6	2
C	7	7	5	–
D	6	6	4	1
E	7	5	2	–
F	7	6	7	1

※ (입찰점수)=(경영 점수)+(안전 점수)+(디자인 점수)+(수상실적 가점)
※ 수상실적 가점은 수상실적 1회당 2점의 가점을 부과한다.

<업체별 입찰가격>

구분	A	B	C	D	E	F
입찰가격	11억 원	10억 5천만 원	12억 1천만 원	9억 8천만 원	10억 1천만 원	8억 9천만 원

19 L공사는 다음 <조건>에 따라 다리 건설 업체를 선정하고자 한다. 이때, 최종 선정될 업체는?

─── <조건> ───
- 입찰가격이 12억 원 미만인 업체 중에서 선정한다.
- 입찰점수가 가장 높은 3개 업체를 중간 선정한다.
- 중간 선정된 업체들 중 안전 점수와 디자인 점수의 합이 가장 높은 곳을 최종 선정한다.

① A   ② B
③ D   ④ E
⑤ F

20 L공사는 입찰가격도 구간별로 점수화하여 다시 업체를 선정하고자 한다. 다음과 같이 입찰가격에 따른 가격점수를 산정하고, 기존 입찰점수에 가격점수를 추가로 합산하여 최종 입찰점수를 계산하고자 할 때, 최종 입찰점수가 가장 높은 업체는?

입찰가격	9억 원 미만	9억 원 이상 10억 원 미만	10억 원 이상 11억 원 미만	11억 원 이상 12억 원 미만	12억 원 이상
가격 점수	10점	8점	6점	4점	2점

① B
② C
③ D
④ E
⑤ F

21 다음 글의 빈칸에 들어갈 접속부사를 순서대로 바르게 나열한 것은?

> 세계 각국의 정부와 기업은 의사 결정 지원 시스템과 미래 예측 시스템을 지속적으로 개선하고 있다. ⑦ 빠른 변화와 복합적인 세계화로 미래에 대한 정보를 판단하는 것은 점점 어려워지고 있다. 그 결과, 기관은 컴퓨터 시스템에 더욱 의존하게 되었으며, 빅데이터와 연결된 인공지능을 의사 결정에 적극적으로 이용하게 되었다. 이러한 현상을 증폭시킨 것이 적시에 지식을 제공해 의사 결정에 도움을 주는 집단 지성 시스템이다. 이는 인간의 두뇌, 지식 정보 시스템 등의 개체들이 협력이나 경쟁을 통해 기존의 지적 수준을 뛰어넘는 새로운 지성을 얻는 시스템을 의미한다. ⓒ 집단 지성 시스템을 활용하면 재해 예방 및 대응에 관한 의사 결정 과정에서 재해를 예측하고, 재해에 대응하고, 재해로부터 회복하는 복원 시스템을 수립할 수 있다. 미래 전략을 수립하고 분별 있는 결정을 내리기 위해 의사 결정자들은 미래학자에게서 단순히 전망 보고나 브리핑을 받는 데서 그치지 않고, 그들과 정기적으로 장기적인 사안을 논의할 수 있어야 한다. ⓒ 장기적 관점의 논의 과정이야말로 빠르고 정확한 의사 결정 수립에 필수적이기 때문이다.

	⑦	ⓒ	ⓒ
①	그러므로	또한	그리고
②	그러므로	예를 들어	왜냐하면
③	그러나	예를 들어	왜냐하면
④	그러나	즉	그러나
⑤	게다가	즉	그러나

※ L공사의 시설관리과는 각 지부의 전산시스템을 교체하고자 한다. 전산시스템을 교체할 지부에 대한 정보는 다음과 같다. 이어지는 질문에 답하시오. [22~23]

〈전산시스템 교체 정보〉

- 각 지부의 전산시스템을 교체하는 데에 소요되는 기간과 매년 필요한 예산은 아래와 같다.
- 각 연도의 예산범위 내에서 동시에 여러 지부의 전산시스템 교체를 진행할 수 있으나, 예산범위를 초과해 진행할 수 없다.
- 각 지부의 교체 작업은 소요 기간 동안 중단 없이 진행된다.
- 교체 작업은 6년 내에 모두 완료되어야 한다.

〈지부별 교체 정보〉

지부	소요 기간	연간 필요 예산
수도권	4년	26억
전남권	2년	10억
충북권	1년	5억
경남권	3년	17억
경북권	2년	9억

22 L공사에서 연차별로 사용 가능한 예산이 다음과 같을 때, 〈보기〉 중 옳은 것을 모두 고르면?

〈연차별 사용 가능 예산〉

(단위 : 억 원)

구분	1년 차	2년 차	3년 차	4년 차	5년 차	6년 차
예산	32	40	38	44	28	26

〈보기〉

㉠ 6년 내에 모든 지부의 전산시스템 교체를 위해서는 수도권 지부는 1년 차에 시작하여야 한다.
㉡ 전남권의 교체 작업은 수도권의 교체 작업 중에 진행하여야 한다.
㉢ 충북권의 교체 작업을 6년 차에 시작하더라도 6년 내에 모든 지부의 전산시스템 교체를 완료할 수 있다.
㉣ 충북권과 경남권의 교체 작업은 동시에 진행된다.

① ㉠, ㉡
② ㉠, ㉢
③ ㉡, ㉢
④ ㉡, ㉣
⑤ ㉢, ㉣

23 연차별로 사용 가능한 예산이 다음과 같이 변경되었다고 할 때, 충북권의 전산시스템 교체가 시행될 시기는 언제인가?

<연차별 사용 가능 예산>

(단위 : 억 원)

구분	1년 차	2년 차	3년 차	4년 차	5년 차	6년 차
예산	28	26	50	39	36	30

① 2년 차
② 3년 차
③ 4년 차
④ 5년 차
⑤ 6년 차

24 다음은 L국의 지진 발생 현황에 대한 자료이다. 이에 대한 설명으로 옳은 것은?

<L국의 지진 발생 현황>

구분	지진 횟수	최고 규모
2017년	42회	3.3
2018년	52회	4.0
2019년	56회	3.9
2020년	93회	4.9
2021년	49회	3.8
2022년	44회	3.9
2023년	492회	5.8

① 2017년 이후 지진 발생 횟수가 꾸준히 증가하고 있다.
② 2020년에는 2019년보다 지진이 44회 더 발생했다.
③ 2020년에 일어난 규모 4.9의 지진은 2017년 이후 L국에서 발생한 지진 중 가장 강력한 규모이다.
④ 지진 횟수가 증가할 때 지진의 최고 규모도 커진다.
⑤ 2023년에 발생한 지진은 2017년부터 2022년까지의 평균 지진 발생 횟수에 비해 약 8.8배 급증했다.

사회 복지 제도는 국민의 안정적인 생활을 보장하기 위한 여러 사업을 조직적으로 행하는 제도를 말한다. 이는 사회 복지를 제도화하려는 것으로, 사회 정책적 차원에서 몇 가지 모델 유형으로 분류된다. 여기서 가장 널리 사용되는 방식은 윌렌스키와 르보가 제안한 '잔여적 복지 모델'과 '제도적 복지 모델'로 구분하는 방법이다.

㉠ 잔여적 복지 모델은 개인의 욕구를 충족시키고 자원을 배분하는 사회적 기능이 일차적으로 사적 영역인 가족이나 시장 등을 통해 이루어져야 한다고 본다. 다만 이것이 제대로 이루어지지 않을 때 사회 복지 제도가 잠정적이고 일시적으로 그 기능을 대신할 수 있다는 점에서 잔여적 복지 모델은 구호적 성격의 사회 복지 모델이다. 잔여적 복지 모델은 자유주의 이념에 따라 사적 영역에 대한 국가의 관여를 최소 수준으로 제한해야 한다는 입장이며, 사회 복지의 대상도 노동시장에서 소득을 얻지 못하는 사람들과 같이 사적 영역에서 사회적 기능을 보장받지 못한 일부 사람들로 국한되어야 한다고 본다. 그래서 공공 부조와 같이 이 모델을 바탕으로 하여 국가가 제공하는 대부분의 사회 복지 서비스는 소득 조사나 자산 조사의 과정을 반드시 거쳐 제공된다. 또한 국가의 역할이 최소화되면서 가족, 공동체, 민간 자원봉사, 시장 등 민간 부문이 개인 복지의 중요한 역할을 담당하게 된다.

㉡ 제도적 복지 모델은 각 개인의 욕구 충족과 자기 성취를 돕기 위해서 국가가 사회 제도를 통해 보편적 복지 서비스를 제공하는 것이 필요하다고 본다. 이는 개인들이 자신의 힘만으로는 일상적 위험과 불안에 충분히 대처하기 어려우며, 가족이나 직장도 개인들의 기본적인 필요와 욕구를 충족해 줄 수는 없다고 보기 때문이다. 제도적 복지 모델은 복지 국가의 이념에 따라 개인의 성별, 나이, 지위, 계층 등의 조건과 관계없이 국가가 모든 국민에게 복지 혜택을 제공함으로써, 국민들의 기본적인 욕구를 해결하고 생존의 불안과 위험을 최소화해야 한다고 본다. 따라서 이 모델을 바탕으로 하는 복지 서비스는 '탈상품화'를 특징으로 한다. 탈상품화는 복지 서비스를 시장에서 돈으로 사고파는 상품이 아니라 소득이나 자산에 관계없이 누구나 제공받을 수 있게 하는 것을 말한다. 즉, 제도적 복지 모델에서는 국가가 사회 복지를 시장 논리에 내맡기지 않고 개인 또는 가족, 민간 부문에 그 책임을 전가하지 않는다.

오늘날 국가에서 이 두 가지 복지 모델 중 하나만을 택하여 모든 복지 제도에 적용하는 것은 현실적으로 불가능하다. 그래서 대부분의 국가에서는 두 복지 모델을 상호 보완적으로 운영하고 있다. 그리고 복지 모델을 바탕으로 사회 복지를 구현할 때는 운영 방식 차원에서 '보편적 복지'와 '선택적 복지'의 형태로 시행한다. 전자는 국민 모두를 수혜 대상으로 하는 것이고, 후자는 국민 중 일부에게만 복지 혜택을 제공하는 것이다. 우리나라의 경우, 건강보험 제도가 대표적인 보편적 복지라고 할 수 있는데, 국민은 누구나 의무적으로 건강보험에 가입하여 보험료를 납부해야 하고 국가는 건강보험료를 재원으로 모든 국민에게 기본적인 의료 혜택을 제공하고 있다. 그리고 일부 저소득층을 대상으로 최저 소득을 보장해 주는 생계 급여 제도는 선택적 복지의 형태로 제공되고 있다.

25 다음 중 윗글에서 알 수 있는 내용으로 적절하지 않은 것은?

① 복지 모델들은 상호 보완적으로 운영되는 경우가 많다.

② 복지 모델들은 공통적으로 사회 복지의 제도화를 추구한다.

③ 공공 부조는 국가가 국민에게 제공하는 사회 복지 서비스이다.

④ 국가에서 제공하는 복지 서비스는 반드시 자산 조사 과정을 거친다.

⑤ 우리나라의 생계 급여 제도는 잔여적 복지 모델의 관점을 따른 것이다.

26 다음 상황에 대해 ㉠, ㉡의 입장에서 주장할 수 있는 복지 정책의 방향으로 적절하지 않은 것은?

> 민간 자선단체가 주로 빈민 구호 역할을 맡고 있는 L국가에서는 최근 경제 상황이 악화되어 빈민들이 크게 늘어났다. 그리고 국가의 의료 복지 제도가 미비하여 빈민들이 개인 비용으로 병원 시설을 이용할 수밖에 없어 상당한 경제적 부담을 느끼고 있는 상황이다. 이에 따라 L국가에서는 빈민들에 대한 사회 복지 제도의 운영 방향에 대한 사회적 논의가 활발하게 이루어지고 있다.

① ㉠ : 국가가 빈민 구호에 나설 수도 있습니다. 하지만 수혜자를 노동시장에서 소득을 얻지 못하는 사람들로 한정해야 합니다.

② ㉠ : 개인의 욕구 충족은 사적 영역에서 이루어져야 합니다. 먼저 현재처럼 민간 자선단체가 빈민 문제를 해결하도록 최대한 유도해야 합니다.

③ ㉡ : 국가에서 빈민 구호법을 제정해서 이 문제를 해결해야 합니다. 이제는 사회 복지의 책임을 민간에 맡겨서는 안 됩니다.

④ ㉡ : 국가가 재정을 확보하여 일시적으로 빈민들을 지원해야 합니다. 빈민들이 겪는 생존의 위험과 불안을 최소화하는 것은 사회 구성원 모두의 의무입니다.

⑤ ㉡ : 복지 서비스를 시장 논리에 내맡겨서는 안 됩니다. 지금의 상황을 이용하여 특정인이나 단체가 복지 서비스를 상품화하지 못하도록 국가가 최선의 방법을 강구해야 합니다.

27 다음은 윗글을 읽은 후의 반응이다. 빈칸 (A), (B)에 들어갈 내용으로 가장 적절한 것은?

> 윗글을 읽어 보니 사회 정책적 차원의 두 복지 모델은 __(A)__ 에 따라, 운영 방식 차원의 두 복지 제도는 __(B)__ 에 따라 구분한 것으로 볼 수 있겠군.

	(A)	(B)
①	정부의 정책 방향	수혜자의 계층
②	정부의 개입 정도	수혜자의 범위
③	정부의 지원 여부	수혜자의 지위
④	정부의 운영 체제	수혜자의 능력
⑤	정부의 재정 상황	수혜자의 소득

※ 다음은 외국인 직접투자의 투자건수 비율과 투자금액 비율을 투자규모별로 나타낸 자료이다. 이어지는 질문에 답하시오. **[28~29]**

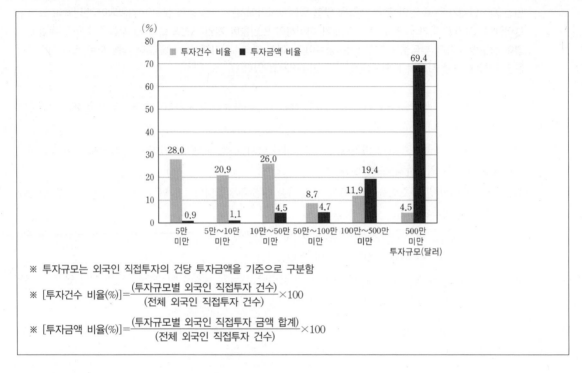

※ 투자규모는 외국인 직접투자의 건당 투자금액을 기준으로 구분함

※ [투자건수 비율(%)]=$\dfrac{(투자규모별\ 외국인\ 직접투자\ 건수)}{(전체\ 외국인\ 직접투자\ 건수)} \times 100$

※ [투자금액 비율(%)]=$\dfrac{(투자규모별\ 외국인\ 직접투자\ 금액\ 합계)}{(전체\ 외국인\ 직접투자\ 건수)} \times 100$

28 다음 중 투자규모가 50만 달러 미만인 투자건수 비율은?

① 55.3% ② 62.8%

③ 68.6% ④ 74.9%

⑤ 83.6%

29 다음 중 투자규모가 100만 달러 이상인 투자금액 비율은?

① 47.3% ② 53.2%

③ 65.1% ④ 76.4%

⑤ 88.8%

30 다음은 L공사가 공개한 부패공직자 사건 및 징계 현황이다. 이에 대한 설명으로 옳지 않은 것을 〈보기〉에서 모두 고르면?

〈부패공직자 사건 및 징계 현황〉

구분	부패행위 유형	부패금액	징계종류	처분일	고발 여부
1	이권개입 및 직위의 사적사용	23만 원	감봉 1월	2018.06.19.	미고발
2	직무관련자로부터 금품 및 향응 수수	75만 원	해임	2019.05.20.	미고발
3	직무관련자로푸터 향응 수수	6만 원	견책	2020.12.22.	미고발
4	직무관련자로부터 금품 및 향응 수수	11만 원	감봉 1개월	2021.02.04.	미고발
5	직무관련자로부터 금품 수수	40만 원가량	경고 (무혐의 처분, 징계시효 말소)	2022.03.06.	미고발
6	직권남용(직위의 사적 이용)	–	해임	2022.05.24.	고발
7	직무관련자로부터 금품 수수	526만 원	해임	2022.09.17.	고발
8	직무관련자로부터 금품 수수 등	300만 원	해임	2023.05.18.	고발

〈보기〉

ㄱ. L공사에서 해당 사건의 부패금액이 일정 수준 이상인 경우에만 고발한 것으로 해석할 수 있다.

ㄴ. 해임당한 공직자들은 모두 고발되었다.

ㄷ. 직무관련자로부터 금품을 수수한 사건은 총 5건 있었다.

ㄹ. 동일한 부패행위 유형에 해당하더라도 다른 징계처분을 받을 수 있다.

① ㄱ, ㄴ
② ㄱ, ㄷ
③ ㄴ, ㄷ
④ ㄴ, ㄹ
⑤ ㄷ, ㄹ

31 다음 글을 통해 알 수 있는 내용으로 적절하지 않은 것은?

정부는 '12·16 대책'을 통해 기존에 제출하던 자금조달계획서의 항목을 상세하게 나누고, 투기과열지구에서 9억 원을 초과하는 주택을 구매한 경우 증빙서류를 함께 제출하도록 하는 등의 규제를 강화한다는 방침을 밝혔다.

증여나 상속을 받은 경우 기존에는 단순히 증여금액이나 상속액만 밝히도록 했으나, 앞으로는 부부나 직계존비속 등 누구로부터 받았는지도 상세히 밝혀야 한다. 부부나 직계존비속 등의 대상 구분은 납부해야 할 세금에서 상당한 차이로 이어진다. 예를 들어 증여를 받았을 때 부부나 직계존비속 중 누구에게 얼마를 받았는지에 따라 증여세 부과 대상인지, 면제 대상인지의 정도가 계획서상에서 바로 드러난다. 부부간 증여인 경우 6억 원까지 면제를 받을 수 있으나, 직계존비속의 증여라면 5,000만 원까지만 가능하다.

또한, 기존에는 주택 구매 자금 중 현금이나 그와 비슷한 자산은 '현금 등'으로 뭉뚱그려 기재했으나, 앞으로는 현금과 기타자산을 나누고 기타자산이 무엇인지 구체적으로 밝혀야 한다. 이와 함께 계획서에 조달한 자금을 어떻게 지급할지 구체적인 계획도 계좌이체, 보증금·대출 승계, 현금 지급 등으로 나누어 상세히 밝혀야 한다.

이에 따라 투기과열지구에서 9억 원이 넘는 집을 살 때, 자금조달계획서의 내용을 입증하기 위해 매수자가 제출해야 하는 증빙서류의 종류는 총 15종에 달한다. 보유한 예금과 처분한 주식, 대출, 증여를 통해 집을 산다면 떼야 할 서류는 모두 10개에 육박할 전망이다.

① A가 부인 B에게 9억 원을 증여할 경우 6억 원까지 증여세를 면제받을 수 있다.
② C가 아들 D에게 6억 원을 증여할 경우 증여세를 모두 면제받을 수 있다.
③ E가 투기과열지구에서 10억 원 상당의 주택을 구매할 경우 자금조달계획서와 함께 증빙서류를 제출해야 한다.
④ F가 새로 자금조달계획서를 작성해야 할 경우 기존에 '현금 등'으로 기재한 내역을 현금과 기타자산으로 나누어 구체적으로 작성해야 한다.
⑤ G가 새로 자금조달계획서를 작성해야 할 경우 계좌이체, 보증금·대출 승계, 현금 지급 등 구체적인 지급 계획을 함께 작성해야 한다.

32 L공사는 상반기 신입사원 공개채용을 시행했다. 1차 서류전형과 인적성, 면접전형이 모두 끝나고 최종 면접 자들의 점수를 확인하여 합격 점수 산출법에 따라 합격자를 선정하려고 한다. 총점이 80점 이상인 지원자가 합격한다고 할 때, 다음 중 합격자끼리 바르게 짝지어진 것은?

〈최종 면접 점수〉

구분	A	B	C	D	E
직업기초능력	75	65	60	68	90
의사소통능력	52	70	55	45	80
문제해결능력	44	55	50	50	49

〈합격 점수 산출법〉

- (직업기초능력)×0.6
- (문제해결능력)×0.4
- (의사소통능력)×0.3
- (총점)=80점 이상

※ 과락 점수(미만) : 직업기초능력 60점, 의사소통능력 50점, 문제해결능력 45점

① A, C
② A, D
③ B, E
④ C, E
⑤ D, E

33 다음 중 밑줄 친 '정원'에 대한 설명으로 적절하지 않은 것은?

> 야생의 자연이라는 이상을 고집하는 자연 애호가들은 인류가 자연과 내밀하면서도 창조적인 관계를 맺었던 반(反)야생의 자연, 즉 '정원'을 간과한다. 정원은 울타리를 통해 농경지보다 야생의 자연과 분명한 경계를 긋는다. 집약적인 토지 이용이라는 전통은 정원에서 시작되었다. 또한 정원은 대규모의 농경지 경작이 행해지지 않은 원시적인 문화에서도 발견된다. 만여 종의 경작용 식물들은 모두 대량 생산에 들어가기 전에 정원에서 자라는 단계를 거쳐 온 것으로 보인다.
> 농업경제의 역사에서 정원이 갖는 의미는 시대와 지역에 따라 매우 달랐다. 좁은 공간에서 집약적인 농사를 짓는 지역에서는 농부가 곧 정원사였다. 반면 예전의 독일 농부들은 정원이 곡물 경작에 사용될 퇴비를 앗아가므로 정원을 악으로 여기기도 했다. 하지만 여성들의 입장은 지역적인 편차가 없었다. 아메리카의 푸에블로 인디언부터 근대 독일의 농부 집안까지 정원은 농업 혁신에 주도적인 역할을 해온 여성들에게는 자신들의 제국이자 자존심이었다. 그곳에는 여성들이 경험을 통해 쌓은 지식과 전통이 살아 있었다. 환경사에서 여성이 갖는 특별한 역할의 물질적 근간은 대부분 정원에서 발견된다. 지난 세기들의 경우 정원은 특히 여성 제후들과 관련되어 있으며 자료가 풍부하다. 작센의 여성 제후인 안나는 식물에 관한 지식을 공유했던 긴밀하고도 광범위한 사회적 네트워크를 가지고 있었는데, 그중에는 식물 경제학에 관심이 깊은 고귀한 신분의 여성들도 많았으며 수도원 소속의 여성들도 있었다.
> 그렇다면 여성들이 정원에서 쌓은 경험의 특징은 무엇일까? 정원에서는 땅을 면밀히 살피고 손으로 흙을 부스러뜨리는 습관이 생겨났을 것이다. 정원에서 즐겨 이용되는 삽도 다양한 토질의 층을 자세히 연구하도록 부추겼을 것이 분명하다. 넓은 경작지보다는 정원에서 땅을 다룰 때 더 아끼고 보호했을 것이다. 또한 정원이라는 매우 제한된 공간에는 옛날에도 충분한 퇴비를 줄 수 있었다. 경작지보다도 다양한 종류의 퇴비로 실험할 수 있었고 새로운 작물을 키우며 경험을 수집할 수 있었다. 정원은 좁은 공간에서 다양한 식물이 자라기 때문에 모든 종류의 식물들이 서로 잘 지내지는 않는다는 사실에도 주의를 기울였다. 이는 식물생태학의 근간을 이루는 통찰이었다.
> 결론적으로 정원은 여성들이 주도적으로 토양과 식물을 이해하고, 농경지 경작에 유용한 지식과 경험을 배양할 수 있는 좋은 장소였다.

① 울타리를 통해 야생의 자연과 분명한 경계를 긋는다.
② 집약적 토지 이용의 전통이 시작된 곳으로, 원시적인 문화에서도 발견된다.
③ 시대와 지역에 따라 정원에 대한 여성들의 입장이 달랐다.
④ 정원에서는 모든 종류의 식물들이 서로 잘 지내지는 않는다.
⑤ 여성이 갖는 특별한 역할의 물질적 근간이 대부분 발견되는 곳이다.

34 다음은 한국, 미국, 일본, 프랑스가 화장품산업 경쟁력 4대 분야에서 획득한 점수에 대한 자료이다. 이에 대한 설명으로 옳은 것은?

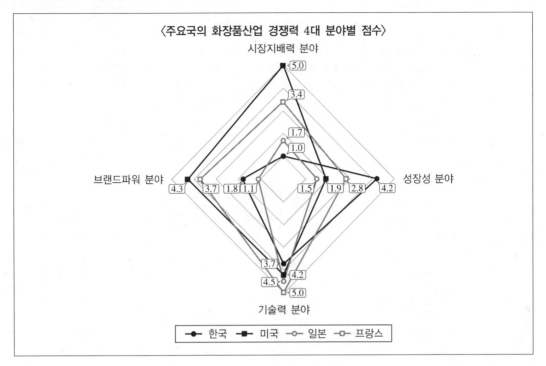

① 기술력 분야에서는 한국의 점수가 가장 높다.

② 성장성 분야에서 점수가 가장 높은 국가는 시장지배력 분야에서도 점수가 가장 높다.

③ 브랜드파워 분야에서 각국 점수 중 최댓값과 최솟값의 차이는 3 이하이다.

④ 미국이 4대 분야에서 획득한 점수의 합은 프랑스가 4대 분야에서 획득한 점수의 합보다 높다.

⑤ 시장지배력 분야의 점수는 일본이 프랑스보다 높지만 미국보다는 낮다.

※ 다음은 경조사 지원규정에 따라 이번 달에 지원을 받을 임직원들의 경조사 목록이다. 자료를 보고 이어지는 질문에 답하시오. [35~37]

〈임직원 경조사 지원규정〉

• L공사는 임직원 경조사에 사안별로 다양한 지원을 제공한다.
• 경조사의 범위는 결혼식, 돌잔치, 장례식, 회갑, 결혼기념일, 입학 및 졸업으로 한정한다.
  1. 본인의 결혼식, 자녀의 돌잔치, 부모님 회갑에는 현금과 함께 화환을 제공한다.
  2. 부모의 장례식, 배우자의 장례식에는 현금과 함께 화환을 제공한다.
  3. 위의 1~2항에 언급하지 않은 사안에는 화환 또는 꽃다발만 제공하는 것으로 한다.
  ※ L공사에 재직 중인 2인 이상이 경조사 범위(1~2항)에 관련된 경우 한 명에게는 화환이나 꽃다발을, 다른 한 명에게는 현금을 제공한다.

〈이번 달 임직원 경조사 목록〉

구분	경조사	비고
황지원 대리	부친 장례식	이수현 과장 배우자
최진혁 사원	조모 장례식	–
이수현 과장	장인어른 장례식	황지원 대리 배우자
기성용 부장	본인 결혼식	–
조현우 차장	자녀 돌잔치	–
이강인 대리	배우자 졸업식	최영서 사원 배우자
정우영 대리	결혼기념일	–
이미연 과장	모친 회갑	–
최영서 사원	본인 졸업식	이강인 대리 배우자

---

35 이번 달 임직원 경조사 목록을 참고할 때, 현금과 화환을 모두 받을 수 있는 사람은 몇 명인가?

① 1명
② 2명
③ 3명
④ 4명
⑤ 5명

36 다음 〈보기〉 중 경조사 지원으로 현금을 받을 수 있는 사람을 모두 고르면?

┌─────────────────────────〈보기〉─────────────────────────┐
│ • L공사에 함께 재직하고 있는 배우자와의 결혼기념일에 휴가를 내는 A과장 │
│ • 첫 딸의 돌잔치를 소규모로 가족들끼리만 진행하는 B사원   │
│ • L공사에 재직하고 있지 않은 배우자와 함께 대학교를 졸업하는 C사원 │
└──┘

① A과장   ② B사원
③ A과장, B사원   ④ A사원, C사원
⑤ B과장, C사원

37 다음 L공사 내 경조사 지원에 따른 화환 구매 규정을 토대로 화환을 받는 임직원과 화환 가격이 바르게 연결된 것은?

〈경조사 지원에 따른 화환 구매 규정〉

• 경조사의 범위는 결혼식, 돌잔치, 장례식, 회갑, 결혼기념일, 입학 및 졸업으로 한정하며 해당 경조사에 따라 화환이나 꽃다발을 제공한다.
• 축하화환과 근조화환을 구분하여 제공하되, 경조사에 따라 아래 표에 맞는 금액의 화환 혹은 꽃다발을 제공한다.
※ L공사에 재직 중인 2인 이상이 같은 경조사 범위에 관련된 경우 화환이나 꽃다발은 1회만 제공한다.

〈화환 가격표〉

경조사	종류	가격
결혼식	축하화환	82,000원
장례식	근조화환	95,000원
돌잔치	축하화환	73,000원
회갑	축하화환	80,000원
결혼기념일	축하화환	79,000원
입학 및 졸업	축하화환	56,000원

① 최영서 사원 – 79,000원   ② 정우영 대리 – 80,000원
③ 이미연 과장 – 95,000원   ④ 기성용 부장 – 82,000원
⑤ 황지원 대리 – 56,000원

※ 다음은 현 직장 만족도에 대하여 조사한 자료이다. 이어지는 질문에 답하시오. [38~39]

<table>
<tr><td colspan="5" align="center">〈현 직장 만족도〉</td></tr>
<tr><td>만족분야별</td><td>직장유형별</td><td>2022년</td><td>2023년</td></tr>
<tr><td rowspan="3">전반적 만족도</td><td>기업</td><td>6.9</td><td>6.3</td></tr>
<tr><td>공공연구기관</td><td>6.7</td><td>6.5</td></tr>
<tr><td>대학</td><td>7.6</td><td>7.2</td></tr>
<tr><td rowspan="3">임금과 수입 만족도</td><td>기업</td><td>4.9</td><td>5.1</td></tr>
<tr><td>공공연구기관</td><td>4.5</td><td>4.8</td></tr>
<tr><td>대학</td><td>4.9</td><td>4.8</td></tr>
<tr><td rowspan="3">근무시간 만족도</td><td>기업</td><td>6.5</td><td>6.1</td></tr>
<tr><td>공공연구기관</td><td>7.1</td><td>6.2</td></tr>
<tr><td>대학</td><td>7.3</td><td>6.2</td></tr>
<tr><td rowspan="3">사내분위기 만족도</td><td>기업</td><td>6.3</td><td>6.0</td></tr>
<tr><td>공공연구기관</td><td>5.8</td><td>5.8</td></tr>
<tr><td>대학</td><td>6.7</td><td>6.2</td></tr>
</table>

38 2022년 3개 기관의 전반적 만족도의 합은 2023년 3개 기관의 임금과 수입 만족도의 합의 몇 배인가?(단, 소수점 둘째 자리에서 반올림한다)

① 1.4배   ② 1.6배
③ 1.8배   ④ 2.0배
⑤ 2.2배

39 다음 중 자료에 대한 설명으로 옳지 않은 것은?(단, 비율은 소수점 둘째 자리에서 반올림한다)

① 현 직장에 대한 전반적 만족도는 대학 유형에서 가장 높다.
② 2023년 근무시간 만족도에서는 공공연구기관과 대학의 만족도가 동일하다.
③ 2023년에 모든 유형의 직장에서 임금과 수입의 만족도는 전년 대비 증가했다.
④ 사내분위기 측면에서 2022년과 2023년 공공연구기관의 만족도는 동일하다.
⑤ 2023년 근무시간에 대한 만족도의 전년 대비 감소율은 대학 유형이 가장 크다.

40 다음 글을 통해 추론할 수 없는 것은?

> 공유와 경제가 합쳐진 공유경제는 다양한 맥락에서 정의되는 용어이지만, 공유경제라는 개념은 '소유권(Ownership)'보다는 '접근권(Accessibility)'에 기반을 둔 경제모델을 의미한다. 전통경제에서 생산을 담당하는 기업들이 상품이나 서비스를 생산하기 위해서 원료, 부품, 장비 등을 사거나 인력을 고용했던 것과 달리, 공유경제에서는 기업뿐만 아니라 개인들도 자산이나 제품이 제공하는 서비스에 대한 접근권의 거래를 통해서 자원을 효율적으로 활용하여 가치를 창출할 수 있다. 소유권의 거래에 기반한 기존 자본주의 시장경제와는 다른 새로운 게임의 법칙이 대두한 것이다.
>
> 공유경제에서는 온라인 플랫폼이라는 조직화된 가상공간을 통해서 접근권의 거래가 이루어진다. 온라인 플랫폼은 인터넷의 연결성을 기반으로 유휴자산(遊休資産)을 보유하거나 필요로 하는 수많은 소비자와 공급자가 모여서 소통할 수 있는 기반이 된다. 다양한 선호를 가진 이용자들이 거래 상대를 찾는 작업을 사람이 일일이 처리하는 것은 불가능한 일인데, 공유경제 기업들은 고도의 알고리즘을 이용하여 검색, 매칭, 모니터링 등의 거래 과정을 자동화하여 처리한다.
>
> 공유경제에서 거래되는 유휴자산의 종류는 자동차나 주택에 국한되지 않는다. 개인이나 기업들이 소유한 물적·금전적·지적 자산에 대한 접근권을 온라인 플랫폼을 통해서 거래할 수만 있다면 거의 모든 자산의 거래가 공유경제의 일환이 될 수 있다. 가구, 가전 등의 내구재, 사무실, 공연장, 운동장 등의 물리적 공간, 전문가나 기술자의 지식, 개인들의 여유 시간이나 여유 자금 등이 모두 접근권 거래의 대상이 될 수 있다.

① 기존의 시장경제는 접근권(Accessibility)보다 소유권(Ownership)에 기반을 두었다.

② 공유경제의 등장에는 인터넷의 발달이 중요한 역할을 하였다.

③ 인터넷 등장 이전에는 이용자와 그에 맞는 거래 상대를 찾는 작업을 일일이 처리할 수 없었다.

④ 공유경제에서는 온라인 플랫폼을 통해 거의 모든 자산에 대한 접근권(Accessibility)을 거래할 수 있다.

⑤ 온라인 플랫폼을 통해 자신이 타던 자동차를 판매하여 소유권을 이전하는 것도 공유경제의 일환이 될 수 있다.

| 02 | 경영

41 다음 중 BCG 매트릭스에 대한 설명으로 옳지 않은 것은?

① 1970년대 미국 보스턴컨설팅그룹에 의해 개발된 경영전략 분석기법이다.

② X축은 상대적 시장 점유율, Y축은 성장률을 의미한다.

③ 물음표(Question), 스타(Star), 현금젖소(Cash Cow), 개(Dog)의 4개 영역으로 구성된다.

④ 수익이 적고 현금흐름도 마이너스인 사업은 개(Dog)이다.

⑤ 수익이 많고 안정적이어서 현상을 유지하는 것이 필요한 사업은 스타(Star)이다.

42 다음 중 행동 감소 전략에서 소거의 장점으로 볼 수 없는 것은?

① 주변 인물이 이해하기 쉽다.

② 문제 행동을 효과적으로 제거할 수 있다.

③ 신속한 결과를 얻을 수 있다.

④ 효과를 장시간 지속할 수 있다.

⑤ 극단적이거나 위험하지 않다.

43 다음 중 인사평가방법인 BARS(Behaviorally Anchored Rating Scale)에 대한 설명으로 옳지 않은 것은?

① 행위를 중심으로 평가하며, 절대평가방법 중 하나이다.

② 중요사건법과 평정척도법을 혼합하여 사용한다.

③ 다양하고 구체적인 직무에 적용이 가능하다.

④ 피평가자의 행위를 보고 평가하기 때문에 신뢰도가 높으나, 주관성 또한 높다.

⑤ 목표관리기법(MBO)과 함께 사용할 경우 행위와 결과를 모두 평가할 수 있다.

44 다음 중 식스 시그마의 방법론에서 DMAIC와 관계가 없는 것은?

① 정의   ② 측정
③ 분석   ④ 개선
⑤ 검증

45 다음 중 마케팅 조사 단계를 순서대로 바르게 나열한 것은?

① 자료 수집 → 자료 분석 → 문제 정의 → 조사 방법 설계 → 조사 결과 분석
② 자료 수집 → 자료 분석 → 조사 방법 설계 → 조사 결과 분석 → 문제 정의
③ 문제 정의 → 조사 방법 설계 → 조사 결과 분석 → 자료 수집 → 자료 분석
④ 문제 정의 → 조사 방법 설계 → 자료 수집 → 자료 분석 → 조사 결과 분석
⑤ 문제 정의 → 자료 수집 → 자료 분석 → 조사 방법 설계 → 조사 결과 분석

46 다음 중 원가함수의 구성 요인에 대한 설명으로 옳지 않은 것은?

① 총원가는 생산량의 함수를 의미한다.
② 총원가는 고정원가와 변동원가의 합으로 구한다.
③ 고정원가는 생산량과 관계없이 일정하다.
④ 변동원가는 생산량에 비례하여 감소한다.
⑤ 평균원가는 총원가를 생산량으로 나눈 값이다.

47 다음 중 기계적 조직의 특징으로 옳지 않은 것은?

① 직무가 엄격하게 규정되어 있다.
② 많은 규칙과 규정이 존재한다.
③ 권한이 특정인 또는 조직에 집중되어 있다.
④ 조직 또는 구성원의 통솔 범위가 넓다.
⑤ 명령체계가 분명하다.

48 다음 중 가치사슬 분석을 통해 얻을 수 있는 효과로 옳지 않은 것은?

① 프로세스 혁신　　　　　　　　② 원가 절감
③ 매출 확대　　　　　　　　　　④ 품질 향상
⑤ 기간 단축

49 다음 중 기능목록에 표시되는 내용에 해당하지 않는 것은?

① 핵심직무　　　　　　　　　　② 경력
③ 학력　　　　　　　　　　　　④ 연봉
⑤ 자격현황

50 다음 중 거래비용이론의 장점으로 옳지 않은 것은?

① 유통 기능을 내부화하여 거래비용을 줄일 수 있다.
② 제품 유통에 대한 통제기능을 강화할 수 있다.
③ 거래비용 요소를 정확히 측정할 수 있다.
④ 브랜드 가치를 제고할 수 있다.
⑤ 미수금 등을 효율적으로 관리할 수 있다.

51 다음 중 목표설정이론에서 목표가 동기부여에 미치는 영향으로 옳지 않은 것은?

① 개인의 관심과 흥미를 끌어낸다.
② 행동에 대한 지침을 제공함으로써 행동을 통제한다.
③ 개인의 효용을 극대화할 수 있는 대안을 선택하게 한다.
④ 목표 달성을 위한 적절한 세부계획과 활동을 수립하게 한다.
⑤ 중도에 포기하지 않고 지속적인 노력을 하게 한다.

52 다음 중 정성적인 수요예측 기법으로 볼 수 없는 것은?

① 델파이법　　　　　　　　　　② 시장조사법
③ 이동평균법　　　　　　　　　④ 패널동의법
⑤ 역사적 유추법

53 다음 중 단기금융상품에 해당하지 않는 것은?

① 만기가 10개월 남은 양도성예금증서 ② 만기가 9개월 남은 환매조건부채권
③ 만기가 6개월 남은 신종기업어음 ④ 만기가 5개월 남은 정기적금
⑤ 만기가 2개월 남은 정기예금

54 다음 중 인적자원개발(HRD)의 구성요소에 해당하지 않는 것은?

① 개인 개발 ② 조직 개발
③ 경력 개발 ④ 기술 개발
⑤ 수행 관리

55 다음 중 개방시스템의 특징으로 옳지 않은 것은?

① 하위시스템 간 상호의존성과 조화를 중요시한다.
② 환경에 적절히 대응하기 위해 분화에 따른 전문성 증가를 목표로 한다.
③ 목표에 이르는 수단을 하나로 통일하여 수행한다.
④ 조직과 환경 간 경계를 강조한다.
⑤ 부정적 엔트로피 성향을 보인다.

56 다음 중 인지부조화가 발생하는 경우로 옳지 않은 것은?

① 논리적 모순 ② 문화적 관습
③ 가치관의 배치 ④ 과정의 반복
⑤ 과거의 경험

57 다음 중 리더 – 구성원 교환이론의 발달단계에 해당하지 않는 것은?

① 수직적 양자관계   ② 리더 – 부하 교환관계

③ 리더십 결정   ④ 리더십 반응

⑤ 팀 구성 역량 네트워크

58 다음 글에 해당하는 제품의 배치유형은 무엇인가?

> • 프로젝트 배치라고도 하며, 제품의 크기가 크거나 형태가 복잡한 경우에 적합하다.
> • 제품은 한 곳에 고정하고, 원자재, 설비 등을 제품의 생산 장소로 옮겨서 생산한다.
> • 생산물의 이동을 최소화할 수 있으나, 높은 숙련도의 작업인력이 필요하다.

① 제품별 배치   ② 기능별 배치

③ 위치고정형 배치   ④ 혼합형 배치

⑤ 그룹별 배치

59 다음 중 브룸의 기대이론의 주요 가정으로 옳지 않은 것은?

① 인간은 서로 다른 욕구와 목적을 갖는다.

② 인간은 자신의 행위의 결과에 대해 기대한다.

③ 인간은 조직에서 자신의 행위를 결정한다.

④ 인간의 행위는 개인과 환경의 힘으로 결정된다.

⑤ 인간은 기대의 정도에 따라 복수의 행동을 선택한다.

60 다음 중 성공적인 코즈 마케팅 전략으로 옳지 않은 것은?

① 브랜드 가치와 얼마나 잘 어울리는지 분석하여 추진한다.

② 마케팅에 참여하는 방법이 쉬워야 한다.

③ 유사 기업 간 협업을 통해 시너지를 발생시킨다.

④ 경제적 이익이 반드시 있어야 한다.

⑤ 과정 및 결과를 투명하게 공개하여야 한다.

61 다음 중 경영전략 수립을 위한 SWOT 분석 도구로 옳은 것은?

① 강점, 약점, 목적, 사실
② 강점, 약점, 순서, 목표
③ 강점, 약점, 기회, 위협
④ 속도, 방법, 기회, 목표
⑤ 속도, 방법, 목적, 위협

62 다음 글에 해당하는 경력 닻 유형은 무엇인가?

> • 분석적이고 관계적이고 정서적인 역량이 요구된다.
> • 도전적이고 통합적인 업무에 적합하다.
> • 높은 보수와 퇴직금을 제공한다.

① 자율·독립형
② 기술·기능형
③ 일반 관리자형
④ 창의적 기업가형
⑤ 순수 도전형

63 다음 중 공급망 계획의 구성요소로 옳지 않은 것은?

① 수요계획
② 제조계획
③ 주문계획
④ 유통계획
⑤ 운송계획

64 다음 중 베버의 관료제에 대한 특징으로 옳지 않은 것은?

① 위계의 서열화
② 권한의 명확화
③ 법규에 따른 과업 수행
④ 관료의 전문성
⑤ 개인에 의해 검증된 경력 관리

65 다음 중 ABC 재고관리의 장점으로 볼 수 없는 것은?

① 관리 대상 선정 시 여러 지표를 활용하여 평가할 수 있다.

② 작성 방법이 간단하여 쉽게 적용할 수 있다.

③ 재고관리, 품질관리, 상품관리 등 여러 분야에 적용할 수 있다.

④ 프로세스를 한눈에 파악할 수 있다.

⑤ 집중해야 하는 포인트를 명확히 할 수 있다.

66 다음 중 선입선출법에 대한 설명으로 옳지 않은 것은?

① 기초재공품의 완성도를 고려하기 때문에 완성품환산량이 비교적 적다.

② 당기발생원가를 당기완성품환산량으로 나누어 완성품환산량의 단위당 원가를 계산한다.

③ 당기투입원가는 완성품원가와 기말재공품원가로 배분한다.

④ 기초재공품원가는 별도의 배분 없이 완성품원가를 구성한다.

⑤ 전기와 당기의 성과가 혼합되어 성과 측정 시 유용한 정보를 제공하지 못한다.

67 다음 중 리더 – 구성원 교환이론의 발달단계를 순서대로 바르게 나열한 것은?

① 리더십 결정 → 교환 관계 → 수직적 관계 → 역량 네트워크

② 리더십 결정 → 수직적 관계 → 교환 관계 → 역량 네트워크

③ 수직적 관계 → 교환 관계 → 역량 네트워크 → 리더십 결정

④ 수직적 관계 → 교환 관계 → 리더십 결정 → 역량 네트워크

⑤ 수직적 관계 → 리더십 결정 → 역량 네트워크 → 교환 관계

68 다음 글에 해당하는 마케팅 유형은 무엇인가?

- 배너광고, 이메일, 검색 등을 활용하여 고객을 유치하는 마케팅 전략이다.
- 전통적인 마케팅 방법보다 더 많은 사람에게 메시지를 노출할 수 있다.
- 데이터 분석을 통해 고객의 행동 패턴을 파악하고, 차별화된 마케팅 전략을 구사할 수 있다.

① 콘텐츠 마케팅   ② 오프라인 마케팅

③ 디지털 마케팅   ④ 인바운드 마케팅

⑤ 자연유입 마케팅

69 다음 중 임금 유형과 결정요인이 바르게 짝지어진 것은?

① 연공급 : 역할의 크기
② 직무급 : 직무 특성, 난이도
③ 직능급 : 개인 및 집단의 성과
④ 역할급 : 직무 경력, 훈련
⑤ 성과급 : 근속햇수

70 다음 중 마일즈＆스노우의 전략 유형에서 공격형에 대한 설명으로 옳지 않은 것은?

① 인력계획을 비공식적이고 제한적으로 설정한다.
② 인력의 충원, 선발, 배치는 외부 영입을 원칙으로 한다.
③ 인력에 대한 보상은 외적인 경쟁력에 기준을 두고, 성과급의 비중을 높게 설정한다.
④ 인사고과는 결과 지향적으로 평가한다.
⑤ 인력 훈련 및 개발의 기능 형성을 기본으로 한다.

71 다음 중 간트차트에 대한 설명으로 옳지 않은 것은?

① 프로젝트 일정 관리를 위한 막대 형태의 도구를 의미한다.
② 가로축에는 프로젝트 수행 활동, 세로축에는 날짜가 위치한다.
③ 업무별로 일정을 그래픽으로 표시하여 전체 일정을 한눈에 파악할 수 있다.
④ 정밀한 일정 계획을 수립하기 어렵다.
⑤ 작업 간 상호관계에 대한 명확한 분석이 어렵다.

72 다음 중 제품수명주기의 5단계를 순서대로 바르게 나열한 것은?

① 개발기 → 도입기 → 성장기 → 성숙기 → 쇠퇴기
② 개발기 → 도입기 → 성장기 → 쇠퇴기 → 성숙기
③ 도입기 → 개발기 → 성장기 → 성숙기 → 쇠퇴기
④ 도입기 → 개발기 → 성숙기 → 성장기 → 쇠퇴기
⑤ 성장기 → 성숙기 → 쇠퇴기 → 도입기 → 개발기

73 다음 중 제도화 이론에 대한 설명으로 옳지 않은 것은?

① 제도화 이론은 조직의 생존을 위해 정당성을 획득하는 것이 중요하다고 주장한다.

② 불확실성 속에서 다른 유사한 조직을 모방하여 행동하려는 경향이 나타난다.

③ 조직이 속해 있는 사회적, 문화적 기대에 의해 공식적 또는 비공식적 압력으로 강제되는 경향이 나타난다.

④ 조직에 전문적으로 숙달된 외부 인력의 유입이 늘어나게 된다.

⑤ 조직에 기술적인 차원과 제도적인 차원이 있다고 본다.

74 다음 중 NPV(순현재가치)에 대한 설명으로 옳지 않은 것은?

① 최초 투자 시점부터 종료 시점까지의 기간별 순이익의 흐름을 현재가치로 환산하여 나타낸다.

② 편익의 현재가치에서 비용의 현재가치를 차감한 값이다.

③ 기대 현금흐름과 자본의 할인율에 의해서만 결정된다.

④ 경영자, 주주 등의 취향, 회계 처리방식의 영향을 받지 않는다.

⑤ 순현재가치가 1보다 크면 타당성이 있는 사업으로 판단한다.

75 다음 중 인적자원관리의 목표로 볼 수 없는 것은?

① 조직과 구성원 간 협력을 통해 경제적 효율성을 최대로 추구한다.

② 인재를 양성하여 조직경쟁력을 강화한다.

③ 인적자원관리 시스템을 구축하여 운영한다.

④ 조직의 구조적 시스템과 관리 방법을 구축한다.

⑤ 조직 구성원이 열정적으로 일할 수 있는 좋은 환경과 여건을 지원한다.

76 다음 중 서번트 리더십의 장단점으로 옳지 않은 것은?

① 조직 구성원이 창의적으로 업무를 수행하도록 하여 조직의 발전을 이끌 수 있다.

② 조직의 목표와 역할을 리더의 눈높이에서 정할 수 있다.

③ 조직 구성원의 경험과 지식을 최대한 활용하여 개인 능력을 극대화할 수 있다.

④ 업무에 대한 조직의 전반적인 권한이 축소되어 유기적인 협업이 저해될 수 있다.

⑤ 업무의 성과를 끌어내기까지 많은 시간과 비용이 소요된다.

77 다음 중 유연생산시스템의 목적이 바르게 연결된 것은?

① 합리성, 수익성, 객관성 ② 합리성, 생산성, 신뢰성
③ 유연성, 합리성, 신뢰성 ④ 유연성, 생산성, 객관성
⑤ 유연성, 생산성, 신뢰성

78 다음 중 마케팅 조사 방법에서 정성적 조사 방법에 해당하는 것은?

① 기술조사 ② 인과조사
③ 종결조사 ④ 횡단조사
⑤ 탐색조사

79 다음 중 브룸의 기대이론에 대한 설명으로 옳지 않은 것은?

① 노력, 보상, 기대치, 수단성, 유인가의 개념을 중심으로 전개되는 이론이다.
② 현재의 노력은 미래에 발생할 보상에 의하여 결정된다고 가정된다.
③ 노력의 결과는 1차 성과, 2차 보상으로 나눌 수 있다.
④ 모형이 단순하여 결과 측정을 편리하게 할 수 있다.
⑤ 조사자에 따라 결과가 달라져 결과에 대한 비교가 곤란하다.

80 다음 중 델파이 기법의 단점으로 옳지 않은 것은?

① 설문지 작성 순서 및 응답 내용 처리에 따라 결괏값이 달라질 수 있다.
② 참여자의 직접 응답 여부를 검증할 수 없다.
③ 불확실한 응답 또는 응답의 왜곡 현상이 발생할 수 있다.
④ 특정 분야에 대한 참여자의 편향된 관점으로 인해 잘못된 의견이 제시될 수 있다.
⑤ 익명성으로 인해 의사결정 주제에 대한 지속적인 관심이 줄어들 수 있다.

81 다음 글에 해당하는 조직구조는 무엇인가?

> • 수평적 분화에 중점을 두고 있다.
> • 각자의 전문분야에서 작업능률을 증대시킬 수 있다.
> • 생산, 회계, 인사, 영업, 총무 등의 기능을 나누고 각 기능을 담당할 부서단위로 조직된 구조이다.

① 기능 조직   ② 사업부 조직
③ 매트릭스 조직   ④ 수평적 조직
⑤ 네트워크 조직

82 다음 중 테일러(F. Taylor)의 과학적 관리의 특징으로 옳지 않은 것은?

① 과업관리   ② 작업지도표 제도
③ 차별적 성과급제   ④ 기능식 직장제도
⑤ 컨베이어 시스템

83 다음 중 생산합리화의 3S로 옳은 것은?

① 세분화(Segmentation) – 표준화(Standardization) – 단순화(Simplification)
② 규격화(Specification) – 세분화(Segmentation) – 전문화(Specialization)
③ 단순화(Simplification) – 규격화(Specification) – 세분화(Segmentation)
④ 표준화(Standardization) – 단순화(Simplification) – 전문화(Specialization)
⑤ 규격화(Specification) – 전문화(Specialization) – 표준화(Standardization)

84 다음 중 단위당 소요되는 표준작업시간과 실제작업시간을 비교하여 절약된 작업시간에 대한 생산성 이득을 노사가 각각 50 : 50의 비율로 배분하는 임금제도로 옳은 것은?

① 임프로쉐어 플랜   ② 스캔런 플랜

③ 메리크식 복률성과급   ④ 테일러식 차별성과급

⑤ 러커 플랜

85 다음 중 학습조직(LO; Learning Organization)에 대한 설명으로 옳지 않은 것은?

① 학습조직의 구조는 조직기본단위를 개인으로 구성하고, 물질적 보상과 결과를 중시한다.

② 문제지향적 학습과정, 집단적 학습의 강조, 의식적 학습의 자극과 규칙, 통찰력과 병렬적 학습을 강조한다.

③ 학습의 기본단위는 정보이고, 조직적 차원에서 정보는 공유되어야 하기 때문에 조직은 정보관리시스템을 건설하고 정보의사소통을 지원해야 한다.

④ 학습조직을 위한 다섯 가지 훈련(Senge)은 자기완성, 사고의 틀, 공동의 비전, 집단적 학습, 시스템 중심의 사고로 볼 수 있다.

⑤ Garvin은 학습조직을 '지식을 창출하고 획득하여 전달하는 데 능숙하며, 새로운 지식과 통찰력을 경영에 반영하기 위하여 기존의 행동방식을 바꾸는 데 능숙한 조직'으로 정의했다.

86 다음 중 조직에서 권력을 강화하기 위한 전술로 옳지 않은 것은?

① 의존성 창출   ② 불확실한 영역에 진입

③ 목표관리   ④ 희소자원 제공

⑤ 전략적 상황요인 충족

87 다음 중 인사평가 측정결과의 검증기준에서 타당성에 대한 설명으로 옳은 것은?

① 얼마나 일관되게 측정하였는가를 나타낸다.

② 평가제도에 대한 구성원들의 신뢰도를 나타낸다.

③ 직무성과와 관련성이 있는 내용을 측정한다.

④ 평가항목을 구체적이고 명확하게 구성하였는지를 평가한다.

⑤ 평가제도의 도입 및 운영비용보다 그로 인해 얻는 효익이 더 큰지를 나타낸다.

88 다음 중 사업부제 조직에 대한 설명으로 옳지 않은 것은?

① 인원·신제품·신시장의 추가 및 삭감이 신속하고 신축적이다.

② 사업부제 조직의 형태로는 제품별 사업부제, 지역별 사업부제, 고객별 사업부제 등이 있다.

③ 사업부는 기능조직과 같은 형태를 취하고 있으며, 회사 내의 회사라고 볼 수 있다.

④ 사업부 간 과당경쟁으로 조직전체의 목표달성 저해를 가져올 수 있는 단점이 있다.

⑤ 기능조직이 점차 대규모화됨에 따라 제품이나 지역, 고객 등을 대상으로 해서 조직을 분할하고 이를 독립 채산제로 운영하는 방법이다.

89 다음 〈보기〉 중 조직설계에 대한 설명으로 옳은 것을 모두 고르면?

━━━━〈보기〉━━━━

가. 환경의 불확실성이 높을수록 조직 내 부서의 분화 정도는 높아진다.

나. 많은 수의 제품을 생산하는 기업은 사업부 조직(Divisional Structure)이 적절하다.

다. 기업의 조직구조는 전략에 영향을 미친다.

라. 대량생산 기술을 사용하는 기업은 효율성을 중시하는 유기적 조직으로 설계하는 것이 적절하다.

마. 조직 내 부서 간 상호의존성이 증가할수록 수평적 의사소통의 필요성은 증가한다.

① 가, 나, 마　　　　　　　　　　② 가, 다, 라

③ 가, 다, 마　　　　　　　　　　④ 나, 다, 라

⑤ 나, 라, 마

90 다음 중 마이클 포터가 제시한 경쟁우위 전략에 대한 설명으로 옳지 않은 것은?

① 원가우위 전략은 경쟁기업보다 낮은 비용에 생산하여 저렴하게 판매하는 것을 의미한다.

② 차별화 전략은 경쟁사들이 모방하기 힘든 독특한 제품을 판매하는 것을 의미한다.

③ 집중화 전략은 원가우위에 토대를 두거나 차별화우위에 토대를 둘 수 있다.

④ 원가우위 전략과 차별화 전략은 일반적으로 대기업에서 많이 수행된다.

⑤ 마이클 포터는 기업이 성공하기 위해서는 한 제품을 통하여 원가우위 전략과 차별화 전략 두 가지 전략을 동시에 추구해야 한다고 보았다.

91 다음 글이 설명하는 인력공급 예측기법은 무엇인가?

> • 시간의 흐름에 따라 직원의 직무이동확률을 파악하는 방법이다.
> • 장기적인 인력공급의 미래예측에 용이하다.
> • 조직 및 경영환경이 매우 안정적이어야 측정이 가능하다.

(   )

92 다음 글이 설명하는 직무분석방법은 무엇인가?

> • 여러 직무활동을 동시에 기록할 수 있다.
> • 직무활동 전체의 모습을 파악할 수 있다.
> • 직무성과가 외형적일 때 적용이 가능하다.

(   )

93 다음 글이 설명하는 협상 방식은 무엇인가?

> • 희소하거나 한정적인 자원을 대상으로 진행하는 협상 방식이다.
> • 상대방의 이해관계나 제약사항 등에 대한 사전조사가 필요하다.
> • 상대방이 주어진 조건에서 크게 벗어나지 않는 결정을 하도록 유도한다.

(   )

94 기업의 이익을 경영자와 노동자가 공유하는 이익분배제도의 한 형태로, 생산성 향상에 따른 이익을 노사가 공평하게 나누는 것을 목표로 하는 이 제도의 이름은 무엇인가?

(   )

95 다음 사례가 설명하는 마케팅 용어는 무엇인가?

> 여러 기업, 광고 업계에서는 대부분 대중에게 평판이 좋은 연예인을 광고 모델로 선호한다. 평소에 성실함, 호감적 성품으로 대중에게 평판이 나 있는 연예인을 광고 모델로 사용할 때, 기업은 높은 효과를 창출할 수 있다.

(   )

96 다음 사례의 밑줄 친 내용을 바탕으로 알 수 있는 도요타가 사용하는 재고관리 전략은 무엇인가?

> 도요타 생산방식은 '이상이 발생하면 기계를 즉시 정지하여 불량을 만들지 않는다.'라는 사고와 <u>각 공정에서는 필요한 것만을 흐르도록 하고, 정체 없이 생산한다는</u> 사고에 의해 좋은 제품만을 짧은 리드 타임으로 고객에게 공급하자는 방식으로 오랜 기간 동안에 걸쳐 만드는 방법에 개선을 거듭하여 확립하였다.

(   )

97 다음은 2002년도 프랑스 맥도날드사에 마케팅 사례이다. 해당 사례에 나타난 마케팅 전략은 무엇인가?

> 2002년 프랑스 맥도날드는 "어린이들은 일주일에 한 번만 오세요!"라는 어린이들의 방문을 줄이기 위한 광고 카피를 선보였다. 프랑스 맥도날드는 시민들에게 "맥도날드는 소비자의 건강을 생각하는 회사"라는 긍정적인 이미지를 심어주기 위해 이러한 광고를 내보낸 것으로 밝혔다. 결과는 놀랍게도 성공적이었다. 광고의 내용과는 반대로 소비자들의 맥도날드 방문횟수가 더욱 늘어났고, 광고가 반영된 그해, 유럽지사 중 가장 높은 실적을 이루는 놀라운 결과를 얻었다.

(   )

98 다음 글이 설명하는 우리나라 상법상의 회사는 무엇인가?

> • 유한책임사원으로만 구성된다.
> • 청년 벤처 창업에 유리하다.
> • 사적 영역을 폭넓게 인정한다.

(   )

99 다음 글이 설명하는 금융상품은 무엇인가?

> 사채권자에게 사채 발행 이후에 기채회사가 신주를 발행하는 경우, 미리 약정된 가격에 따라 일정한 수의 주식을 매매할 수 있는 권리가 부여된다.

(   )

100 실적이나 자산에 비해 기업이 상대적으로 저평가되어 현재 발생하는 주당 순이익에 비해 상대적으로 낮은 가격에 거래되는 주식을 무엇이라 하는가?

(   )

| 03 | 경제

41 효용을 극대화하는 소비자 A는 X재와 Y재, 두 재화의 소비에 자신의 소득을 모두 지출한다. 다음 글의 빈칸에 들어갈 내용이 바르게 나열된 것은?

> A의 X재에 대한 수요는 가격 비탄력적이다. 다른 조건이 일정할 때 X재의 가격이 상승하는 경우, A의 Y재 소비량은 ___㉠___하고, X재 가격에 대한 Y재 수요의 교차탄력성은 ___㉡___ 이다.

	㉠	㉡
①	감소	음(−)
②	감소	양(+)
③	증가	음(−)
④	증가	양(+)
⑤	불변	영(0)

42 기업의 자본과 노동의 한계생산성은 각각 50단위와 80단위이며, 자본과 노동의 가격은 각각 200만 원과 400만 원이다. 기업의 이윤극대화를 달성하고자 할 때, 다음 중 이 기업의 행동으로 옳은 것은?

① 노동의 투입을 감소시키고, 자본의 투입을 증가시킨다.

② 노동의 투입을 증가시키고, 자본의 투입을 감소시킨다.

③ 노동과 자본의 투입량을 모두 변화시키지 않는다.

④ 노동과 자본의 투입량을 모두 감소시킨다.

⑤ 노동과 자본의 투입량을 모두 증가시킨다.

43 다음은 어떤 재화의 수요와 공급을 나타내는 그림이다. 정부가 이 재화에 대하여 P_0로 최고가격제를 실시한다고 할 때, 이에 대한 설명으로 옳지 않은 것은?(단, 수요곡선과 공급곡선은 모두 선형이다)

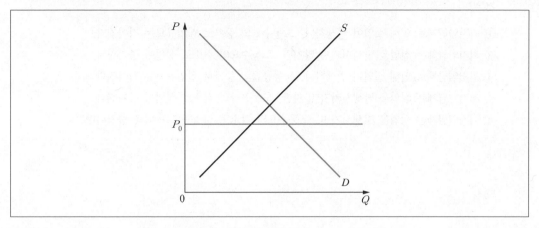

① 최고가격제를 실시하지 않는다면, 시장 가격은 P_0 이하에서 결정된다.

② 최고가격제를 실시하면 암시장이 형성될 수 있다.

③ 최고가격제를 실시하면 시장에서는 공급량이 줄어든다.

④ 초과수요가 발생하여 추첨이나 선착순과 같은 방식이 실시될 수 있다.

⑤ 이 재화를 구매한 소비자는 실제로 지불한 가격보다 더 높은 가격을 지불할 의향이 있다.

44 A국은 아파트시장의 높은 전세 가격을 규제하기 위해 가격상한제를 시행하고자 한다. 이 경우 단기적·장기적 관점에서 바라본 아파트시장에 대한 설명으로 옳은 것은?

① 아파트물량에 대한 초과수요가 단기적으로 크고 장기적으로도 작다.

② 아파트물량에 대한 초과수요가 단기적으로 작으나 장기적으로는 크다.

③ 아파트물량에 대한 초과공급이 단기적으로 크고 장기적으로는 작다.

④ 아파트물량에 대한 초과공급이 단기적으로 작으나 장기적으로는 크다.

⑤ 아파트물량에 대한 아무런 변화 없다.

45 현재 A국은 물가가 상승하고 있다. 이에 따라 A국 정부는 소비자를 보호하고 물가를 안정시키기 위해 가격상한제를 도입하려고 할 때, 이 정책의 효과로 옳지 않은 것은?

① 소비자에게 반드시 이득이 되는 것은 아니다.

② 물가는 안정될 수 있지만 제품의 질이 하락할 수 있다.

③ 최고가격이 시장가격보다 높게 설정되어야 효과가 있다.

④ 수요가 공급보다 많아져서 물량부족현상이 나타난다.

⑤ 암시장이 발생할 가능성이 있다.

46 A국가의 정부는 규제가 없는 노동시장에서 균형임금보다 높은 수준의 최저임금제를 도입하려고 한다. 이에 따라 기업은 예전에 사람이 하던 일을 기계로 대체하려고 할 때, 노동시장의 변화에 대한 설명으로 옳은 것은?

① 최저임금제로 인해 실업이 발생하나, 노동수요의 증가로 실업규모는 작아진다.
② 최저임금제는 실업을 발생시키지 않지만, 노동수요의 감소로 실업이 증가한다.
③ 최저임금제로 인해 실업이 발생하나, 노동공급의 증가로 실업규모는 작아진다.
④ 최저임금제는 실업을 발생시키지 않지만, 노동공급의 감소로 실업이 증가한다.
⑤ 최저임금제는 실업을 발생시키며, 노동수요의 감소로 실업규모는 더욱 증가한다.

47 다음 중 최저임금제에 대한 설명으로 옳은 것은?

① 시장균형가격 이하로 최저임금이 설정되어야 효과가 있다.
② 최저임금제에서는 초과수요가 존재한다.
③ 시장균형가격 이하로 노동을 제공하기 위한 암시장이 형성될 수 있다.
④ 생산자잉여가 감소하고 사회적 총잉여도 감소한다.
⑤ 최저임금과 유사한 예로는 도시지역의 임대료 규제가 있다.

48 다음 중 경제학에서 이야기하는 희소성과 선택에 대한 설명으로 옳지 않은 것은?

① 재화의 유형 중 경제재는 자유재가 될 수는 있지만, 자유재는 경제재가 될 수 없다.
② 재화란 음식, 운동화 등과 같이 사람들이 소비함으로써 만족을 얻을 수 있는 것을 의미한다.
③ 재화의 소비, 생산, 분배의 과정에서 발생하는 문제들은 자원의 희소성으로 인해 발생한다.
④ 경제적 자원은 넓은 의미로는 인간의 생활에 도움이 되는 재화나 물자를 의미하며, 좁은 의미로는 생산요소를 의미한다.
⑤ 희소성의 법칙이란 인간의 욕망은 무한하나, 이를 충족시켜 줄 수 있는 경제적 자원이 상대적으로 제한되어 있음을 의미한다.

49 다음 〈보기〉의 경제변수 중 저량(Stock)변수가 아닌 것을 모두 고르면?

┌─────────────────〈보기〉─────────────────┐
ㄱ 수요량   ㄴ 자본량
ㄷ 외채   ㄹ 노동량
ㅁ 소비
└──────────────────────────────────────┘

① ㄱ, ㄴ   ② ㄱ, ㅁ

③ ㄴ, ㄹ   ④ ㄷ, ㄹ

⑤ ㄷ, ㅁ

50 다음 중 가치의 역설(Paradox of Value)에 대한 설명으로 옳은 것은?

① 다이아몬드의 한계효용은 물의 한계효용보다 크다.

② 다이아몬드는 필수재이고, 물은 사치재이다.

③ 물의 가격은 항상 다이아몬드의 가격보다 싸다.

④ 상품의 가격은 총효용에 의해 결정된다.

⑤ 총효용이 낮아지면 상품의 가격도 낮아진다.

51 다음은 철수와 영희의 시간당 최대 생산량을 나타낸 것이다. 이에 대한 설명으로 옳은 것은?

구분	철수	영희
A재화	4	2
B재화	4	3

① 영희는 B생산에 비교우위가 있다.

② 철수는 B생산에만 절대우위가 있다.

③ 영희는 A생산에 비교우위가 있다.

④ 철수는 A생산에만 절대우위가 있다

⑤ B생산은 철수가 담당하는 것이 합리적이다.

52 다음 글은 비합리적 소비에 대한 설명이다. 빈칸에 들어갈 효과를 바르게 연결한 것은?

> - ___㉠___ 효과는 유행에 따라 상품을 구입하는 소비현상으로, 특정 상품에 대한 어떤 사람의 수요가 다른 사람들의 수요에 의해 영향을 받는다.
> - ___㉡___ 효과는 다른 보통사람과 자신을 차별하고 싶은 욕망으로 나타나는데, 가격이 아닌 다른 사람의 소비에 직접 영향을 받는다.

	㉠	㉡
①	외부불경제	베블런(Veblen)
②	외부불경제	밴드왜건(Bandwagon)
③	베블런(Veblen)	외부불경제
④	밴드왜건(Bandwagon)	외부불경제
⑤	밴드왜건(Bandwagon)	베블런(Veblen)

53 다음 중 한계효용이론에 대한 설명으로 옳지 않은 것은?

① 효용이란 소비자들이 재화 혹은 서비스를 소비할 때 느끼는 객관적인 만족을 의미한다.
② 효용은 소비자의 행동원리를 분석하는 데 있어서 사용되는 가장 기본적인 개념이다.
③ 기수적 효용이란 측정치의 절대적인 수치가 의미를 갖는 효용을 의미한다.
④ 효용함수란 재화소비량과 효용의 관계를 함수형태로 나타낸 것을 의미한다.
⑤ 총효용이 감소하는 구간에서는 반드시 한계효용은 음(−)이다.

54 A병원은 연간 임대료가 200만 원인 의료기기를 임대하여 사용하고 있다. 이 기기를 다른 용도에 사용할 수도 없고 계약기간 만료 전에 반환할 수도 없을 경우, 이 의료기기 사용에 따른 경제적 비용과 매몰비용, 명시적 비용으로 옳은 것은?

	경제적 비용	매몰비용	명시적 비용
①	0원	100만 원	100만 원
②	100만 원	100만 원	0원
③	0원	200만 원	0원
④	100만 원	200만 원	0원
⑤	100만 원	200만 원	100만 원

55 다음 글의 빈칸에 들어갈 내용이 바르게 나열된 것은?

> ___㉠___ 이란 하나의 재화를 선택했을 때 그로 인해 ___㉡___ 의 가치를 의미한다.

	㉠	㉡
①	매몰비용	포기한 것들 중 가장 작은 것
②	매몰비용	포기한 것들 중 가장 큰 것
③	기회비용	포기한 것들 중 가장 작은 것
④	기회비용	포기한 것들 중 가장 큰 것
⑤	한계비용	포기한 것들 중 가장 작은 것

56 다음 〈보기〉 중 기회비용에 대한 설명으로 옳은 것을 모두 고르면?

─────〈보기〉─────
㉠ 기회비용은 모두에게 객관적이다.
㉡ 기회비용을 최소화하는 것이 합리적인 선택이다.
㉢ 기회비용에는 선택적으로 인해 포기된 대안의 가치는 포함되지 않는다.
㉣ 기회비용은 암묵적 비용과 명시적 비용의 합이다.

① ㉠, ㉡   ② ㉠, ㉢
③ ㉡, ㉢   ④ ㉡, ㉣
⑤ ㉢, ㉣

57 다음 중 완전경쟁시장에서 기업의 장기적 시장공급곡선에 대한 설명으로 옳지 않은 것은?

① 완전경쟁시장의 장기적 시장공급곡선의 도출은 단기공급곡선과 달리 진입과 퇴출을 고려한다.
② 장기적 시장공급곡선은 비용 증가 산업, 비용 불변 산업, 비용 감소 산업으로 분류한다.
③ 시장의 총생산량과 장기 균형 가격의 궤적을 이은 곡선이 장기공급곡선이다.
④ 비용 증가 산업은 산업 전체의 총생산량이 증가함에 따라 비용곡선이 하향 이동한다.
⑤ 비용 불변 산업은 장기 공급곡선이 수평선으로 그려진다.

58 다음은 A재 시장과 A재 생산에 특화된 노동시장의 상황을 나타낸 그래프이다. 〈보기〉 중 이에 대한 분석으로 옳은 것을 모두 고르면?

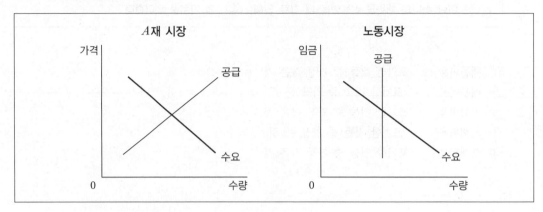

―〈보기〉―
가. A재에 대한 수요가 증가하면 고용량이 늘어난다.
나. A재에 대한 수요가 증가하면 임금이 상승한다.
다. 노동공급이 증가하면 A재 가격이 상승한다.
라. 노동공급이 증가하면 A재 거래량이 증가한다.
마. 노동공급이 감소하면 A재 수요곡선이 이동한다.

① 가, 다
③ 가, 나, 라
⑤ 다, 라, 마

② 나, 라
④ 가, 라, 마

59 다음 〈조건〉은 X재에 대한 시장수요곡선과 시장공급곡선을 나타낸 것이다. 이를 이용하여 계산한 생산자잉여의 크기로 옳은 것은?

―〈조건〉―
• 시장수요곡선 $P=340-4X$
• 시장공급곡선 $P=100+4X$

① 6,600
③ 2,200
⑤ 1,500

② 3,300
④ 1,800

60 다음은 K국의 생산가능곡선(PPC)을 나타낸 그림이다. 현재 K국이 A점에서 생산을 하고 있고 현재 생산되는 자본재의 양이 고정자본 소모보다 높을 경우, K국이 계속해서 A점에서 생산할 때 생산가능곡선의 변화로 옳은 것은?

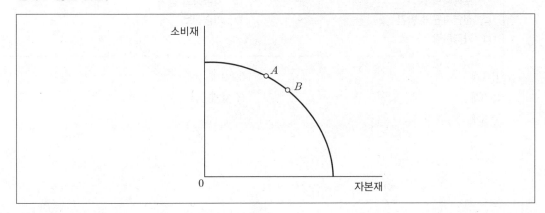

① 생산가능곡선 자체가 안쪽으로 이동하게 된다.

② 생산가능곡선 자체가 바깥쪽으로 이동하게 된다.

③ 생산가능곡선도 이동하지 않고, 생산점도 변화하지 않는다.

④ 생산가능곡선은 이동하지 않고, 생산점은 A점에서 B점으로 이동하게 된다.

⑤ 생산가능곡선은 이동하지 않고, 생산점은 A점에서 내부의 한 점으로 이동하게 된다.

61 다음 중 X재를 가로축, Y재를 세로축에 표시한 일반적인 생산가능곡선에 대한 설명으로 옳지 않은 것은?

① 일반적으로 우하향하면서 원점에 대하여 오목한 형태를 가진다.

② 생산가능곡선상에 존재하는 점들은 모두 생산의 효율성을 만족한다.

③ 생산가능곡선의 접선의 기울기는 기회비용을 의미한다.

④ X재 생산의 기술 진보가 일어나면 생산가능곡선이 X재 쪽으로 확장된다.

⑤ 실업이 감소하면 생산가능곡선이 바깥쪽으로 이동한다.

62 다음 〈보기〉 중 생산가능곡선이 이동하는 요인은 모두 몇 개인가?

〈보기〉

ㄱ. 노동력의 증가　　　　　　　　　ㄴ. 자본량의 증가
ㄷ. 천연자원의 발견　　　　　　　　ㄹ. 기술진보
ㅁ. 가격하락

① 1개　　　　　　　　　　　　　② 2개
③ 3개　　　　　　　　　　　　　④ 4개
⑤ 5개

63 최근 A국의 원유가격이 급변함에도 불구하고 거래량의 변화가 없는 것으로 나타났다. 다음 〈보기〉 중 수요 공급이론에 따른 이 현상의 원인으로 옳은 것을 모두 고르면?

〈보기〉

㉠ 공급이 감소했지만, 수요가 완전비탄력적이다.
㉡ 수요가 감소했지만, 공급이 완전비탄력적이다.
㉢ 수요가 증가하고, 공급이 증가하였다.
㉣ 공급이 증가했지만, 수요가 탄력적이다.

① ㉠, ㉡　　　　　　　　　　　② ㉠, ㉢
③ ㉡, ㉢　　　　　　　　　　　④ ㉡, ㉣
⑤ ㉢, ㉣

64 어떤 X재의 수요와 공급이 모두 가격에 대해 탄력적이다. 이때 수요와 공급이 모두 감소할 때의 변화로 옳은 것은?

① 거래량 소폭 감소, 가격 하락
② 거래량 소폭 감소, 가격 상승
③ 거래량 대폭 감소, 가격 변화 불분명
④ 거래량 대폭 증가, 가격 변화 불분명
⑤ 거래량 소폭 증가, 가격 상승

65 다음 중 일반적인 형태의 수요곡선과 공급곡선을 가지는 재화 X의 가격이 상승하고 생산량이 감소하였을 때, 그 원인으로 옳은 것은?(단, 다른 조건은 동일하다고 가정한다)

① 수요곡선이 하방이동하였다.
② 공급곡선이 하방이동하였다.
③ 수요곡선이 상방이동하였다.
④ 공급곡선이 상방이동하였다.
⑤ 수요곡선과 공급곡선이 동시에 하방이동하였다.

66 수직의 수요곡선과 우상향하는 일반적인 공급곡선을 가지는 재화 Y가 있다. 다음 중 생산자에게 조세(종량세)가 부과될 경우 나타나는 변화로 옳은 것은?

① 생산자잉여가 증가한다.
② 부과된 조세가 소비자와 생산자에게 절반씩 귀착된다.
③ 공급곡선이 하방이동한다.
④ 시장 거래량이 감소한다.
⑤ 부과된 조세만큼 시장가격이 상승한다.

67 어떤 재화의 수요곡선은 우하향하고 공급곡선은 우상향한다. 이 재화의 공급자에 대해 재화 단위당 일정액의 세금을 부과했을 때의 효과에 대한 분석으로 옳은 것은?

① 단위당 부과하는 세금액이 커지면 자중적 손실(Deadweight Loss)은 세금액 증가와 동일하다.
② 다른 조건이 일정할 때 수요가 가격에 탄력적일수록 소비자가 부담하는 세금의 비중은 더 커진다.
③ 세금부과 후에 시장가격은 세금부과액과 동일한 금액만큼 상승한다.
④ 다른 조건이 일정할 때 수요가 가격에 탄력적일수록 세금부과에 따른 자중적 손실(Deadweight Loss)은 적다.
⑤ 과세부과에 따른 자중적 손실(Deadweight Loss)의 최소화를 기하는 것은 효율성 측면과 관련이 있다.

68 다음 중 수요공급의 가격탄력성에 대한 설명으로 옳지 않은 것은?

① 수요가 탄력적일수록 수요의 가격탄력성은 1보다 커진다.

② 수요곡선이 비탄력적일수록 기울기는 더 가파르게 된다.

③ 대체재가 존재하는 경우 수요의 가격탄력성이 커지게 된다.

④ 장기공급의 가격탄력성이 단기공급의 가격탄력성보다 작다.

⑤ 수요의 가격탄력성이 1인 경우 가격이 상승해도 총지출은 변하지 않는다.

69 다음 중 수요의 탄력성에 대한 설명으로 옳은 것은?

① 두 재화가 서로 대체재의 관계에 있다면 수요의 교차탄력성은 음(−)의 값을 갖는다.

② 우하향하는 직선의 수요곡선상에 위치한 두 점에서 수요의 가격탄력성은 동일하다.

③ 수요의 가격탄력성이 '1'이면 가격변화에 따른 판매총액은 증가한다.

④ 수요곡선이 수직선일 때 모든 점에서 수요의 가격탄력성은 '0'이다.

⑤ 재화의 분류범위가 좁을수록 수요의 가격탄력성은 비탄력적이다.

70 A지역의 자동차 공급은 가격에 대해 매우 탄력적인 반면, B지역의 자동차 공급은 가격에 대해 상대적으로 비탄력적이라고 한다. 다음 중 두 지역의 자동차 수요가 동일하게 증가하였을 경우에 대한 설명으로 옳은 것은?

① A지역의 자동차 가격이 B지역 자동차 가격보다 더 크게 상승한다.

② B지역의 자동차 가격이 A지역 자동차 가격보다 더 크게 상승한다.

③ A지역의 자동차 가격은 상승하지만, B지역 자동차 가격은 상승하지 않는다.

④ B지역의 자동차 가격은 상승하지만, A지역 자동차 가격은 상승하지 않는다.

⑤ 두 지역 모두 자동차 가격이 상승하지 않는다.

71 다음 중 수요의 탄력성에 대한 설명으로 옳은 것은?

① 수요곡선의 기울기가 −1인 직선일 경우 수요곡선상의 어느 점에서나 가격탄력성은 동일하다.

② 수요의 가격탄력성이 탄력적이라면 가격인하는 총수입을 증가시키는 좋은 전략이다.

③ 수요의 소득탄력성이 비탄력적인 재화는 열등재이다.

④ 가격이 올랐을 때 시간이 경과될수록 적응이 되기 때문에 수요의 가격탄력성은 작아진다.

⑤ X재의 가격이 5% 인상되자 Y재 수요가 10% 상승했다면, 수요의 교차탄력성은 $\frac{1}{2}$이고 두 재화는 보완재이다.

72 다음은 소비자인 갑의 맥주 수요함수이다. 가격이 2% 상승할 때, 갑의 맥주 구입량 변화로 옳은 것은?

〈소비자 갑의 맥주 수요함수〉

$$Q = \frac{100}{P^4}$$

① 2% 감소   ② 4% 감소
③ 6% 감소   ④ 8% 감소
⑤ 10% 감소

73 다음 사례를 볼 때, 각 기업의 총수익 변화로 옳은 것은?(단, 제시된 내용 외의 모든 조건은 일정하다)

- 수요의 가격탄력성이 0.5인 X재를 생산하고 있는 A기업은 최근 X재의 가격을 1,000원에서 2,000원으로 인상하였다.
- 수요의 가격탄력성이 2인 Y재를 생산하고 있는 B기업은 최근 Y재의 가격을 3,000원에서 5,500원으로 인상하였다.

	A기업	B기업
①	증가	감소
②	증가	일정
③	일정	일정
④	감소	증가
⑤	감소	감소

74 어떤 기업의 비용함수가 $TC(Q)=50+25Q$로 주어져 있을 때, 이 비용함수에 대한 설명으로 옳지 않은 것은?

① 규모의 경제가 존재한다.

② 평균비용은 생산량이 늘어날수록 증가한다.

③ 한계비용은 항상 일정하다.

④ 생산활동에 고정비용이 소요된다.

⑤ 생산량이 10일 때, 평균비용은 30이다.

75 다음 〈보기〉 중 마샬(Mashall)의 보통수요곡선과 힉스(Hicks)의 보상수요곡선에 대한 설명으로 옳은 것을 모두 고르면?

─────────〈보기〉─────────
㉠ 소득효과가 0인 경우 보통수요곡선과 보상수요곡선은 동일하다.
㉡ 대체효과가 0인 경우 보통수요곡선과 보상수요곡선은 동일하다.
㉢ 열등재의 보통수요곡선과 보상수요곡선은 일치한다.
㉣ 가격효과가 0인 경우 보통수요곡선은 수직선이다.

① ㉠, ㉡   ② ㉠, ㉣
③ ㉡, ㉢   ④ ㉡, ㉣
⑤ ㉢, ㉣

76 다음 소득소비곡선을 바탕으로 할 때, X재의 소득탄력성 ε_M^X의 크기로 옳은 것은?

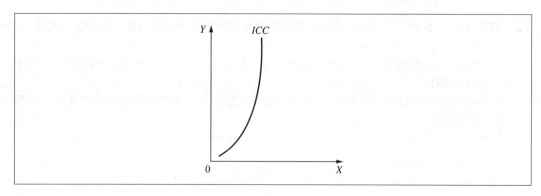

① $0<\varepsilon_M^X<1$ ② $1<\varepsilon_M^X$

③ $\varepsilon_M^X=1$ ④ $\varepsilon_M^X=0$

⑤ $\varepsilon_M^X<0$

77 다음 중 위험선호적인 투자성향을 가지고 있는 투자자 A가 다른 조건이 일정할 때, 선호하는 일반적인 투자 형태의 순서로 옳은 것은?

① 국채 > 주식 > 회사채
② 국채 > 회사채 > 주식
③ 회사채 > 주식 > 국채
④ 주식 > 국채 > 회사채
⑤ 주식 > 회사채 > 국채

78 다음 중 기대효용 이론에 대한 설명으로 옳지 않은 것은?

① 위험기피자는 불확실성이 내포된 자산보다 동액의 확실한 자산을 더 선호하는 개인을 의미한다.
② 기대치란 불확실한 상황에서 얻을 것으로 예상되는 효용의 기대치를 의미한다.
③ 위험프리미엄이란 불확실한 자산을 확실한 자산으로 교환하기 위하여 지불할 용의가 있는 금액이다.
④ 확실성등가란 불확실한 상태에서 기대되는 효용의 크기인 기대효용과 동일한 효용을 주는 확실한 현금의 크기를 말한다.
⑤ 불확실성에서의 의사결정에 대한 분석은 노이만(Neumann)과 모르겐슈테른(Morgenstern)에 의해 본격적으로 이루어졌다.

79 X재와 Y재에 대한 효용함수가 $U = \min[X, Y]$인 소비자가 있다. 소득이 100이고, Y재의 가격(P_Y)이 10일 때, 이 소비자가 효용극대화를 추구한다면 X재의 수요함수는?(단, P_X는 X재의 가격이다)

① $X = \dfrac{10 + 100}{P_X}$
② $X = \dfrac{100}{P_X + 10}$
③ $X = \dfrac{100}{P_X}$
④ $X = \dfrac{50}{P_X + 10}$
⑤ $X = \dfrac{10}{P_X}$

80 효용을 극대화하는 A의 효용함수는 $U(x, y) = \min[x, y]$이다. 소득이 1,800이고, X재와 Y재의 가격이 각각 10이며, X재의 가격만 8로 하락할 때, 다음 〈보기〉 중 옳은 것을 모두 고르면?(단, x는 X재의 소비량, y는 Y재의 소비량이다)

〈보기〉

ㄱ. X재의 소비량 변화 중 대체효과는 0이다.
ㄴ. X재의 소비량 변화 중 소득효과는 10이다.
ㄷ. 한계대체율은 하락한다.
ㄹ. X재 소비는 증가하고, Y재 소비는 감소한다.

① ㄱ, ㄴ　　　　　　　　　② ㄱ, ㄷ
③ ㄴ, ㄷ　　　　　　　　　④ ㄴ, ㄹ
⑤ ㄷ, ㄹ

81 소비자 A의 X재와 Y재의 효용함수는 다음 〈조건〉과 같다. 소비자 A는 현재 10,000원의 소득이 있으며, X재의 가격은 100원, Y재의 가격은 100원일 때, 소비자 A의 효용을 극대화하는 X재와 Y재의 소비량은 얼마인가?

〈조건〉

$$U = \min\left[\frac{X}{2}, \frac{Y}{2}\right]$$

① X재=40, Y재=60　　　　　　② X재=50, Y재=50
③ X재=55, Y재=45　　　　　　④ X재=60, Y재=50
⑤ X재=60, Y재=40

82 다음 중 리카도의 대등정리에 대한 설명으로 옳지 않은 것은?

① 리카도의 대등정리는 공채중립성정리라고도 한다.
② 국민들이 근시안적인 의사결정으로 사고한다면 리카도의 대등정리의 설명력은 낮아진다.
③ 리카도에 따르면 국채가 발행되면 민간저축이 증가한다.
④ 리카도의 대등정리에 의하면 사람들이 유동성제약에 놓여 있는 경우 국채 발행 시 소비가 감소하게 된다.
⑤ 리카도에 따르면 정부지출이 고정된 상태에서 조세를 감면하고 국채를 발행하더라도 경제의 실질변수에는 아무런 영향을 미칠 수 없다.

83 다음 중 소비자의 행동을 체계적으로 분석하기 위해 필요한 소비자선호 체계에 해당하지 않는 것은?

① 단조성(Monotonicity)　　　　　② 이행성(Transivity)

③ 연속성(Continuity)　　　　　　④ 완비성(Completeness)

⑤ 비볼록성(Non – Convexity)

84 다음 중 소비자 A가 완전보완재 관계인 X재와 Y재만을 소비할 경우, 이때의 무차별곡선의 형태로 옳은 것은?

① 알 수 없다.

② 무차별곡선은 우하향하는 직선이 된다.

③ 무차별곡선은 L자 모양이 된다.

④ 무차별곡선은 원점에 대해 볼록한 형태를 가진다.

⑤ 무차별곡선은 원점에 대해 오목한 형태를 가진다.

85 다음 중 일반적인 무차별곡선의 특징에 대한 설명으로 옳은 것은?

① 동일한 사람의 무차별곡선은 서로 교차할 수 있다.

② 원점에서 멀어질수록 더 낮은 효용수준을 나타낸다.

③ 원점에 대하여 오목하다.

④ 두 재화가 완전대체재인 경우 무차별곡선은 우상향하는 직선의 형태이다.

⑤ 무차별곡선은 동일한 효용을 얻을 수 있는 점들을 연결한 선이다.

86 다음 〈조건〉은 L사의 생산함수와 단위당 생산요소의 가격을 나타낸 자료이다. L사가 40단위의 재화를 생산하기 위한 최소비용으로 옳은 것은?(단, Q는 생산량, K는 자본, L은 노동이다)

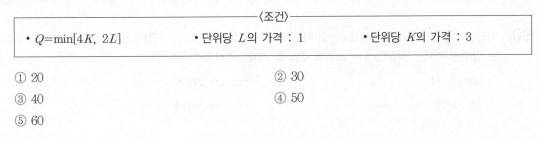

〈조건〉
• $Q=\min[4K,\ 2L]$　　• 단위당 L의 가격 : 1　　• 단위당 K의 가격 : 3

① 20　　　　　　　　　　　② 30

③ 40　　　　　　　　　　　④ 50

⑤ 60

87 다음 중 노동(L)과 자본(K)을 생산요소로 투입하여 비용을 최소화하는 기업의 생산함수가 $Q=L^{0.5}K$일 때, 옳지 않은 것은?(단, Q는 생산량을 의미한다)

① 노동투입량이 증가할수록 노동의 한계생산은 감소한다.

② 노동투입량이 증가할수록 자본의 한계생산은 증가한다.

③ 노동과 자본의 단위당 가격이 동일할 때 자본투입량은 노동투입량의 2배이다.

④ 자본투입량이 증가할수록 자본의 한계생산은 증가한다.

⑤ 위 기업의 생산함수는 콥 – 더글라스 함수(Cobb – Douglas Function)이다.

88 다음 중 생산요소를 노동(L)과 자본(K)만을 사용하는 생산물시장에서 독점기업의 등량곡선과 등비용선에 대한 설명으로 옳지 않은 것은?(단, MP_L은 노동의 한계생산, w는 노동의 가격, MP_K는 자본의 한계생산, r은 자본의 가격이다)

① 등량곡선과 등비용선만으로 이윤극대화 생산량을 구할 수 있다.

② 등비용선 기울기의 절대값은 두 생산요소 가격의 비율이다.

③ 한계기술 대체율은 두 생산요소의 한계생산물 비율이다.

④ 한계기술 대체율은 등량곡선의 기울기를 의미한다.

⑤ 한계기술 대체율이 체감하는 경우, '$\dfrac{MP_L}{w} > \dfrac{MP_K}{r}$'인 기업은 노동투입을 증가시키고 자본투입을 감소시켜야 생산비용을 감소시킬 수 있다.

89 다음 중 규모의 경제에 대한 설명으로 옳지 않은 것은?

① 규모의 경제는 생산량과 비용 간의 관계를 나타내는 개념이다.

② 생산량이 증가할 때 장기평균비용이 감소하는 경우를 규모의 경제라고 한다.

③ 규모의 경제에서의 장기평균비용곡선은 U자 형태로 도출된다.

④ 최적시설규모 중 가장 작은 단기평균비용의 시설규모를 최소효율규모(MES)라고 한다.

⑤ 규모의 경제는 규모에 대한 수익체증과는 별개의 개념이다.

90 직장인 A의 월 소득이 3,000,000원일 때, 엥겔지수가 28%이었다면, 직장인 A가 월마다 지출하는 식료품비는 얼마인가?(단, 직장인 A는 소득의 전부를 가계소비지출로 사용한다)

① 560,000원

② 600,000원

③ 840,000원

④ 920,000원

⑤ 1,020,000원

91 다음 글이 설명하는 시장가격 조절 정책은 무엇인가?

> 정부가 특정가격을 설정하고, 설정된 가격 이상을 받지 못하도록 하는 제도로서 이자율 규제, 임대료 규제, 아파트분양가 규제 등을 그 예로 들 수 있다.

(   )

92 다음 사례와 공통적으로 관련된 경제적 개념은 무엇인가?

> • 한정판 명품가방   • 옛날 화폐 및 우표
> • 명화

(   )

93 다음 글이 설명하는 M&A 관련 용어는 무엇인가?

> 단 한 주만으로도 합병·이사해임 등 경영권에 직결되는 중요 의사결정에 대해 절대적인 권한을 행사할 수 있는 특별 주식이다.

(   )

94 다음 글의 경제이론과 관련이 있는 것은 무엇인가?

> 1980년대 말 버블경제의 붕괴 이후 지난 10여 년간 일본은 장기침체를 벗어나지 못하고 있다. 이에 대한 대책의 하나로 일본 정부는 극단적으로 이자율을 낮추는 사실상 제로금리정책을 시행하고 있으나, 투자 및 소비의 활성화 등 의도했던 수요확대 효과가 전혀 나타나지 않고 있다.

(   )

95 재화 X의 수요곡선이 $P=270-3Q$이고, 공급곡선이 $P=90+6Q$일 때, 소비자잉여의 크기는?(단, 단위는 무시한다)

(   )

96 Y재의 시장수요함수는 $P = 380 - 2Q$이고, 시장공급함수가 $P = -100 + 4Q$이다. 정부가 최고가격제를 실시하여 가격을 200으로 규제할 경우, 수요를 충족시키기 위해 생산자에게 지급해야 할 Y재 1단위당 보조금액의 크기는?

(   )

97 수요함수가 $P = 400 - Q$이고, 공급함수가 $P = 250 + 1.5Q$일 때, 정부가 단위당 일정액의 보조금을 X원 지급한 이후 재화가격이 50원 하락하였다. 정부가 지급한 단위당 보조금의 크기는?

(   )

98 X재의 가격이 100원에서 120원으로 상승하였을 때, X재의 공급량은 200개에서 220개로 증가하였다. 다음 중 X재 공급의 가격탄력성은 얼마인가?

(   )

99 다음 글의 내용에서 투자자 A가 지출할 용의가 있는 위험프리미엄의 값은?

투자자 A는 1,600만 원 가치의 자동차를 가지고 있으며, 이 자동차가 화재로 전소될 확률은 20%이고, 투자자 A의 효용함수는 $u = \sqrt{x}$ 이다.
※ x는 보석의 가치이다.

(   )

100 X재를 생산하고 있는 L사의 생산함수는 $Q = \min[L,\ 2K]$이다. 고정비용은 없으며, 현재 노동과 자본의 단위당 가격이 각각 4원과 2원일 때, L사가 100단위의 상품을 생산하기 위한 총비용은?

(   )

2일 차
기출응용 모의고사

〈문항 및 시험시간〉

영역	문항 수	시험시간	모바일 OMR 답안채점 / 성적분석 서비스	
[NCS] 의사소통능력＋문제해결능력＋ 　　　수리능력 [전공] 경영 / 경제	100문항	110분	경영	경제

2일 차 기출응용 모의고사

| 문항 수 : 100문항 |
| 시험시간 : 110분 |

| 01 | NCS

※ 다음 글을 읽고 이어지는 질문에 답하시오. [1~2]

> 인지 부조화는 한 개인이 가지는 둘 이상의 사고, 태도, 신념, 의견 등이 서로 일치하지 않거나 상반될 때 생겨나는 심리적인 긴장 상태를 의미한다. 인지 부조화는 불편함을 유발하기 때문에 사람들은 이것을 감소시키려고 한다. 인지 부조화를 감소시키는 방법은 서로 모순 관계에 있어서 양립할 수 없는 인지들 가운데 하나 이상의 인지가 갖는 내용을 바꾸어 양립할 수 있게 만들거나, 서로 모순되는 인지들 간의 차이를 좁힐 수 있는 새로운 인지를 추가하여 부조화된 인지 상태를 조화된 상태로 전환하는 것이다.
>
> 그런데 실제로 부조화를 감소시키는 행동은 비합리적인 면이 있다. 그 이유는 그러한 행동들이 사람들로 하여금 중요한 사실을 배우지 못하게 하고 자신들의 문제에 대해서 실제적인 해결책을 찾지 못하도록 할 수 있기 때문이다. 부조화를 감소시키려는 행동은 자기방어적인 행동이고, 부조화를 감소시킴으로써 우리는 자신의 긍정적인 이미지, 즉 자신이 선하고 현명하며 상당히 가치 있는 인물이라는 긍정적인 측면의 이미지를 유지하게 된다. 비록 자기방어적인 행동이 유용한 것으로 생각될 수 있지만, 이러한 행동은 부정적인 결과를 초래할 수 있다.
>
> 한 실험에서 연구자는 인종차별 문제에 대해서 확고한 입장을 보이는 사람들을 선정하였다. 일부는 차별에 찬성하였고, 다른 일부는 차별에 반대하였다. 선정된 사람들에게 인종차별에 대한 찬성과 반대 의견이 실린 글을 모두 읽게 하였는데, 어떤 글은 지극히 논리적이고 그럴듯하였고, 다른 글은 터무니없고 억지스러운 것이었다. 실험에서는 참여자들이 과연 어느 글을 기억할 것인지에 관심이 있었다. 인지 부조화 이론에 따르면, 사람들은 현명한 사람을 자기 편, 우매한 사람을 다른 편이라 생각할 때 마음이 편안해질 것이다. 그렇다면 이 실험에서 인지 부조화 이론은 다음과 같은 ㉠ 결과를 예측할 것이다.

01 다음 중 윗글에 대한 설명으로 가장 적절한 것은?

① 사람들은 인지 부조화가 일어날 경우 이것을 무시하고 방치하려는 경향이 있다.

② 부조화를 감소시키는 행동은 합리적인 면과 비합리적인 면이 함께 나타난다.

③ 부조화를 감소시키는 행동의 비합리적인 면 때문에 문제에 대한 본질적인 해결책을 찾지 못할 수 있다.

④ 부조화의 감소는 사람들로 하여금 자신의 긍정적인 이미지를 유지할 수 있게 하고, 부정적인 이미지를 감소시킨다.

⑤ 부조화를 감소시키는 자기방어적인 행동은 사람들에게 긍정적인 결과를 가져온다.

02 다음 중 ㉠에 해당하는 내용으로 가장 적절한 것은?

① 참여자들은 자신의 의견과 동일한 주장을 하는 모든 글과 자신의 의견과 반대되는 주장을 하는 모든 글을 기억한다.

② 참여자들은 자신의 의견과 동일한 주장을 하는 모든 글과 자신의 의견과 반대되는 주장을 하는 모든 글을 기억하지 못한다.

③ 참여자들은 자신의 의견과 동일한 주장을 하는 형편없는 글과 자신의 의견과 반대되는 주장을 하는 형편없는 글을 기억한다.

④ 참여자들은 자신의 의견과 동일한 주장을 하는 논리적인 글과 자신의 의견과 반대되는 주장을 하는 형편없는 글을 기억한다.

⑤ 참여자들은 자신의 의견과 동일한 주장을 하는 형편없는 글과 자신의 의견과 반대되는 주장을 하는 논리적인 글을 기억한다.

03 다음은 우리나라 국민들의 해외 이주 현황에 대한 자료이다. 이에 대한 설명으로 옳은 것은?

<해외 이주 현황>

(단위 : 명)

구분	2015년	2016년	2017년	2018년	2019년	2020년	2021년	2022년	2023년
합계	23,008	20,946	22,425	21,018	22,628	15,323	8,718	7,367	7,131
미국	14,032	12,829	13,171	12,447	14,004	10,843	3,185	2,487	2,434
캐나다	2,778	2,075	3,483	2,721	2,315	1,375	457	336	225
호주	1,835	1,846	1,749	1,608	1,556	906	199	122	107
뉴질랜드	942	386	645	721	780	570	114	96	96
기타	3,421	3,810	3,377	3,521	3,973	1,629	4,763	4,326	4,269

① 전체 해외 이주민의 수는 해마다 감소하고 있다.

② 2023년의 기타를 제외한 4개국의 해외 이주자의 합은 2020년 대비 약 80% 이상 감소했다.

③ 2023년의 캐나다 해외 이주자는 2015년보다 약 94% 이상 감소하였다.

④ 기타를 제외한 4개국의 2022년 대비 2023년 해외 이주자의 감소율이 가장 큰 나라는 캐나다이다.

⑤ 2016 ~ 2023년 중 호주의 전년 대비 해외 이주자의 감소폭이 가장 큰 해는 2020년이다.

04 다음은 세계 에너지 소비실적 및 수요전망에 대한 자료이다. 이에 대한 설명으로 옳지 않은 것은?

〈세계 에너지 소비실적 및 수요전망〉

(단위 : Moe)

구분	소비실적		수요전망					2022 ~ 2045년 연평균 증감률(%)
	2000년	2022년	2025년	2030년	2035년	2040년	2045년	
OECD	4,522	5,251	5,436	5,423	5,392	5,399	5,413	0.1
미국	1,915	2,136	2,256	2,233	2,197	2,192	2,190	0.1
유럽	1,630	1,769	1,762	1,738	1,717	1,704	1,697	−0.1
일본	439	452	447	440	434	429	422	−0.2
Non − OECD	4,059	7,760	9,151	10,031	10,883	11,656	12,371	1.7
러시아	880	741	730	748	770	798	819	0.4
아시아	1,588	4,551	5,551	6,115	6,653	7,118	7,527	1.8
중국	879	2,909	3,512	3,802	4,019	4,145	4,185	1.3
인도	317	788	1,004	1,170	1,364	1,559	1,757	2.9
중동	211	680	800	899	992	1,070	1,153	1.9
아프리카	391	739	897	994	1,095	1,203	1,322	2.1
중남미	331	611	709	784	857	926	985	1.7
합계	8,782	13,361	14,978	15,871	16,720	17,529	18,293	1.1

① 2022년 아시아 에너지 소비실적은 2000년의 3배 이상이다.

② Non − OECD 국가의 에너지 수요전망은 2022 ~ 2045년 연평균 1.7%씩 증가한다.

③ 2000년 전체 소비실적에서 중국과 인도의 에너지 소비 비중은 13% 이상이다.

④ 중남미의 소비실적과 수요전망은 모두 증가하고 있다.

⑤ OECD 국가의 수요전망은 2040년부터 증가 추세로 돌아선다.

05 다음 글의 주장에 대한 반박으로 가장 적절한 것은?

우리 마을 사람들의 대부분은 산에 있는 밭이나 과수원에서 일한다. 그런데 마을 사람들이 밭이나 과수원에 갈 때 주로 이용하는 도로의 통행을 가로막는 울타리가 설치되었다. 그 도로는 산의 밭이나 과수원까지 차량이 통행할 수 있는 유일한 길이었다. 이러한 도로가 사유지 보호라는 명목으로 막혀서 땅 주인과 마을 사람들 간의 갈등이 심해지고 있다.

마을 사람들의 항의에 대해서 땅 주인은 자신의 사유 재산이 훼손되는 것을 더 이상 간과할 수 없어 통행을 막았다고 주장한다. 그 도로는 사유 재산이므로 독점적이고 배타적인 사용 권리가 있어서 도로 통행을 막은 것이 정당하다는 것이다.

마을 사람들은 그 도로가 10년 가까이 공공으로 사용되어 왔는데 사유 재산이라는 이유로 갑자기 통행을 금지하는 것은 부당하다고 주장하고 있다. 도로가 막히면 밭이나 과수원에서 농사를 짓는 데 불편함이 크고 수확물을 차에 싣고 내려올 수도 없는 등의 피해를 입게 되는데, 개인의 권리 행사 때문에 이러한 피해를 입는 것은 부당하다는 것이다.

사유 재산에 대한 개인의 권리가 보장받는 것도 중요하지만, 그로 인해 다수가 피해를 입게 된다면 사익보다 공익을 우선시하여 개인의 권리가 제한되어야 한다고 생각한다. 만일 개인의 권리가 공익을 위해 제한되지 않으면 이번 일처럼 개인과 다수 간의 갈등이 발생할 수밖에 없다.

땅 주인은 사유 재산의 독점적이고 배타적인 사용을 주장하기에 앞서 마을 사람들이 생업의 곤란으로 겪는 어려움을 염두에 두어야 한다. 공익을 우선시하는 태도로 조속히 문제 해결을 위해 노력해야 할 것이다.

① 땅 주인은 개인의 권리 추구에 앞서 마을 사람들과 함께 더불어 살아가는 법을 배워야 한다.
② 마을 사람들과 땅 주인의 갈등은 민주주의의 다수결의 원칙에 따라 해결해야 한다.
③ 공익으로 인해 침해된 땅 주인의 사익은 적절한 보상을 통해 해결될 수 있다.
④ 땅 주인의 권리 행사로 발생하는 피해가 법적으로 증명되어야만 땅 주인의 권리를 제한할 수 있다.
⑤ 해당 도로는 10년 가까이 공공으로 사용되었기 때문에 사유 재산으로 인정받을 수 없다.

※ L공사는 별관 신축을 위한 건설업체를 선정하고자 한다. 다음은 입찰기준에 따라 업체별로 20점을 척도로 점수화하고 업체별 비용을 나타낸 자료이다. 이어지는 질문에 답하시오. **[6~7]**

<업체별 입찰기준 점수>

입찰업체	경영평가점수	시공실적점수	친환경소재점수
A	18점	11점	15점
B	14점	15점	17점
C	17점	13점	13점
D	16점	12점	14점
E	13점	10점	17점
F	16점	14점	16점

<업체별 비용>

(단위 : 억 원)

A	B	C	D	E	F
16.9	17.4	17.1	12.9	14.5	15.2

06 L공사는 비용이 17억 원 이하인 업체 중 경영평가점수와 시공실적점수의 반영비율을 1 : 2의 가중치로 합산한 값이 가장 높은 3개 업체를 1차로 선정한다. 1차 선정업체 중 친환경소재점수가 가장 높은 곳을 최종 선정한다고 할 때, 다음 중 최종 선정될 업체는?

① A   ② B

③ D   ④ E

⑤ F

07 L공사가 외부 권고로 인해 선정방식을 변경하였다. 새로운 방식에 따라 비용이 17억 2천만 원 이하인 업체 중 시공실적점수와 친환경소재점수의 반영비율을 3 : 2의 가중치로 합산한 값이 가장 높은 2개 업체를 1차로 선정한다. 1차 선정업체 중 입찰 비용이 가장 낮은 곳을 최종 선정한다고 할 때, 다음 중 최종 선정될 업체는?

① A   ② C

③ D   ④ E

⑤ F

08 다음은 보건복지부에서 발표한 출산율에 대한 그래프이다. 이에 대한 설명으로 옳지 않은 것은?

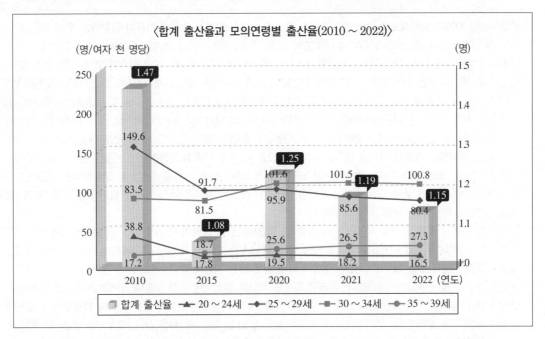

① 2020년부터 30 ~ 34세의 출산율은 계속 감소하고 있다.

② 2010년에 비해 2022년 가장 큰 폭의 변화를 보인 연령대는 25 ~ 29세이다.

③ 2015년부터 20 ~ 24세의 출산율은 최하위를 기록하고 있다.

④ 2010년부터 35 ~ 39세의 고령자 산모 비율은 계속 증가하고 있다.

⑤ 2021년과 2022년의 합계 출산율의 차이는 0.05명 이상이다.

우리나라의 지명은 역사적으로 많은 우여곡절을 겪으면서 변천해왔다. 그러나 자세히 관찰하면 우리나라 지명만이 갖는 특징이 있는데, 이는 우리 지명의 대부분이 지형, 기후, 정치, 군사 등에서 유래되었다는 점이다.

우리나라의 지명에는 山(산), 谷(곡), 峴(현), 川(천), 新(신), 大(대), 松(송) 등의 한자가 들어 있는 것이 많다. 이중 山, 谷, 峴, 川 등은 산악 지형이 대부분인 한반도의 산과 골짜기를 넘는 고개, 그 사이를 굽이치는 하천을 반영한 것이다. 그런가 하면 新, 大 등은 인구 증가와 개척·간척에 따라 형성된 새로운 마을과 관련되는 지명이며, 松은 어딜 가나 흔한 나무가 소나무였으므로 이를 반영한 것이다. 그 다음으로 上(상), 內(내), 南(남), 東(동), 下(하) 등의 한자와 石(석), 岩(암), 水(수), 浦(포), 井(정), 村(촌), 長(장), 龍(용), 月(월) 등의 한자가 지명에 많이 들어 있다. 이러한 한자들은 마을의 위치나 방위를 뜻하는 것으로서, 우리 민족이 전통적으로 남(南), 동(東) 방향을 선호했다는 증거이다. 또한 큰 바위(石, 岩)가 이정표 역할을 했으며, 물(水, 井)을 중심으로 생활했다는 것을 반영하고 있다. 한편, 평지나 큰 들이 있는 곳에는 坪(평), 平(평), 野(야), 原(원) 등의 한자가 많이 쓰였는데, 가평, 청평, 양평, 부평, 수원, 철원, 남원 등이 그 예이다.

한자로 된 지명은 보통 우리말 지명의 차음(借音)과 차훈(借訓)을 따랐기 때문에 어느 정도는 원래의 뜻을 유추할 수 있었다. 그런데 우리말 지명을 한자어로 바꿀 때 잘못 바꾸면 그 의미가 매우 동떨어지게 된다. 특히 일제 강점기 때는 우리말 지명의 뜻을 제대로 몰랐던 일제에 의해 잘못 바뀐 지명이 많다. 예를 들어 경기도 안산시의 고잔동은 원래 우리말로 '곶 안'이라는 뜻이었다. 우리말 의미를 제대로 살렸다면 한자 지명이 곶내(串內)나 갑내(岬內)가 되었어야 하나, 일제에 의해 고잔(古棧)으로 바뀌었다. 한편 서울의 삼각지도 이와 같은 사례에 해당한다. 이곳의 원래 지명은 새벌(억새 벌판)인데, 경기 방언으로 새뿔이라고 불렸다. 이는 새(세)를 삼(三)으로, 뿔(벌)을 각(角)으로 해석하여 삼각지로 바꾼 것이다. 이렇게 잘못 바뀐 지명은 전국에 분포되어 있다. 현재 우리가 이 '고잔(古棧)'과 '삼각지(三角地)'에서 원래의 의미를 찾아내기란 결코 쉽지 않다.

조선 시대에는 촌락의 특수한 기능이 지명에 반영되는 경우가 많았는데, 특히 교통 및 방어와 관련된 촌락이 그러하였다. 하천 교통이 발달한 곳에는 도진취락(渡津聚落)이 발달했는데, 이러한 촌락의 지명에는 '~도(渡)', '~진(津)', '~포(浦)' 등의 한자가 들어간다. 한편, 주요 역로를 따라서는 역원취락(驛院聚落)이 발달했다. 역은 공문서의 전달과 관리의 내왕(來往), 관물(官物)의 수송 등을 주로 담당했고, 원은 관리나 일반 여행자에게 숙박 편의를 제공했다. 따라서 '역(驛)~', '~원(院)' 등의 한자가 들어가는 지명은 _____ 곳이다.

해방 후 국토 공간의 변화에 따라 지명에도 큰 변화가 있었다. 국토 개발에 따라 새로운 지명이 생겨났는가 하면 고유의 지명이 소멸하거나 변질하기도 했다. 서울의 경우 인구 증가로 인해 새로운 동(洞)이 만들어지면서 공항동, 본동과 같은 낯선 지명이 생겨났다. 반면에 굴레방다리, 말죽거리, 장승배기, 모래내, 뚝섬과 같은 고유 지명은 행정 구역 명칭으로 채택되지 않은 채 잊혀져 가고 있다.

09 다음 중 윗글을 잘못 이해하고 있는 사람은?

① A : 서울 율현동(栗峴洞)의 지명은 마을이 위치한 고개 지형에서 유래되었군.

② B : 강원도의 원주시(原州市)는 주로 넓은 평지로 이루어져 있겠군.

③ C : 서울의 삼각지(三角紙)는 뿔 모양의 지형에서 유래된 지명이군.

④ D : 서울의 노량진동(露梁津洞)은 조선 시대 하천 교통의 요지였겠군.

⑤ E : 서울 공항동(空港洞) 지명의 역사는 안산 고잔동(古棧洞) 지명의 역사보다 짧겠군.

10 다음 중 윗글의 빈칸에 들어갈 내용으로 가장 적절한 것은?

① 과거에 경치가 뛰어났던

② 과거에 상공업이 발달했던

③ 과거에 왕이 자주 행차했던

④ 과거에 육상 교통이 발달했던

⑤ 과거에 해상 교통이 발달했던

※ L공사의 승진 기준표에 따라 해당 요건을 모두 충족하는 사람은 승진 대상자에 포함되어 1월 1일부터 승진한다. 다음 자료를 보고 이어지는 질문에 답하시오. [11~13]

〈승진 기준표〉

조건 직급	직급 임기	인사고과 점수	보직	보직기간
2급	5년	95점 이상	부장	5년
3급	4년	93점 이상	과장	4년
4급	4년	90점 이상	대리	4년
5급	3년	90점 이상	주임	3년

※ 2024년 1월 1일 승진 기준

〈승진 대기자〉

구분	현재 직급	직급 임기 시작일	인사고과 점수	보직	보직기간
A부장	3급	2021. 01. 01.	96점	부장	5년
B과장	4급	2017. 04. 03.	92점	과장	4년
C대리	5급	2020. 01. 01.	93점	대리	4년

11 다음 중 B과장이 진급하지 못하는 이유로 가장 적절한 것은?

① 승진 대기 인원 초과
② 직급 임기 부족
③ 인사고과 점수 부족
④ 보직기간 부족
⑤ 직급 임기 및 보직기간 부족

12 다음 중 C대리가 진급하기 위해서 필요한 요건으로 가장 적절한 것은?

① 필요 없음
② 직급 임기
③ 인사고과 점수
④ 보직기간
⑤ 인사고과 점수 및 보직기간

13 A부장은 어느 해에 2급으로 승진 가능한 요건을 만족하는가?

① 2026년
② 2027년
③ 2028년
④ 2029년
⑤ 2030년

14 문화기획을 하는 A씨는 올해 새로운 공연을 기획하고자 한다. 문화예술에 대한 국민의 관심과 참여 수준을 파악하여 기획에 반영하고자 할 때, 다음 자료를 해석한 내용으로 옳지 않은 것은?

〈문화예술 관람률〉

(단위 : %)

구분		2017년	2019년	2021년	2023년
문화예술 성별·연령별 관람률	전체	52.4	54.5	60.8	64.5
	남자	50.5	51.5	58.5	62.0
	여자	54.2	57.4	62.9	66.9
	20세 미만	81.2	79.9	83.6	84.5
	20 ~ 29세	79.6	78.2	83.4	83.8
	30 ~ 39세	68.2	70.6	77.2	79.2
	40 ~ 49세	53.4	58.7	67.4	73.2
	50 ~ 59세	35.0	41.2	48.1	56.2
	60세 이상	13.4	16.6	21.7	28.9
문화예술 종류별 관람률	음악·연주회	13.9	13.6	11.6	10.7
	연극	13.9	13.5	13.2	11.8
	무용	1.1	1.5	1.4	1.2
	영화	44.8	45.8	50.3	52.8
	박물관	13.8	14.5	13.3	13.7
	미술관	12.5	11.1	10.2	9.8

① 문화예술 관람률은 계속해서 증가하고 있다.

② 2021년도의 전체 인구수를 100명으로 가정했을 때 그해 미술관을 관람한 사람은 10명이다.

③ 문화예술 관람률이 접근성을 반영한다면, 접근성이 가장 떨어지는 문화예술은 무용이다.

④ 남자보다는 여자, 40세 이상보다는 30세 이하의 문화예술 관람률이 높다.

⑤ 60세 이상의 문화예술 관람률은 2017년 대비 2023년에 100% 이상 증가했다.

※ 다음은 주요 국가별·연도별 청년층 실업률 추이에 대한 자료이다. 이어지는 질문에 답하시오. **[15~16]**

〈주요 국가별·연도별 청년층(15 ~ 24세) 실업률 추이〉

(단위 : %)

구분	2018년	2019년	2020년	2021년	2022년	2023년
독일	13.6	11.7	10.4	11.0	9.7	8.5
미국	10.5	10.5	12.8	17.6	18.4	17.3
영국	13.9	14.4	14.1	18.9	19.3	20.0
일본	8.0	7.7	7.2	9.1	9.2	8.0
OECD 평균	12.5	12.0	12.7	16.4	16.7	16.2
대한민국	10.0	8.8	9.3	9.8	9.8	9.6

15 다음 중 제시된 자료에 대한 설명으로 옳지 않은 것은?

① 2019년 일본의 청년층 실업률의 전년 대비 감소율은 3% 이상이다.

② 대한민국 청년층 실업률은 매년 OECD 평균보다 낮다.

③ 영국은 청년층 실업률이 주요 국가 중에서 매년 가장 높다.

④ 2021년 독일의 청년층 실업률의 전년 대비 증가율은 대한민국보다 낮다.

⑤ 2022년 청년층 실업률의 2017년 대비 증가량이 OECD 평균 실업률의 2020년 대비 2022년 증가량보다 높은 나라는 영국, 미국이다.

16 다음 중 2018년과 비교하여 2023년에 청년층 실업률이 가장 크게 증가한 나라는?

① 독일
② 미국
③ 영국
④ 일본
⑤ 대한민국

17 다음 글의 빈칸에 들어갈 접속부사로 가장 적절한 것은?

날이 추우면 통증이 커질 수 있는 질환이 몇 가지 있다. 골관절염이나 류마티스 관절염 등 관절 관련 질환이 여기에 해당한다. 통증은 신체에 어떤 이상이 있으니 상황이 악화되지 않도록 피할 방법을 준비하라고 스스로에게 알리는 경고이다.

골관절염과 류마티스 관절염은 여러 면에서 차이가 있으나 환절기에 추워지면 증상이 악화될 수 있다는 공통점이 있다. 날씨에 따라 관절염 증상이 악화되는 이유를 의학적으로 명확하게 설명할 수 있는 근거는 다소 부족하지만 추위로 인해 관절염 통증이 심해질 수 있다. 우리는 신체의 신경을 통해 통증을 느끼는데, 날이 추워지면 신체의 열을 빼앗기지 않고자 조직이 수축한다. 이 과정에서 신경이 자극을 받아 통증을 느끼게 되는 것이다. 즉, 관절염의 질환 상태에는 큰 변화가 없을지라도 날이 추워지면 평소보다 더 심한 통증을 느끼게 된다.

_____ 날이 추워질수록 외부 온도 변화에 대응할 수 있도록 가벼운 옷을 여러 개 겹쳐 입어 체온을 일정하게 유지해야 한다. 특히 일교차가 큰 환절기에는 아침, 점심, 저녁으로 변화하는 기온에 따라 옷을 적절하게 입고 벗을 필요가 있다. 오전에 첫 활동을 시작할 때는 가벼운 스트레칭을 통해 체온을 올린 후 활동하는 것도 효과적이다. 춥다고 웅크린 상태에서 움직이지 않으면 체온이 유지되지 않을 수 있으므로 적절한 활동을 지속하는 것이 중요하다.

① 한편
② 따라서
③ 그러나
④ 그리고
④ 그럼에도 불구하고

18 다음은 경제활동 참가율에 대한 자료이다. 이에 대한 설명으로 옳지 않은 것은?

〈경제활동 참가율〉

(단위 : %)

| 구분 | 2018년 | 2019년 | 2020년 | 2021년 | 2022년 | | | | | 2023년 |
					연간	1분기	2분기	3분기	4분기	1분기
경제활동 참가율	61.8	61.5	60.8	61.0	61.1	59.9	62.0	61.5	61.1	60.1
남성	74.0	73.5	73.1	73.0	73.1	72.2	73.8	73.3	73.2	72.3
여성	50.2	50.0	49.2	49.4	49.7	48.1	50.8	50.1	49.6	48.5

① 2023년 1분기 경제활동 참가율은 60.1%로, 지난해 같은 기간보다 0.2%p 상승했다.
② 2023년 1분기 여성의 경제활동 참가율은 남성에 비해 낮은 수준이나, 지난해 같은 기간보다 0.4%p 상승했다.
③ 남녀 경제활동 참가율의 합이 가장 높았던 때는 2022년 2분기이다.
④ 조사기간 중 경제활동 참가율이 가장 낮았을 때는 여성의 경제활동 참가율이 가장 낮았을 때이다.
⑤ 남녀 모두 경제활동 참가율이 가장 높았던 때와 가장 낮았던 때의 차이는 2%p 이하이다.

19 A~C는 각각 온라인과 소형매장 중 한 곳에서 라면을 구매하려 한다. 다음은 판매처별 라면 가격에 대한 자료이다. 세 사람의 구매조건이 다음과 같고 비용을 최소화하여 라면을 구매하고자 할 때, 세 사람의 구매 방법은?(단, 배송비는 개수와 관계없이 한 번만 결제된다)

〈판매처별 라면 가격과 배송비〉

판매처	가격	배송비
온라인	900원/개	2,500원
소형매장	1,000원/개	–

〈구매조건〉

- A : 라면 10개 구매
- B : 라면 24개 구매
- C : 라면 30개 구매

	A	B	C
①	온라인	온라인	온라인
②	온라인	소형매장	온라인
③	소형매장	소형매장	소형매장
④	소형매장	소형매장	온라인
⑤	소형매장	온라인	온라인

20 다음은 '부정청탁 및 금품 등 수수의 금지에 관한 법률(김영란법)'에 대한 글이다. 이에 대한 사례로 적절하지 않은 것은?

> '부정청탁 및 금품 등 수수의 금지에 관한 법률'은 공직자와 언론사·사립학교·사립유치원 임직원, 사학재단 이사진 등이 부정한 청탁을 받고도 신고하지 않거나, 직무 관련성이나 대가성에 상관없이 1회 100만 원(연간 300만 원)이 넘는 금품이나 향응을 받으면 형사처벌하도록 하는 법률이다.
>
> 우선 공직자를 비롯해 언론인·사립학교 교직원 등 법안 대상자들이 직무 관련성이나 대가성에 상관없이 1회 100만 원(연간 300만 원)을 초과하는 금품을 수수하면 형사처벌(3년 이하의 징역 또는 3,000만 원 이하의 벌금)을 받도록 규정했다. 또 직무 관련자에게 1회 100만 원(연간 300만 원) 이하의 금품을 받았다면 대가성이 입증되지 않더라도 수수금액의 2~5배를 과태료로 물도록 했다. 다만, 원활한 직무 수행, 사교·의례·부조 등의 목적으로 공직자에게 제공되는 금품의 상한액을 설정했다.
>
> 또 법안 시행 초기에는 식사·다과·주류·음료 등 음식물은 3만 원, 금전 및 음식물을 제외한 선물은 5만 원, 축의금·조의금 등 부조금과 화환·조화를 포함한 경조사비는 10만 원을 기준으로 했다. 그러나 국민권익위원회는 2017년 12월 선물 상한액은 농수축산물에 한해 10만 원으로 오르고 경조사비는 5만 원으로 낮아지는 내용의 개정안을 의결해 입법예고했다.
>
> 이에 따르면 선물비의 경우 상한액을 5만 원으로 유지하되 농축수산물(화훼 포함)에 한해 5만 원에서 10만 원으로 상향한다. 여기에는 농수축산물 원재료가 50% 이상인 가공품도 함께 해당한다. 경조사비는 기존 10만 원에서 5만 원으로 상한액이 낮아지는데 현금 5만 원과 함께 5만 원짜리 화환은 제공할 수 있다. 만약 현금 없이 경조사 화환만 제공할 경우에는 10만 원까지 인정된다. 다만 음식물은 유일하게 현행 상한액(3만 원)이 유지된다.
>
> 외부 강사의 경우 사례금 상한액은 장관급 이상은 시간당 50만 원, 차관급과 공직유관단체 기관장은 40만 원, 4급 이상 공무원과 공직유관단체 임원은 30만 원, 5급 이하와 공직유관단체 직원은 20만 원으로 제한했다. 사립학교 교직원, 학교법인 임직원, 언론사 임직원의 외부강의 사례금 상한액은 시간당 100만 원이다.

① 논문심사 중인 대학교수가 심사대상 대학원생에게 1만 원 이하의 도시락 세트를 받은 것은 김영란법에 위배되는 행위이다.

② 직무 관련자들과 1인당 5만 원가량의 식사를 하고 각자 식사비를 지불한 것은 김영란법에 위배되는 행위이다.

③ 퇴직 예정자가 부하 직원들이 갹출한 50만 원 상당의 선물을 받는 것은 김영란법에 위배되는 행위이다.

④ 졸업한 학생선수가 학교운동부지도자에게 3만 원 상당의 선물을 제공하는 것은 김영란법에 위배되지 않는다.

⑤ A신문사 사장이 B대학에서 1시간 강의 후 그 대가로 90만 원을 지급받은 것은 김영란법에 위배되지 않는다.

※ 다음은 L공사에서 채용시험을 실시할 때 필요한 〈조건〉과 채용시험장 후보 대상에 대한 자료이다. 이어지는 질문에 답하시오. [21~22]

─────〈조건〉─────

- 신입직 지원자는 400명이고, 경력직 지원자는 80명이다(단, 지원자 모두 시험에 응시한다).
- 시험은 방송으로 진행되므로 스피커가 있어야 한다.
- 시험 안내를 위해 칠판이나 화이트보드가 있어야 한다.
- 신입직의 경우 3시간, 경력직의 경우 2시간 동안 시험이 진행된다.
- 비교적 비용이 저렴한 시설을 선호한다.

〈채용시험장 후보 대상〉

구분	A중학교	B고등학교	C대학교	D중학교	E고등학교
수용 가능 인원	380명	630명	500명	460명	500명
시간당 대여료	300만 원	450만 원	700만 원	630만 원	620만 원
시설	스피커, 화이트보드	스피커, 칠판	칠판, 스피커	화이트보드, 스피커	칠판
대여 가능 시간	토 ~ 일요일 10 ~ 13시	일요일 09 ~ 12시	토 ~ 일요일 14 ~ 17시	토요일 14 ~ 17시	토 ~ 일요일 09 ~ 12시 13 ~ 15시

21 L공사가 신입직 채용시험을 토요일에 실시한다고 할 때, 다음 중 채용시험 장소로 가장 적절한 곳은?

① A중학교
② B고등학교
③ C대학교
④ D중학교
⑤ E고등학교

22 L공사는 채용 일정이 변경됨에 따라 신입직과 경력직의 채용시험을 동시에 동일한 장소에서 실시하려고 한다. 다음 중 채용시험 장소로 가장 적절한 곳은?(단, 채용시험일은 토요일이나 일요일로 한다)

① A중학교
② B고등학교
③ C대학교
④ D중학교
⑤ E고등학교

23 L공사는 현재 신입사원을 모집하고 있으며, 지원자격은 다음과 같다. 〈보기〉의 지원자 중 L공사 지원자격에 부합하는 사람은 모두 몇 명인가?

〈L공사 대졸공채 신입사원 지원자격〉

- 4년제 정규대학 모집대상 전공 중 학사학위 이상 소지한 자(졸업예정자 지원 불가)
- TOEIC 750점 이상인 자(국내 응시 시험에 한함)
- 병역필 또는 면제자로 학업성적이 우수하고, 해외여행에 결격사유가 없는 자
※ 공인회계사, 외국어 능통자, 통계 전문가, 전공 관련 자격 보유자 및 장교 출신 지원자 우대

모집분야		대상 전공
일반직	일반관리	• 상경, 법정 계열 • 통계 / 수학, 산업공학, 신문방송, 식품공학(식품 관련 학과) • 중국어, 러시아어, 영어, 일어, 불어, 독어, 서반아어, 포르투갈어, 아랍어
	운항관리	• 항공교통, 천문기상 등 기상 관련 학과 – 운항관리사, 항공교통관제사 등 관련 자격증 소지자 우대
전산직		• 컴퓨터공학, 전산학 등 IT 관련 학과

시설직		• 전기부문 : 전기공학 등 관련 전공
		  – 전기기사, 전기공사기사, 소방설비기사(전기) 관련 자격증 소지자 우대
		• 기계부문 : 기계학과, 건축설비학과 등 관련 전공
		  – 소방설비기사(기계), 전산응용기계제도기사, 건축설비기사, 공조냉동기사, 건설기계기사,
		    일반기계기사 등 관련 자격증 소지자 우대
		• 건축부문 : 건축공학 관련 전공(현장 경력자 우대)

〈보기〉

지원자	지원분야	학력	전공	병역사항	TOEIC 점수	참고사항
A	전산직	대졸	컴퓨터공학	병역필	820점	• 중국어, 일본어 능통자이다. • 여권이 발급되지 않은 상태이다.
B	시설직 (건축부문)	대졸	식품공학	면제	930점	• 건축현장 경력이 있다. • 전기기사 자격증을 소지하고 있다.
C	일반직 (운항관리)	대재	항공교통학	병역필	810점	• 전기공사기사 자격증을 소지하고 있다. • 학업 성적이 우수하다.
D	시설직 (기계부문)	대졸	기계공학	병역필	745점	• 건축설비기사 자격증을 소지하고 있다. • 장교 출신 지원자이다.
E	일반직 (일반관리)	대졸	신문방송학	미필	830점	• 소방설비기사 자격증을 소지하고 있다. • 포르투갈어 능통자이다.

① 1명
② 2명
③ 3명
④ 4명
⑤ 없음

※ 다음 글을 읽고 이어지는 질문에 답하시오. [24~26]

오늘날 특정한 국가에서 순수하게 하나의 언어만을 사용하는 경우는 드물다. 한 국가의 언어 상황은 아주 복잡한 양상을 띠고 있는데, 특히 한 개인이나 사회가 둘 또는 그 이상의 언어를 사용하는 언어적 다양성을 보이는 경우에는 '이중 언어 사용'과 '양층 언어 사용'의 두 상황으로 나누어 볼 수 있다.

먼저 이중 언어 사용은 한 개인이나 사회가 일상생활에서 두 개 혹은 그 이상의 언어를 어느 정도 유창하게 사용하는 것을 말하며, 이때 둘 이상의 언어들은 사회적으로 기능상의 차이 없이 통용된다. 이중 언어 사용은 개인적 이중 언어 사용과 사회적 이중 언어 사용의 두 가지로 나누어 볼 수 있는데, 전자는 개인이 이중 언어 사용 공동체에 속해 있는지의 여부와 상관없이 두 개 이상의 언어를 사용하는 것을 말하며, 후자는 공동체 내에 두 개 이상의 언어가 실제로 사용되고 있는 상황을 가리킨다. 이중 언어 사회의 구성원은 반드시 이중 언어 사용자가 될 필요는 없다. 대다수 구성원들이 두 언어를 모두 사용할 수 있기 때문에 하나의 언어만 알고 있어도 사회생활의 거의 모든 분야에서 의사소통이 되지 않을 염려는 없다.

이중 언어 사회에서 통용되는 둘 이상의 언어들은 공용어로서 대등한 지위를 가질 수 있지만 대체로 구성원 대다수가 사용하는 언어가 '다수자 언어'가 되고, 상대적으로 사용 인원이 적은 언어는 '소수자 언어'가 된다. 일반적으로 다수자 언어는 힘이나 권위의 문제에 있어 소수자 언어보다 우세한 지위를 가지는 경우가 많고, 소수자 언어는 그 사회에서의 영향력이 작다는 이유로 정치, 교육, 경제 등 여러 분야에서 상대적으로 소홀히 취급되는 경향이 있다.

양층 언어 사용은 언어학자 퍼거슨이 처음으로 사용한 개념이다. 양층 언어 사용은 언어적 유사성이 희미하게 남아 있지만 방언 수준 이상으로 음운, 문법, 어휘 등의 층위에서 서로 다른 모습을 보이는 두 개 이상의 변이어를 사용하는 것을 말한다. 변이어들은 사회적 차원에서 서로 독립적인 기능을 하면서 사용하는 장소나 상황이 엄격하게 구분되어 쓰인다. 양층 언어 사회에서 변이어들은 언어 사용자 수와 무관하게 '상층어'와 '하층어'로 구분되어 사용되며 상보적 관계에 있다. 상층어는 주로 종교, 법률, 교육, 행정 등과 같은 '높은 차원'의 언어적 기능을 수행하기 위해 사용되며, 주로 학교에서 이루어지는 정식 교육을 통해 배우게 된다.

반면, 하층어는 가족 간의 비격식적인 대화, 친교를 위한 일상 담화 등 '낮은 차원'의 언어적 기능을 수행하기 위해 사용되며, 가정에서 모어로 습득되는 경우가 많다. 양층 언어 사용 상황에 있는 구성원은 특정 상황에서 사용되는 언어를 모를 경우 불이익을 받을 수 있다. 예를 들어 정치 분야에서 사용되는 특정 상층어를 모른다면 일상생활에는 지장이 없겠지만, 투표와 같은 참정권을 행사하는 과정에서 불편을 겪게 될 가능성이 크다.

퍼거슨과 달리 피시먼은 그의 연구에서 언어적 유사성이 없는 서로 다른 두 언어가 각자의 기능을 엄격하게 구별하여 수행하는 상황까지를 포함하여 양층 언어 사용을 설명하였다. 피시먼의 연구 결과를 뒷받침하는 대표적인 사례로는 파라과이의 언어 사용 상황을 들 수 있다. 파라과이에서는 스페인어가 상층어로서 각종 행정이나 교육 현장에서 사용되고, 스페인어와 언어적 유사성이 없는 토착어인 과라니어는 인구의 90%가 사용하고 있음에도 불구하고 하층어로 사용되고 있다.

24 다음 중 윗글의 내용 전개방식으로 적절하지 않은 것은?

① 용어의 개념을 밝혀 독자의 이해를 돕고 있다.
② 예시의 방법으로 설명 내용을 뒷받침하고 있다.
③ 대조의 방법으로 대상의 특성을 부각하고 있다.
④ 인과의 방법으로 대상의 변화 과정을 소개하고 있다.
⑤ 대상을 하위 요소로 나누어 체계적으로 설명하고 있다.

25 다음 중 윗글의 내용으로 적절하지 않은 것은?

① 양층 언어 사회에서는 사용되는 변이어들이 상보적 관계에 있다.
② 양층 언어 사회에서는 특정 변이어를 모르면 불편을 겪을 수 있다.
③ 양층 언어 사회에서는 구성원들이 각 변이어에 부여하는 가치가 다르다.
④ 이중 언어 사회에서는 소수자 언어가 공용어로서의 지위를 얻을 수 없다.
⑤ 이중 언어 사회에서는 일반적으로 다수자 언어의 사회적 영향력이 더 크다.

26 다음 중 윗글을 바탕으로 〈보기〉의 사례를 이해한 내용으로 적절하지 않은 것은?

〈보기〉

• A지역에서는 현대 표준 아랍어와 구어체 아랍어 두 개의 언어가 사용된다. 사회 구성원들 대다수는 현대 표준 아랍어가 구어체 아랍어보다 우위에 있다고 생각하며, 현대 표준 아랍어를 사용해야 하는 종교 시설에서 구어체 아랍어를 사용하면 비난을 받게 된다.
• B지역에서는 프랑스어와 영어 두 개의 언어가 사용된다. 이 두 언어를 모두 유창하게 구사할 수 있는 공무원들은 공공기관에 찾아온 민원인에게 프랑스어와 영어 중 무엇을 사용할 것인지에 대한 선택권을 주기 위해 'Bonjour(봉주르), Hello(헬로)!'와 같이 인사를 건넨다.

① A지역에서는 두 개의 언어를 습득하는 환경이 다를 수 있다.
② B지역에서는 구성원 모두가 두 개의 언어를 유창하게 구사할 수 있어야 한다.
③ A지역에서는 B지역에서와 달리 두 개의 언어가 사회적으로 그 기능에 차이가 있다.
④ B지역에서는 A지역에서와 달리 두 개의 언어가 사용되는 장소의 구분이 없다.
⑤ A지역과 B지역에서는 두 개의 언어가 통용될 수 있는 언어적 다양성이 나타난다.

※ 다음은 우리나라의 분야별 재정지출 추이에 대한 자료이다. 이어지는 질문에 답하시오. **[27~28]**

<우리나라의 분야별 재정지출 추이>

(단위 : 조 원, %)

구분	2019년	2020년	2021년	2022년	2023년	연평균 증가율
예산	137.2	147.5	153.7	165.5	182.8	7.4
기금	59.0	61.2	70.4	72.9	74.5	6.0
교육	24.5	27.6	28.8	31.4	35.7	9.9
사회복지·보건	32.4	49.6	56.0	61.4	67.5	20.1
R&D	7.1	7.8	8.9	9.8	10.9	11.3
SOC	27.1	18.3	18.4	18.4	18.9	−8.6
농림·해양·수산	12.3	14.1	15.5	15.9	16.5	7.6
산업·중소기업	11.4	11.9	12.4	12.6	12.6	2.5
환경	3.5	3.6	3.8	4.0	4.4	5.9
국방비	18.1	21.1	22.5	24.5	26.7	10.2
통일·외교	1.4	2.0	2.6	2.4	2.6	16.7
문화·관광	2.3	2.6	2.8	2.9	3.1	7.7
공공질서·안전	7.6	9.4	11.0	10.9	11.6	11.2
균형발전	5.0	5.5	6.3	7.2	8.1	12.8
기타	43.6	35.2	35.1	37.0	38.7	−2.9
총 지출	196.3	208.7	224.1	238.4	257.3	7.0

※ (총 지출)=(예산)+(기금)

27 다음 중 자료에 대한 설명으로 옳은 것은?(단, 비율은 소수점 첫째 자리에서 반올림한다)

① 교육 분야의 전년 대비 재정지출 증가율이 가장 높은 해는 2020년이다.

② 재정지출액이 전년 대비 증가하지 않은 해가 있는 분야는 5개이다.

③ 사회복지·보건 분야가 예산에서 차지하고 있는 비율은 언제나 가장 높다.

④ 기금의 연평균 증가율보다 낮은 연평균 증가율을 보이는 분야는 3개이다.

⑤ 통일·외교 분야와 기타 분야의 2019~2023년 재정지출 증감추이는 동일하다.

28 다음 중 2022년 사회복지 · 보건 분야와 공공질서 · 안전 분야 재정지출의 2021년 대비 증감률의 차이는 얼마인가?(단, 소수점 둘째 자리에서 반올림한다)

① 9.4%p
② 10.5%p
③ 11.2%p
④ 12.6%p
⑤ 13.2%p

29 다음은 L공사 직원들의 이번 주 초과근무 계획표이다. 하루에 5명 이상 초과근무를 할 수 없고, 직원들은 각자 일주일에 10시간을 초과하여 근무를 할 수 없다. 한 사람만 초과근무 일정을 변경할 수 있을 때, 규칙에 어긋난 요일과 일정을 변경해야 할 직원이 바르게 짝지어진 것은?(단, 주말은 1시간당 1.5시간으로 계산한다)

〈초과근무 계획표〉

성명	초과근무 일정	성명	초과근무 일정
김혜정	월요일 3시간, 금요일 3시간	김재건	수요일 1시간
이설희	토요일 6시간	신혜선	수요일 4시간, 목요일 3시간
임유진	토요일 3시간, 일요일 1시간	한예리	일요일 6시간
박주환	목요일 2시간	정지원	월요일 3시간, 목요일 4시간
이지호	화요일 4시간	최명진	화요일 5시간
김유미	금요일 6시간, 토요일 2시간	김우석	목요일 1시간
이승기	화요일 1시간	차지수	금요일 6시간
정해리	월요일 5시간	이상엽	목요일 6시간, 일요일 3시간

	요일	직원		요일	직원
①	월요일	김혜정	②	화요일	정지원
③	화요일	신혜선	④	목요일	이상엽
⑤	토요일	임유진			

※ 다음은 L국의 교통사고 사상자 2,500명 대해 조사한 자료이다. 이어지는 질문에 답하시오. [30~31]

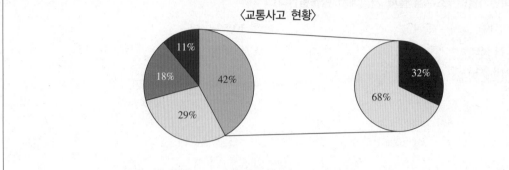

〈교통사고 현황〉

■ 사륜차와 사륜차   ■ 사륜차와 이륜차   ■ 사망자   ■ 부상자
■ 사륜차와 보행자   ■ 이륜차와 보행자

※ 사상자 수와 가해자 수는 같다.

〈교통사고 가해자 연령〉

구분	20대	30대	40대	50대	60대 이상
비율	38%	21%	11%	8%	

※ 교통사고 가해자 연령 비율의 합은 100%이다.

30 다음 중 자료에 대한 설명으로 옳지 않은 것은?

① 교통사고 가해자 연령에서 60대 이상의 비율은 30대보다 높다.

② 사륜차와 사륜차 교통사고 사망사건 가해자가 모두 20대라고 할 때, 20대 가해건수의 35% 이상을 차지한다.

③ 이륜차와 관련된 교통사고의 가해자 연령대가 모두 30대 이하라고 할 때, 30대 이하 가해건수의 70% 이상을 차지한다.

④ 보행자와 관련된 교통사고의 40%는 사망사건이라고 할 때, 보행자 관련 사망건수는 사륜차와 사륜차의 교통사고 건수보다 적다.

⑤ 사륜차와 이륜차 교통사고 사망자와 부상자의 비율이 사륜차와 사륜차 교통사고 사망자와 부상자 비율의 반대라고 할 때, 사륜차와 이륜차 교통사고 사망자 수가 사륜차와 사륜차 교통사고 사망자 수보다 많다.

31 이륜차 또는 보행자와 관련된 교통사고 중 가해자 20%가 20대라고 할 때, 이 인원이 20대 가해자에서 차지하는 비율은 얼마인가?(단, 비율은 소수점 첫째 자리에서 버림한다)

① 10%   ② 15%

③ 20%   ④ 25%

⑤ 30%

32 다음 글을 근거로 판단할 때, 옳지 않은 것을 〈보기〉에서 모두 고르면?

맥아음료 중 일정 비율을 초과한 알코올을 함유하고 있는 것을 맥주라고 한다. 수입 맥아음료에 대한 관세율 및 주세율은 다음과 같다.
- 관세의 부과기준 및 관세율
  가. 알코올을 함유하지 않은 맥아음료(알코올 함유량 100분의 0.5 이하 포함) : 8%
  나. 맥주(알코올 함유량 100분의 0.5 초과) : 30%
- 주세의 부과기준 및 주세율
  알코올 함유량이 100분의 1 이상인 맥주 : 72%

─────────────〈보기〉─────────────

ㄱ. 알코올 함유량이 1%인 수입 맥아음료는 30%의 관세와 72%의 주세를 모두 납부해야 한다.

ㄴ. 주세 납부 대상이지만 관세는 내지 않아도 되는 수입 맥아음료가 있다.

ㄷ. 알코올 함유량이 0.8%인 수입 맥아음료는 8%의 관세를 납부해야 한다.

① ㄱ   ② ㄴ

③ ㄱ, ㄷ   ④ ㄴ, ㄷ

⑤ ㄱ, ㄴ, ㄷ

33 다음은 콘크리트 유형별 기준강도 및 시험체 강도판정결과에 대한 자료이다. 이에 근거하여 (가) ~ (다)에 해당하는 강도판정결과를 순서대로 바르게 나열한 것은?

〈콘크리트 유형별 기준강도 및 시험체 강도판정결과〉

(단위 : MPa)

콘크리트 유형 \ 구분	기준강도	시험체 강도				강도 판정결과
		시험체 1	시험체 2	시험체 3	평균	
A	24	22.8	29.0	20.8	( )	(가)
B	27	26.1	25.0	28.1	( )	불합격
C	35	36.9	36.8	31.6	( )	(나)
D	40	36.4	36.3	47.6	40.1	합격
E	45	40.3	49.4	46.8	( )	(다)

※ 강도판정결과는 '합격'과 '불합격'으로 구분됨

〈판정기준〉

다음 조건을 모두 만족하는 경우에만 강도판정결과가 '합격'이다.
– 시험체 강도의 평균은 기준강도 이상이어야 한다.
– 기준강도가 35MPa 초과인 경우에는 각 시험체 강도가 모두 기준강도의 90% 이상이어야 한다.
– 기준강도가 35MPa 이하인 경우에는 각 시험체 강도가 모두 기준강도에서 3.5MPa을 뺀 값 이상이어야 한다.

	(가)	(나)	(다)
①	합격	합격	합격
②	합격	합격	불합격
③	합격	불합격	불합격
④	불합격	합격	합격
⑤	불합격	합격	불합격

34 다음 글의 내용으로 적절하지 않은 것은?

서울의 청계광장에는 '스프링(Spring)'이라는 다슬기 형상의 대형 조형물이 설치돼 있다. 이것을 기획한 올덴버그는 공공장소에 작품을 설치하여 대중과 미술의 소통을 이끌어 내려 했다. 이와 같이 대중과 미술의 소통을 위해 공공장소에 설치된 미술 작품 또는 공공 영역에서 이루어지는 예술 행위 및 활동을 공공미술이라 한다.

1960년대 후반부터 1980년대까지의 공공미술은 대중과 미술의 소통을 위해 작품의 설치 장소를 점차 확장했기 때문에 장소 중심의 공공미술이라 할 수 있다. 이전까지는 미술관에만 전시되던 작품을 사람들이 자주 드나드는 공공건물에 설치하기 시작했다.

하지만 이렇게 공공건물에 설치된 작품들은 건물의 장식으로 인식되어 대중과의 소통에 한계가 있었기 때문에, 작품은 공원이나 광장과 같은 공공장소로 옮겨졌다. 그러나 공공장소에 놓인 작품이 주변 공간과 어울리지 않거나 미술가의 미학적 입장이 대중에게 수용되지 못하는 일들이 벌어졌다.

이는 소통에 대한 미술가의 반성으로 이어졌고, 시간이 지남에 따라 공공미술은 점차 주변의 삶과 조화를 이루는 방향으로 발전하였다.

1990년대 이후의 공공미술은 참된 소통이 무엇인가에 대해 진지하게 성찰하며, 대중을 작품 창작 과정에 참여시키는 쪽으로 전개되었기 때문에 '참여' 중심의 공공미술이라 할 수 있다. 이때의 공공미술은 대중들이 작품 제작에 직접 참여하게 하거나 작품을 보고 만지며 체험하는 활동 속에서 작품의 의미를 완성할 수 있도록 하여 미술가와 대중, 작품과 대중 사이의 소통을 강화하였다. 즉 장소 중심의 공공미술이 이미 완성된 작품을 어디에 놓느냐에 주목하던 '결과 중심'의 수동적 미술이라면, 참여 중심의 공공미술은 작품의 창작 과정에 대중이 참여하여 작품과 직접 소통하는 '과정 중심'의 능동적 미술이라고 볼 수 있다.

한편 공공미술에서는 대중과의 소통을 위해 누구나 쉽게 다가가 감상할 수 있는 작품을 만들어야 하므로, 미술가는 자신의 미학적 입장을 어느 정도 포기해야 한다고 우려할 수 있다. 그러나 이러한 우려는 대중의 미적 감상 능력을 무시하는 편협한 시각이다. 왜냐하면 추상적이고 난해한 작품이라도 대중과의 소통의 가능성은 늘 존재하기 때문이다. 따라서 공공미술에서 예술의 자율성은 소통의 가능성과 대립하지 않는다. 공공미술가는 예술의 자율성과 소통의 가능성을 높이기 위해 대중의 예술적 감성이 어떠한지, 대중이 어떠한 작품을 기대하는지를 면밀히 분석하며 작품을 창작해야 한다.

① 장소 중심의 공공미술은 결과 중심의 미술이다.
② 올덴버그의 '스프링'은 대중과의 소통을 위한 작품이다.
③ 장소 중심의 공공미술은 대중과의 소통에 한계가 있었다.
④ 장소 중심의 공공미술은 작품 창작에서 대중의 참여를 중요시하였다.
⑤ 공공 영역에서 이루어지는 예술 행위 및 활동은 공공미술이라 할 수 있다.

※ 다음은 L국의 국내기업 7개의 정부지원금 현황에 대한 자료이다. 이어지는 질문에 답하시오. **[35~36]**

〈2023년 7개 국내기업 정부지원금 현황〉

(단위 : 원)

구분	정부지원금
B기업	482,000,000
C기업	520,400,000
D기업	871,900,000
E기업	792,500,000
F기업	427,030,000
G기업	887,400,000
H기업	568,200,000

〈2022년 7개 국내기업 정부지원금 현황〉

(단위 : 만 원)

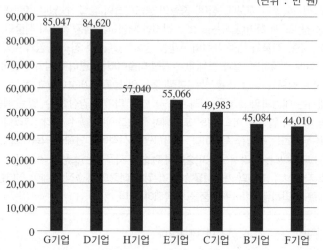

〈2021년 5개 국내기업 정부지원금 현황〉

(단위 : 원)

구분	정부지원금
1위	830,450,000
2위	820,840,000
3위	580,310,000
4위	520,530,000
5위	520,190,000

35 다음 〈보기〉 중 자료에 대한 설명으로 옳은 것을 모두 고르면?

---〈보기〉---
ㄱ. 2022년과 2023년에 정부지원금이 동일한 기업은 5개이다.
ㄴ. 2021년에 정부지원금을 G기업이 가장 많이 받았다면 G기업은 3개년 연속 1위이다.
ㄷ. 2023년에 정부지원금이 전년 대비 줄어든 기업은 2개이다.
ㄹ. 2023년 7개 기업의 총 정부지원금은 전년 대비 30,000만 원 이상 증가하였다.

① ㄱ   ② ㄱ, ㄷ
③ ㄴ, ㄹ   ④ ㄱ, ㄴ, ㄷ
⑤ ㄴ, ㄷ, ㄹ

36 다음 정보를 토대로 2021년 정부지원금을 기준으로 1위부터 5위 기업을 순서대로 바르게 나열한 것은?

---〈정보〉---
• 2022년을 기준으로 1위와 2위가 바뀌었다.
• E기업은 매년 한 순위씩 상승했다.
• 2021년부터 3년간 5위 안에 드는 기업은 동일하다.
• H기업은 2022년까지 매년 3위를 유지하다가 2023년에 한 순위 떨어졌다.

① D - G - E - H - C   ② D - G - H - C - E
③ D - G - H - E - C   ④ G - D - E - H - C
⑤ G - D - H - E - C

37 다음 글의 사회적 경제 개념과 가장 거리가 먼 것은?

> 자연과의 공존을 중시하며 환경오염, 기후변화, 자원부족 등을 극복하기 위한 노력이 증대되고 있다. 또한 자본주의 시장경제의 전개 과정에서 발생한 다양한 사회문제에 대응하여 대안적 삶을 모색하고 공생사회를 지향하는 가치관이 확산되고 있다. 이러한 흐름 속에서 부상한 사회적 경제는 이윤의 극대화를 최고 가치로 삼는 시장경제와 달리, 사람의 가치에 우위를 두는 사람 중심의 경제활동이자 여러 경제주체를 존중하는 다양성의 경제이다. 사회적 경제는 국가, 시장, 공동체의 중간 영역으로 정의되기도 한다. 이러한 정의는 사회적 경제가 공식 경제와 비공식 경제, 영리와 비영리, 공과 사의 경계에 존재함을 의미하고, 궁극적으로 국가 공동체가 새로운 거버넌스의 원리에 따라 재구성되어야 한다는 것을 의미한다.
> 최근 들어 우리 사회뿐만 아니라 세계적 흐름으로 발전하고 있는 사회적 경제는 시장경제에 위기가 도래하면 부상하고, 그 위기가 진정되면 가라앉는 특징을 보인다. 복지국가 담론에 대한 회의 혹은 자본주의 시장 실패에 대한 대안이나 보완책으로 자주 거론되고 있다. 또한, 양극화 해소나 일자리 창출 등의 공동이익과 사회적 가치의 실현을 위한 상호협력과 사회연대라는 요구와 관련된다.

① 기존의 복지국가 담론
② 자본주의 시장 실패의 대안 모델
③ 공식 경제와 비공식 경제의 경계
④ 사람의 가치를 존중하는 사람 중심의 경제
⑤ 상호협력과 사회연대를 바탕으로 한 경제적 활동

38 다음 빈칸에 들어갈 말로 가장 적절한 것은?

> A국 정부는 유전 관리 부서 업무에 적합한 전문가를 한 명 이상 임용하려고 한다. 그런데 지원자들 중 갑은 경쟁국인 B국에 여러 번 드나든 기록이 있다. 그래서 정보 당국은 갑의 신원을 조사했다. 조사 결과 갑이 부적격 판정을 받는다면, 그는 임용되지 못할 것이다. 한편, A국 정부는 임용 심사에서 지역과 성별을 고려한 기준도 적용한다. 동일 지역 출신은 두 사람 이상을 임용하지 않는다. 그리고 적어도 여성 한 명을 임용해야 한다. 이번 임용 시험에 응시한 여성은 갑과 을 둘밖에 없다. 또한, 지원자들 중에서 병과 을이 동일 지역 출신이므로, 만약 병이 임용된다면 을은 임용될 수 없다. 그런데 _____ 따라서 병은 임용되지 못할 것이다.

① 갑이 임용될 것이다.
② 을이 임용되지 못할 것이다.
③ 갑은 조사 결과 부적격 판정을 받을 것이다.
④ 병이 임용된다면, 갑도 임용될 것이다.
⑤ 갑이 조사 결과 적격 판정을 받는다면, 갑이 임용될 것이다.

※ L공사는 직원들의 명함을 아래의 명함 제작 기준에 따라 제작한다. 이어지는 질문에 답하시오. **[39~40]**

〈명함 제작 기준〉

(단위 : 원)

구분	100장	추가 50장
국문	10,000	3,000
영문	15,000	5,000

※ 고급종이로 제작할 경우 정가의 10% 가격 추가

39 L공사는 올해 입사한 신입사원 모두에게 국문 명함을 만들어 지급했다. 명함은 1인당 150장씩 지급하며, 일반 종이로 만들어 총 제작비용은 195,000원이다. 신입사원은 총 몇 명인가?

① 12명
② 13명
③ 14명
④ 15명
⑤ 16명

40 이번 신입사원 중 해외영업부서로 배치받은 사원이 있다. 해외영업부 사원들에게는 고급종이로 영문 명함을 200장씩 만들어 주려고 한다. 총인원이 8명일 때 총액은 얼마인가?

① 158,400원
② 192,500원
③ 210,000원
④ 220,000원
⑤ 247,500원

41 다음 중 GE 매트릭스의 상황평가단계에 해당하지 않는 것은?

① 분석단위 결정　　　　　　　② 변수 파악

③ 미래 예측　　　　　　　　　④ 가중치 부여

⑤ 사업단위 위치 결정

42 다음 중 HRM의 업무로 옳지 않은 것은?

① 인적자원의 확보 및 배치　　　② 미래 인적자원 계획

③ 인사제도 기획 및 실행　　　　④ 임금 및 복리후생 설계

⑤ 조직 및 개인의 역량 개발

43 다음 중 목표관리법(MBO)의 특징으로 옳지 않은 것은?

① 개인 목표와 조직 목표를 명확히 구분한다.

② 목표 달성을 위한 동기부여를 한다.

③ 커뮤니케이션을 활성화한다.

④ 객관적인 보상 체계를 갖는다.

⑤ 구속성 및 참여의식을 유발한다.

44 다음 중 적시생산방식의 특징에 대한 설명으로 옳지 않은 것은?

① 생산소요 시간을 단축할 수 있다.

② 노동력을 유연하게 사용할 수 있다.

③ 작업자들이 제품의 생산 및 품질까지 책임질 것을 강조한다.

④ 자재 흐름을 통제하기 위하여 칸반 시스템을 운영한다.

⑤ 재고를 최소화하기 위하여 로트 크기를 확대한다.

45 다음 글에 해당하는 가격결정모형은 무엇인가?

- 소비자들이 제품에 대해 느끼는 가치를 분석하여 가격을 결정한다.
- 시장 내 경쟁제품이 적고 제품의 차별성이 클 때 적합하다.
- 제품의 주요 특징에 대해 대체품과 비교하여 우위를 나타낼 수 있다.

① 프리미엄 가격   ② 경쟁자 기반 가격

③ 가치 기반 가격   ④ 원가 기반 가격

⑤ 시장침투 가격

46 다음 중 공기업의 하나인 공사에 대한 설명으로 옳지 않은 것은?

① 특별법에 의하여 설치되며, 상법의 적용이 배제된다.

② 정부가 전액 출자하므로 주식과 주주가 별도로 없다.

③ 일반 행정 기관에 적용되는 예산 회계에 관한 법령의 적용을 받는다.

④ 임원의 임명권은 정부가 가진다.

⑤ 운영의 책임은 정부가 가진다.

47 다음 중 노사관계에 대한 설명으로 옳지 않은 것은?

① 이상적인 노사관계는 경영자와 근로자의 힘이 균형된 상태이다.

② 협력적 관계와 대립적 관계를 동시에 맺는다.

③ 경제적 관계와 사회적 관계를 동시에 맺는다.

④ 개별적 관계와 집단적 관계를 동시에 맺는다.

⑤ 종속적 관계와 대등적 관계를 동시에 맺는다.

48 다음 금융상품 중 지분증권에 해당하는 것은?

① 회사채   ② DLB

③ ELS   ④ 신주인수권

⑤ 신탁증권

49 다음 중 브랜드 개발 전략 단계를 순서대로 바르게 나열한 것은?

① 시장 상황 분석 → 정체성 수립 → 가치 제안 → 컨셉 개발 → 구성요소 개발
② 정체성 수립 → 시장 상황 분석 → 가치 제안 → 컨셉 개발 → 구성요소 개발
③ 가치 제안 → 정체성 수립 → 시장 상황 분석 → 컨셉 개발 → 구성요소 개발
④ 시장 상황 분석 → 정체성 수립 → 가치 제안 → 구성요소 개발 → 컨셉 개발
⑤ 정체성 수립 → 시장 상황 분석 → 가치 제안 → 구성요소 개발 → 컨셉 개발

50 다음 중 네트워크 조직에 대한 설명으로 옳지 않은 것은?

① 다양한 정보 공유를 통해 가치를 창출하는 데 유리하다.
② 피라미드 형태의 조직을 수평화하여 조직 운영을 유연하게 할 수 있다.
③ 조직을 소규모 단위로 분할하여 운영함으로써 환경 변화에 신속히 대응할 수 있다.
④ 사업부 조직을 유지하면서 동시에 자율적인 팀 조직을 운영하는 복합적인 형태이다.
⑤ 핵심 업무 및 그 외 부수 업무를 같은 조직 내에서 효율적으로 수행하는 것이 가능하다.

51 다음 중 계수형 관리도에 해당하지 않는 것은?

① 불량률 관리도   ② 불량 개수 관리도
③ 평균 및 표준편차 관리도   ④ 결점수관리도
⑤ 단위당 결점수관리도

52 다음 중 다운사이징의 특징에 대한 설명으로 옳지 않은 것은?

① 다운사이징은 조직의 의도적인 행위에 따른다.
② 인력 감축은 다운사이징의 대표적인 사례 중 하나이다.
③ 기업의 체질 및 구조를 근본적으로 재설계하여 경쟁력을 확보한다.
④ 다운사이징을 통해 조직의 효율성을 증대할 수 있다.
⑤ 조직의 업무 프로세스 변화에 영향을 미친다.

53 다음 중 마케팅의 신뢰도 측정 방법에 해당하지 않는 것은?

① 판별법   ② 재검사법
③ 반분법   ④ 동형검사법
⑤ 내적일관성법

54 다음 중 민츠버그의 조직이론에서 전문적 관료제의 특징으로 옳지 않은 것은?

① 전문지식을 소유하고 있는 전문가가 자신의 업무에 대한 강력한 재량권을 가진다.
② 조직 구성원이 업무적인 압력 또는 간섭에서 자유롭게 업무를 수행할 수 있다.
③ 재량권의 남용 등으로 고객과의 마찰이 발생할 수 있다.
④ 업무가 철저하게 세분되어 있으며, 반복적으로 수행한다.
⑤ 대학교, 연구소, 병원 등에서 많이 활용하는 조직유형이다.

55 다음 중 재고자산을 매입할 때마다 평균단가를 계산하는 재고조사 방법은?

① 개별법   ② 총평균법
③ 이동평균법   ④ 선입선출법
⑤ 후입선출법

56 다음 중 직무평가 방법의 종류에 해당하지 않는 것은?

① 서열법   ② 분류법
③ 관찰법   ④ 점수법
⑤ 요소비교법

57 다음 중 이슈 트리의 작성 유형에 대한 설명으로 옳지 않은 것은?

① 연역법 방식은 문제를 정의하고 구성요소를 세분화하는 방식이다.

② 연역법 방식은 프로젝트 초기에 적용하는 것이 효율적이다.

③ 가설주도 방식은 가설을 먼저 제시하고 이에 대한 질문을 나열하는 방식이다.

④ 가설주도 방식은 문제해결 후반부에 적용하는 것이 효율적이다.

⑤ 이슈맵 방식은 주요 이슈에 대해 긍정과 부정으로 구분하여 나열하는 방식이다.

58 다음 중 페이욜의 일반관리원칙으로 옳지 않은 것은?

① 책임과 권한   ② 명령의 일원화

③ 집권화   ④ 협업

⑤ 주도권

59 다음 중 유통업자의 판매촉진에 해당하지 않는 것은?

① 판매량에 대한 콘테스트 실시

② 구매시점광고(Point of Purchase Advertising)의 지원

③ 자사 제품을 소비자에게 잘 보이는 곳에 배치했을 때 제공하는 진열보조금

④ 소비자에게 특정 제품을 소량으로 포장하여 무료로 제공하는 샘플

⑤ 소매업자의 광고비용을 보상해주는 광고공제

60 다음 중 카리스마 리더십의 특징으로 볼 수 없는 것은?

① 언어적 표현을 통해 구성원들에게 정확한 의사표시를 할 수 있어야 한다.

② 구성원들에게 뚜렷한 목표를 제시할 수 있어야 한다.

③ 구성원들로부터 강한 신뢰를 얻어야 한다.

④ 리더만의 특별한 매력이나 성과를 가지고 있어야 한다.

⑤ 구성원들에게 목표를 전달하고 이해시킬 수 있어야 한다.

61 다음 글에 해당하는 심리적 가격전략은 무엇인가?

> • 일반적으로 사람들이 인정하는 가격을 의미한다.
> • 한번 정해진 가격을 인상하는 것이 쉽지 않다.
> • 원재료, 수량 등을 조절하여 가격 상승효과를 노릴 수 있다.

① 단수가격   ② 명성가격
③ 준거가격   ④ 관습가격
⑤ 유보가격

62 다음 중 관료제의 문제점으로 볼 수 없는 것은?

① 개인의 창의성과 자율성을 제한할 수 있다.
② 인간을 수단화하는 인간 소외 현상을 가져올 수 있다.
③ 빠른 사회 변동에 지나치게 예민하게 반응할 수 있다.
④ 규약과 절차를 지나치게 중요시하여 목적 달성을 방해하는 현상을 유발할 수 있다.
⑤ 시간과 비용의 낭비로 인해 업무의 효율성이 저하될 수 있다.

63 다음 중 MRP 시스템의 장점으로 볼 수 없는 것은?

① 계획의 재수립을 통해 재고를 감축할 수 있다.
② 유휴시간을 줄여 효율성을 높일 수 있다.
③ 시장 변화에 신속하게 대응할 수 있다.
④ 조립을 필요로 하지 않는 다양한 제품생산에 활용할 수 있다.
⑤ 재고 및 생산비용을 줄일 수 있다.

64 다음 중 시장침투 가격전략의 단점으로 옳지 않은 것은?

① 초기가격을 낮게 설정함으로써 수익 확보에 어려움이 있을 수 있다.

② 시장 점유율을 확대하는 데 많은 시간이 소요될 수 있다.

③ 제품가격을 인상할 때 기존 소비자의 반발을 일으킬 수 있다.

④ 낮은 가격으로 인해 저가 브랜드 이미지가 형성될 수 있다.

⑤ 시장 내에서 제품가격이 민감하게 반응하지 않으면 적합하지 않다.

65 다음 중 K-IFRS의 특징에 대한 설명으로 옳지 않은 것은?

① 주요 재무제표로 연결재무제표를 사용한다.

② 비재무 사항에 대해서도 연결공시를 시행한다.

③ 유무형 자산에 대한 평가는 역사적 원가 모형만 인정한다.

④ 대손충당금은 발생 기준에 의해서만 인식한다.

⑤ 영업권은 상각하지 않으며, 손상평가를 시행한다.

66 다음 중 직무명세서의 특징에 대한 설명으로 옳지 않은 것은?

① 사내교육, 경력개발 등 기존 근로자의 인적자원을 관리하는 데 사용된다.

② 특정직무에 대한 직원을 채용할 때 기업이 적합한 근로자를 선발할 수 있도록 도와준다.

③ 직무의 특성을 중점적으로 기재한다.

④ 직무 난이도, 가치 등을 판단할 수 있는 정보를 제공한다.

⑤ 자격사항, 교육, 경력 등의 정보를 포함한다.

67 다음 중 분개의 절차를 순서대로 바르게 나열한 것은?

① 계정과목 결정 → 회계상 거래 여부 파악 → 차변 및 대변 결정 → 계정과목별 발생 금액 결정

② 계정과목 결정 → 계정과목별 발생 금액 결정 → 회계상 거래 여부 파악 → 차변 및 대변 결정

③ 회계상 거래 여부 파악 → 계정과목별 발생 금액 결정 → 차변 및 대변 결정 → 계정과목 결정

④ 회계상 거래 여부 파악 → 계정과목별 발생 금액 결정 → 계정과목 결정 → 차변 및 대변 결정

⑤ 회계상 거래 여부 파악 → 계정과목 결정 → 차변 및 대변 결정 → 계정과목별 발생 금액 결정

68 다음 중 자본집약도에 대한 설명으로 옳지 않은 것은?

① 자본집약도는 (자본투입량)÷(노동투입량)으로 구한다.

② 자본은 대부분 고정자본을 의미한다.

③ 기술이 진보할수록 자본집약도는 높아진다.

④ 일반적으로 의류, 신발 등 경공업 산업은 자본집약도가 낮다.

⑤ 노동생산성과 자본집약도는 반비례 관계이다.

69 다음 중 참여적 리더십의 장점으로 볼 수 없는 것은?

① 구성원들에게 적극적인 동기부여를 줄 수 있다.

② 조직 목표와 구성원의 개인 발전을 동일하게 인식시킬 수 있다.

③ 위기 상황에서 리더의 카리스마로 위기를 극복할 수 있다.

④ 리더와 구성원 간 원활한 의사소통이 가능하다.

⑤ 정책을 결정할 때 오해나 불신을 사전에 제거할 수 있다.

70 다음 중 기능식 조직의 특징에 대한 설명으로 옳지 않은 것은?

① 부서 간 기술의존성이 높고, 일상적인 기술을 사용하는 조직일수록 효율적이다.

② 업무활동을 기능별로 분화하고, 관리자는 업무활동과 관련된 사항을 경영진에 보고한다.

③ 유사한 업무를 결합함으로써 자원, 노력 등의 낭비를 막고 규모의 경제를 실현할 수 있다.

④ 구성원이 짧은 시간에 기술, 지식 등을 개발할 수 있다.

⑤ 구성원이 공통된 지식과 언어를 사용함에 따라 능률이 향상될 수 있다.

71 다음 중 연속생산의 장점으로 옳지 않은 것은?

① 제한된 시간 및 공간을 활용하여 제품생산을 극대화할 수 있다.

② 종료 및 시작 프로세스를 반복함으로써 오류를 줄일 수 있다.

③ 생산 공정을 단축하여 생산 단가를 낮출 수 있다.

④ 생산장비의 지속적인 작동으로 청소나 살균 등의 관리 절차를 줄일 수 있다.

⑤ 대량생산 제품에 대한 일관된 품질을 보장할 수 있다.

72 다음 중 마케팅의 신뢰도를 높이는 방법으로 옳지 않은 것은?

① 신뢰도가 높다고 많이 알려진 방법을 선택하여 사용한다.

② 측정 항목 간 내적일관성을 높여 신뢰도를 높일 수 있다.

③ 반복측정을 통해 신뢰도를 높일 수 있다.

④ 체계적 오차의 발생 가능성을 제거한다.

⑤ 측정 항목 수, 척도 점수를 늘여 신뢰도를 높일 수 있다.

73 다음 중 회계상 거래에 해당하지 않는 것은?

① 상품의 매매　　　　　　　　② 채무의 발생

③ 금전의 대여　　　　　　　　④ 비용의 지급

⑤ 상품의 계약

74 다음 중 포드 시스템의 핵심 요소인 3S와 관계가 없는 것은?

① 제품의 단순화　　　　　　　② 작업의 단순화

③ 부품의 표준화　　　　　　　④ 기계의 전문화

⑤ 부품의 이동화

75 다음 글에 해당하는 인사고과의 오류는 무엇인가?

> • 어떤 한 분야에 대한 평가가 다른 분야의 평가에 영향을 미친다.
> • 행동의 표현이 불분명하거나 특성에 도덕적 의미가 포함되어 있는 경우에 주로 나타난다.
> • 평가항목 수를 줄이거나 여러 대상을 동시에 평가하여 오류를 줄일 수 있다.

① 상동적 태도　　　　　　　　② 항상 오차

③ 후광 효과　　　　　　　　　④ 논리 오차

⑤ 대비 오차

76 다음 중 피쉬바인 모델을 구성하는 변수에 해당하지 않는 것은?

① 대상에 대한 태도

② 대상이 속성에서 어떨 것인지에 대한 소비자의 신념

③ 속성의 분석 방법

④ 속성에 대한 소비자의 평가

⑤ 고려되는 속성의 수

77 다음 글에 해당하는 일정 관리법은 무엇인가?

> • 주문받은 작업에서 납기일이 가장 빠른 순서로 결정하는 것이다.
> • 긴급한 주문이나 작업 지연 정도를 고려하지 않아 합리성이 부족할 수 있다.

① 선착순 우선법   ② 최소 작업시간 우선법

③ 최소 여유시간 우선법   ④ 최소 납기일 우선법

⑤ 긴급률 우선법

78 다음 중 직무분석 절차를 순서대로 바르게 나열한 것은?

① 대표 직위 선정 → 배경정보 수집 → 직무정보 수집 → 직무기술서 작성 → 직무명세서 작성

② 대표 직위 선정 → 직무정보 수집 → 배경정보 수집 → 직무명세서 작성 → 직무기술서 작성

③ 배경정보 수집 → 직무정보 수집 → 직무기술서 작성 → 직무명세서 작성 → 대표 직위 선정

④ 배경정보 수집 → 직무정보 수집 → 대표 직위 선정 → 직무명세서 작성 → 직무기술서 작성

⑤ 배경정보 수집 → 대표 직위 선정 → 직무정보 수집 → 직무기술서 작성 → 직무명세서 작성

79 다음 중 변혁적 리더십의 특성으로 옳지 않은 것은?

① 구성원들은 리더가 이상적이며 높은 수준의 기준과 능력을 지니고 있다고 생각한다.

② 리더는 구성원 모두가 공감할 수 있는 바람직한 목표를 설정하고, 그들이 이를 이해하도록 한다.

③ 리더는 구성원들의 생각, 가치, 신념 등을 발전시키고, 그들이 창의적으로 행동하도록 이끈다.

④ 리더는 구성원들의 관심사, 욕구 등에 대해 개별적으로 공평하게 관심을 가진다.

⑤ 구성원들을 리더로 얼마나 육성했는지보다 구성원의 성과 측정을 통해 객관성을 가질 수 있다는 효과가 있다.

80 다음 중 자본비용에 대한 설명으로 옳지 않은 것은?

① 자본비용은 투자안 평가, 성과 측정, 최적 자본구조 결정 등 기업의 중요한 의사결정요인이다.

② 타인자본비용은 이자 외에 타인자본을 조달하는 데 발생하는 비용을 포함한다.

③ 세후 타인자본비용은 세전 타인자본비용을 [1-(법인세율)]로 나눈 값이다.

④ 신주발행을 통해 자기자본을 확충하는 경우 해당 발행비용은 자기자본비용에 포함된다.

⑤ 자기자본비용은 이론적으로 자본자산가격결정모형을 통해 구한 기대수익률로 볼 수 있다.

81 다음 중 직무명세서에 기재되는 항목에 해당하지 않는 것은?

① 자격요건   ② 가치관
③ 보유기술   ④ 주요경력
⑤ 주요고객

82 다음 중 목표관리법(MBO)의 장점으로 볼 수 없는 것은?

① 명확한 목표 설정이 가능하다.
② 장기적인 목표 설정을 가능하게 한다.
③ 평가 결과에 대한 공정성을 확보할 수 있다.
④ 지속적인 지도를 통해 구성원의 역량을 향상시킬 수 있다.
⑤ 동기부여를 통해 조직 활성화에 기여할 수 있다.

83 다음 중 전사적 자원관리(ERP)의 장점으로 볼 수 없는 것은?

① 생산성 제고   ② 보고 속도 향상
③ 업무 간소화   ④ 리스크 제거
⑤ 신속성 향상

84 다음 중 교육훈련을 내용에 따라 구분할 때 해당하지 않는 것은?

① 아웃바스켓 훈련   ② 비즈니스 게임
③ 역할연기법   ④ 행동모델법
⑤ 교류분석법

85 다음 중 인간관계론의 특징에 대한 설명으로 옳지 않은 것은?

① 기업의 생산수준은 사회적, 집단적 규범에 의하여 정해진다.

② 근로자가 성과에 대한 포상, 고충, 인사 등 비경제적 요소에 만족할수록 생산성이 높아진다.

③ 근로자의 작업량은 개인별 능력이 아닌 비공식적 집단이 합의한 사회적 규범에 의해 결정된다.

④ 근로자의 참여와 동기부여를 강조하는 민주적 리더십을 요구한다.

⑤ 근로자의 노동력 투입에 따른 산출량을 나타내는 기계적 능률을 중시한다.

86 다음 〈보기〉 중 무형자산에 해당하는 것을 모두 고르면?

─〈보기〉─

- 영업권
- 구축물
- 저작권
- 기계장치
- 개발비
- 건설 중인 자산

① 기계장치, 개발비, 구축물
② 기계장치, 구축물, 저작권
③ 영업권, 개발비, 저작권
④ 영업권, 저작권, 건설 중인 자산
⑤ 개발비, 구축물, 건설 중인 자산

87 다음 중 단속생산 유형으로 옳지 않은 것은?

① 프로젝트 생산
② 개별 생산
③ 로트 생산
④ 흐름 생산
⑤ 배치 생산

88 다음 중 컨조인트 분석의 자료수집 방법이 바르게 짝지어진 것은?

① 2요인 접근법, 전체 프로파일 접근법
② 2요인 접근법, 선호점수법
③ 2요인 접근법, 카드제시법
④ 전체 프로파일 접근법, 선호점수법
⑤ 전체 프로파일 접근법, 카드제시법

89 다음 중 조업도에 따른 원가 형태 변화에 대한 설명으로 옳지 않은 것은?

① 조업도가 증가하면 총변동비는 증가한다.
② 조업도가 증가하면 단위당 변동비는 일정하다.
③ 조업도가 증가하면 총고정비는 일정하다.
④ 조업도가 증가하면 단위당 고정비는 감소한다.
⑤ 조업도가 증가하면 준고정비는 감소한다.

90 다음 중 총괄생산계획의 수립 과정을 순서대로 바르게 나열한 것은?

① 시설 이용 평준화 → 제품군 형성 → 현재의 능력과 생산능력 소요량과의 비교 → 생산전략 개발 → 총괄 수요 예측 → 최적 생산전략 결정
② 시설 이용 평준화 → 생산전략 개발 → 제품군 형성 → 현재의 능력과 생산능력 소요량과의 비교 → 총괄 수요 예측 → 최적 생산전략 결정
③ 제품군 형성 → 총괄 수요 예측 → 시설 이용 평준화 → 현재의 능력과 생산능력 소요량과의 비교 → 생산전략 개발 → 최적 생산전략 결정
④ 제품군 형성 → 시설 이용 평준화 → 현재의 능력과 생산능력 소요량과의 비교 → 총괄 수요 예측 → 생산전략 개발 → 최적 생산전략 결정
⑤ 제품군 형성 → 현재의 능력과 생산능력 소요량과의 비교 → 생산전략 개발 → 시설 이용 평준화 → 총괄 수요 예측 → 최적 생산전략 결정

91 다음 중 빈칸에 들어갈 단어는 무엇인가?

> Big 5 Model은 개개인의 성격을 파악하여 행동을 예측하기 위해 외향성, _____, 성실성, 안정성, 개방성의 5가지 요소를 활용한다.

(   )

92 광고의 표현기법 중 오피니언 리더(전문가)를 활용하는 기법은 무엇인가?

(   )

93 다음 글에 해당하는 승진제도는 무엇인가?

- 직무의 변화 없이 직위만 승진하는 것으로, 보수와 직무는 변동이 없다.
- 승진 대상자가 누적되어 있거나 근로자의 사기 저하를 방지하기 위해 직위의 명칭을 변경하거나 형식적으로 승진시키는 제도이다.

(   )

94 다음 글에 해당하는 조직구조는 무엇인가?

- 구성원을 핵심 직무 중심으로 조직하여 부서 간 경계를 제거하고자 하는 조직이다.
- 고객의 수요변화에 신속하게 대응할 수 있다.
- 구성원 간 무임승차 등이 발생하여 업무의 공동화가 생길 수 있다.

(   )

95 다음 글에 해당하는 회사의 종류는 무엇인가?

- 2인 이상의 무한책임사원으로 구성된다.
- 각 사원이 회사를 대표하며, 사원총회, 주주총회 등이 없다.
- 무한책임사원은 회사에 대한 모든 책임을 무한히 지닌다.

(   )

96 맥스웰의 리더십 5단계 중 4번째 단계로 구성원들을 리더로 성장시켜 함께 조직을 이끌어 가는 수준의 단계는 무엇인가?

(   )

97 인적자원관리의 4가지 주요 기능 중 채용 대상자에게 채용 정보를 제공하고, 채용에 흥미를 느끼도록 하여 지원을 유도하는 기능은 무엇인가?

(   )

98 자기자본이익률(ROE; Return On Equity)은 어떤 값을 자기자본으로 나눈 값인가?

(   )

99 다음 글에 해당하는 마케팅 STP 단계는 무엇인가?

- 서로 다른 욕구를 가지고 있는 다양한 고객들을 하나의 동질적인 고객집단으로 나눈다.
- 인구, 지역, 사회, 심리 등을 기준으로 활용한다.
- 전체시장을 동질적인 몇 개의 하위시장으로 구분하여 시장별로 차별화된 마케팅을 실행한다.

(   )

100 다음 L기업 재무회계 자료를 참고할 때, 기초부채를 계산하면 얼마인가?

- 기초자산 : 100억 원
- 총수익 : 35억 원
- 기말자본 : 65억 원
- 총비용 : 20억 원

(   )

41 다음 〈조건〉의 생산함수에 대한 설명으로 옳은 것은?

――――――〈조건〉――――――

- 생산함수 : $Q = 4L^{0.4}K^{0.6}$
- Q, L, K는 각각 생산량, 노동 투입량, 자본 투입량을 나타낸다.

① 한계기술 대체율은 L, K 값과 무관하게 일정하다.
② 규모에 대한 수익불변함수이다.
③ 제시된 생산함수는 3차 동차함수이다.
④ 생산요소의 대체탄력성은 항상 0이다.
⑤ 등량곡선의 기울기는 모든 점에서 동일하다.

42 두 재화를 소비하는 소비자 A의 효용함수가 다음 〈조건〉과 같다. 소비자 A의 소득이 1,500이고, 각 재화의 가격이 30, 10일 경우 효용극대화 소비량은?

――――――〈조건〉――――――

$$U(X_1,\ X_2) = \min[X_1,\ 3X_2]$$

① $X_1 = 15$, $X_2 = 45$ 　　　　② $X_1 = 20$, $X_2 = 25$

③ $X_1 = 45$, $X_2 = 15$ 　　　　④ $X_1 = 30$, $X_2 = 10$

⑤ $X_1 = 25$, $X_2 = 20$

43 다음 〈보기〉 중 환경오염 대책인 교정적 조세(피구세)와 오염배출권 거래제도에 대한 설명으로 옳은 것을 모두 고르면?

―――〈보기〉―――

가. 오염배출권 거래제도를 이용하면 최초에 오염배출권이 기업들에게 어떻게 배분되는가와 관계없이 오염
　　배출량은 효율적인 수준이 된다.
나. 교정적 조세는 시장에서 거래될 수 있는 오염배출권이라는 희소자원을 창조한다.
다. 교정적 조세를 이용하든 오염배출권 제도를 이용하든 오염배출량은 항상 동일한 수준에서 결정된다.
라. 교정적 조세를 부과할 때에 오염배출권의 공급은 가격에 대해 완전비탄력적이다.
마. 시장에서 자유롭게 거래될 수 있는 오염배출권 거래제도는 오염배출권만 있으면 오염물질을 방출할 수
　　있으므로 환경문제를 심화시킨다.

① 가, 라　　　　　　　　　　　　　　　② 가, 마
③ 나, 다　　　　　　　　　　　　　　　④ 나, 라
⑤ 다, 마

44 다음 중 가격차별 행위로 옳지 않은 것은?

① 대출 최고 이자율 제한
② 학생과 노인을 대상으로 한 영화예매권 할인
③ 수출품과 내수품의 상이한 가격 책정
④ 전력 사용량에 따른 단계별 가격 적용
⑤ 관광지 명소의 지역주민 대상 입장료 할인

45 다음 〈보기〉 중 가격차별이 성립하기 위한 조건으로 옳은 것을 모두 고르면?

―――〈보기〉―――

㉠ 시장의 분리가 가능하여야 한다.
㉡ 시장 간 재판매가 가능하여야 한다.
㉢ 시장분리비용이 시장분리에 따른 이윤증가분보다 커야 한다.
㉣ 각 시장의 수요의 가격탄력성이 서로 달라야 한다.
㉤ 기업이 독점력을 갖고 있어야 한다.

① ㉠, ㉡, ㉣　　　　　　　　　　　　② ㉠, ㉢, ㉣
③ ㉠, ㉣, ㉤　　　　　　　　　　　　④ ㉡, ㉢, ㉤
⑤ ㉢, ㉣, ㉤

46 다음 〈보기〉 중 독점기업의 제3급 가격차별에 대한 설명으로 옳지 않은 것을 모두 고르면?

〈보기〉
ㄱ. 가격차별을 하기 위해서는 시장분리비용이 시장분리에 따른 이윤증가분보다 작아야 한다.
ㄴ. 상품의 소비자 간 재판매가 가능해야 가격차별이 가능하다.
ㄷ. 생산량에 관계없이 한계비용이 일정할 경우, 독점기업이 이윤극대화를 위해서는 차별화된 각 시장에서의 한계수입이 동일하도록 판매량을 결정해야 한다.
ㄹ. 제3급 가격차별의 경우 수요의 가격탄력성이 높은 집단에게 높은 가격을, 가격탄력성이 낮은 집단에게 낮은 가격을 설정해야 한다.

① ㄱ, ㄴ
② ㄱ, ㄷ
③ ㄴ, ㄷ
④ ㄴ, ㄹ
⑤ ㄷ, ㄹ

47 A국의 상품시장과 생산요소 시장이 완전경쟁시장일 때, MP_L은 20, 생산물의 가격은 20, 임금은 400이다. 다음 중 단기 이윤을 극대화하려는 기업의 행동으로 옳은 것은?

① 고용을 현 상태로 유지한다.
② 추가적으로 고용을 증가시킨다.
③ 고용상태를 현재 수준보다 감소시킨다.
④ 자본을 늘리고 고용을 감소시킨다.
⑤ 자본을 줄이고 고용을 증가시킨다.

48 다음은 기업 A와 기업 B의 해외진출 전략에 따른 각각의 시장점유율을 나타낸 표이다. 〈보기〉 중 이에 대한 설명으로 옳은 것을 모두 고르면?(단, 괄호 안의 왼쪽 숫자는 기업 A의 점유율, 오른쪽 숫자는 기업 B의 점유율이다)

기업 A \ 기업 B	전략 (가)	전략 (나)
전략 (가)	(3, 3)	(1, 5)
전략 (나)	(5, 1)	(2, 2)

〈보기〉

ㄱ. 기업 A의 전략 (나)는 우월전략이다.
ㄴ. 기업 A와 B 모두 전략 (가)를 선택하는 것이 내쉬균형이다.
ㄷ. 기업 A와 B 모두 전략 (나)를 선택하는 것이 내쉬균형이다.

① ㄱ ② ㄴ
③ ㄷ ④ ㄱ, ㄷ
⑤ ㄴ, ㄷ

49 다음은 A와 B의 거주지 근처 가로수등 설치를 위한 비용 분담 전략과 설치된 가로수등을 이용할 때의 만족 감을 나타낸 표이다. 'A의 비용 분담 전략, B의 비용 분담 전략'으로 표현되는 우월 내쉬균형으로 옳은 것은?(단, 괄호 안의 왼쪽 숫자는 A의 만족감, 오른쪽 숫자는 B의 만족감이다)

구분		B	
		$\frac{1}{2}$ 비용 분담	$\frac{1}{3}$ 비용 분담
A	$\frac{1}{2}$ 비용 분담	(50, 50)	(20, 60)
	$\frac{1}{3}$ 비용 분담	(60, 20)	(30, 30)

① $\frac{1}{2}$ 비용 분담, $\frac{1}{2}$ 비용 분담 ② $\frac{1}{2}$ 비용 분담, $\frac{1}{3}$ 비용 분담
③ $\frac{1}{3}$ 비용 분담, $\frac{1}{2}$ 비용 분담 ④ $\frac{1}{3}$ 비용 분담, $\frac{1}{3}$ 비용 분담
⑤ 존재하지 않음

50 다음 글의 게임이론에 대한 설명으로 옳지 않은 것은?

> A기업과 B기업은 서로 전략적 제휴 의사를 가지고 있는데, 전략적 제휴를 할지 아니면 개별전략을 취할지 고민하고 있다. 전략적 제휴를 요청하는 데 30의 비용이 들며, 이 경우는 두 기업 모두 특정 사업에 점유율이 올라가 각각 100의 효용을 얻을 수 있다. 하지만 두 기업이 개별전략을 취한다면 기술유출 방지를 통해 각각 30의 효용만을 얻을 뿐이다.

① A기업이 전략적 제휴를 요청한다면, B기업은 현상을 유지하는 것이 이익을 극대화하는 전략이다.
② 해당 상황에서 내쉬균형은 2개이다.
③ A기업과 B기업이 서로 전략적 제휴를 요청하는 것이 우월전략이다.
④ 게임이론 측면으로 이 상황에서 내쉬균형은 파레토 최적 상태이다.
⑤ 둘 중 한 기업이 제휴를 요청하고 그 상황에 다른 기업이 현상을 유지하여 이익을 극대화하는 전략을 취한다면, 이는 내쉬균형을 말한다.

51 다음 중 경제적지대와 준지대에 대한 설명으로 옳지 않은 것은?

① 경제적지대란 생산요소 공급자가 얻는 잉여분을 말한다.
② 준지대란 단기적으로 고정된 생산요소에 대한 보수이다.
③ 준지대는 총수입에서 총고정비용을 차감하여 계산할 수 있다.
④ 경제적지대는 단기와 장기 모두 발생 가능하다.
⑤ 준지대는 재화가격이 높을수록, 총가변비용이 작을수록 커진다.

52 다음 중 지대에 대한 설명으로 옳지 않은 것은?

① 일반적으로 노동공급이 탄력적일수록 경제적지대가 차지하는 비중이 커진다.
② 리카도(Ricardo)에 따르면 지대는 일종의 불로소득에 해당한다.
③ 준지대란 공장설비 등과 같이 단기적으로 고정된 생산요소에 대한 보수를 의미한다.
④ 경제적지대란 생산요소가 얻는 소득 중에서 이전수입을 초과하는 부분을 말한다.
⑤ 지대란 토지와 같이 공급이 고정된 생산요소가 생산과정에서 제공한 서비스에 대한 대가로 지불되는 보수를 의미한다.

53 다음 중 공공재의 특성에 대한 설명으로 옳은 것은?

① 한 사람의 소비가 다른 사람의 소비를 감소시킨다.

② 소비에 있어서 경합성 및 배제성의 원리가 작용한다.

③ 무임승차의 문제로 과소 생산의 가능성이 있다.

④ 공공재는 민간이 생산·공급할 수 없다.

⑤ 공공재는 시장실패의 원인에 해당하지 않는다.

54 한 지역에서 동질의 바나나를 판매하는 두 과일 가게 A, B가 쿠르노 경쟁(Cournot Competition)을 하고 있다. 이 지역의 바나나에 대한 시장수요함수는 $Q = 8,000 - 2P$이고, A와 B의 한계비용은 1,000원으로 일정하며 고정비용은 없다. 이윤극대화를 추구하는 A와 B의 균형 판매량은?(단, P는 가격, $Q = Q_A + Q_B$이며, Q_A, Q_B는 각각 A와 B의 판매량이다)

① $Q_A = 1,500, \ Q_B = 1,500$

② $Q_A = 1,500, \ Q_B = 2,000$

③ $Q_A = 2,000, \ Q_B = 2,000$

④ $Q_A = 2,000, \ Q_B = 1,500$

⑤ $Q_A = 2,500, \ Q_B = 2,500$

55 완전경쟁시장[(총생산량) $= C$]에서 쿠르노 균형 상태를 이루는 A와 B기업이 있다. A기업과 B기업의 총생산량은 $\frac{2}{3} C$이며, 완전경쟁시장의 가격은 $P = -3Q + 45$라고 했을 때, 쿠르노 시장 전체 생산량은? (단, $MC = 0$, $P = MC$이다)

① 0

② 1

③ 5

④ 10

⑤ 15

56 독점기업인 L기업이 제품의 가격을 4% 올렸더니 수요량이 16% 감소하였다. 다음 중 L기업의 독점도는?

① 0.10

② 0.15

③ 0.20

④ 0.25

⑤ 0.30

57 다음 〈보기〉 중 시장구조에 대한 설명으로 옳은 것을 모두 고르면?

─〈보기〉─

⊙ 자연독점은 규모의 경제가 존재할 때 발생한다.
ⓒ 독점적 경쟁시장은 기업들의 제품차별화와 관련이 깊다.
ⓒ 독점기업의 이윤을 극대화하는 생산량은 한계비용과 한계수입이 일치하는 수준에서 결정된다.
ⓔ 완전경쟁시장의 장기균형상태에 기술능력이 동일한 기업들의 초과이윤은 0이다.
ⓜ 완전경쟁시장에서는 시장의 진입과 퇴출이 자유롭기 때문에 기업들이 가격을 자유롭게 결정할 수 있다.

① ㉠, ㉡, ㉢

② ㉡, ㉢, ㉣

③ ㉢, ㉣, ㉤

④ ㉠, ㉡, ㉢, ㉣

⑤ ㉠, ㉡, ㉢, ㉣, ㉤

58 다음은 사회후생함수에 따른 사회무차별곡선의 형태를 나타낸 것이다. 빈칸 ㉠ ~ ㉢에 들어갈 내용이 바르게 나열된 것은?

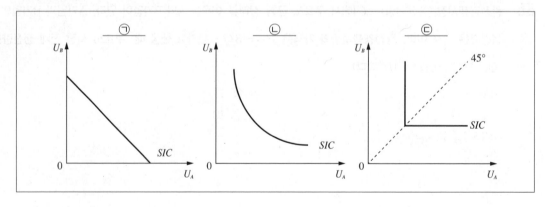

	㉠	㉡	㉢
①	평등주의 후생함수	롤스 사회후생함수	공리주의 사회후생함수
②	공리주의 사회후생함수	롤스 사회후생함수	평등주의 후생함수
③	롤스 사회후생함수	평등주의 후생함수	공리주의 사회후생함수
④	평등주의 후생함수	공리주의 사회후생함수	롤스 사회후생함수
⑤	공리주의 사회후생함수	평등주의 후생함수	롤스 사회후생함수

59 다음 중 소비자물가지수에 대한 설명으로 옳지 않은 것은?

① 소비자물가지수는 소비자구입가격을 조사하여 작성한다.

② 소비자물가지수에는 주택가격은 제외되지만 주택임대료는 포함된다.

③ 소비자물가지수는 물가변화를 과소평가하는 경향이 있다.

④ 소비자물가지수는 라스파이레스방식으로 계산한다.

⑤ 가계에서 일상생활을 영위하기 위하여 구입하는 재화와 서비스의 종합적인 가격수준을 측정하여 지수화한 것이다.

60 다음 중 부분균형분석과 비교한 일반균형분석에 대한 설명으로 옳지 않은 것은?

① 경제 내의 모든 시장을 동시에 고려하여 분석하는 방법이다.

② 시장 간 상호의존성이 매우 높을 때 주로 이용한다.

③ 분석이 상대적으로 간단하다.

④ 교차탄력성이 0이 되는 경우가 없으며, 모든 재화가 관련재이다.

⑤ 특정시장에서 발생한 불균형의 파급효과분석이 가능하다.

61 다음 〈보기〉 중 단기의 예상물가수준이 상승할 경우 생산이 증가하는 이유로 옳지 않은 것을 모두 고르면?

─────〈보기〉─────
A. 노동자가 기업에 비해 물가상승을 과소 예측하면 노동공급이 감소한다.
B. 물가상승에도 불구하고 메뉴비용이 커서 가격을 올리지 않는 기업의 상품 판매량이 증가한다.
C. 명목임금이 경직적이면 물가상승에 따라 고용이 감소한다.
D. 물가가 상승하면 자기 상품의 상대가격이 상승하였다고 오인하여 기업들이 생산을 증가시킨다.

① A, B   ② A, C

③ A, D   ④ B, C

⑤ B, D

62 다음 〈보기〉 중 단기 총공급곡선이 우상향하는 이유, 즉 물가 상승 시 생산이 증가하는 경우를 모두 고르면?

〈보기〉

ㄱ. 물가상승 시 기업들은 자사제품의 상대가격이 상승했다 오인하여 생산을 늘린다.
ㄴ. 노동자가 기업에 비해 물가상승을 과소예측하면 노동공급은 증가한다.
ㄷ. 물가상승에도 불구하고 메뉴비용이 커서 가격을 올리지 않는 기업의 상품 판매량이 증가한다.
ㄹ. 명목임금이 경직적이면 물가상승에 따라 고용이 증가한다.

① ㄴ, ㄷ
② ㄱ, ㄴ, ㄷ
③ ㄱ, ㄷ, ㄹ
④ ㄴ, ㄷ, ㄹ
⑤ ㄱ, ㄴ, ㄷ, ㄹ

63 다음 〈보기〉 중 시장실패의 원인에 해당하는 것은 모두 몇 개인가?

〈보기〉

㉠ 공공재
㉡ 실업
㉢ 비대칭적 정보
㉣ 관료제도의 문제
㉤ 불완전한 경쟁산업

① 없음
② 1개
③ 2개
④ 3개
⑤ 4개

64 다음 중 정보가 갖는 경제적 의미에 대한 설명으로 옳지 않은 것은?

① 역선택과 도덕적 해이는 모두 정보의 비대칭성으로 인해 발생한다.
② 주인 – 대리인 문제에서 도덕적 해이 현상이 자주 발생한다.
③ 일반적으로 역선택은 거래발생 이전, 도덕적 해이는 거래발생 이후에 생기는 현상이다.
④ 품질보증이나 광고는 신호발송(Signaling) 수단으로 이용된다.
⑤ 중고차시장에서 종종 품질이 나쁜 차가 거래되는 이유는 도덕적 해이 때문이다.

65 다음 〈보기〉 중 완전경쟁시장의 특징으로 옳은 것을 모두 고르면?

───────────〈보기〉───────────
ㄱ 모든 기업은 완전히 동질적인 재화를 생산한다.
ㄴ 공급자는 장기 시장균형에서 초과이윤을 획득한다.
ㄷ 일물일가의 법칙이 성립한다.
ㄹ 공급자는 가격설정자로 행동한다.
ㅁ 기존의 생산요소를 이용해서 다른 재화를 생산하는 것이 가능하다.

① ㄱ, ㄴ, ㄷ   ② ㄱ, ㄴ, ㄹ
③ ㄱ, ㄷ, ㅁ   ④ ㄴ, ㄷ, ㄹ
⑤ ㄷ, ㄹ, ㅁ

66 다음 중 완전경쟁기업이 이윤을 극대화하기 위한 필요조건으로 옳은 것은?

① 한계수입이 한계비용보다 커야 한다.
② 생산물의 시장가격보다 한계비용이 작아야 한다.
③ 실질임금이 노동의 한계생산보다 커야 한다.
④ 총수입이 총비용보다 커야 한다.
⑤ 한계이윤이 0이다.

67 다음 중 외부효과가 발생하는 경우에 대한 설명으로 옳지 않은 것은?

① 소비의 외부불경제가 존재할 경우, SMB는 PMB보다 하방에 위치한다.
② 생산의 외부경제가 존재할 경우, SMC는 PMC보다 하방에 위치한다.
③ 외부불경제가 존재할 경우, 경제적 순손실(자중손실)이 발생한다.
④ 외부경제가 존재할 경우, 경제적 순손실(자중손실)은 발생하지 않는다.
⑤ 외부효과는 한 사람의 행위가 제3자의 경제적 후생에 영향을 미치고, 그에 대한 보상이 이루어지지 않을 때 발생한다.

68 다음은 플라스틱 시장의 사적 한계비용(PMC)과 사회적 한계비용(SMC), 수요곡선(D)을 나타낸 것이다. 이 시장이 완전경쟁시장일 때, 옳은 것은?(단, P는 플라스틱 가격, Q는 플라스틱 생산량이다)

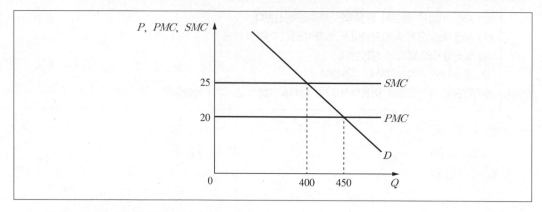

① 한 단위당 5의 조세를 부과하면 생산자잉여는 감소한다.
② 한 단위당 5의 조세를 부과하면 생산량은 450이 된다.
③ 정부개입이 없는 경우 균형생산량은 400이다.
④ 정부개입이 없는 경우 균형에서의 총외부비용은 2,250이다.
⑤ 사회적 최적생산량은 450이다.

69 다음 글의 빈칸에 들어갈 말을 순서대로 바르게 나열한 것은?

> 재화를 _____과 경합성을 기준으로 사적 재화, _____, 공유자원, _____로 유형화할 수 있는데, _____을/를 통해 공유자원을 사적재화로 조정할 수 있다.

① 비경합성 – 자유재 – 클럽재 – 재산권 강화
② 배제성 – 경제재 – 열등재 – 외부성
③ 비경합성 – 자유재 – 클럽재 – 외부성
④ 배제성 – 클럽재 – 공공재 – 재산권 강화
⑤ 비배제성 – 클럽재 – 정상재 – 재산권 강화

70 다음 〈보기〉 중 코즈의 정리(Coase Theorem)에 대한 설명으로 옳은 것을 모두 고르면?

---〈보기〉---

㉠ 외부효과를 발생시키는 재화에 대해 시장을 따로 개설해 주면 시장의 문제가 해결된다.

㉡ 외부효과를 발생시키는 재화에 대해 조세를 부과하면 시장의 문제가 해결된다.

㉢ 외부효과를 발생시키는 재화의 생산을 정부가 직접 통제하면 시장의 문제가 해결된다.

㉣ 외부효과를 발생시키는 재화에 대해 소유권을 인정해 주면 이해당사자들의 협상을 통하여 시장의 문제가 해결된다.

㉤ 코즈의 정리와 달리 현실에서는 민간주체들이 외부효과 문제를 항상 해결할 수 있는 것은 아니다.

---

① ㉠, ㉢ ② ㉠, ㉣
③ ㉡, ㉢ ④ ㉢, ㉣, ㉤
⑤ ㉣, ㉤

71 다음 중 완전경쟁시장의 균형점이 파레토 효율성을 이루는 이유로 옳은 것은?

① 완전경쟁시장 균형점에서 사회적 잉여가 가장 작기 때문이다.
② 완전경쟁시장 균형점에서 사회적 형평성이 극대화되기 때문이다.
③ 완전경쟁시장 균형점에서 소비자는 효용극대화, 생산자는 이윤극대화를 달성하기 때문이다.
④ 완전경쟁시장 균형점에서 재화 한 단위 생산에 따른 사회적 한계편익과 사회적 한계비용이 다르기 때문이다.
⑤ 시장수요곡선의 높이는 사회적 한계편익을 반영하지 못하지만, 시장공급곡선의 높이는 사회적 한계비용을 완전하게 반영하기 때문이다.

72 다음 중 외부불경제인 공해를 해결하기 위한 방안인 피구세와 감산보조금의 효과에 대한 설명으로 옳지 않은 것은?

① 피구세가 부과되면 평균비용은 증가하지만, 한계비용은 불변이다.
② 피구세는 생산량 증가에 따른 단위당 종가세를 의미한다.
③ 감산보조금은 장기적으로 오히려 공해가 증가할 가능성이 있다.
④ 피구세는 감산보조금보다 외부불경제 제거효과가 더 크다.
⑤ 감산보조금은 재원마련과정에서 조세징수에 따른 추가적인 부담이 없다.

73 다음 중 효율임금이론(Efficiency Wage Theory)에 대한 설명으로 옳은 것은?

① 실질임금이 인상되면 노동생산성도 증가한다고 주장한다.

② 기업이 임금을 시장균형임금보다 낮게 설정하여 이윤극대화를 추구한다는 이론이다.

③ 기업은 숙련노동자에 대한 정보가 완전하기 때문에 해당 노동자에 대해 항상 높은 임금을 지불한다는 이론이다.

④ 비자발적 실업이 발생하는 경우 효율적인 임금 수준이 재조정되므로 임금이 하락하는 이유를 설명할 수 있다.

⑤ 기업이 기존 노동자의 임금을 높게 유지하고, 신규 노동자의 임금을 낮게 유지하는 경우를 설명한다.

74 다음 중 소득 불평등에 대한 설명으로 옳지 않은 것은?

① 로렌츠곡선, 지니계수, 십분위분배율은 모두 소득 불평등과 관련된 개념이다.

② 지니계수가 1에 가까울수록 소득분배가 균등함을 나타낸다.

③ 로렌츠곡선은 대각선에서 멀어질수록 소득분배가 고르지 못함을 의미한다.

④ 십분위분배율은 중간계층의 소득 분포를 잘 반영하지 못한다는 단점이 있다.

⑤ 십분위분배율은 상위 20% 계층의 소득을 분모로, 하위 40% 계층의 소득을 분자로 해서 나온 수치이다.

75 다음 〈보기〉 중 후생경제학에 대한 설명으로 옳지 않은 것을 모두 고르면?

───〈보기〉───
ㄱ. 후생경제학의 제1정리는 불완전정보 등 불확실한 상황에 대한 고려를 하고 있다.
ㄴ. 후생경제학의 제2정리는 시장의 힘에 대한 신뢰를 보여 준다.
ㄷ. 후생경제학의 제1정리가 성립하면 파레토 효율성의 조건이 모두 충족된다.
ㄹ. 일정 조건에서 일반경쟁균형의 배분이 파레토 효율적이라는 내용을 담고 있다.
ㅁ. 현실에서는 이상적인 시장의 상황을 찾기 힘들며, 시장의 실패가 종종 일어난다.

① ㄱ, ㄴ   ② ㄱ, ㄷ

③ ㄴ, ㄹ   ④ ㄴ, ㅁ

⑤ ㄷ, ㅁ

76 다음 중 통화정책에 대한 여러 경제학파의 견해로 옳지 않은 것은?

① 통화주의학파는 통화정책의 시차가 길고 가변적이므로 준칙에 입각한 정책실시를 주장한다.

② 새고전학파는 경제주체의 기대가 합리적이면 통화정책의 효과가 줄어든다고 주장한다.

③ 실물경기변동학파는 통화공급의 내생성을 이유로 재량적인 통화정책을 반대한다.

④ 케인스학파는 유동성함정이 있는 경우에 통화정책의 효과가 없다고 주장한다.

⑤ 새케인스학파는 상품시장의 불완전한 정보 때문에 통화정책의 효과가 크지 않다고 주장한다.

77 다음 〈보기〉 중 통화정책의 단기적 효과를 높이는 요인으로 옳은 것을 모두 고르면?

─────〈보기〉─────

ㄱ. 화폐수요의 이자율 탄력성이 높은 경우
ㄴ. 투자의 이자율 탄력성이 높은 경우
ㄷ. 한계소비성향이 높은 경우

① ㄱ   ② ㄴ

③ ㄱ, ㄴ   ④ ㄴ, ㄷ

⑤ ㄱ, ㄴ, ㄷ

78 다음은 A국가의 6년간 물가상승률과 명목이자율을 나타낸 지표이다. A국가의 실질이자율이 가장 높았던 연도와 그 시기의 실질이자율을 바르게 나열한 것은?

구분	물가상승률	명목이자율
2018년	10%	6%
2019년	7%	6%
2020년	4%	9%
2021년	11%	10%
2022년	9%	8%
2023년	8%	9%

① 2018년, -4%   ② 2018년, -1%

③ 2020년, -5%   ④ 2020년, 5%

⑤ 2023년, 1%

79 다음 〈조건〉은 해외부문이 존재하지 않는 폐쇄경제인 A국의 소비함수와 민간투자, 정부지출에 대한 자료이다. A국의 정부가 정부지출을 현재보다 40만큼 늘린다고 할 때, 국민소득의 변동으로 옳은 것은?

─────────〈조건〉─────────
- 소비함수 $C=100+0.6Y$
- 민간투자 : 180
- 정부지출 : 180

※ C는 소비, Y는 국민소득, 조세율은 0이다.
────────────────────────

① 국민소득은 변하지 않는다. ② 국민소득은 40만큼 커진다.
③ 국민소득은 60만큼 커진다. ④ 국민소득은 80만큼 커진다.
⑤ 국민소득은 100만큼 커진다.

80 다음 〈조건〉과 같이 주어진 폐쇄경제에서 균형이자율(r)은?

─────────〈조건〉─────────
- $Y=2,000$ - $C=1,200$
- $G=500$ - $T=200$
- $I=400-40r$

※ Y는 총소득, C는 소비, G는 정부지출, T는 조세, I는 투자이다.
────────────────────────

① 2.0   ② 2.5
③ 3.0   ④ 3.5
⑤ 4.0

81 다음 〈조건〉을 통해 계산한 정부지출의 크기로 옳은 것은?

─────────〈조건〉─────────
- 균형국민소득 : $Y=8,000$
- 소비지출 : $C=2,000+0.1Y$
- 투자지출 : $I=1,000+0.2Y$
────────────────────────

① 1,200   ② 2,600
③ 3,000   ④ 4,200
⑤ 5,000

82 다음 중 대부자금시장에 대한 설명으로 옳지 않은 것은?(단, 대부자금의 공급은 실질이자율의 증가함수이고, 대부자금의 수요는 실질이자율의 감소함수이다)

① 균형이자율은 대부자금에 대한 수요와 공급이 일치하도록 조정된다.

② 정부 재정흑자의 증가는 민간소비를 증가시킨다.

③ 정부 재정적자의 증가는 균형이자율을 높인다.

④ 기업의 투자를 유인하는 정책이 많아지면 균형이자율이 낮아진다.

⑤ 저축에 대하여 세제혜택이 많아지면 균형이자율이 낮아진다.

83 다음 중 고전학파 세이의 법칙과 케인스의 단순 국민소득결정모형에 대한 설명으로 옳지 않은 것은?

① 케인스에 따르면 계획된 투자가 실현된 투자보다 크면 다음 기에는 소득이 증가한다.

② 세이의 법칙에 따르면 주입과 누출은 일치한다.

③ 케인스는 실질이자율의 신축적인 조정에 의해 생산물시장의 균형이 이루어진다고 가정한다.

④ 케인스는 유효수요만 있으면 언제든지 생산이 가능하다고 가정한다.

⑤ 세이의 법칙에 따르면 공급은 스스로의 수요를 창출하므로 만성적인 수요부족은 존재하지 않는다.

84 A국의 한계소비성향이 $\frac{2}{3}$ 이고, 최근 정부에서는 추가경정예산으로 140억 원을 집행하였다. A국의 비례적 소득세율이 20%일 때, 추가경정예산의 시행으로 인한 국민소득증가분은 얼마인가?

① 80억 원   ② 120억 원

③ 180억 원   ④ 250억 원

⑤ 300억 원

85 어느 폐쇄경제의 국가가 있다. 한계소비성향(MPC)이 0.5일 때, 투자가 1조 원 증가하고, 조세가 0.5조 원 증가한다면 균형국민소득의 변화분은 얼마인가?

① -0.5조 원   ② 0원

③ 0.5조 원   ④ 1조 원

⑤ 1.5조 원

86 다음 중 $IS-LM$ 모형에서 확장적 재정정책이 국민소득에 미치는 효과에 대한 설명으로 옳지 않은 것은?

① 화폐수요의 이자율탄력성이 높을수록 소득증가 효과가 커진다.

② 민간투자의 이자율탄력성이 작을수록 소득증가 효과가 커진다.

③ 한계소비성향이 높을수록 소득증가 효과가 커진다.

④ 소득세율이 낮을수록 소득증가 효과가 커진다.

⑤ IS곡선이 이동 폭이 작을수록 소득증가 효과가 커진다.

87 다음 중 자본이동이 완전히 자유로운 개방경제에서의 확장적 재정정책에 대한 설명으로 옳지 않은 것은?

① 변동환율제도에서는 재정정책이 국민소득의 증가를 일으키지 못한다.

② 고정환율제도에서는 재정정책이 국민소득의 증가를 일으키지 못한다.

③ 변동환율제도에서는 재정정책으로 인하여 환율이 하락한다.

④ 고정환율제도에서는 재정정책으로 인하여 소비가 증가한다.

⑤ 변동환율제도와 고정환율제도 모두 재정정책으로 인하여 경상수지가 악화된다.

88 다음 중 소비함수이론과 투자함수이론에 대한 설명으로 옳지 않은 것은?

① 케인스(Keynes)의 절대소득가설에서 소비는 그 당시 소득의 절대적인 크기에 따라 결정된다.

② 상대소득가설에서 소비는 이중적 성격에 따라 장기소비성향과 단기소비성향이 다르다.

③ 국민소득계정상의 투자는 그 나라가 만든 재화 중 기업이 구입한 재화의 가치이다.

④ 케인스(Keynes)의 내부수익률법에서 기대 투자수익률은 순현재가치를 0으로 만들어 주는 이자율을 뜻한다.

⑤ 딕싯(Dixit)의 투자옵션이론은 미래에 대한 불확실성이 커질수록 기업의 투자는 늘어난다고 주장한다.

89 다음 중 소비성향과 저축성향에 대한 설명으로 옳은 것은?

① 평균소비성향(APC)은 항상 음($-$)의 값을 가진다.

② 한계소비성향(MPC)은 항상 $MPC>1$의 값을 가진다.

③ $APC+MPC=1$

④ $1+MPC=MPS$

⑤ $1-APS=APC$

90 A사는 B사와 협업하는 프로젝트에 1,000만 원을 투자하면, 2년 동안 1차 년도에는 660만 원, 2차 년도에는 726만 원 현금수입이 들어오는 것으로 예측하였다. 이 프로젝트에 투자할 경우 순현재가치(NPV)는 얼마인가?(단, 시중이자율은 연 10%이다)

① 160만 원 ② 170만 원

③ 180만 원 ④ 190만 원

⑤ 200만 원

91 다음 〈조건〉을 참고하여 최적생산량을 구하면 얼마인가?

───〈조건〉───
- 총비용 : $50+Q^2$
- 총수입 : $60Q-Q^2$

(   )

92 초콜릿을 생산하는 L기업의 생산량에 따른 총비용(TC)이 다음과 같다. 초콜릿의 시장 가격이 15,000원일 때, L기업의 이윤을 극대화하는 생산량에서 이윤(π)은 얼마인가?(단, 초콜릿 시장은 완전경쟁적이라고 가정한다)

생산량	0	1	2	3	4	5
총비용(천 원)	6	10	16	23	38	52

(   )

93 완전경쟁시장에서 자동차를 판매하고 있는 L기업의 한계비용함수와 가격이 다음 〈조건〉과 같다. 이때 L기업의 이윤을 극대화할 수 있는 생산량은?(단, MC는 한계비용, Q는 생산량을 나타낸다)

---〈조건〉---

- $MC = 16Q + 600$
- [생산품의 가격(P)] = 2,200

(   )

94 최근 개관한 A박물관은 연령을 기준으로 입장료를 다르게 산정하는 가격차별 정책을 실시하고 있다. 다음은 나이에 따른 수요의 가격탄력성과 입장료를 나타낸 것이다. A박물관의 이윤을 극대화할 수 있는 성인의 입장료(P_1)는 얼마인가?

구분	수요의 가격탄력성	입장료
성인(만 20세 이상)	2	P_1
청소년(만 20세 미만)	6	24,000원

(   )

95 다음 〈조건〉은 Z재에 대한 소비자 A와 소비자 B의 수요 곡선과 Z재 생산에 따른 한계비용을 나타낸 것이다. Z재가 공공재일 경우, 파레토 효율적인 Z재 생산량은?(단, Z재는 소비자 A와 소비자 B만 소비한다)

---〈조건〉---

- A의 수요곡선 : $Q = 3,000 - P$
- B의 수요곡선 : $3Q = 2,000 - P$
- 한계비용 : 800
- ※ P, Q는 Z재의 가격과 수량을 나타낸다.

(   )

96 어떤 상품 X에 대한 시장수요함수가 $P=80-4Q$로 주어져 있으며, 상품 X를 생산하는 기업 A와 기업 B가 서로 쿠르노 경쟁(Cournot Competition)을 하고 있다. 두 기업의 한계비용은 20으로 일정하며 고정비용은 없을 때, 이 상품의 총 생산량은?

(   )

97 다음 중 A국의 80% 국민은 소득이 전혀 없고 나머지 20% 국민에게 전체 소득의 100%가 집중되어 있다고 가정하는 경우, 십분위분배율은 얼마인가?

(   )

98 A국의 자동차시장의 독점기업인 B기업의 한계수입(MR)이 225, 수요의 가격탄력성이 4일 때, 다음 중 B기업이 판매하는 자동차의 1단위당 가격(P)은 얼마인가?

(   )

99 공리주의적 후생함수의 경제를 가진 국가가 있다. 이 국가에는 구성원 A와 B만 존재한다. A와 B의 소득은 각각 2,500과 4,900이고, 이들의 효용함수는 $U=\sqrt{m}$ (U=효용, m=소득)이다. 이 경우 이 국가의 앳킨슨지수에 따른 균등분배등가소득은 얼마인가?

(   )

100 다음 〈조건〉은 A국가의 국내총생산(GDP), 소비지출, 투자, 정부지출, 수입에 대한 자료이다. 균형국민소득 식을 통해 계산한 A국가의 수출은 얼마인가?

┌─────────────────────〈조건〉─────────────────────┐

- 국내총생산 : 900조 원   • 소비지출 : 200조 원
- 투자 : 50조 원   • 정부지출 : 300조 원
- 수입 : 100조 원

└──┘

(   )

합격의공식
시대
에듀
www.sdedu.co.kr

3일 차
기출응용 모의고사

www.sdedu.co.kr

〈문항 및 시험시간〉

영역	문항 수	시험시간	모바일 OMR 답안채점 / 성적분석 서비스	
[NCS] 의사소통능력＋문제해결능력＋ 수리능력 [전공] 경영 / 경제	100문항	110분	경영	경제

3일 차 기출응용 모의고사

문항 수 : 100문항
시험시간 : 110분

| 01 | NCS

01 다음 글의 제목으로 가장 적절한 것은?

> 일반적으로 소비자들은 합리적인 경제 행위를 추구하기 때문에 최소 비용으로 최대 효과를 얻으려 한다는 것이 소비의 기본 원칙이다. 그들은 '보이지 않는 손'이라고 일컬어지는 시장 원리 아래에서 생산자와 만난다. 그러나 이러한 일차적 의미의 합리적 소비가 언제나 유효한 것은 아니다. 생산보다는 소비가 화두가 된 소비 자본주의 시대에 소비는 단순히 필요한 재화, 그리고 경제학적으로 유리한 재화를 구매하는 행위에 머물지 않는다. 최대 효과 자체에 정서적이고 사회 심리학적인 요인이 개입하면서, 이제 소비는 개인이 세계와 만나는 다분히 심리적인 방법이 되어버린 것이다. 곧 인간의 기본적인 생존 욕구를 충족시켜 주는 합리적 소비 수준에 머물지 않고, 자신을 표현하는 상징적 행위가 된 것이다. 이처럼 오늘날의 소비문화는 물질적 소비 차원이 아닌 심리적 소비 형태를 띠게 된다.
> 소비 자본주의의 화두는 과소비가 아니라 '과시 소비'로 넘어간 것이다. 과시 소비의 중심에는 신분의 논리가 있다. 신분의 논리는 유용성의 논리, 나아가 시장의 논리로 설명되지 않는 것들을 설명해 준다. 혈통으로 이어지던 폐쇄적 계층 사회는 소비 행위에 대해 계급에 근거한 제한을 부여했다. 먼 옛날 부족 사회에서 수장들만이 걸칠 수 있었던 장신구에서부터, 제아무리 권문세가의 정승이라도 아흔아홉 칸을 넘을 수 없던 집이 좋은 예이다. 권력을 가진 자는 힘을 통해 자기의 취향을 주위 사람들과 분리시킴으로써 경외감을 강요하고, 그렇게 자기 취향을 과시함으로써 잠재적 경쟁자들을 통제한 것이다.
> 가시적 신분 제도가 사라진 현대 사회에서도 이러한 신분의 논리는 여전히 유효하다. 이제 개인은 소비를 통해 자신의 물질적 부를 표현함으로써 신분을 과시하려 한다.

① 계층별 소비 규제의 필요성
② 신분사회에서 의복 소비와 계층의 관계
③ 소비가 곧 신분이 되는 과시 소비의 원리
④ 소득을 고려하지 않은 무분별한 과소비의 폐해
⑤ '보이지 않는 손'에 의한 합리적 소비의 필요성

02 다음은 L사진관이 올해 찍은 사진의 용량 및 개수를 나타낸 자료이다. 올해 찍은 사진을 모두 모아서 한 개의 USB에 저장하려고 할 때, 최소 몇 GB의 USB가 필요한가?[단, 1MB=1,000KB, 1GB=1,000MB이며, 합계 파일 용량(GB)은 소수점 첫째 자리에서 버림한다]

<올해 사진 자료>

구분	크기(cm)	용량	개수
반명함	3×4	150KB	8,000개
신분증	3.5×4.5	180KB	6,000개
여권	5×5	200KB	7,500개
단체사진	10×10	250KB	5,000개

① 2GB ② 3GB
③ 4GB ④ 5GB
⑤ 6GB

03 L공사에서 근무하는 S사원은 새로 도입되는 주택 관련 정책 홍보자료를 만들어서 배포하려고 한다. 인쇄업체별 비용 견적을 참고할 때, 다음 중 가장 저렴한 비용으로 인쇄할 수 있는 업체는?

<인쇄업체별 비용 견적>

(단위 : 원)

업체명	페이지당 비용	표지 가격		권당 제본비용	할인
		유광	무광		
A인쇄소	50	500	400	1,500	-
B인쇄소	70	300	250	1,300	-
C인쇄소	70	500	450	1,000	100부 초과 시 초과 부수만 총비용에서 5% 할인
D인쇄소	60	300	200	1,000	-
E인쇄소	100	200	150	1,000	총 인쇄 페이지 5,000페이지 초과 시 총비용에서 20% 할인

※ 홍보자료는 관내 20개 지점에 배포하고, 지점마다 10부씩 배포한다.
※ 홍보자료는 30페이지 분량으로 제본하며, 표지는 유광표지로 한다.

① A인쇄소 ② B인쇄소
③ C인쇄소 ④ D인쇄소
⑤ E인쇄소

04 L공사에서 직원들에게 자기계발 교육비용을 일부 지원하기로 하였다. A ~ E직원이 다음 자료와 같이 교육 프로그램을 신청하였을 때, L공사에서 직원들에게 지원하는 총교육비는 얼마인가?

〈자기계발 수강료 및 지원 금액〉

구분	영어회화	컴퓨터 활용	세무회계
수강료	7만 원	5만 원	6만 원
지원 금액 비율	50%	40%	80%

〈신청한 교육프로그램〉

직원	영어회화	컴퓨터 활용	세무회계
A	○		○
B	○	○	○
C		○	○
D	○		
E		○	

① 307,000원　　　　　　　　　② 308,000원
③ 309,000원　　　　　　　　　④ 310,000원
⑤ 311,000원

05 다음 중 밑줄 친 단어와 바꾸어 사용할 수 없는 것은?

- 그가 하는 이야기는 ㉠ 당착이 심하여 도무지 이해할 수가 없었다.
- 용하다고 소문난 점쟁이는 눈빛부터 ㉡ 용인과 달랐다.
- 마산만은 숱한 ㉢ 매립으로 인해 대부분의 해변이 사라졌다.
- 앞으로 국내에 6개월 이상 ㉣ 체류하는 외국인은 건강보험에 가입해야 한다.
- 공정경제 문화 정착을 위해 공공기관부터 공정경제의 ㉤ 모범이 되어야 한다.

① ㉠ – 모순　　　　　　　　　② ㉡ – 범인
③ ㉢ – 굴착　　　　　　　　　④ ㉣ – 체재
⑤ ㉤ – 귀감

06 다음은 수송부문 대기 중 온실가스 배출량에 대한 자료이다. 이에 대한 설명으로 옳지 않은 것은?

〈수송부문 대기 중 온실가스 배출량〉

(단위 : ppm)

연도	구분	합계	이산화탄소	아산화질소	메탄
2019년	합계	83,617.9	82,917.7	197.6	502.6
	산업 부문	58,168.8	57,702.5	138	328.3
	가계 부문	25,449.1	25,215.2	59.6	174.3
2020년	합계	85,343	84,626.3	202.8	513.9
	산업 부문	59,160.2	58,686.7	141.4	332.1
	가계 부문	26,182.8	25,939.6	61.4	181.8
2021년	합계	85,014.3	84,306.8	203.1	504.4
	산업 부문	60,030	59,553.9	144.4	331.7
	가계 부문	24,984.3	24,752.9	58.7	172.7
2022년	합계	86,338.3	85,632.1	205.1	501.1
	산업 부문	64,462.4	63,936.9	151.5	374
	가계 부문	21,875.9	21,695.2	53.6	127.1
2023년	합계	88,261.37	87,547.49	210.98	502.9
	산업 부문	65,491.52	64,973.29	155.87	362.36
	가계 부문	22,769.85	22,574.2	.55.11	140.54

① 이산화탄소의 비중은 어느 시기든 상관없이 가장 크다.
② 연도별 가계와 산업 부문의 배출량 차이의 값은 2023년에 가장 크다.
③ 연도별 가계와 산업 부문의 배출량 차이의 값은 해가 지날수록 지속적으로 증가한다.
④ 해당 기간 동안 온실가스 배출량의 총량은 지속적으로 증가하고 있다.
⑤ 모든 시기에서 메탄은 아산화질소보다 항상 많은 양이 배출되고 있다.

※ L공사 인사팀에서 근무하고 있는 E대리는 다른 부서의 D대리와 B과장의 승진심사를 위해 다음과 같은 표를 작성하였다. 이어지는 질문에 답하시오. **[7~8]**

<승진심사 점수>

(단위 : 점)

구분	기획력	업무실적	조직 성과업적	청렴도	승진심사 평점
B과장	80	72	78	70	
D대리	60	70	48		63.6

※ 승진심사 평점은 기획력 30%, 업무실적 30%, 조직 성과업적 25%, 청렴도 15%로 계산한다.
※ 부문별 만점 기준점수는 100점이다.

07 다음 중 D대리의 청렴도 점수로 옳은 것은?

① 80점　　　　　　　　　　② 81점
③ 82점　　　　　　　　　　④ 83점
⑤ 84점

08 과장이 승진후보에 오르기 위해서는 승진심사 평점이 80점 이상이어야 한다. B과장이 승진후보가 되려면 몇 점이 더 필요한가?

① 4.2점　　　　　　　　　　② 4.4점
③ 4.6점　　　　　　　　　　④ 4.8점
⑤ 5.0점

09 다음 중 광자(Photon)에 대한 설명으로 가장 적절한 것은?

빛의 회절 및 간섭현상은 빛의 파동성으로 설명된다. 하지만 직진성을 가지는 입자의 성질로는 파동의 원형으로 퍼져나가는 회절 및 간섭현상을 설명할 수 없다. 반면에 콤프턴 산란과 같은 현상은 빛을 여러 개의 입자, 즉 광자(Photon)로 구성된 것으로 생각해야 한다. 이 중 한 개의 입자가 물질 내 전자와 부딪친다. 부딪친 후 광자는 전자에 에너지를 주고, 자신은 에너지가 낮아져서 나온다. 이렇게 빛을 입자의 성질을 띤 광자로 보는 입장은 원자처럼 아주 작은 단위의 자연계 현상에서 관측이 된다.

빛을 입자로 이해할 때 광자 한 개의 에너지는 hv이고(h : 플랑크 상수, v : 진동수) 광속으로 이동하는 빛의 입자를 광자라 한다. 광자는 많은 에너지를 가진 감마선과 X선부터 가시광선을 거쳐 적은 에너지를 가진 적외선과 라디오파에 이르기까지 모든 에너지 상태에 걸쳐 존재한다. 광자의 개념은 1905년 알베르트 아인슈타인(Albert Einstein)이 광전 효과를 설명하기 위해 도입했는데, 그는 빛이 전파되는 동안 불연속적인 에너지 다발이 존재한다는 광양자설(光量子說)을 제안했다.

1923년 미국의 물리학자 아서 콤프턴(Arthur Compton)이 X선의 입자성(粒子性)을 밝힌 뒤 이 개념이 널리 사용되었으나, '광자'라는 용어는 1926년에 와서야 사용되었다. 광자에너지는 복사 진동수에 비례하는 특정의 값을 단위로 해서 그 정수배로 된다. 즉, 광자에너지는 $hv = hc \div \lambda$(h : 플랑크 상수, v : 진동수, c : 광속, λ : 파장)의 에너지 다발로 나가고 임의의 비율로 분할되지 않는다.

이것은 마치 물질이 원자로 구성되어 있는 것과 비슷해서 거시적인 전자기파의 취급에서는 두드러지지 않으나 원자의 차원에서 그 움직임을 생각할 경우에는 그 입자적인 성격이 중요한 뜻을 가지게 됨을 의미한다. 결국 '광자'라는 개념의 도입으로 전자기파로서의 빛(파동성)과 광자로서의 빛(입자성)이라는 물질의 이중성을 인식하게 되는 계기가 되었다. 모든 광자는 광속으로 움직이며, 원자 구성입자 범주에서 생각할 때 광자는 전하(電荷)와 정지질량을 갖지 않는 전자기장의 운반자로 취급된다.

① 직진성을 가지는 입자의 성질로는 파동의 원형으로 퍼져나가는 회절 및 간섭현상을 설명할 수 있다.
② 빛을 입자의 성질을 띤 광자로 보는 입장은 원자처럼 아주 작은 단위의 자연계 현상에서 관측이 된다.
③ 광자는 모든 에너지 상태에 걸쳐 존재하지는 않는다.
④ 광자의 개념은 광전 효과를 설명하기 위해 미국의 물리학자 아서 콤프턴이 도입하였다.
⑤ 일부 광자는 광속으로 움직이지 않는다.

※ 다음은 L사의 프로젝트 목록에 대한 자료이다. 이어지는 질문에 답하시오. [10~12]

<표>

〈프로젝트별 진행 시 세부사항〉

구분	필요 인원	소요 기간	진행 기간	1인당 인건비	진행비
A프로젝트	46명	1개월	2월	130만 원	20,000만 원
B프로젝트	42명	4개월	2~5월	550만 원	3,000만 원
C프로젝트	24명	2개월	3~4월	290만 원	15,000만 원
D프로젝트	50명	3개월	5~7월	430만 원	2,800만 원
E프로젝트	15명	3개월	7~9월	400만 원	16,200만 원

※ 1인당 인건비는 프로젝트가 끝날 때까지의 1인당 총 인건비를 말한다.

10 모든 프로젝트를 완료하기 위해 필요한 최소 인원은 몇 명인가?(단, 프로젝트 참여자는 하나의 프로젝트를 끝내면 다른 프로젝트에 참여한다)

① 50명
② 65명
③ 92명
④ 107명
⑤ 117명

11 다음 중 L사의 A~E프로젝트를 인건비가 적게 드는 순서대로 바르게 나열한 것은?

① A－E－C－D－B
② A－E－C－B－D
③ A－C－E－D－B
④ E－A－C－B－D
⑤ E－C－A－D－B

12 L사는 인건비와 진행비를 합하여 프로젝트 비용을 산정하려고 한다. A~E프로젝트 중 총비용이 가장 적게 드는 것은 무엇인가?

① A프로젝트
② B프로젝트
③ C프로젝트
④ D프로젝트
⑤ E프로젝트

13 다음 글을 근거로 판단할 때, 〈보기〉에서 적절한 것을 모두 고르면?

방사선은 원자핵이 분열하면서 방출되는 것으로, 우리의 몸속을 비집고 들어오면 인체를 구성하는 분자들에 피해를 준다. 인체에 미치는 방사선의 피해 정도는 'rem'이라는 단위로 표현된다. 1rem은 몸무게 1g당 감마선 입자 5천만 개가 흡수된 양으로, 사람의 몸무게를 80kg으로 가정하면 4조 개의 감마선 입자에 해당한다. 감마선은 방사선 중에 관통력이 가장 강하다. 체르노빌 사고 현장에서 소방대원의 몸에 흡수된 감마선 입자는 각종 보호 장구에도 불구하고 400조 개 이상이었다.

만일 우리 몸이 방사선에 100rem 미만으로 피해를 입는다면 별다른 증상이 없다. 이처럼 가벼운 손상은 몸이 스스로 짧은 시간에 회복할 뿐만 아니라 정상적인 신체 기능에 거의 영향을 미치지 않는다. 이 경우 '문턱효과'가 있다고 한다. 일정량 이하의 바이러스가 체내에 들어오는 경우 우리 몸이 스스로 바이러스를 제거하여 질병에 걸리지 않는 것도 문턱효과의 예라 할 수 있다. 방사선에 200rem 정도로 피해를 입는다면 머리카락이 빠지기 시작하고, 몸에 기운이 없어지고 구역질이 난다. 항암 치료로 방사선 치료를 받는 사람에게 이런 증상이 나타나는 것을 본 적이 있을 것이다. 300rem 정도라면 수혈이나 집중적인 치료를 받지 않는 한 방사선 피폭에 의한 사망 확률이 50%에 달하고, 1,000rem 정도면 한 시간 내에 행동불능 상태가 되어 어떤 치료를 받아도 살 수 없다.

※ 모든 감마선 입자의 에너지는 동일하다.

─────〈보기〉─────

ㄱ. 몸무게가 120kg 이상인 사람은 방사선에 300rem 정도로 피해를 입은 경우 수혈이나 치료를 받지 않아도 사망할 확률이 거의 없다.

ㄴ. 몸무게가 50kg인 사람이 500조 개의 감마선 입자에 해당하는 방사선을 흡수한 경우 머리카락이 빠지기 시작하고 구역질을 할 것이다.

ㄷ. 인체에 유입된 일정량 이하의 유해 물질이 정상적인 신체 기능에 거의 영향을 주지 않으면서 우리 몸에 의해 자연스럽게 제거되는 경우 문턱효과가 있다고 할 수 있다.

ㄹ. 체르노빌 사고 현장에 투입된 몸무게 80kg의 소방대원 A씨가 입은 방사선 피해는 100rem 이상이었다.

① ㄱ, ㄴ   ② ㄴ, ㄷ

③ ㄱ, ㄴ, ㄹ   ④ ㄱ, ㄷ, ㄹ

⑤ ㄴ, ㄷ, ㄹ

※ 다음은 한 사람이 하루에 받는 스팸 수신량을 그래프로 나타낸 자료이다. 이어지는 질문에 답하시오. **[14~15]**

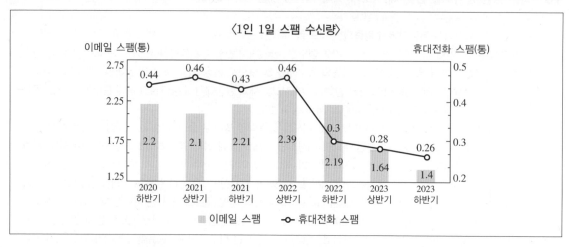

14 전체 스팸량이 가장 많은 때와 가장 적은 때의 차이는 얼마인가?

① 1.18
② 1.28
③ 1.29
④ 1.19
⑤ 1.09

15 2023년 하반기에는 2023년 상반기에 비해 이메일 스팸이 몇 % 감소하였는가?(단, 소수점 둘째 자리에서 반올림한다)

① 12.6%
② 13.6%
③ 14.6%
④ 15.6%
⑤ 18.6%

16 다음 글에서 밑줄 친 ㉠~㉤의 수정 방안으로 적절하지 않은 것은?

사물인터넷은 각종 기기에 센서와 통신 기능을 내장하여 인터넷을 통해 실시간으로 데이터를 주고받는 기술이나 환경을 일컫는 용어이다. 물론 지금도 인터넷에 연결된 기기를 주변에서 종종 볼 수 있지만, 사물인터넷이 주도하는 시대의 모습은 다르다.

지금까지는 인터넷에 연결된 기기들이 정보를 주고받으려면 인간의 조작이 개입되어야 했다. ㉠그리고 사물인터넷의 시대에서 인터넷에 연결된 기기는 간단한 설정만 해 주면 사람의 도움 없이 기기끼리 정보를 주고받는다. 사람이 누군가와 대화를 하기 위해 상대방을 마주하고 이름을 물어보듯, ㉡서로 정보를 나누려면 상대 기기의 아이디나 IP주소를 알아야 한다. 이때 블루투스나 근거리무선통신(NFC) 등이 이들의 소통을 돕는 기술이 된다. 기기끼리 통성명을 한 후에는 다양한 센서를 이용해 수집한 정보를 화제로 삼아 기기 간의 대화가 이루어지고, 대화를 통해 주고받은 정보를 바탕으로 다양한 일을 처리하게 된다.

사물인터넷의 시대가 ㉢본격적으로 전개되는 가운데, 2009년 당시 9억 개 정도로 집계되었던 사물인터넷 기기의 개수는 2030년이 되면 370억 개에 이를 전망이라고 한다. 해외에서는 이미 적극적으로 사물인터넷을 활용하고 있다. 세계 각국의 자동차 회사에서는 신차에 사물인터넷을 적용하려는 시도가 활발하다. 한 회사에서는 ㉣거진 모든 부품이 인터넷과 연결된 신형 차를 내놓았다. 이 차는 에어백이 터지면 센서를 통해 이를 감지하여 중앙관제센터로 신호가 전송된다. 센터에 연결된 클라우드 시스템에서는 그동안 발생했던 수천만 건의 사고 유형을 분석해 해결책을 모색한다. 범퍼는 어느 정도 파손됐는지, 과거 비슷한 사고가 있었는지, 해당 지역 도로와 날씨는 어떤지, 사고가 날 만한 특이 사항은 없었는지 등의 데이터를 분석한 후 사고라고 판단되면 근처 고객센터와 병원에 즉시 사고 수습 차량과 구급차를 보내라는 명령을 전송하고, 보험사에도 자동으로 통보한다고 한다.

우리나라의 사물인터넷 사용은 아직 걸음마 단계이다. ㉤지금도 많은 기기들이 인터넷으로 연결되어 서로 정보를 주고받고 있다. 국내에서는 2013년부터 사물인터넷의 개념과 관련 산업에 대한 논의가 집중적으로 이루어지기 시작했으며, 2014년 5월 '사물인터넷 기본계획'이 발표되었지만, 아직 본격적인 실행 단계에 올라섰다고 보기 어렵다.

① ㉠ : 문장을 자연스럽게 연결하기 위해 '그러나'로 수정한다.
② ㉡ : 필요한 문장 성분이 생략되었으므로 문장 앞에 '기기도'를 추가한다.
③ ㉢ : 문맥의 흐름을 고려하여 '적극적으로'로 고친다.
④ ㉣ : 표준어가 아닌 방언이므로 '거의'로 수정한다.
⑤ ㉤ : 글의 통일성을 해치고 있으므로 삭제한다.

※ 다음 글을 읽고 이어지는 질문에 답하시오. [17~18]

(가) 1772년 프랑스 기행작가인 피에르 장 그로슬리가 쓴 '런던여행'이라는 책에 샌드위치 백작과 관련된 일화가 나온다. 이 책에는 샌드위치 백작이 도박을 하다가 빵 사이에 소금에 절인 고기를 끼워 먹는 것을 보고 옆에 있던 사람이 '샌드위치와 같은 음식을 달라.'고 주문한 것에서 샌드위치라는 이름이 생겼다고 적혀있다. 하지만 샌드위치 백작의 일대기를 쓴 전기 작가 로저는 이와 다른 주장을 한다. 샌드위치 백작이 각료였을 때 업무에 바빠서 제대로 된 식사를 못 하고 책상에서 빵 사이에 고기를 끼워 먹었다는 데서 샌드위치 이름이 유래되었다는 것이다.

(나) 샌드위치는 사람의 이름이 아니고 영국 남동부 도버 해협에 있는 중세풍 도시로, 지금도 많은 사람이 찾는 유명 관광지이다. 도시명이 음식 이름으로 널리 알려진 이유는 18세기 사람으로, 이 도시의 영주였던 샌드위치 백작 4세, 존 몬태규 경 때문이다. 샌드위치 백작은 세계사에 큰 발자취를 남긴 인물로, 세계 곳곳에서 그의 흔적을 찾을 수 있다.

(다) 샌드위치는 빵과 빵 사이에 햄과 치즈, 달걀 프라이와 채소 등을 끼워 먹는 것이 전부인 음식으로, 도박꾼이 노름하다 만든 음식이라는 소문까지 생겼을 정도로 간단한 음식이다. 그러나 사실 샌드위치의 유래에는 복잡한 진실이 담겨 있으며, 샌드위치가 사람 이름이라고 생각하는 경우가 많지만 그렇지 않다.

(라) 샌드위치의 기원에 대해서는 이야기가 엇갈리는데, 그 이유는 _____ 일부에서는 샌드위치 백작을 유능한 정치인이며 군인이었다고 말하지만 또 다른 한편에서는 무능하고 부패했던 도박꾼에 지나지 않았다고 평가한다.

17 다음 중 (가) ~ (라) 문단을 논리적 순서대로 바르게 나열한 것은?

① (가) – (다) – (나) – (라)
② (나) – (가) – (라) – (다)
③ (다) – (나) – (가) – (라)
④ (다) – (나) – (라) – (가)
⑤ (라) – (가) – (나) – (다)

18 다음 중 윗글의 빈칸에 들어갈 내용으로 가장 적절한 것은?

① 샌드위치와 관련된 다양한 일화가 전해지고 있기 때문이다.
② 음식 이름의 주인공 직업과 관계가 있다.
③ 많은 대중들이 즐겨 먹었던 음식이기 때문이다.
④ 음식 이름의 주인공이 유명한 사람이기 때문이다.
⑤ 음식 이름의 주인공에 대한 상반된 평가와 관계가 있다.

19 사내 시설 예약을 담당하는 K사원은 L서포터즈 발대식 안내문을 받고 〈조건〉에 따라 시설을 예약하려고 한다. 다음 중 K사원이 예약할 시설로 가장 적절한 것은?

〈L서포터즈 발대식 안내〉

- 일시 : 12월 17 ~ 18일(1박 2일)
- 대상인원 : 서포터즈 선발인원 117명, 아나운서 6명

··· (하략) ···

〈사내 시설 현황〉

구분	최대 수용인원	시설 예약완료 현황			부대시설	
		12월 16일	12월 17일	12월 18일	마이크	프로젝터
한빛관	166명	−	−	09:00 ~ 11:00	○	×
비전홀	158명	15:00 ~ 17:00	−	−	○	○
대회의실 1	148명	09:00 ~ 10:00	−	−	○	○
대회의실 2	136명	−	−	15:00 ~ 17:00	○	○
세미나실 4	124명	−	−	−	×	×

〈조건〉

• 운영 인원 10명을 포함한 전체 참여 인원을 수용할 수 있어야 한다.
• 전체 참여 인원의 10%를 수용할 수 있는 여유 공간이 있어야 한다.
• 마이크와 프로젝터가 모두 있어야 한다.
• 발대식 전날 정오부터 대여가 가능해야 한다.

① 한빛관
② 비전홀
③ 대회의실 1
④ 대회의실 2
⑤ 세미나실 4

※ 다음은 L공사 직원 1,200명을 대상으로 조사한 자료이다. 이어지는 질문에 답하시오. [20~21]

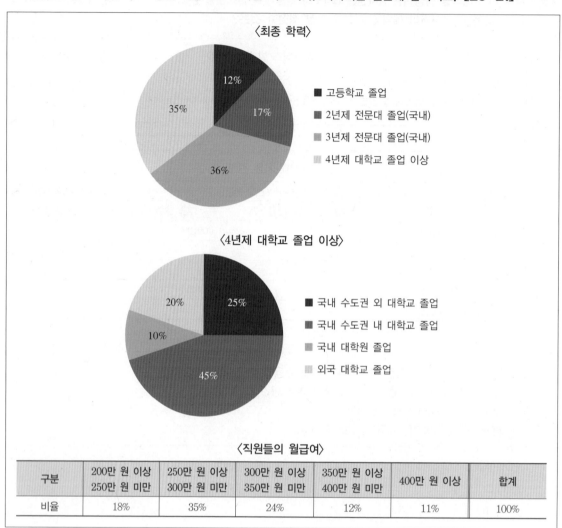

〈최종 학력〉

- 고등학교 졸업
- 2년제 전문대 졸업(국내)
- 3년제 전문대 졸업(국내)
- 4년제 대학교 졸업 이상

12%
17%
36%
35%

〈4년제 대학교 졸업 이상〉

- 국내 수도권 외 대학교 졸업
- 국내 수도권 내 대학교 졸업
- 국내 대학원 졸업
- 외국 대학교 졸업

25%
45%
10%
20%

〈직원들의 월급여〉

구분	200만 원 이상 250만 원 미만	250만 원 이상 300만 원 미만	300만 원 이상 350만 원 미만	350만 원 이상 400만 원 미만	400만 원 이상	합계
비율	18%	35%	24%	12%	11%	100%

20 다음 중 자료에 대한 설명으로 옳지 않은 것은?

① 직원 중 4년제 국내 수도권 내 대학교 졸업자 수는 전체 직원의 15% 이상을 차지한다.

② 고등학교 졸업학력을 가진 직원의 월급여는 모두 300만 원 미만이라 할 때, 이 인원이 월급여 300만 원 미만에서 차지하는 비율은 20% 이상이다.

③ 4년제 대학교 졸업 이상의 학력을 가진 직원의 월급여는 모두 300만 원 이상이라 할 때, 이 인원이 월급여 300만 원 이상에서 차지하는 비율은 78% 이하이다.

④ 월급여가 300만 원 미만인 직원은 350만 원 이상인 직원의 2.5배 이상이다.

⑤ 전체 직원이 1,000명이라 할 때, 외국 대학교 졸업학력을 가진 직원은 70명이다.

21 국내 소재 대학 및 대학원 졸업자의 25%의 월급여가 300만 원 이상일 때, 이들이 월급여 300만 원 이상인 직원 인원에서 차지하는 비율은?(단, 소수점 첫째 자리에서 버림한다)

① 28%　　　　　　　　　　　　　　　② 32%

③ 36%　　　　　　　　　　　　　　　④ 43%

⑤ 48%

※ 다음은 L공사의 출장비 지급규정에 대한 자료이다. 이어지는 질문에 답하시오. **[22~23]**

<출장비 지급규정>

- 일비는 직급별로 지급되는 금액을 기준으로 출장일수에 맞게 지급한다.
- 교통비는 대중교통(버스, 기차 등) 및 택시를 이용한 금액만 실비로 지급한다.
- 숙박비는 1박당 제공되는 숙박비를 넘지 않는 선에서 실비로 지급한다.
- 식비는 직급별로 지급되는 금액을 기준으로 1일당 3식으로 계산하여 지급한다.

<출장 시 지급 비용>

(단위 : 원)

구분	1일 일비	1일 숙박비	1식 식비
사원	20,000	100,000	6,000
대리	30,000	120,000	8,000
과장	50,000	150,000	10,000
부장	60,000	180,000	10,000

22 L공사 직원 중 대리 1명과 과장 1명이 2박 3일간 부산으로 출장을 다녀왔을 때, 지급받을 수 있는 출장비는 총 얼마인가?

<부산 출장 지출내역>

- 서울 시내버스 및 지하철 이동 : 3,200원(1인당)
- 서울 – 부산 KTX 이동(왕복) : 121,800원(1인당)
- 부산 K호텔 스탠다드 룸 : 150,000원(1인당, 1박)
- 부산 시내 택시 이동 : 10,300원

① 1,100,300원
② 1,124,300원
③ 1,179,300원
④ 1,202,300원
⑤ 1,220,300원

23 L공사 직원 중 사원 2명과 대리 1명이 1박 2일간 강릉으로 출장을 다녀왔을 때, 지급받을 수 있는 출장비는 총 얼마인가?

〈강릉 출장 지출내역〉

- 서울 – 강릉 자가용 이동(왕복) : 주유비 100,000원
- 강릉 S호텔 트리플룸 : 80,000원(1인당, 1박)
- 식비 : 총 157,000원

① 380,000원
② 480,000원
③ 500,000원
④ 537,000원
⑤ 637,000원

24 다음은 L공사의 부채 현황에 대한 자료이다. 이에 대한 설명으로 옳지 않은 것은?

〈L공사 부채 현황〉

회계연도		2014	2015	2016	2017	2018	2019	2020	2021	2022	2023
자산		65.6	66.9	70.0	92.3	94.8	96.2	98.2	99.7	106.3	105.3
부채	금융부채	14.6	19.0	22.0	26.4	30.0	34.2	35.4	32.8	26.5	22.4
	비금융부채	7.0	6.9	6.9	17.8	20.3	20.7	21.2	23.5	26.6	27.5
	소계	21.6	25.9	28.9	44.2	50.3	54.9	56.6	56.3	53.1	49.9
자본		44	41	41.1	48.1	44.5	41.3	41.6	43.4	53.2	55.4

※ [부채비율(%)]=(부채합계)÷(자본)×100

① 2020년도의 부채비율은 약 136%로 다른 연도에 비해 부채비율이 가장 높다.
② 2014년도부터 2022년도까지 자산은 꾸준히 증가해왔다.
③ 2014년도부터 2021년도까지 금융부채는 비금융부채보다 1.5배 이상 많다.
④ 부채는 2020년도 이후 줄어들고 있다.
⑤ 자본은 비금융부채보다 매년 1.5배 이상 많다.

피보나치 수열은 운명적으로 가장 아름답다는 황금비를 만들어낸다. 황금비는 피라미드, 파르테논 신전이나 다빈치, 미켈란젤로의 작품에서 시작해 오늘날에는 신용카드와 담뱃갑, 종이의 가로와 세로의 비율까지 광범위하게 쓰인다. 이러한 황금비는 태풍과 은하수의 형태, 초식동물의 뿔, 바다의 파도에도 있다. 배꼽을 기준으로 한 사람의 상체와 하체, 목을 기준으로 한 머리와 상체의 비율도 황금비이다. 이런 사례를 찾다 보면 우주가 피보나치 수열의 장난으로 만들어졌는지도 모른다는 생각까지 든다.

피보나치 수열은 12세기 말 이탈리아 천재 수학자 레오나르도 피보나치가 제안했다. 한 쌍의 토끼가 계속 새끼를 낳을 경우 몇 마리로 불어나는가를 숫자로 나타낸 것이 이 수열인 것이다. 이 수열은 앞서 나오는 두 개의 숫자의 합이다. 1, 1, 1+1=2, 1+2=3, 2+3=5, 3+5=8, 5+8=13, 8+13=21, 13+21=34, 21+34=55, 34+55=89, … 이처럼 계속 수열을 만들어가는 것이다.

우리 주변의 꽃잎을 세어보면 거의 모든 꽃잎이 3장, 5장, 8장, 13장, … 으로 되어 있다. 백합과 붓꽃은 꽃잎이 3장, 채송화·패랭이·동백·야생장미는 5장, 모란·코스모스는 8장, 금불초와 금잔화는 13장이다. 과꽃과 치커리는 21장, 질경이와 데이지는 34장, 쑥부쟁이는 종류에 따라 55장과 89장이다. 신기하게도 모두 피보나치 숫자인 것이다.

피보나치 수열은 해바라기나 데이지 꽃 머리의 씨앗 배치에도 존재한다. 해바라기 씨앗이 촘촘히 박혀 있는 꽃 머리를 유심히 보면 최소의 공간에 최대의 씨앗을 배치하기 위한 '최적의 수학적 해법'으로 꽃이 피보나치 수열을 선택한다는 것을 알 수 있다. 씨앗은 꽃 머리에서 왼쪽과 오른쪽 두 개의 방향으로 엇갈리게 나선 모양으로 자리 잡는다. 데이지 꽃 머리에는 서로 다른 34개와 55개의 나선이 있고, 해바라기 꽃 머리에는 55개와 89개의 나선이 있다.

피보나치 수열은 식물의 잎차례에도 잘 나타나 있다. 잎차례는 줄기에서 잎이 나와 배열하는 방식으로, t/n로 표시한다. t번 회전하는 동안 잎이 n개 나오는 비율이 참나무·벚꽃·사과는 $\frac{2}{5}$이고, 포플러·장미·배·버드나무는 $\frac{3}{8}$, 갯버들과 아몬드는 $\frac{5}{13}$이다. 모두 피보나치 숫자로, 전체 식물의 90%가 피보나치 수열의 잎차례를 따르고 있다. 이처럼 잎차례가 피보나치 수열을 따르는 것은 잎이 바로 위의 잎에 가리지 않고, 햇빛을 최대한 받을 수 있는 최적의 수학적 해법이기 때문이다.

예전에는 식물의 DNA가 피보나치 수열을 만들어낸다고 생각했다. 그러나 요즘에는 식물이 새로 자라면서 환경에 적응해 최적의 성장 방법을 찾아가는 과정에서 자연스럽게 피보나치 수열이 형성된다고 생각하는 학자들이 많아졌다. 최근 들어 생물뿐만 아니라 전하를 입힌 기름방울을 순서대로 떨어뜨려도 해바라기 씨앗처럼 퍼진다는 사실이 ㉠ 밝혀졌다. 이처럼 피보나치 수열과 이 수열이 만들어내는 황금비는 생물은 물론 자연과 우주 어디에나 숨어 있다.

25 다음 중 윗글의 내용으로 적절하지 않은 것은?

① 꽃잎과 식물의 잎에서 피보나치 수열을 찾을 수 있으며, 이 수열은 피라미드, 신용카드 등에 나타나는 황금비를 만들어낸다.

② 해바라기 꽃 머리를 보면 최소의 공간에 최대의 씨앗이 배치될 수 있도록 피보나치 수열을 선택했음을 알 수 있다.

③ 식물의 잎차례에도 피보나치 수열이 잘 나타나며, 모든 식물의 잎차례는 이 수열을 따르고 있다.

④ 식물의 잎차례는 햇빛을 최대한 받을 수 있도록 피보나치 수열을 따르고 있다.

⑤ 학자들은 식물이 환경에 적응하기 위해 최적의 성장 방법을 찾아가는 과정에서 피보나치 수열이 형성된다고 생각한다.

26 다음 중 윗글의 제목으로 가장 적절한 것은?

① 일상 생활 속에서 광범위하게 사용되는 황금비

② 피보나치 수열의 정의와 형성 원리

③ 피보나치 수열에 대한 학자들의 기존 입장과 새롭게 밝혀진 원리

④ 식물에서 찾아볼 수 있는 피보나치 수열

⑤ 잎차례가 피보나치 수열을 따르는 이유

27 다음 중 밑줄 친 부분이 윗글의 ㉠과 다른 의미로 사용된 것은?

① 그동안 숨겨왔던 진실이 <u>밝혀졌다</u>.

② 철수는 돈과 지위를 <u>밝히기로</u> 유명하다.

③ 나의 결백함이 <u>밝혀질</u> 것으로 믿는다.

④ 오랜 연구의 결과로 옛 문헌의 가치가 <u>밝혀졌다</u>.

⑤ 경찰이 사고의 원인을 <u>밝히고</u> 있다.

28 A사원의 추론이 참일 때, 빈칸에 들어갈 말로 적절한 것을 〈보기〉에서 모두 고르면?

A사원은 인사과에서 인사고과를 담당하고 있다. 그는 올해 우수 직원을 선정하여 표창하기로 했으니 인사고과에서 우수한 평가를 받은 직원을 후보자로 추천하라는 과장의 지시를 받았다. 평가 항목은 대민봉사, 업무역량, 성실성, 청렴도이고 각 항목은 상(3점), 중(2점), 하(1점)로 평가한다. A사원이 추천한 표창 후보자는 갑돌, 을순, 병만, 정애 네 명이며, 이들이 받은 평가는 다음과 같다.

구분	대민봉사	업무역량	성실성	청렴도
갑돌	상	상	상	하
을순	중	상	하	상
병만	하	상	상	중
정애	중	중	중	상

A사원은 네 명의 후보자에 대한 평가표를 과장에게 제출하였다. 과장은 "평가 점수 총합이 높은 순으로 선발한다. 단, 동점자 사이에서는 _____"라고 하였다. A사원은 과장과의 면담 후 이들 중 세 명이 표창을 받게 된다고 추론하였다.

───────〈보기〉───────
ㄱ. 두 개 이상의 항목에서 상의 평가를 받은 후보자를 선발한다.
ㄴ. 청렴도에서 하의 평가를 받은 후보자를 제외한 나머지 후보자를 선발한다.
ㄷ. 하의 평가를 받은 항목이 있는 후보자를 제외한 나머지 후보자를 선발한다.

① ㄱ
② ㄷ
③ ㄱ, ㄴ
④ ㄱ, ㄷ
⑤ ㄴ, ㄷ

※ 다음은 어린이보호구역 지정현황에 대한 자료이다. 이어지는 질문에 답하시오. **[29~31]**

〈어린이보호구역 지정현황〉

(단위 : 개소)

구분	2018년	2019년	2020년	2021년	2022년	2023년
초등학교	5,365	5,526	5,654	5,850	5,917	5,946
유치원	2,369	2,602	2,781	5,476	6,766	6,735
특수학교	76	93	107	126	131	131
보육시설	619	778	1,042	1,755	2,107	2,313
학원	5	7	8	10	11	11

29 2021년과 2023년의 전체 어린이보호구역 시설의 차는 몇 개소인가?

① 1,748개소   ② 1,819개소

③ 1,828개소   ④ 1,839개소

⑤ 1,919개소

30 다음 중 전년 대비 2020년 어린이보호구역 지정 증가율이 가장 높은 시설은 무엇인가?(단, 증가율은 소수점 셋째 자리에서 반올림한다)

① 초등학교   ② 유치원

③ 특수학교   ④ 보육시설

⑤ 학원

31 다음 중 자료에 대한 설명으로 옳지 않은 것은?

① 2018년에 어린이보호구역으로 지정된 시설은 총 8,434개소이다.

② 2023년에 어린이보호구역으로 지정된 시설은 2018 지정 시설보다 총 6,607개소 증가했다.

③ 2022년과 2023년의 특수학교 어린이보호구역 지정개소 수는 같다.

④ 초등학교 어린이보호구역은 계속해서 증가하고 있다.

⑤ 학원 어린이보호구역은 2023년에 전년 대비 증가율이 0%이다.

32 다음 자료와 〈보기〉를 바탕으로 철수, 영희, 민수, 철호가 상품을 구입한 쇼핑몰을 순서대로 바르게 나열한 것은?

〈이용약관의 주요 내용〉

쇼핑몰	주문 취소	환불	배송비	포인트 적립
A	주문 후 7일 이내 취소 가능	10% 환불수수료+송금수수료 차감	무료	구입금액의 3%
B	주문 후 10일 이내 취소 가능	환불수수료+송금수수료 차감	20만 원 이상 무료	구입금액의 5%
C	주문 후 7일 이내 취소 가능	환불수수료+송금수수료 차감	1회 이용 시 1만 원	없음
D	주문 후 당일에만 취소 가능	환불수수료+송금수수료 차감	5만 원 이상 무료	없음
E	취소 불가능	고객 귀책사유에 의한 환불 시에만 10% 환불수수료	1만 원 이상 무료	구입금액의 10%
F	취소 불가능	원칙적으로 환불 불가능 (사업자 귀책사유일 때만 환불 가능)	100g당 2,500원	없음

〈보기〉

ㄱ. 철수는 부모님의 선물로 등산용품을 구입하였는데, 판매자의 업무착오로 배송이 지연되어 판매자에게 전화로 환불을 요구하였다. 판매자는 판매금액 그대로를 통장에 입금해 주었고 구입시 발생한 포인트도 유지하여 주었다.

ㄴ. 영희는 옷을 구매할 때 배송료를 고려하여 한 가지씩 여러 번에 나누어 구매하기보다는 가능한 한 한꺼번에 주문하곤 하였다.

ㄷ. 인터넷 사이트에서 영화티켓을 20,000원에 주문한 민수는 다음날 같은 티켓을 18,000원에 파는 가게를 발견하고 전날 주문한 물건을 취소하려 했지만 취소가 되지 않아 곤란을 겪은 적이 있다.

ㄹ. 가방을 10만 원에 구매한 철호는 도착한 물건의 디자인이 마음에 들지 않아 환불 및 송금수수료와 배송료를 감수하는 손해를 보면서도 환불할 수밖에 없었다.

	철수	영희	민수	철호
①	E	B	C	D
②	F	E	D	B
③	E	D	F	C
④	F	C	E	B
⑤	B	A	D	C

33 다음 글의 빈칸에 들어갈 말로 가장 적절한 것은?

발전은 항상 변화를 내포하고 있다. 그러나 모든 형태의 변화가 전부 발전에 해당하는 것은 아니다. 이를테면 교통신호등이 빨강에서 파랑으로 바뀌거나 파랑에서 빨강으로 바뀌는 변화를 발전으로 생각할 수는 없다. 즉 _____ 좀 더 구체적으로 말해 사태의 진전 과정에서 나중에 나타나는 것은 적어도 그 이전 단계에 내재적으로나마 존재했던 것의 전개에 해당한다는 것이다. 이렇게 볼 때, 발전은 선적(線的)인 특성이 있다. 순전한 반복의 과정으로 보이는 것을 발전이라고 규정하지 않는 이유는 그 때문이다. 반복과정에서는 최후에 명백히 나타나는 것이 처음에 존재했던 것과 거의 다르지 않다. 그러나 또 한편으로 우리는 비록 반복의 경우라도 때때로 그 과정 중의 특정 단계를 따로 떼어서 그것을 발견이라고 생각하기도 한다. 즉, 전체 과정에서 어떤 종류의 질이 그 시기에 특정의 수준까지 진전한 경우를 말한다.

① 발전은 어떤 특정한 방향으로 일어나는 변화라는 의미를 내포하고 있다.
② 변화는 특정한 방향으로 발전하는 것을 의미한다.
③ 발전은 불특정 방향으로 일어나는 변모라는 의미이다.
④ 발전은 어떤 특정한 반복으로 일어나는 변화라는 의미로 사용된다.
⑤ 변화는 어떤 특정한 방향으로 일어나는 발전이라는 의미로 사용된다.

34 정부에서 L시에 새로운 도로를 건설할 계획을 발표하였으며, 이에 따라 A ~ C의 세 가지 노선이 제시되었다. 각 노선의 총길이는 터널구간, 교량구간, 일반구간으로 구성되며, 추후 도로가 완공되면 연간 평균 차량 통행량이 2백만 대일 것으로 추산된다. 다음은 각 노선의 구성과 건설비용, 환경·사회손실비용을 나타낸 자료일 때, 옳지 않은 것은?(단, 도로는 15년 동안 유지할 계획이다)

구분		A노선	B노선	C노선	1km당 건설비용
건설비용	터널구간	1.0km	0km	0.5km	1,000억 원
	교량구간	0.5km	0km	1km	200억 원
	일반구간	8.5km	20km	13.5km	100억 원
환경손실비용		15억 원/년	5억 원/년	10억 원/년	–
사회손실비용		차량 한 대가 10km를 운행할 경우 1,000원 비용발생			–

※ (건설비용)=(각 구간 길이)×(1km당 건설비용)

※ (사회손실비용)=(노선 길이)×$\dfrac{1,000원}{10km}$×(연간 평균 차량 통행량)×(유지 연수)

① 건설비용만 비교할 때 A노선이 가장 적은 비용이 필요하다.
② B노선의 길이가 가장 길기 때문에 사회손실비용이 가장 많이 발생한다.
③ 환경손실비용만 고려했을 때, A노선은 B노선의 3배에 이르는 비용이 든다.
④ 건설비용과 사회손실비용을 함께 고려하면 C노선이 가장 적합하다.
⑤ 건설비용과 사회·환경손실비용을 모두 고려하면 A노선과 B노선에 드는 비용의 차이는 200억 원이다.

※ L공사는 정부의 녹색성장 정책을 따르기 위해 직원들의 출퇴근길 '자전거 타기'를 권장하기로 하였다. '자전거 타기' 제도를 정립하기 위해 자전거의 운동 효과를 인트라넷에 게시한 후, 직원들의 수요를 조사하고 한 달 후부터 직원이 원하는 자전거를 대여해 주기로 하였다. 다음 자료를 보고 이어지는 질문에 답하시오. [35~36]

〈자전거 운동 효과〉

자전거 종류	모델명	가격	바퀴 수	보조바퀴 여부
일반 자전거	S－mae72	110,000원	2개	없음
	S－dae66	99,000원		
연습용 자전거	S－HWS	78,000원	2개	있음
	S－WTJ	80,000원		
외발 자전거	S－4532	145,000원	1개	없음
	S－8653	130,000원		

※ 운동량은 자전거 주행 거리에 비례한다.
※ 같은 거리를 주행하여도 자전거에 운전자 외에 한 명이 더 타면 운전자의 운동량은 두 배가 된다.
※ 보조바퀴가 달린 자전거를 타면 같은 거리를 주행하여도 운동량이 일반 자전거의 80%밖에 되지 않는다.
※ 바퀴가 1개인 자전거를 타면 같은 거리를 주행하여도 운동량이 일반 자전거보다 50% 더 많다.
※ 자전거 가격이 높을수록 신체 피로도가 낮다.
※ 이외의 다른 조건은 모두 같다고 본다.

35 기업문화팀에 근무하는 귀하는 '자전거 타기' 제도를 정립하기 위한 회의에 참석하였다. 다음 중 직원들이 제시할 수 있는 의견으로 옳지 않은 것은?

① 직원사전조사에 따르면 피로도를 중요시하는 직원이 가장 많으므로 외발 자전거를 연습용 자전거보다 많이 구매해야 합니다.

② 또한 피로도와 운동량을 동일하게 중요시하는 직원이 많으므로 S－4532 모델보다는 S－8653 모델을 구매하는 것이 좋을 것 같습니다.

③ 일반 자전거를 선호하는 직원들은 피로도는 상관없다고 응답하였으므로 S－dae66 모델을 S－mae72 모델보다 많이 구매해야 합니다.

④ 이번 기회를 통해 자전거 타는 방법을 배우고 싶어 하는 직원들도 있으므로 보조바퀴가 달린 S－HWS 모델과 S－WTJ 모델을 구매하는 것도 좋을 것 같습니다.

⑤ 매년 사용할 수 있는 예산에는 한계가 있으므로 직원들이 피로도를 중요시한다고 하여 모두 비싼 자전거로만 구매하기는 어려울 것 같습니다.

36 출퇴근길 '자전거 타기'에 더 많은 직원이 관심을 갖도록 하루에 가장 많은 운동량으로 출근한 직원을 뽑아 상품을 주기로 하였다. 다음 5명의 후보 중 운동량이 많은 순서대로 바르게 나열한 것은?

〈후보〉

• 갑 : 1.4km의 거리를 뒷자리에 한 명을 태우고 일반 자전거로 주행하였다.
• 을 : 1.2km의 거리를 뒷자리에 한 명을 태우고 연습용 자전거로 주행하였다.
• 병 : 2km의 거리를 혼자 외발 자전거로 주행하였다.
• 정 : 2km의 거리를 혼자 연습용 자전거로 주행한 후에 이어서 1km의 거리를 혼자 외발 자전거로 주행하였다.
• 무 : 0.8km의 거리를 뒷자리에 한 명을 태우고 연습용 자전거로 주행한 후에 이어서 1.2km의 거리를 혼자 일반 자전거로 주행하였다.

---

① 병 - 정 - 갑 - 을 - 무
② 병 - 정 - 갑 - 무 - 을
③ 정 - 병 - 갑 - 무 - 을
④ 정 - 병 - 무 - 갑 - 을
⑤ 정 - 무 - 갑 - 병 - 을

37 다음 글의 빈칸에 들어갈 접속부사로 가장 적절한 것은?

'딥페이크(Deepfake)'란 딥러닝(Deep Learning)과 페이크(Fake)의 합성어로, 인공 지능(AI) 기술을 이용해 제작된 가짜 동영상 또는 가짜 동영상 제작 프로세스 자체를 의미한다. 생성적 적대 신경망(GAN)이라는 기계학습 기술을 사용하여 사진이나 영상을 원본 영상에 겹쳐서 만들어낸다. 이는 미국의 한 네티즌이 온라인 소셜 커뮤니티인 레딧(Reddit)에 할리우드 배우의 얼굴과 포르노 영상 속 인물의 얼굴을 악의적으로 합성한 편집물을 올리면서 시작되었다. 연예인이나 정치인 등 유명인 뿐만 아니라 일반인도 딥페이크의 피해자가 될 수 있다는 우려가 커지면서 사회적 문제가 되고 있다.
_____ 딥페이크 기술을 유용하게 쓰는 방안도 등장했다. 과학기술 전문지 『뉴 사이언티스트』에 따르면 이스라엘의 기업인 '캐니 인공 지능(Canny AI)'은 동영상을 여러 다른 언어로 더빙하는 데 딥페이크 기술을 이용하고 있다. 이 기업은 현재 유명 연예인이 촬영한 광고나 홍보 동영상을 다양한 언어로 더빙하는 데 딥페이크 기술을 활용하고 있으며, 향후 텔레비전 프로그램이나 영화 더빙에 이를 확대 적용할 예정이다.

---

① 이를 통해
② 그러므로
③ 한편
④ 즉
⑤ 그래서

38 다음은 L사의 피자 1판 주문 시 구매 방식별 할인 혜택과 비용을 나타낸 자료이다. 정가가 12,500원인 L사 피자 1판을 가장 싸게 살 수 있는 구매 방식은?

〈구매 방식별 할인 혜택과 비용〉

구매 방식	할인 혜택과 비용
스마트폰앱	정가의 25% 할인
전화	정가에서 1,000원 할인 후, 할인된 가격의 10% 추가 할인
회원카드와 쿠폰	회원카드로 정가의 10% 할인 후, 할인된 가격의 15%를 쿠폰으로 추가 할인
직접 방문	정가의 30% 할인. 교통비용 1,000원 발생
교환권	L사 피자 1판 교환권 구매비용 10,000원 발생

※ 구매 방식은 한 가지만 선택함

① 스마트폰앱   ② 전화
③ 회원카드와 쿠폰   ④ 직접 방문
⑤ 교환권

39 다음 글의 내용으로 적절하지 않은 것은?

VOD(Video On Demand)서비스는 기존의 공중파 방송과 무엇이 다른가? 그것은 바로 방송국이 아닌 시청자 본인의 시간을 중심으로 방송매체를 볼 수 있다는 점이다. 기존 공중파 방송의 정규 편성 프로그램을 시청하기 위해서 시청자는 특정한 시간에 텔레비전 앞에서 기다릴 필요가 있었다. 하지만 VOD시스템의 등장으로 시청자는 아침 일찍, 혹은 야근이 끝난 늦은 오후에도 방송매체를 스트리밍 혹은 다운로드 방식으로 전송하여 시청할 수 있게 되었다.

VOD서비스의 등장은 기존에 방송국이 편성권을 지니던 시대와는 다른 양상을 초래하고 있다. 과거에는 시청률이 가장 높은 오후 7시에서 9시까지의 황금시간대에 편성된 프로그램이 큰 인기를 차지했으며 광고비 또한 가장 높았던 반면, VOD서비스는 순수하게 방송매체의 인기가 높을수록 시청률이 늘어나기 때문에 방송국에서 프로그램의 순수한 재미와 완성도에 보다 집중하게 되는 것이다.

① VOD서비스는 방송매체의 편성권을 시청자에게 쥐어주었다.
② VOD시스템으로 시청자는 방송 편성 시간의 제약에서 자유로워졌다.
③ VOD서비스의 등장으로 방송국은 과도한 광고유치 경쟁에 뛰어들게 되었다.
④ VOD서비스는 방송매체의 수준향상에 기여하게 될 것이다.
⑤ VOD서비스는 방송매체를 다운로드 혹은 스트리밍하여 시청할 수 있도록 한다.

40 다음은 L기업의 주가지표를 나타낸 자료이다. 이에 대한 설명으로 옳지 않은 것을 〈보기〉에서 모두 고르면?

〈L기업 주가지표〉

(단위 : 원, %)

주가지표	2020년	2021년	2022년	2023년
기말주가	44,700	76,500	60,500	94,100
기본 주당순이익(EPS)	4,193	15,074	22,011	2,856
주당 순자산가치(BVPS)	30,368	43,369	60,678	62,324
주당매출액	23,624	41,359	55,556	37,075
주가매출비율(PSR)	1.9	1.8	1.1	2.5

※ (EPS)=(당기순이익)÷(가중평균유통보통주식 수)
※ (BVPS)=[(자본총계)−(무형자산)]÷(총발행주식 수)
※ (주당매출액)=(연간매출액)÷(총발행주식 수)
※ (PSR)=(기말주가)÷(연간 주당매출액)

〈보기〉

ㄱ. 2021년부터 2023년까지 전년 대비 기말주가의 증감 추이와 기본 주당순이익의 증감 추이는 동일하다.
ㄴ. 주가매출비율이 높은 해일수록 주당 순자산가치가 높다.
ㄷ. 2020년부터 2023년까지 매년 총발행주식 수가 동일하다면, 2022년의 연간매출액이 가장 높다.
ㄹ. 2020년 대비 2023년의 주당매출액은 50% 이상 증가하였다.

① ㄱ, ㄴ
② ㄱ, ㄷ
③ ㄴ, ㄷ
④ ㄴ, ㄹ
⑤ ㄷ, ㄹ

41 다음 중 개츠비 곡선에 대한 설명으로 옳지 않은 것은?

① 미국의 경제학자인 앨런 크루거가 언급했으며, 소득주도성장 이론 등에서 활용된다.
② X축은 지니계수, Y축은 부의 세대 간 이동성을 나타낸다.
③ 불평등 정도가 클수록 세대 간 이동성이 더 작아진다.
④ 지니계수가 클수록 부의 세대 간 이동성이 작아진다.
⑤ 개츠비 곡선은 우하향하는 모습을 나타낸다.

42 다음 중 행동수정 전략의 특성으로 옳지 않은 것은?

① 행동 원리에 기초하여 행동을 분석한다.
② 표적 행동을 기준으로 증가, 감소해야 하는 행동을 수정한다.
③ 행동의 원인으로 과거 사건을 강조한다.
④ 절차에 대해 정확히 설명한다.
⑤ 행동의 변화를 측정한다.

43 다음 중 노동조합의 기능에 대한 설명으로 옳지 않은 것은?

① 단체교섭을 통해 근로조건 향상, 경영참여 등의 협약을 진행한다.
② 근로자가 질병 또는 재난 등으로 노동력을 잃을 경우 기금 등으로 부조활동을 진행한다.
③ 주주의 권익 보장을 위해 주주총회 등에 적극적으로 참여한다.
④ 국가를 상대로 노동법 재개정, 사회보장 확대 등을 주장한다.
⑤ 노동수요에 대한 공급을 적절히 조절하여 임금수준을 유지하고자 노력한다.

44 다음 중 EVA(경제적 부가가치)의 특징에 대한 설명으로 옳지 않은 것은?

① 투하자본은 총자산을 기준으로 한다.

② 기업의 영업활동에서 발생한 이익에서 법인세 비용 등을 차감하여 측정한다.

③ 타인자본뿐만 아니라 자기자본에 대한 기회비용까지 고려한다.

④ 손익계산서 및 대차대조표의 항목을 함께 고려한다.

⑤ 투하자본수익률이 자본 조달 비용을 상회하는 경우 경제적 부가가치가 발생한다고 할 수 있다.

45 다음 중 마케팅 믹스의 4P에 해당하지 않는 것은?

① 제품(Product) ② 가격(Price)

③ 판매촉진(Promotion) ④ 유통채널(Place)

⑤ 위치(Position)

46 다음 중 EOQ(경제적 주문량) 모형의 가정으로 옳지 않은 것은?

① 단위 기간 중의 수요를 정확히 예측할 수 있다.

② 대량 구매 시 일정 비율의 할인을 적용한다.

③ 재고 사용량은 일정하다.

④ 주문량은 전량 일시에 입고된다.

⑤ 각 주문은 지연 없이 입고되며, 공급이 중단되지 않는다.

47 다음 중 브랜드 가치의 구성요소로 볼 수 없는 것은?

① 고객의 충성도 ② 고객의 인지도

③ 제품의 품질 ④ 브랜드 이미지

⑤ 모기업 재무상태

48 다음 중 보상적 권력을 잘 사용하기 위한 방법으로 옳지 않은 것은?

① 보상받는 사람이 원하는 조건을 사전에 파악하여 보상한다.

② 공정하고 윤리적인 평가를 통해 보상한다.

③ 보상이 불가능하거나 어려운 약속은 하지 않는다.

④ 보상에 대한 기준은 최대한 간단하게 작성한다.

⑤ 목표 달성 이후 일정 기간 검증을 통해 시간차를 두고 보상한다.

49 다음 중 MECE 기법에 대한 설명으로 옳지 않은 것은?

① 논리적이고 객관적인 사고를 기본 원칙으로 하여 문제해결을 설득하는 방법이다.

② 시간, 자금, 인력 등 한정된 자원을 누락과 중복 없이 배분할 수 있도록 한다.

③ 문제 원인에 대해 어디서, 무엇을, 어떻게 우선 해결해야 하는지 파악하는 것이 목적이다.

④ MECE 기법을 적용하는 데 있어 정량적 분석이 선행되어야 한다.

⑤ 문제해결 방법이 전체집합 외부에 존재할 경우 유용한 방법이 될 수 있다.

50 다음 중 직무분석의 목적으로 옳지 않은 것은?

① 직무의 구분을 명확히 하고, 합리적인 조직을 구성한다.

② 근로자의 채용, 배치, 승진 등에 기준을 제시한다.

③ 직무평가 및 평가시스템의 기초자료를 제공한다.

④ 노사 간 협력을 위한 의사소통 창구를 마련한다.

⑤ 교육 및 훈련을 통해 직무요건 대비 부족한 부분을 개선한다.

51 다음 중 수익 인식 5단계를 순서대로 바르게 나열한 것은?

① 계약 식별 → 수행 의무 식별 → 거래가격 산정 → 거래가격 배분 → 수익 인식

② 계약 식별 → 수행 의무 식별 → 거래가격 배분 → 거래가격 산정 → 수익 인식

③ 계약 식별 → 거래가격 산정 → 거래가격 배분 → 수행 의무 식별 → 수익 인식

④ 수행 의무 식별 → 거래가격 산정 → 거래가격 배분 → 계약 식별 → 수익 인식

⑤ 수행 의무 식별 → 계약 식별 → 거래가격 산정 → 거래가격 배분 → 수익 인식

52 다음 중 우연원인에 따라 관리도를 사용하는 경우로 옳지 않은 것은?

① 근로자의 숙련도 차이　　　　② 작업환경의 차이
③ 생산 자재 가격의 변동　　　　④ 생산 자재 품질의 불량
⑤ 생산설비의 허용 가능한 오차

53 다음 중 시계열 예측기법에 해당하지 않는 것은?

① 지수평활법　　　　　　　　　② 최소자승법
③ 박스 – 젠킨스법　　　　　　　④ 목측법
⑤ 회귀분석법

54 다음 중 인사 평가가 갖추어야 할 중요 요소로 보기 어려운 것은?

① 타당성　　　　　　　　　　　② 수용성
③ 신뢰성　　　　　　　　　　　④ 논리성
⑤ 실용성

55 다음 중 가공원가 계산식으로 옳은 것은?

① (직접노무비)＋(직접재료비)＋(직접경비)　　② (직접원가)＋(제조간접비)
③ (직접노무비)＋(제조간접비)　　　　　　　　④ (제조원가)＋(영업판매비)＋(일반관리비)
⑤ (총원가)＋(이익)

56 다음 중 ERG 이론의 특징에 대한 설명으로 옳지 않은 것은?

① 인간의 욕구를 중요도 순서로 계층화하였다.
② 1가지 이상의 욕구가 동시에 작용할 수 있다고 주장한다.
③ 상위욕구를 충족시키지 못하면 하위욕구가 더욱 증가하는 경향을 보인다.
④ 개인마다 욕구의 상대적 크기는 다를 수 있다고 주장한다.
⑤ 욕구를 단계적인 계층적 개념으로 분류하였다.

57 다음 중 각 재무비율의 계산식이 옳지 않은 것은?

① (자기자본비율)=[(자기자본)÷(총자산)]×100
② (매출총이익률)=[(매출총이익)÷(매출액)]×100
③ (유동비율)=[(유동자산)÷(유동부채)]×100
④ (당좌비율)=[(당좌자산)÷(유동부채)]×100
⑤ (부채비율)=[(자기자본)÷(부채총계)]×100

58 다음 중 직무분석의 필요성에 대한 설명으로 옳지 않은 것은?

① 직무분석을 통해 해당 직무에 적합한 인력을 채용하고 선발한다.
② 개인의 능력과 직무의 요구사항 간 차이를 줄일 수 있도록 훈련한다.
③ 성과 평가의 기준을 설정할 수 있는 정보를 제공한다.
④ 관련 법률과 별개로 조직이 갖추어야 할 의무를 정의한다.
⑤ 직무 난이도, 책임 수준 등을 고려하여 공정한 보상 시스템을 구축한다.

59 다음 중 비체계적 위험으로 볼 수 없는 것은?

① 소비자와 관련된 소송   ② 정부와의 관계
③ 매출액의 하락   ④ 근로자의 집단파업
⑤ 이자율의 변동

60 다음 중 안전재고를 설정할 때 고려해야 하는 사항이 바르게 짝지어진 것은?

① 이론 재고, 재고 특성, 판매 비용   ② 이론 재고, 재고 특성, 고려 비용
③ 이론 재고, 재고 수량, 판매 비용   ④ 재고 특성, 재고 수량, 영업이익
⑤ 재고 특성, 재고 수량, 예상 판매량

61 다음 중 GE / 맥킨지 매트릭스에서 시장 지위를 유지하며 집중 투자를 고려해야 하는 위치는?

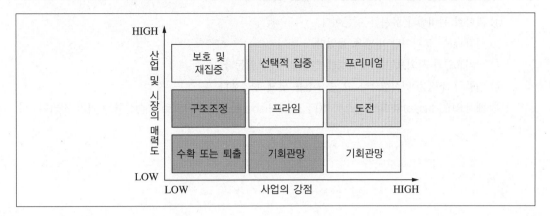

① 보호 및 재집중
② 구조조정
③ 선택적 집중
④ 수확 또는 퇴출
⑤ 프리미엄

62 다음 중 프린터를 저렴하게 판매한 후 그 프린터의 토너를 비싼 가격으로 결정하는 전략은?

① 종속제품 가격결정(Captive Product Pricing)
② 묶음 가격결정(Bundle Pricing)
③ 단수 가격결정(Odd Pricing)
④ 침투 가격결정(Penetration Pricing)
⑤ 스키밍 가격결정(Skimming Pricing)

63 다음 중 가격 전략에 대한 설명으로 옳지 않은 것은?

① 유보가격 : 구매자가 어떤 상품에 대해 지불할 용의가 있는 최고가를 말한다.
② 촉진가격 : 고객의 유인을 위하여 특정 품목의 가격을 대폭 낮게 설정하는 것을 말한다.
③ 명성가격 : 가격 – 품질 연상효과를 이용하여 가격을 설정하며, 가격이 낮을수록 매출이 증가한다.
④ 관습가격 : 소비자들이 관습적으로 느끼는 가격으로, 제품가격을 높이면 매출이 감소하고 가격을 낮게 책정하더라도 매출이 크게 증가하지 않는다.
⑤ 유인가격 : 기회비용을 고려하여 특정제품의 가격을 낮춰 판매하고, 이를 통해 고객을 불러들여 호객하는 것을 말한다.

64 다음 중 인간관계론에 대한 설명으로 옳은 것은?

① 과학적 관리법과 유사한 이론이다.

② 인간 없는 조직이란 비판을 들었다.

③ 심리요인과 사회요인은 생산성에 영향을 주지 않는다.

④ 비공식 조직을 인식했으나 그 중요성을 낮게 평가했다.

⑤ 메이요(E. Mayo)와 뢰슬리스버거(F. Roethlisberger)를 중심으로 호손실험을 거쳐 정리되었다.

65 다음 중 평정척도법에 대한 설명으로 옳은 것은?

① 통계적 분포에 따라 인원을 강제적으로 할당하여 피평가자를 배열하고 서열을 정한다.

② 고과에 적당한 표준 행동을 평가항목에 배열해 놓고 해당 항목을 체크하여 책정한다.

③ 일상생활에서 보여준 특별하게 효과적이거나 비효과적인 행동을 기록하여 활용한다.

④ 피평가자의 능력과 업적 등을 일련의 연속척도 또는 비연속척도로 평가한다.

⑤ 평소 부하직원의 직무 관련 행동에서 나타나는 강점과 약점을 기술한다.

66 다음 중 직무현장훈련(OJT)에 대한 설명으로 옳지 않은 것은?

① 실습장 훈련, 인턴사원, 경영 게임법 등이 이에 속한다.

② 실제 현장에서 실제로 직무를 수행하면서 이루어지는 현직훈련이다.

③ 훈련내용의 전이정도가 높고 실제 업무와 직결되어 경제적인 장점을 가진다.

④ 훈련방식의 역사가 오래되며, 생산직에서 보편화된 교육방식이라 할 수 있다.

⑤ 지도자의 높은 자질이 요구되고, 교육훈련 내용의 체계화가 어렵다.

67 다음 중 재무상태표에서 비유동자산에 해당하는 계정과목은?

① 영업권 ② 매입채무

③ 매출채권 ④ 자기주식

⑤ 법정적립금

68 다음 중 경영전략의 수준에 따라 전략을 구분할 때, 경영전략과 그에 해당하는 예시가 바르게 연결되지 않은 것은?

	경영전략 수준	예시
①	기업 전략(Corporate Strategy)	성장 전략
②	기업 전략(Corporate Strategy)	방어 전략
③	기능별 전략(Functional Strategy)	차별화 전략
④	기능별 전략(Functional Strategy)	생산 전략
⑤	사업 전략(Business Strategy)	원가우위 전략

69 다음 중 숍 제도에서 기업에 대한 노동조합의 통제력이 강력한 순서대로 나열한 것은?

① 오픈 숍 – 클로즈드 숍 – 유니언 숍
② 클로즈드 숍 – 오픈 숍 – 유니언 숍
③ 유니언 숍 – 오픈 숍 – 클로즈드 숍
④ 클로즈드 숍 – 유니언 숍 – 오픈 숍
⑤ 유니언 숍 – 클로즈드 숍 – 오픈 숍

70 다음 중 STP 전략의 목표시장 선정(Targeting) 단계에서 집중화 전략에 대한 설명으로 옳지 않은 것은?

① 대량생산 및 대량유통, 대량광고 등을 통해 규모의 경제로 비용을 최소화할 수 있다.
② 자원이 한정되어 있을 때 자원을 집중화하고 시장 안에서의 강력한 위치를 점유할 수 있다.
③ 세분시장 내 소비자 욕구의 변화에 민감하게 반응하여야 위험부담을 줄일 수 있다.
④ 대기업 경쟁사의 진입이 쉬우며 위험이 분산되지 않을 경우 시장의 불확실성으로 높은 위험을 감수해야 한다.
⑤ 단일제품으로 단일화된 세부시장을 공략하여 니치마켓에서 경쟁력을 가질 수 있는 창업 기업에 적합한 전략이다.

71 다음 중 제품의 마케팅조사에서 신뢰성에 대한 설명으로 옳지 않은 것은?

① 마케팅 조사의 신뢰도를 측정하는 방법으로, 크론바흐 알파계수를 이용하기도 한다.

② 신뢰도를 측정하는 방법으로는 재검사법, 동형 검사법이 있다.

③ 내적 일관성법은 가능한 모든 반분 신뢰도의 평균값으로 신뢰성을 추정하는 방법이다.

④ 신뢰성이란 동일한 조건에서 동일한 대상에게 동일한 개념에 대해 반복 측정하였을 때 같은 값을 나타내는 정도를 의미한다.

⑤ 체계적 오차는 측정 도구와 관계없이 측정상황에 따라 발생하는 오차이며, 체계적 오차가 작은 것은 신뢰성이 높다고 볼 수 있다.

72 다음 중 조직 설계에 대한 설명으로 옳지 않은 것은?

① 조직의 과업다양성이 높을수록 조직의 전반적인 구조는 유기적인 것이 바람직하다.

② 집권화의 수준은 유기적 조직에 비해 기계적 조직의 경우가 높다.

③ 조직의 규모가 커지고 더 많은 부서가 생겨남에 따라 조직구조의 복잡성은 증가한다.

④ 조직의 공식화 정도가 높을수록 직무담당자의 재량권은 줄어든다.

⑤ 전문화 수준이 높아질수록 수평적 분화의 정도는 낮아진다.

73 다음 중 유용한 재무정보의 질적 특성에 대한 설명으로 옳은 것은?

① 목적적합성과 충실한 표현은 보강적 질적 특성이다.

② 동일한 경제적 현상에 대해 대체적인 회계처리방법을 허용하면 비교 가능성이 감소한다.

③ 재무정보가 예측가치를 갖기 위해서는 제공되는 정보 그 자체가 예측치 또는 예상치이어야 한다.

④ 재무정보가 과거 평가를 확인하거나 변경시킨다면 예측가치를 갖는다.

⑤ 재무정보의 제공자와는 달리 이용자의 경우에는 제공된 정보를 분석하고 해석하는 데 원가가 발생하지 않는다.

74 다음 중 실물적 경기변동이론(Real Business Cycle Theory)에 대한 설명으로 옳지 않은 것은?

① 경기변동은 실질변수가 동태적으로 변동하는 현상이다.

② 정부의 경제개입은 최소한으로 이루어져야 한다.

③ 경기의 동태성은 거시경제일반균형의 변동현상이다.

④ 예상된 화폐공급량 변화는 상대가격의 변화를 유발하지 못하므로 실물경제에 영향을 미치지 않는다.

⑤ 기술진보와 같은 실물적 충격에 의한 실업과 같이 불균형상태가 균형상태로 수렴하는 과정에서 경기변동이 발생하게 된다.

75 다음 중 다른 기업에게 수수료를 받는 대신 자사의 기술이나 상품 사양을 제공하고 그 결과로 생산과 판매를 허용하는 것은?

① 아웃소싱(Outsourcing)

② 합작투자(Joint Venture)

③ 라이선싱(Licensing)

④ 턴키프로젝트(Turn – key Project)

⑤ 그린필드투자(Green Field Investment)

76 다음 〈보기〉의 사례를 역선택(Adverse Selection)과 도덕적 해이(Moral Hazard)로 바르게 구분한 것은?

─〈보기〉─

가. 자동차 보험 가입 후 더 난폭하게 운전한다.

나. 건강이 좋지 않은 사람이 민간 의료보험에 더 많이 가입한다.

다. 실업급여를 받게 되자 구직 활동을 성실히 하지 않는다.

라. 사망 확률이 낮은 건강한 사람이 주로 종신연금에 가입한다.

마. 의료보험제도가 실시된 이후 사람들의 의료수요가 현저하게 증가하였다.

	역선택	도덕적 해이
①	가, 나	다, 라, 마
②	나, 라	가, 다, 마
③	다, 마	가, 나, 라
④	나, 다, 라	가, 마
⑤	다, 라, 마	가, 나

77 다음 중 자연독점하의 공기업 공공요금 결정에 대한 설명으로 옳은 것은?

① 규모의 경제를 활용하여 평균비용을 낮추기 위해 하나가 아닌 여러 공기업에서 생산하는 것이 바람직하다.

② 민간기업이 생산하고 가격을 규제하지 않으면 사회적 최적생산량 달성이 가능하다.

③ 이부가격제도(Two - part Tariff)를 도입하면 생산량 자체는 효율적이다.

④ 한계비용가격 설정을 사용하는 경우 해당 공기업의 경제적 이윤이 0이 된다.

⑤ 평균비용가격 설정을 사용하는 경우 사회적 최적 생산량을 달성할 수 있다.

78 다음은 유통경로의 설계전략에 대한 설명이다. 빈칸 ㉠ ~ ㉢에 들어갈 용어를 바르게 짝지은 것은?

- _____㉠_____ 유통은 가능한 많은 중간상들에게 자사의 제품을 취급하도록 하는 것으로, 과자, 저가 소비재 등과 같이 소비자들이 구매의 편의성을 중시하는 품목에서 채택하는 방식이다.
- _____㉡_____ 유통은 제품의 이미지를 유지하고 중간상들의 협조를 얻기 위해 일정 지역 내에서의 독점 판매권 을 중간상에게 부여하는 방식이다.
- _____㉢_____ 유통은 앞의 두 유통대안의 중간 형태로, 지역별로 복수의 중간상에게 자사의 제품을 취급할 수 있도록 하는 방식이다.

	㉠	㉡	㉢
①	전속적	집약적	선택적
②	집약적	전속적	선택적
③	선택적	집약적	전속적
④	전속적	선택적	집약적
⑤	집약적	선택적	전속적

79 다음 중 ESG 경영을 통해 기업이 얻을 수 있는 긍정적 효과로 옳지 않은 것은?

① 기업의 긍정적 이미지를 제고하고 고객의 신뢰를 얻을 수 있다.

② 재무적 성과 향상에 도움이 된다.

③ 기업의 주가 상승과 이익 증가를 이끌 수 있다.

④ 다양한 정보를 획득하고 평가기관을 통한 신뢰도를 확보할 수 있다.

⑤ 위험을 회피하고 새로운 기회를 발굴할 수 있다.

80 다음 중 맥그리거의 XY이론에서 인간 본질에 대한 X이론의 가정으로 옳지 않은 것은?

① 과업은 본질적으로 모든 인간이 싫어한다.

② 인간의 자아 통제는 조직 목적의 성취에 필수적이다.

③ 인간은 책임을 회피하며, 지시받기를 좋아한다.

④ 인간은 조직의 문제해결에 필요한 창의력이 부족하다.

⑤ 인간은 생리 욕구와 안정 욕구에 의해 동기화된다.

81 다음 중 경력 닻 모형의 구성요소로 옳지 않은 것은?

① 대인관계　　　　　　　　　② 역량

③ 가치관　　　　　　　　　　④ 동기

⑤ 목표

82 다음 중 SCM(Supply Chain Management)의 직무에 해당하지 않는 것은?

① 생산관리　　　　　　　　　② 구매관리

③ 물류관리　　　　　　　　　④ 품질관리

⑤ 마케팅관리

83 다음 중 마일즈＆스노우의 전략 유형에서 공격형 전략에 대한 설명으로 옳지 않은 것은?

① 혁신을 기본역할로 하며, 제한적인 인력계획을 수립한다.

② 인력 충원, 배치 등은 영입을 원칙으로 한다.

③ 성과에 대한 보상은 외적 경쟁 정도에 기준을 두며, 성과급의 비중이 크다.

④ 인사고과는 결과 지향적이며, 장기적인 결과를 중시한다.

⑤ 인적자원관리 활동은 계획 → 실행 → 평가의 과정을 거친다.

84 다음 중 앤소프의 의사결정에 대한 설명으로 옳지 않은 것은?

① 전략적 의사결정을 통해 환경 변화 대응을 위한 제품 및 시장 믹스를 선정한다.

② 전략적 의사결정을 통해 기업의 보유 자본을 제품시장 기회에 맞춰 적절히 배분한다.

③ 관리적 의사결정을 통해 최적의 성과를 산출하기 위한 자원을 조직화한다.

④ 관리적 의사결정을 통해 기업자원의 효율화를 극대화하는 일정 계획, 통제 활동을 한다.

⑤ 업무적 의사결정을 통해 전략적 의사결정과 관리적 의사결정을 구체화한다.

85 다음 중 유동부채에 해당하지 않는 것은?

① 미지급금 ② 선수금

③ 당기법인세부채 ④ 유동성장기부채

⑤ 이연법인세부채

86 다음 중 소비자 정보 처리 과정의 구성요소로 볼 수 없는 것은?

① 노출 ② 경험

③ 주의 ④ 지각

⑤ 기억

87 다음 중 기능별 조직의 장점으로 옳지 않은 것은?

① 특정 분야에 대한 전문적인 기술 및 지식을 얻을 수 있다.

② 구성원이 업무에 적극적이고 자율적으로 참여할 수 있다.

③ 구성원 간 활발한 커뮤니케이션을 기대할 수 있다.

④ 업무에 창의성을 발휘할 수 있어서 구성원의 만족도를 높일 수 있다.

⑤ 자원을 중복되지 않고 효율적으로 사용할 수 있다.

88 다음 중 인적평가센터법의 장단점으로 옳지 않은 것은?

① 뛰어난 인재를 공정하게 선발하여 관리자로 활용할 수 있다.

② 피평가자의 장단점을 파악하여 개별적인 인력개발 프로그램을 적용할 수 있다.

③ 기존 인력개발 프로그램의 적합성 등을 평가하는 데 유용하다.

④ 피평가자가 직무 요구사항에 대해 현실적으로 사고할 수 있다.

⑤ 평가 결과가 안정적이지 않아 피평가자의 수용성이 낮을 수 있다.

89 다음 중 이슈 트리 작성 후 세부 업무계획을 수립할 때 고려하는 항목으로 옳지 않은 것은?

① 이슈   ② 가설

③ 분석   ④ 원천

⑤ 검증

90 다음 중 관료제의 특징으로 옳지 않은 것은?

① 법과 규칙에 의한 지배   ② 관료의 전임화

③ 권한의 명확화   ④ 조직의 수평화

⑤ 업무의 문서화

91 다음은 MOT(Moment Of Truth)의 중요성에 대한 설명이다. 빈칸에 들어갈 내용으로 옳은 것은?

> 진실의 순간은 서비스 전체에서 어느 한 순간만은 아니며, 고객과 만나는 직간접의 순간순간들이 진실의 순간이 될 수 있으며, 어느 한 순간만 나빠도 고객을 잃게 되는 _____이/가 적용된다.

(   )

92 L사는 2023년 1월 1일에 내용연수 5년, 잔존가치 200,000원으로 추정되는 제빵기 1대를 2,000,000원에 구입하였다. 제빵기는 1차 연도에 10,000개의 빵을 생산한 이후 매년 1,000개씩 생산량이 감소한다고 할 때, 생산량비례법을 이용하여 1차 연도의 감가상각비를 계산하면 얼마인가?

(   )

93 다음 글에 해당하는 유통채널은 무엇인가?

- 다양한 유통채널을 통해 다양한 고객층에게 접근할 수 있다.
- 제품 유통에 대해 상황에 따라 유연하게 대응할 수 있다.
- 유통채널 간 관리의 어려움 또는 경쟁이 발생할 수 있다.

(   )

94 다음 자료를 참고하여 A주식에 대한 투자 기대수익을 계산하면 얼마인가?

- A주식 투자 금액 : 1,000만 원
- A주식이 오를 확률 : 60%
- A주식이 떨어질 확률 : 40%
- A주식이 올랐을 때 예상 수익률 : 20%
- A주식이 떨어졌을 때 예상 손실률 : 10%

(   )

95 다음 글에 해당하는 제품 유형은 무엇인가?

- 브랜드와 관계없이 가장 가까운 곳에서 구매하는 제품이다.
- 계획 없이 충동적으로 구매하는 경우가 많으며, 잡화, 생필품, 과자 등이 해당한다.

(   )

96 다음 글에 해당하는 하우스 경로 – 목표 이론의 리더십 유형은 무엇인가?

> • 부하들에게 구체적인 지시와 명령을 내린다.
> • 규칙과 절차의 준수를 요구하고 직무를 명확히 한다.
> • 과업지향적 리더십과 유사하다.
> • 업무 능력이 낮거나 경험이 부족한 부하에게 효과적이다.

(   )

97 다음은 공공기관의 운영에 관한 법률 시행령에서 분류하는 시장형 공기업의 지정 요건이다. 빈칸에 들어갈 값은 무엇인가?

> 시장형 공기업 : 자산규모 2조 원 이상, 총수입액 중 자체수입액 _____ 이상인 공기업

(   )

98 다음 글에 해당하는 직무분석법은 무엇인가?

> • 직무 행동 중 중요도가 높은 행동에 대한 정보를 수집한다.
> • 관찰 가능한 직무 행동의 이익, 용도 등을 파악하는 데 도움이 된다.
> • 정보를 수집하는 데 많은 시간이 필요하고, 직무 전체의 내용을 파악하는 데 어려움이 있다.

(   )

99 경제적 부가가치(EVA)는 세후순영업이익에서 어떤 값을 공제한 것인가?

(   )

100 다음 글에 해당하는 대리인 비용은 무엇인가?

> 확증비용과 감시비용이 지출되었으나 경영자가 투자자의 이익을 최대화하지 못해 발생할 수 있는 투자자의 기회비용이다.

(   )

41 다음 중 가속도원리에 대한 설명으로 옳지 않은 것은?

① 단순 가속도원리는 생산량(GDP) 변화에 의해 투자가 유발되는 것을 설명하는 이론이다.

② 단순 가속도원리는 소득(혹은 소비) 변화가 투자에 정확히 정비례적인 영향을 설명하는 이론이다.

③ 단순 가속도원리는 이자율과 자본재가격을 고려하지 못한다는 단점이 있다.

④ 신축적 가속도원리는 목표자본량과 실제자본량의 갭이 서서히 메워진다고 가정한다.

⑤ 신축적 가속도원리에 따르면 산출량의 변화에 따른 투자의 변화는 단순 가속도원리보다 서서히 이루어진다.

42 다음 중 리카도의 대등정리(Ricardian Equivalence Theorem)에 대한 설명으로 옳은 것은?

① 리카도의 대등정리에 따르면 국채가 발행되면 총저축은 증가한다.

② 유동성제약이 존재할 경우에도 리카도의 대등정리가 성립한다.

③ 리카도의 대등정리에 따르면 국채가 발행되면 이자율은 변하지 않지만, 민간투자는 증가한다.

④ 리카도의 대등정리는 항상소득가설과 같은 미래전망적 소비이론에 근거하고 있다.

⑤ 리카도의 대등정리에 따르면 합리적인 소비자들은 국채를 부채가 아니라 자산으로 인식하기 때문에 국채가 발행되더라도 소비가 증가하지 않는다.

43 다음 중 생애주기이론(Life Cycle Theory)에 대한 설명으로 옳지 않은 것은?

① 유동성제약이 존재할수록 생애주기이론의 현실 설명력은 약해진다.

② 생애주기이론은 사람들은 자신의 생애를 두고 현재소비를 결정한다고 가정한다.

③ 생애주기이론에 따르면 단기에는 APC는 MPC보다 작다.

④ 생애주기이론에 따르면 장기에는 APC와 MPC가 동일하다.

⑤ 생애주기이론에 따르면 소비는 평생 동안 기대할 수 있는 자산소득과 노동소득의 현재가치에 의해 결정된다고 본다.

44 다음 〈보기〉 중 케인스의 유동성 선호설에 대한 설명으로 옳은 것을 모두 고르면?

─〈보기〉─

㉠ 케인스의 유동성 선호설에 따르면 자산은 화폐와 채권 두 가지만 존재한다.
㉡ 케인스의 따르면 화폐공급곡선이 수평인 구간을 유동성함정이라고 한다.
㉢ 유동성함정 구간에서는 화폐수요의 이자율탄력성은 무한대(∞)이다.
㉣ 케인스의 유동성 선호설에 따른 투기적 동기의 화폐수요(hr)는 화폐수요함수$\left(\dfrac{M^d}{P}\right)$와 비례관계에 있다.

① ㉠, ㉡　　　　　　　② ㉠, ㉢
③ ㉡, ㉢　　　　　　　④ ㉡, ㉣
⑤ ㉢, ㉣

45 다음 〈보기〉 중 이자율에 대한 설명으로 옳지 않은 것을 모두 고르면?

─〈보기〉─

㉠ 시장이자율이 정상이자율보다 낮다면 투기적 화폐수요가 감소한다.
㉡ 케인스에 따르면 이자율에 의해 화폐수요가 큰 영향을 받으므로 유통속도가 매우 불안정하다.
㉢ 정상이자율이란 궁극적으로 도달할 것으로 사람들이 예상하는 이자율을 의미한다.
㉣ 케인스에 따르면 이자율이 하락하면 채권을 구입할 경우 자본이득을 얻을 가능성이 커진다.
㉤ 이자율이 상승하면 화폐보유의 기회비용이 상승한다.

① ㉠, ㉡　　　　　　　② ㉠, ㉢
③ ㉠, ㉣　　　　　　　④ ㉡, ㉤
⑤ ㉢, ㉣

46 다음 〈조건〉을 참고할 때, 증권시장선(SML)을 이용하여 구한 A주식의 균형기대수익률로 옳은 것은?

─〈조건〉─

• A주식의 베타(β) : 2
• 시장포트폴리오 기대수익률(R_m) : 8%
• 무위험 이자율(R_f) : 2%

① 6%　　　　　　　　② 8%
③ 10%　　　　　　　 ④ 12%
⑤ 14%

47 다음 글과 같이 A국 국민들의 소비상황이 변화할 경우 이자율의 변화로 옳은 것은?

> 국민 대부분의 선호가 현재소비에서 미래소비로 변화하고 있는 중이다.

① 상승한다.   ② 하락한다.
③ 불변이다.   ④ 물가 상승이 없는 경우라면 상승한다.
⑤ 물가 상승이 있는 경우라면 상승한다.

48 다음 중 항상소득가설(Permanent Income Hypothesis)에 의할 때, 소비에 미치는 영향이 가장 큰 소득의 변화는?

① 직장에서 과장으로 승진해 월급이 올랐다.
② 로또에서 3등으로 당첨되어 당첨금을 받았다.
③ 감기로 인한 결근으로 급여가 일시적으로 감소했다.
④ 휴가를 최대한 사용해 미사용 연차휴가 수당이 줄었다.
⑤ 일시 수요 증가로 초과 근무가 늘어나고, 초과 수당이 증가했다.

49 A국의 현금통화비율이 0.2, 실제지급준비율이 0.25일 경우, 중앙은행에 의해 100억 원의 본원통화 공급이 이루어질 때, 신용창조과정을 통해 증가하는 A국의 통화량은 얼마인가?

① 100억 원   ② 150억 원
③ 180억 원   ④ 200억 원
⑤ 250억 원

50 다음 중 통화승수에 대한 설명으로 옳은 것은?

① 통화승수는 법정지급준비율을 낮추면 작아진다.
② 통화승수는 이자율 상승으로 요구불예금이 증가하면 작아진다.
③ 통화승수는 대출을 받은 개인과 기업들이 더 많은 현금을 보유할수록 작아진다.
④ 통화승수는 은행들이 지급준비금을 더 많이 보유할수록 커진다.
⑤ 통화승수는 본원통화를 총통화량으로 나눈 값이다.

51 다른 조건이 일정할 때, 중앙은행의 기준금리 인상이 경제에 미치는 영향으로 옳지 않은 것은?

① 투자 감소
② 토빈의 Q 비율 하락
③ 순수출 감소
④ 소비 증가
⑤ 주택투자 감소

52 다음 중 우리나라 중앙은행의 기능과 역할에 대한 설명으로 옳지 않은 것은?

① 지폐와 주화를 발행하고, 그 양을 조절한다.
② 국고금을 관리하고 정부에 대하여 신용을 공여한다.
③ 예금은행으로부터 예금을 받기도 하고, 필요시에는 예금은행에 대출해 준다.
④ 국제수지 불균형의 조정, 환율의 안정 등을 위해 각종 외환관리업무를 수행한다.
⑤ 주식시장에서 상장주식 등을 매매하여 주식시장을 안정화시킨다.

53 B국의 중앙은행이 정한 법정지급준비율은 17%, 시중은행의 초과지급준비율은 3%이다. B국의 국민들은 현금을 전혀 보유하지 않고, 모두 은행에 예금해둔다고 가정할 때, 중앙은행이 20억 원 상당의 공채를 매입할 경우 시중의 통화량 증가량으로 옳은 것은?

① 증가 없음
② 10억 원
③ 20억 원
④ 50억 원
⑤ 100억 원

54 다음 글의 상황이 발생한 경우 시중은행의 지급준비금 상황으로 옳은 것은?

> 시중은행의 요구불예금이 5조 원이고, 법정지급준비율이 20%이다. 현재 초과지급준비금이 존재하지 않는 상황에서 법정지급준비율이 10%로 갑자기 인하되었다.

① 초과지급준비금이 1,000억 원이다.
② 초과지급준비금이 5,000억 원이다.
③ 지급준비금이 1,000억 원 초과한다.
④ 지급준비금이 4,000억 원 부족하다.
⑤ 지급준비금이 1조 원 부족하다.

55 다음 중 통화량 증가 시 이자율을 상승시키는 요인이 아닌 것은?

① 소비자들이 미래의 소비보다 현재의 소비에 대한 욕구가 큰 경우

② 단위당 기대수익률이 큰 경우

③ 향후 인플레이션 발생을 예상한 구매력의 변동

④ 경제성장률과 물가상승률의 하락

⑤ 채권 회수율의 하락

56 다음 〈조건〉은 통화지표와 유동성지표의 범위를 나타낸 식이다. 빈칸 ㉠ ~ ㉢에 들어갈 내용이 바르게 나열된 것은?

────〈조건〉────

• $M1$(협의통화)=(현금통화)+(㉠)+(수시입출식 저축성 예금)
• $M2$(광의통화)=$M1$+(시장형 상품)+(실배당형 상품)+(금융채)+(기타)
• Lf(금융기관 유동성)=$M2$+(㉡)+(생명보험 계약준비금)
• L(광의유동성)=Lf+(기타금융기관 상품)+(㉢)

	㉠	㉡	㉢
①	은행보유 시재금	국채·회사채·지방채	요구불예금
②	국채·회사채·지방채	은행보유 시재금	2년 이상 장기금융 상품
③	요구불예금	2년 이상 장기금융 상품	국채·회사채·지방채
④	2년 이상 장기금융 상품	은행보유 시재금	요구불예금
⑤	요구불예금	국채·회사채·지방채	은행보유 시재금

57 우리나라의 실질국민소득이 10% 증가하고, 물가가 4% 상승하고, 통화량이 4% 증가하였을 경우, EC방식에 따른 화폐유통속도의 변화율은 얼마인가?

① 5% ② 10%

③ 15% ④ 20%

⑤ 22%

58 화폐수량설과 피셔방정식(Fisher Equation)이 성립하고, 화폐유통속도가 일정한 경제에서 실질경제성장률이 3%, 통화증가율이 6%, 명목이자율이 10%일 때, 실질이자율은 얼마인가?

① 3% ② 5%

③ 7% ④ 8%

⑤ 9%

59 다음 글을 통해 A국의 금융정책시행이 화폐의 유통속도(V)와 마샬(Marshall)의 k에 미치는 영향을 바르게 나열한 것은?

> A국은 최근 불법적인 대포통장을 이용한 범죄를 예방하기 위해 신규 계좌 개설시 재직 증명서, 급여 명세서 등을 요구하는 등 금융 규제의 정책을 강화하고 있다.

① 화폐유통속도(감소), 마샬(Marshall)의 k(증가)

② 화폐유통속도(증가), 마샬(Marshall)의 k(감소)

③ 화폐유통속도(불변), 마샬(Marshall)의 k(불변)

④ 화폐유통속도(증가), 마샬(Marshall)의 k(증가)

⑤ 화폐유통속도(감소), 마샬(Marshall)의 k(감소)

60 다음은 A국가의 연도별 명목GDP와 GDP디플레이터의 값을 나타낸 것이다. 이를 바탕으로 전년 대비 당해 연도의 실질경제성장률을 계산하였을 때, 그 값은 얼마인가?(단, 작년과 올해 모두 각 해의 동일한 시점에 측정하였다)

구분	작년	올해
명목GDP	200억 원	220억 원
GDP디플레이터	80%	88%

① 5% ② 10%

③ 15% ④ 20%

⑤ 전년 대비 동일

61 다음 중 IS곡선에 대한 설명으로 옳지 않은 것은?

① IS곡선 하방의 한 점은 생산물시장이 초과수요 상태임을 나타낸다.

② 한계저축성향(s)이 클수록 IS곡선은 급경사이다.

③ 정부지출과 조세가 동액만큼 증가하더라도 IS곡선은 우측으로 이동한다.

④ 피구(Pigou)효과를 고려하게 되면 IS곡선의 기울기는 보다 가팔라진다.

⑤ 수입은 소득의 증가함수이므로 개방경제의 IS곡선은 폐쇄경제의 IS곡선보다 가파르다.

62 다음 〈보기〉 중 새고전학파의 견해에 대한 설명으로 옳은 것을 모두 고르면?

―――――〈보기〉―――――

ㄱ. 시장 내 불균형이 발생할 경우, 즉각적인 가격조정을 통해 균형이 놓이게 되는 시장청산이 발생한다.

ㄴ. 경기변동은 수요 측 충격에 의해 발생한다고 본다.

ㄷ. 적응적 기대를 사용하여 경기를 예측한다.

ㄹ. 예상되지 못한 정책의 경우 일시적으로나마 실질 산출량과 고용에 영향을 미칠 수 있다.

ㅁ. 예상된 정책의 경우 장단기 아무런 영향을 미치지 못한다.

① ㄱ, ㄴ, ㄹ
② ㄱ, ㄷ, ㄹ
③ ㄱ, ㄹ, ㅁ
④ ㄴ, ㄷ, ㄹ
⑤ ㄷ, ㄹ, ㅁ

63 다음 〈보기〉 중 폐쇄경제의 $IS-LM$ 및 $AD-AS$ 모형에서 정부지출 증가에 따른 균형의 변화에 대한 설명으로 옳은 것을 모두 고르면?(단, 초기경제는 균형상태, IS곡선 우하향, LM곡선 우상향, AD곡선 우하향, AS곡선은 수평선을 가정한다)

―――――〈보기〉―――――

ㄱ. 소득수준은 증가한다.

ㄴ. 이자율은 감소한다.

ㄷ. 명목 통화량이 증가한다.

ㄹ. 투자지출은 감소한다.

① ㄱ, ㄴ
② ㄱ, ㄷ
③ ㄱ, ㄹ
④ ㄴ, ㄷ
⑤ ㄴ, ㄹ

64 다음 중 **구축효과**(Crowding Out Effect)에 대한 설명으로 옳지 않은 것은?

① 투자의 이자율탄력성이 크면 구축효과가 커진다.

② 구축효과가 발생하면 이자율이 상승한다.

③ 구축효과가 발생하면 민간투자가 감소한다.

④ 화폐수요의 이자율탄력성이 작을수록 구축효과가 커진다.

⑤ 화폐수요의 소득탄력성이 작을수록 구축효과가 커진다.

65 다음 중 해당 경제학파의 주장으로 옳지 않은 것은?

① 통화주의자들은 안정적인 화폐수요를 전제로 준칙에 의한 통화정책을 주장한다.

② 실물경기변동론자들은 기술충격에 의한 총공급의 변동으로 경기변동을 설명한다.

③ 케인스학파는 단기적으로는 가격이 경직적이므로 가격보다 수량이 수요와 공급의 불균형을 조정한다고 주장한다.

④ 새케인스학파는 메뉴비용에 따른 재화가격의 경직성을 바탕으로 총수요관리정책의 유효성을 주장한다.

⑤ 루카스 비판(Lucas Critique)에 따르면 조세삭감이 영구적인 경우의 한계소비성향보다 일시적인 경우의 한계소비성향이 더 크다.

66 다음 중 경제학파별 경제안정화 정책에 대한 설명으로 옳은 것은?

① 고전학파는 구축효과, 화폐의 중립성을 들어 경제안정화 정책을 쓸 필요가 없다고 주장한다.

② 통화주의자는 신화폐수량설, 자연실업률 가설을 들어 재량적인 경제안정화 정책을 주장한다.

③ 케인스는 IS곡선이 완만하고, LM곡선이 가파르므로 소극적인 재정정책이 경제안정화 정책으로 바람직하다고 주장한다.

④ 새고전학파는 적응적 기대를 사용하며, 경제안정화 정책은 일시적으로 유효할 수 있다는 점을 인정한다.

⑤ 새케인스학파는 시장청산이 이루어진다고 보기 때문에 임금과 물가가 경직적인 경우에는 경제안정화 정책이 유효하다고 주장한다.

67 다음 〈보기〉 중 인플레이션이 발생할 경우 경제에 미치는 영향에 대한 설명으로 옳지 않은 것을 모두 고르면?

---〈보기〉---

ㄱ. 인플레이션이 발생할 경우 기업부채의 실질부담도 늘어난다.

ㄴ. 선입선출법으로 재고자산의 단위원가 결정방법을 사용하고 있는 기업의 경우 인플레이션이 발생할 경우 법인세부담은 증가한다.

ㄷ. 예상된 인플레이션의 증가가 발생할 경우에는 부와 소득의 재분배가 발생하지 않으므로 기업의 생산량은 변화가 없다.

ㄹ. 인플레이션이 발생하게 되면 세법상 감가상각의 크기보다 실제 감가상각의 크기가 더 크게 되어 기업의 이윤이 과소평가될 가능성이 있다.

---

① ㄱ, ㄴ   ② ㄱ, ㄹ

③ ㄴ, ㄷ   ④ ㄴ, ㄹ

⑤ ㄷ, ㄹ

68 다음 자료를 통해 A국의 실업률과 고용률의 차이를 구하면 얼마인가?

〈A국의 경제인구〉

• 취업자 수 : 1,200만 명

• 15세 이상 인구 : 4,800만 명

• 경제활동인구 : 2,000만 명

---

① 30%   ② 25%

③ 20%   ④ 15%

⑤ 5%

69 다음 중 거시경제의 총수요와 총공급에 대한 설명으로 옳은 것은?

① 명목임금 경직성에서 물가수준이 하락하면 기업이윤이 줄어들어서 기업들의 재화와 서비스 공급이 감소하므로 단기총공급곡선은 왼쪽으로 이동한다.

② 폐쇄경제에서 확장적 재정정책의 구축효과는 변동환율제도에서 동일한 정책의 구축효과보다 더 크게 나타날 수 있다.

③ 케인스(Keynes)의 유동성 선호이론에 의하면 경제가 유동성함정에 빠지는 경우 추가적 화폐공급이 투자적 화폐 수요로 모두 흡수된다.

④ 장기균형 상태에 있던 경제에 원유가격이 일시적으로 상승하면 장기적으로 물가는 상승하고 국민소득은 감소한다.

⑤ 단기 경기변동에서 소비와 투자가 모두 경기순응적이며, 소비의 변동성은 투자의 변동성보다 크다.

70 다음 중 통화주의학파의 주장으로 옳지 않은 것은?

① IS곡선이 완만하고 투자의 이자율탄력성이 크다.

② 화폐수요의 이자율탄력성이 크다.

③ 재량적 재정정책의 효과는 케인스학파의 비해 작다.

④ 준칙에 입각한 금융정책을 주장한다.

⑤ 필립스곡선이 단기에는 우하향하지만, 장기에는 수직이다.

71 다음 중 수요견인 인플레이션(Demand – pull Inflation)이 발생하는 경우로 옳은 것은?

① 정부지출의 증가   ② 수입 자본재 가격의 상승

③ 임금의 삭감   ④ 환경오염의 감소

⑤ 국제 원자재 가격의 상승

72 다음 〈보기〉 중 디플레이션(Deflation)에 대한 설명으로 옳은 것을 모두 고르면?

---〈보기〉---

ⓐ 명목금리가 마이너스(−)로 떨어져 투자수요와 생산 감소를 유발할 수 있다.

ⓑ 명목임금이 하방경직적일 때 실질임금의 하락을 초래한다.

ⓒ 기업 명목부채의 실질상환 부담을 증가시킨다.

ⓓ 기업의 채무불이행 증가로 금융기관 부실화가 초래될 수 있다.

---

① ⓐ, ⓑ   ② ⓐ, ⓒ

③ ⓑ, ⓒ   ④ ⓑ, ⓓ

⑤ ⓒ, ⓓ

73 다음 〈조건〉을 통해 추론할 수 있는 내용으로 옳은 것은?

---〈조건〉---
- 생산가능인구 : 1,500만 명
- 실업률 : 20%
- 경제활동참가율 : 60%

① 15세 이상의 인구는 2,000만 명이다.
② 실업자 수는 200만 명이다.
③ 취업자 수는 720만 명이다.
④ 경제활동인구는 1,000만 명이다.
⑤ 생산가능인구는 경제활동인구에 포함된다.

74 다음 중 오쿤의 법칙(Okun's Law)에 대한 설명으로 옳은 것은?

① 어떤 시장을 제외한 다른 모든 시장이 균형 상태에 있으면 그 시장도 균형을 이루는 법칙이다.
② 실업률이 1% 늘어날 때마다 국민총생산이 2.5%의 비율로 줄어드는 것이다.
③ 소득수준이 낮을수록 전체 생계비에서 차지하는 식료품 소비의 비율이 높아진다는 법칙이다.
④ 가난할수록 총지출 가운데서 주거비의 지출 비율이 점점 더 커진다는 법칙이다.
⑤ 악화(惡貨)는 양화(良貨)를 구축한다는 법칙이다.

75 다음 중 적응적 기대가설의 필립스곡선에 대한 설명으로 옳지 않은 것은?

① 단기 필립스곡선은 총수요 확장정책이 효과적임을 의미한다.
② 단기 필립스곡선은 희생률(Sacrifice Ratio) 개념이 성립함을 의미한다.
③ 단기 필립스곡선은 본래 임금 상승률과 실업률 사이의 관계에 기초한 것이다.
④ 프리드먼(Friedman)에 의하면 장기 필립스곡선은 우하향한다.
⑤ 예상 인플레이션율이 상승하면 단기 필립스곡선은 오른쪽으로 이동한다.

76 다음 중 국내총생산(GDP)에 대한 설명으로 옳지 않은 것은?

① GDP는 한 국가 내에서 모든 경제주체가 일정기간 동안 창출한 부가가치의 합이다.

② GDP는 한 국가 내에서 일정기간 동안 생산된 모든 생산물의 시장가치이다.

③ 기준연도 이후 물가가 상승하는 기간에는 명목GDP가 실질GDP보다 크다.

④ 기준연도의 실질GDP와 명목GDP는 항상 같다.

⑤ 재화 또는 서비스의 생산과 관계없는 아파트의 매매차익이나 복권당첨금은 GDP에 포함되지 않는다.

77 다음 중 궁핍화 성장(Immiserizing Growth)에 대한 설명으로 옳지 않은 것은?

① 교역조건의 악화가 성장의 이익을 압도하여 실질소득이 감소하는 현상이다.

② 국제시장가격의 하락으로 발생할 수 있다.

③ 경제성장이 수출을 중심으로 이루어진다.

④ 수출재에 대한 세계수요가 가격에 비탄력적이다.

⑤ 자본집약적 기술진보가 발생할 경우 나타날 수 있다.

78 다음은 A국의 2개 연도에 걸친 빵과 면의 가격과 수량을 나타낸 표이다. 2022년을 기준연도로 하였을 경우, 라스파이레스 방식(Laspeyres Formula)으로 계산한 2023년의 소비자물가지수는 얼마인가?

구분	빵	면
2022년 가격(원)	25	10
2022년 소비량(만 개)	10	25
2023년 가격(원)	40	25
2023년 소비량(만 개)	15	40

① 175

② 185

③ 200

④ 205

⑤ 220

79 다음 중 장기적인 경제성장을 위해 필요한 전략으로 옳지 않은 것은?

① 장기적 성장을 위해서는 자본투자와 생산가능인구 확대를 통해 잠재성장률을 끌어올려야 한다.

② 노동, 자본 등의 양적 생산요소 및 기술, 지식 등의 질적 생산요소의 경쟁력을 강화하여야 한다.

③ 우리나라 GDP에서 50%를 넘지 못하고 있는 민간소비 비중을 끌어올려야 한다.

④ 제조업 제품뿐만 아니라 고부가 서비스제품의 수출 확대를 통해 글로벌 산업구조에 대응하여야 한다.

⑤ 경제의 외부충격에 대비하기 위해 내수시장을 집중하여 키우고, 이후 수출주도 경제성장 전략을 도입하여
   야 한다.

80 다음 중 내생적 성장이론에 대한 설명으로 옳지 않은 것은?

① AK모형에서는 저축률이 상승하면 경제성장률만이 일시적으로 높아진다.

② 인적자본은 경제성장을 결정하는 중요한 요인이다.

③ 일반적으로 자본의 한계생산성이 체감하지 않는다고 가정한다.

④ 선진국과 후진국 사이의 소득격차가 줄어들지 않는다.

⑤ 기술진보를 외생적으로 주어진 것으로 가정하지 않고, 이론 내에서 설명하고자 한다.

81 다음 〈보기〉 중 경기선행지수에 해당하는 것을 모두 고르면?

┌─────────────────〈보기〉─────────────────┐
│ ㄱ. 구인구직비율   ㄴ. 재고순환지표   │
│ ㄷ. 소매판매액지수   ㄹ. 상용근로자수   │
│ ㅁ. 건설수주액   │
└──┘

① ㄱ, ㄴ, ㅁ   ② ㄱ, ㄷ, ㄹ

③ ㄴ, ㄷ, ㄹ   ④ ㄴ, ㄹ, ㅁ

⑤ ㄷ, ㄹ, ㅁ

82 다음 〈보기〉 중 환율제도의 삼불원칙(Impossible Trinity, Trilemma)에 해당하는 정책목표를 모두 고르면?

〈보기〉

㉠ 통화정책의 자율성 ㉡ 소비자 물가 안정
㉢ 자유로운 자본 이동 ㉣ 환율 안정
㉤ 재정지출 증가

① ㉠, ㉡, ㉢   ② ㉠, ㉢, ㉣
③ ㉡, ㉢, ㉣   ④ ㉡, ㉢, ㉤
⑤ ㉢, ㉣, ㉤

83 소득 불평등 정도를 나타내는 이 그래프는 산업화 과정에 있는 국가의 불평등 정도는 처음에 증가하다가 산업화가 일정 수준을 지나면 다시 감소하는 역U자형 형태를 보이는 것으로 알려졌으나, 『21세기 자본』의 저자 피케티(Piketty)나 『왜 우리는 불평등해졌는가』의 저자 밀라노비치(Milanović)가 이를 비판하면서 이슈가 됐다. 이 그래프는 무엇인가?

① 로렌츠 곡선(Lorenz Curve)   ② 필립스 곡선(Phillips Curve)
③ 굴절수요 곡선(Kinky Demand Curve)   ④ 로지스틱 곡선(Logistic Curve)
⑤ 쿠즈네츠 곡선(Kuznets Curve)

84 다음 중 정부지출 증가의 효과가 가장 크게 나타나게 되는 상황은 언제인가?

① 한계저축성향이 낮은 경우
② 한계소비성향이 낮은 경우
③ 정부지출의 증가로 물가가 상승한 경우
④ 정부지출의 증가로 이자율이 상승한 경우
⑤ 정부지출의 증가로 인해 구축효과가 나타난 경우

85 다음 중 먼델 – 플레밍 모형(Mundell – Fleming Model)에 따른 경제정책의 효과에 대한 설명으로 옳은 것은?

① 확대 재정정책은 변동환율제에서 순수출을 증가시킨다.
② 확대 금융정책은 변동환율제에서 최종적으로 산출량을 변화시키지 않는다.
③ 수입제한정책은 변동환율제에서 환율에 영향을 미치지 않고 무역수지를 증가시킨다.
④ 확대 재정정책은 고정환율제에서 IS곡선과 LM곡선 모두 우측으로 이동시킨다.
⑤ 확대 금융정책은 고정환율제에서 통화량을 증가시킨다.

86 A국은 자본이동이 자유로운 소규모 개방경제로 고정환율제도를 채택하고 있다. 다음 중 $IS - LM - BP$ 모형에서 확장적 재정정책이 국민소득에 미치는 효과로 옳지 않은 것은?(단, 국제이자율은 불변, IS곡선은 우하향, LM곡선은 우상향한다)

① IS곡선이 우측 이동한다.　　　　　② 국민소득이 증가한다.
③ 해외에서 자본이 유입된다.　　　　　④ 통화량이 증가한다.
⑤ LM곡선이 좌측 이동한다.

87 개방경제의 소국 A에서 수입관세를 부과하였다. 이때 나타나는 효과로 옳지 않은 것은?

① 국내가격이 상승한다.　　　　　　　② 소비량이 감소한다.
③ 생산량이 감소한다.　　　　　　　　④ 사회적 후생손실이 발생한다.
⑤ 교역조건은 변하지 않는다.

88 다음 중 고정환율제도에 대한 설명으로 옳지 않은 것은?(단, 자본의 이동은 완전히 자유롭다)

① 환율이 안정적이므로 국제무역과 투자가 활발히 일어나는 장점이 있다.
② 고정환율제도에서 확대 금융정책을 실시할 경우 최종적으로 이자율은 변하지 않는다.
③ 고정환율제도에서 확대 금융정책의 경우 중앙은행의 외환매입으로 통화량이 증가한다.
④ 고정환율제도에서 확대 재정정책를 실시할 경우 통화량이 증가하여 국민소득이 증가한다.
⑤ 정부가 환율을 일정수준으로 정하여 지속적인 외환시장 개입을 통해 정해진 환율을 유지하는 제도이다.

89 다음 〈보기〉 중 국가 간의 비교우위가 무역의 원인이 된다는 헥셔 – 올린 정리(Heckscher – Ohlin Theorem)의 기본 가정을 모두 고르면?

---〈보기〉---

가. 두 국가의 생산요소는 노동 한 가지이고, 한 국가 내 노동의 이동은 자유롭다.

나. 두 국가의 생산함수는 동일하며, 규모에 대해 수익불변이다.

다. 두 국가의 선호체계를 반영하는 사회후생함수는 동일하다.

라. 두 국가의 요소부존도는 동일하다.

① 가, 나
② 가, 다
③ 나, 다
④ 나, 라
⑤ 다, 라

90 다음 중 메츨러의 역설(Metzler's Paradox)에 대한 설명으로 옳지 않은 것은?

① 메츨러의 역설이 성립되기 위해서는 관세부과국이 대국이어야 한다.

② 메츨러의 역설이 성립되기 위해서는 상대국의 수입수요의 가격탄력성이 매우 낮아야 한다.

③ 메츨러의 역설이 발생하면 관세를 통한 국내산업 보호효과가 발생한다.

④ 메츨러의 역설이란 수입재에 대한 관세부과가 오히려 수입재의 국내상대가격을 하락시키는 것을 의미한다.

⑤ 메츨러의 역설이 성립되기 위해서는 관세부과국이 수입재에 대한 한계소비성향이 매우 낮아야 한다.

91 다음 글에서 설명하는 소비의 결정요인에 대한 이론은 무엇인가?

소비는 오직 현재 소득(처분가능소득)에 의해서만 결정된다. 타인의 소비행위와는 독립적이다. 소득이 증가하면 소비가 늘어나고, 소득이 감소하면 소비도 줄어든다. 따라서 정부의 재량적인 조세정책이 경기부양에 매우 효과적이다.

( )

92 A국의 시중금리가 연 4%에서 연 2%로 감소하는 경우, 매년 200만 원씩 영원히 지급되는 영구채의 현재가치의 변화액은?

( )

93 A국의 통화량은 현금통화가 150, 예금통화가 450이며, 지급준비금은 90이라고 한다. 이때의 통화승수는 얼마인가?(단, 현금통화비율과 지급준비율은 일정하다)

(   )

94 다음은 L은행의 재무상태표를 나타낸 것이다. 법정지급준비율이 20%일 때, L은행이 보유하고 있는 초과지급준비금을 신규로 대출하는 경우, 신용창조를 통한 최대 총예금창조액은 얼마인가?

자산		부채	
대출	80	예금	400
지급준비금	120	–	–
국채	200	–	–

(   )

95 법정지급준비율이 20%에서 100%로 인상될 경우, 신규 예금 1,000만 원으로 만들어질 수 있는 예금통화액의 최대 감소액은?(단, 신규 예금을 포함하고, 민간은 현금을 보유하지 않는다고 가정한다)

(   )

96 어느 나라 경제의 구직률은 40%이고, 실직률 또한 40%일 때, 이 경제의 실업률은 얼마인가?

(   )

97 다음 중 명목GDP가 120이고, GDP디플레이터가 150일 경우, 실질GDP는 얼마인가?

(   )

98 다음 〈조건〉은 어느 국가의 솔로우의 경제성장모형(Solow Model)에 대한 자료이다. 이를 통해 계산된 정상상태에서의 1인당 소득은 얼마인가?

〈조건〉

- 총생산함수 : $Y = 2\sqrt{KL}$
- 인구성장률 : 5%
- 감가상각률 : 5%
- 저축률 : 20%

(   )

99 다음 글의 빈칸에 들어갈 용어는 무엇인가?

헥셔 – 올린 정리에서 모든 국가는 토지, 노동, 자본에 있어서 그 _____의 양이 서로 다르다고 가정하였다.

(   )

100 현재 한국과 미국의 연간 명목이자율이 각각 6%와 3%이고, 현재 환율이 1,000원/달러일 때, 이자율평가설에 따른 1년 뒤 예상환율은 얼마인가?

(   )

합격의공식
시대
에듀
www.sdedu.co.kr

4일 차
기출응용 모의고사

〈문항 및 시험시간〉

영역	문항 수	시험시간	모바일 OMR 답안채점 / 성적분석 서비스	
[NCS] 의사소통능력+문제해결능력+수리능력 [전공] 경영 / 경제	100문항	110분	경영	경제

4일 차 기출응용 모의고사

문항 수 : 100문항
시험시간 : 110분

| 01 | NCS

※ 다음 글을 읽고 이어지는 질문에 답하시오. [1~2]

휴리스틱(Heuristic)은 문제를 해결하거나 불확실한 사항에 대해 판단을 내릴 필요가 있지만 명확한 실마리가 없을 경우에 사용하는 편의적·발견적인 방법이다. 우리말로는 쉬운 방법, 간편법, 발견법, 어림셈 또는 지름길 등으로 표현할 수 있다.

1905년 알버트 아인슈타인은 노벨 물리학상 수상 논문에서 휴리스틱을 '불완전하지만 도움이 되는 방법'이라는 의미로 사용했다. 수학자인 폴리아는 휴리스틱을 '발견에 도움이 된다.'는 의미로 사용했고, 수학적인 문제 해결에도 휴리스틱 방법이 매우 유효하다고 했다.

휴리스틱에 반대되는 것이 알고리즘(Algorithm)이다. 알고리즘은 일정한 순서대로 풀어나가면 정확한 해답을 얻을 수 있는 방법이다. 삼각형의 면적을 구하는 공식이 알고리즘의 좋은 예이다.

휴리스틱을 이용하는 방법은 거의 모든 경우에 어느 정도 만족스럽고, 경우에 따라서는 완전한 답을 재빨리, 그것도 큰 노력 없이 얻을 수 있다는 점에서 사이먼의 '만족화' 원리와 일치하는 사고방식인데, 가장 전형적인 양상이 '이용 가능성 휴리스틱(Availability Heuristic)'이다. 이용가능성이란 어떤 사상(事象)이 출현할 빈도나 확률을 판단할 때, 그 사상과 관련해서 쉽게 알 수 있는 사례를 생각해내고 그것을 기초로 판단하는 것을 뜻한다.

그러나 휴리스틱은 완전한 답이 아니므로 때로는 터무니없는 실수를 자아내는 원인이 되기도 한다. 불확실한 의사결정을 이론화하기 위해서는 확률이 필요하기 때문에 사람들이 확률을 어떻게 다루는지가 중요하다. 확률은, 이를테면 어떤 사람이 선거에 당선될지, 경기가 좋아질지, 시합에서 어느 편이 우승할지 따위를 '전망'할 때 이용된다. 대개 그러한 확률은 어떤 근거를 기초로 객관적인 판단을 내리기도 하지만, 대부분은 직감적으로 판단을 내리게 된다. 그런데 직감적인 판단에서 오는 주관적인 확률은 과연 정확한 것일까?

카너먼과 트버스키는 일련의 연구를 통해 인간이 확률이나 빈도를 판단할 때 몇 가지 휴리스틱을 이용하지만, 그에 따라 얻게 되는 판단은 객관적이며 올바른 평가와 상당한 차이가 있다는 의미로 종종 '바이어스(Bias)'가 동반되는 것을 확인했다.

이용가능성 휴리스틱이 일으키는 바이어스 가운데 하나가 '사후 판단 바이어스'이다. 우리는 어떤 일이 벌어진 뒤에 '그렇게 될 줄 알았어.' 또는 '그렇게 될 거라고 처음부터 알고 있었어.'와 같은 말을 자주 한다. 이렇게 결과를 알고 나서 마치 사전에 그것을 예견하고 있었던 것처럼 생각하는 바이어스를 '사후 판단 바이어스'라고 한다.

01 다음 중 윗글의 논지 전개 방식에 대한 설명으로 가장 적절한 것은?

① 분석 대상과 관련되는 개념들을 연쇄적으로 제시하며 정보의 확대를 꾀하고 있다.

② 인과 관계를 중심으로 분석 대상에 대한 논리적 접근을 시도하고 있다.

③ 핵심 개념을 설명하면서 그와 유사한 개념들과 비교함으로써 이해를 돕고 있다.

④ 전달하고자 하는 정보를 다양한 맥락에서 재구성하여 반복적으로 제시하고 있다.

⑤ 핵심 개념의 속성을 잘 보여주는 사례들을 통해 구체적인 설명을 시도하고 있다.

02 다음 중 윗글에서 설명하고 있는 '휴리스틱'과 '바이어스'의 관계를 보여주기에 가장 적절한 것은?

① 평소에 30분 정도 걸리기에 느긋하게 출발했는데 갑자기 교통사고가 나는 바람에 늦어졌다.

② 그녀는 살을 빼려고 운동을 시작했는데 밥맛이 좋아지면서 오히려 몸무게가 늘었다.

③ 최근 한 달 동안 가장 높은 타율을 기록한 선수를 4번 타자에 기용했는데 4타수 무(無)안타를 기록하였다.

④ 동네 마트에서 추첨 세일을 한다기에 식구들이 다 나섰는데 한 집에 한 명만 참여할 수 있다고 한다.

⑤ 작년에 텃밭에서 수확량이 제일 좋았던 채소를 집중적으로 심었는데 유례없이 병충해가 돌아 올해 농사를 모두 망치고 말았다.

03 L공사에서 근무하는 A사원은 경제자유구역사업에 대한 SWOT 분석결과를 토대로, SWOT 분석에 의한 경영전략에 맞추어 〈보기〉와 같이 판단하였다. 다음 중 적절하지 않은 것을 모두 고르면?

〈경제자유구역사업에 대한 SWOT 분석결과〉

구분	분석 결과
강점(Strength)	• 성공적인 경제자유구역 조성 및 육성 경험 • 다양한 분야의 경제자유구역 입주희망 국내기업 확보
약점(Weakness)	• 과다하게 높은 외자금액 비율 • 외국계 기업과 국내기업 간의 구조 및 운영상 이질감
기회(Opportunity)	• 국제경제 호황으로 인하여 타국 사업지구 입주를 희망하는 해외시장부문의 지속적 증가 • 국내진출 해외기업 증가로 인한 동형화 및 협업 사례 급증
위협(Threat)	• 국내거주 외국인 근로자에 대한 사회적 포용심 부족 • 대대적 교통망 정비로 인한 기성 대도시의 흡수효과 확대

〈SWOT 분석에 의한 경영전략〉

• SO전략 : 강점을 활용해 기회를 선점하는 전략
• ST전략 : 강점을 활용하여 위협을 최소화하거나 극복하는 전략
• WO전략 : 기회를 활용하여 약점을 보완하는 전략
• WT전략 : 약점을 최소화하고 위협을 회피하는 전략

─〈보기〉─

ㄱ. 성공적인 경제자유구역 조성 노하우를 활용하여 타국 사업지구로의 진출을 희망하는 해외기업을 유인 및 유치하는 전략은 SO전략에 해당한다.

ㄴ. 다수의 풍부한 경제자유구역 성공 사례를 바탕으로 외국인 근로자를 국내주민과 문화적으로 동화시킴으로써 원활한 지역발전의 토대를 조성하는 전략은 ST전략에 해당한다.

ㄷ. 기존에 국내에 입주한 해외기업의 동형화 사례를 활용하여 국내기업과 외국계 기업의 운영상 이질감을 해소하여 생산성을 증대시키는 전략은 WO전략에 해당한다.

ㄹ. 경제자유구역 인근 대도시와의 연계를 활성화하여 경제자유구역 내 국내·외 기업 간의 이질감을 해소하는 전략은 WT전략에 해당한다.

① ㄱ, ㄴ
② ㄱ, ㄷ
③ ㄴ, ㄷ
④ ㄴ, ㄹ
⑤ ㄷ, ㄹ

04 김주임은 해외 주택청약 사례와 관련된 세미나를 준비하기 위해 서울 지부에서 진주 본사로 출장을 갈 예정이다. 다음 자료와 김주임의 세미나 일정을 참고할 때, 진주 본사 출장 이후 서울 지부로 다시 돌아오기까지의 물품 구입비와 교통비의 합으로 옳은 것은?

〈김주임의 세미나 일정〉

- 세미나는 12월 18일 오후 2시에 시작하여 오후 6시에 끝나며, 김주임은 당일 내려갔다 당일 세미나가 종료된 직후 서울 본사로 복귀한다(교통비는 가능한 최소화한다).
- 김주임은 세미나 시작 2시간 전에 진주 본사에 도착할 예정이다.
- 김주임은 필요한 물품을 구입하여 진주로 출발한다.
- 서울 지부와 김포공항 간에는 택시를 이용하며, 소요 시간은 30분, 비용은 2만 원이다(진주 본사와 사천공항 간에도 동일한 시간과 요금이 소요된다)

〈김포공항 – 사천공항 항공편〉

항공편	출발일	출발 시각	도착 시각	요금(편도)
AX381	12월 18일	09:30	10:40	38,500원
TA335	12월 18일	10:40	11:40	33,000원
AC491	12월 18일	11:30	12:50	45,000원
BU701	12월 18일	12:20	13:30	29,000원

〈사천공항 – 김포공항 항공편〉

항공편	출발일	출발 시각	도착 시각	요금(편도)
TC830	12월 18일	18:20	19:40	44,800원
YI830	12월 18일	18:30	20:00	48,000원

〈필요 물품 수량 및 비용〉

물품명	필요 수량	개당 가격
유리잔	2개	5,000원
파일	4권	1,000원
유성매직	1자루	2,000원
테이프	2개	1,500원

---

① 125,500원 ② 148,000원
③ 165,000원 ④ 185,500원
⑤ 213,000원

※ 다음은 블라인드 채용에 대한 글이다. 이어지는 질문에 답하시오. [5~7]

인사 담당자 또는 면접관이 지원자의 학벌, 출신 지역, 스펙 등을 평가하는 기존 채용 방식에서는 기업 성과에 필요한 직무능력 외 기타 요인에 의한 불공정한 채용이 만연했다. 한 설문조사에서 구직자의 77%가 불공정한 채용 평가를 경험한 적이 있다고 답했으며, 그에 따라 대다수의 구직자들은 기업의 채용 공정성을 신뢰하지 않는다고 응답했다. 스펙 위주의 채용으로 기업과 취업 준비생 모두에게 시간적·금전적 비용이 과잉 발생하게 되었고, 직무에 적합한 인성·역량을 보여줄 수 있는 채용 제도인 블라인드 채용이 대두되기 시작했다.

블라인드 채용이란 입사지원서, 면접 등의 채용 과정에서 편견이 개입돼 불합리한 차별을 초래할 수 있는 출신지, 가족관계, 학력, 외모 등의 항목을 걷어내고 실력, 즉 직무능력만으로 인재를 평가해 채용하는 방식이다. 서류 전형은 없애거나 블라인드 지원서로 대체하고, 면접 전형은 블라인드 오디션 또는 면접으로 진행함으로써 실제 지원자가 가진 직무능력을 가릴 수 있는 요소들을 배제하고 직무에 적합한 지식, 기술, 태도 등을 종합적으로 평가한다. 서류 전형에서는 모든 지원자에게 공정한 기회를 제공하고, 필기 및 면접 전형에서는 기존에 열심히 쌓아온 실력을 검증한다. 또한 지원자가 쌓은 경험과 능력, 학교생활을 하며 양성한 지식, 경험, 능력 등이 모두 평가 요소이기에 그간의 노력이 저평가되거나 역차별 요소로 작용하지 않는다.

블라인드 채용의 서류 전형은 무서류 전형과 블라인드 지원서 전형으로 구분된다. 무서류 전형은 채용 절차 진행을 위한 최소한의 정보만을 포함한 입사지원서를 접수하되 이를 선발 기준으로 활용하지 않는 방식이다. 블라인드 지원서 전형에는 입사지원서에 최소한의 정보만 수집하여 선발 기준으로 활용하는 방식과 블라인드 처리되어야 할 정보까지 수집하되 온라인 지원서상 개인정보를 암호화하거나 서면 이력서상 마스킹 처리를 하는 등 채용담당자는 볼 수 없도록 기술적으로 처리하는 방식이 있다. 반면, 면접 전형의 블라인드 면접에는 입사지원서, 인·적성검사 결과 등의 자료 없이 면접을 진행하는 무자료 면접 방식과 면접관의 인지적 편향을 유발할 수 있는 항목을 제거한 자료를 기반으로 면접을 진행하는 방식이 있다. 이와 달리 블라인드 오디션은 오디션으로 작업 표본, 시뮬레이션 등을 수행하도록 함으로써 지원자의 능력과 기술을 평가하는 방식이다.

한편 ㉠ 기존 채용, ㉡ 국가직무능력표준(NCS) 기반 채용, ㉢ 블라인드 채용의 3가지 채용 모두 채용 공고, 서류 전형, 필기 전형, 면접 전형 등으로 채용 프로세스는 같지만 전형별 세부 사항과 취지에 차이가 있다. 기존의 채용은 기업이 지원자에게 자신이 인재임을 스스로 증명하도록 요구해 무분별한 스펙 경쟁을 유발했던 반면, NCS 기반 채용은 기업이 직무별로 원하는 요건을 제시하고 지원자가 자신의 준비 정도를 증명해 목표 지향적인 능력·역량 개발을 촉진한다. 다음으로 블라인드 채용은 선입견을 품을 수 있는 요소들을 전면 배제해 실력과 인성만으로 평가받도록 구성한 것이다.

05 다음 중 블라인드 채용의 등장 배경으로 적절하지 않은 것은?

① 대다수의 구직자들은 기존 채용 방식의 공정성을 신뢰하지 못했다.
② 기존 채용 방식으로는 지원자의 직무에 적합한 인성·역량 등을 제대로 평가할 수 없었다.
③ 구직자의 77%가 불공정한 채용 평가를 경험했을 만큼 불공정한 채용이 만연했다.
④ 스펙 위주의 채용으로 인해 취업 준비생에게 시간적·금전적 비용이 과도하게 발생하였다.
⑤ 지원자의 직무능력을 가릴 수 있는 요소들을 배제하는 기존의 방식이 불합리한 차별을 초래했다.

06 다음 중 블라인드 채용을 이해한 내용으로 가장 적절한 것은?

① 무서류 전형에서는 입사지원서를 제출할 필요가 없다.

② 블라인드 온라인 지원서의 암호화된 지원자의 개인정보는 채용담당자만 볼 수 있다.

③ 별다른 자료 없이 진행되는 무자료 면접의 경우에도 인·적성검사 결과는 필요하다.

④ 블라인드 면접관은 선입견을 유발하는 항목이 제거된 자료를 기반으로 면접을 진행하기도 한다.

⑤ 서류 전형을 없애면 기존에 쌓아온 능력·지식·경험 등은 아무런 쓸모가 없다.

07 다음 중 윗글의 밑줄 친 ㉠~㉢에 대한 설명으로 적절하지 않은 것은?

① ㉠의 경우 기업은 지원자에게 자신이 적합한 인재임을 스스로 증명하도록 요구한다.

② ㉠~㉢은 모두 채용 공고, 서류 전형, 필기 전형, 면접 전형 등의 동일한 채용 프로세스로 진행된다.

③ ㉡은 ㉠과 달리 기업이 직무별로 필요한 조건을 제시하면 지원자는 이에 맞춰 자신의 준비 정도를 증명해야 한다.

④ ㉢은 선입견 요소들을 모두 배제하여 지원자의 실력과 인성만을 평가한다.

⑤ ㉠과 ㉡은 지원자가 자신의 능력을 증명해야 하므로 지원자들의 무분별한 스펙 경쟁을 유발한다.

※ 다음은 L공사의 협력 건설자재회사별 자재 가격이다. 이어지는 질문에 답하시오. **[8~9]**

〈건설자재회사별 자재 가격〉

구분	내장재(원/판)	천장재(원/판)	단열재(원/판)	바닥재(원/roll)
A자재	2,000	1,200	1,500	2,700
B자재	2,200	1,200	1,500	2,500
C자재	2,000	1,000	1,600	2,600
D자재	2,200	1,100	1,500	2,500
E자재	2,200	1,100	1,600	2,700

〈L공사 주문량〉

구분	내장재	천장재	단열	바닥재
주문량	20판	70판	100판	5roll

08 L공사는 가장 저렴한 업체를 선정하여 필요한 모든 자재를 주문하려고 한다. 다음 중 L공사가 주문을 넣을 건설자재회사는?

① A자재

② B자재

③ C자재

④ D자재

⑤ E자재

09 다음 중 바닥재 주문량을 7roll로 늘리면 어떻게 되는가?

① A자재가 가장 저렴해진다.

② E자재가 가장 저렴해진다.

③ 여전히 C자재가 가장 저렴하다.

④ D자재가 가장 저렴해진다.

⑤ B자재가 가장 비싸진다.

10 다음 중 비효율적인 일중독자의 사례로 적절하지 않은 것은?

일중독자란 일을 하지 않으면 초조해하거나 불안해하는 증상이 있는 사람을 지칭한다. 이는 1980년대 초부터 사용하기 시작한 용어로, 미국의 경제학자 W. 오츠의 저서 『워커홀릭』에서도 확인할 수 있다. 일중독에는 여러 원인이 있지만 보통 경제력에 대해 강박관념을 가지고 있는 사람, 완벽을 추구하거나 성취지향적인 사람, 자신의 능력을 과장되게 생각하는 사람, 배우자와 가정으로부터 도피하려는 성향이 강한 사람, 외적인 억압으로 인하여 일을 해야만 한다고 정신이 변한 사람 등에게 나타나는 경향이 있다.

일중독 증상을 가진 사람들의 특징은 일을 하지 않으면 불안해하고 외로움을 느끼며, 자신의 가치가 떨어진다고 생각한다는 것이다. 따라서 일에 지나치게 집착하는 모습을 보이며, 이로 인해 사랑하는 연인 또는 가족과 소원해지며 인간관계에 문제를 겪는 모습을 볼 수 있다. 하지만 모든 일중독이 부정적인 측면만 있는 것은 아니다. 노는 것보다 일하는 것이 더욱 즐겁다고 여기는 경우도 있다. 예를 들어, 자신의 관심사를 직업으로 삼은 사람들이 이에 해당한다. 이 경우 일 자체에 흥미를 느끼게 된다.

일중독에도 유형이 다양하다. 그중 계획적이고 합리적인 관점에서 업무를 수행하는 일중독자가 있는 반면 일명 '비효율적인 일중독자'라 일컬어지는 일중독자도 있다. 비효율적인 일중독자는 크게 '지속적인 일중독자', '주의결핍형 일중독자', '폭식적 일중독자', '배려적 일중독자' 네 가지로 나누어 설명할 수 있다. 첫 번째로 '지속적인 일중독자'는 매일 야근도 불사하고, 휴일이나 주말에도 일을 놓지 못하는 유형이다. 이러한 유형의 일중독자는 완벽에 대해 기준을 높게 잡고 있기 때문에 본인은 물론이고 주변 동료에게도 완벽을 강요한다. 두 번째로 '주의결핍형 일중독자'는 모두가 안 될 것 같다고 만류하는 일이나 한 번에 소화할 수 없을 만큼 많은 업무를 담당하는 유형이다. 이러한 유형의 일중독자는 완벽하게 일을 해내고 싶다는 부담감 등으로 인해 결국 업무를 제대로 마무리하지 못하는 경우가 대부분이다. 세 번째로 '폭식적 일중독자'는 음식을 과다 섭취하는 폭식처럼 일을 한 번에 몰아서 하는 유형이다. 간단히 보면 이러한 유형은 일중독과는 거리가 멀다고 생각할 수 있지만, 일을 완벽하게 해내고 싶다는 사고에 사로잡혀 있으나 두려움에 선뜻 일을 시작하지 못한다는 점에서 일중독 중 하나로 간주한다. 마지막으로 '배려적 일중독자'는 다른 사람의 업무 등에 지나칠 정도로 책임감을 느끼는 유형이다.

일중독자란 일에 지나치게 집착하는 사람으로 생각할 수도 있지만 일중독인 사람들은 일로 인해 자신의 자존감이 올라가고, 가치가 매겨진다 생각하기도 한다. 그러나 이러한 일중독자가 단순히 업무에 많은 시간을 소요하는 사람이라는 인식은 재고할 필요가 있다.

① 장기적인 계획을 세워 업무를 수행하는 A사원
② K사원의 업무에 책임감을 느끼며 괴로워하는 B대리
③ 마감 3일 전에 한꺼번에 일을 몰아서 하는 C주임
④ 휴일이나 주말에도 집에서 업무를 수행하는 D사원
⑤ 혼자서 소화할 수 없는 양의 업무를 자발적으로 담당한 E대리

※ L사에서 동절기 근무복을 구매하려고 한다. 다음 동절기 근무복 업체별 평가점수표를 보고 이어지는 질문에 답하시오. **[11~12]**

〈동절기 근무복 업체별 평가점수〉

구분	가격	디자인	보온성	실용성	내구성
A업체	★★★★	★★★	★★★★	★★	★★★★
B업체	★★★★★	★	★★★	★★★★	★
C업체	★★★	★★	★★★	★★★	★★
D업체	★★	★★★★	★★★★★	★★	★
E업체	★★★	★	★★	★	★★

※ ★의 개수가 많을수록 높은 평가점수이다.

11 L사 임직원들은 근무복의 가격과 보온성을 선호한다. 임직원들의 선호를 고려할 때 어떤 업체의 근무복을 구매하겠는가?(단, 가격과 보온성을 고려한 별 개수가 같을 경우 모든 부문의 별 개수 합계를 비교한다)

① A업체   ② B업체
③ C업체   ④ D업체
⑤ E업체

12 각 업체의 한 벌당 구매가격이 다음과 같을 때, 예산 100만 원 내에서 어떤 업체의 근무복을 구매하겠는가? (단, L사의 임직원은 총 15명이며, 가격과 보온성만 고려하여 구매한다)

〈업체별 근무복 가격〉

(단위 : 원)

A업체	B업체	C업체	D업체	E업체
63,000원	60,000원	75,000	80,000	70,000

※ 평가점수 총점이 같을 경우, 가격이 저렴한 업체를 선정한다.

① A업체   ② B업체
③ C업체   ④ D업체
⑤ E업체

13 다음 글과 〈조건〉을 토대로 바르게 추론한 것을 〈보기〉에서 모두 고르면?

(가) ~ (마)팀이 현재 수행하고 있는 과제의 수는 다음과 같다.
- (가)팀 : 0개
- (나)팀 : 1개
- (다)팀 : 2개
- (라)팀 : 2개
- (마)팀 : 3개

이 과제에 추가하여 8개의 새로운 과제 a, b, c, d, e, f, g, h를 다음 〈조건〉에 따라 (가) ~ (마)팀에 배정한다.

〈조건〉

- 어느 팀이든 새로운 과제를 적어도 하나는 맡아야 한다.
- 기존에 수행하던 과제를 포함해서 한 팀이 맡을 수 있는 과제는 최대 4개이다.
- 기존에 수행하던 과제를 포함해서 4개 과제를 맡는 팀은 두 팀이다.
- a, b는 한 팀이 맡아야 한다.
- c, d, e는 한 팀이 맡아야 한다.

〈보기〉

ㄱ. a를 (나)팀이 맡을 수 없다.
ㄴ. f를 (가)팀이 맡을 수 있다.
ㄷ. 기존에 수행하던 과제를 포함해서 2개 과제를 맡는 팀이 반드시 있다.

---

① ㄱ   ② ㄴ
③ ㄱ, ㄷ   ④ ㄴ, ㄷ
⑤ ㄱ, ㄴ, ㄷ

※ L공사 인사팀에 근무하고 있는 C대리는 A사원과 B차장의 승진심사를 위해 다음과 같이 표를 작성하였다. 이어지는 질문에 답하시오. [14~15]

〈승진심사 점수표〉

(단위 : 점)

소속	직급	업무			업무평점	능력	태도	승진심사 평점
		업무실적	개인 평가	조직기여도				
총무팀	A사원	86	70	80		80	60	
자산팀	B차장	80	85	90		77	85	85

※ 승진심사 평점은 업무평점 80%, 능력 10%, 태도 10%의 합으로 계산한다.
※ 직급에 따른 업무항목별 계산 기준
  – 사원~대리 : (업무실적)×0.5, (개인 평가)×0.3, (조직기여도)×0.2
  – 과장~부장 : (업무실적)×0.3, (개인 평가)×0.2, (조직기여도)×0.5
※ L공사의 직급체계는 부장>차장>과장>대리>주임>사원 순이다.

14 다음 중 B차장의 업무평점으로 옳은 것은?

① 78점 ② 80점
③ 83점 ④ 86점
⑤ 89점

15 다음 중 A사원의 승진심사 평점으로 옳은 것은?

① 65점 ② 70점
③ 78점 ④ 82점
⑤ 84점

16 다음은 스마트시티에 대한 기사이다. 스마트시티 전략의 사례로 적절하지 않은 것은?

> 건설·정보통신기술 등을 융·복합하여 건설한 도시기반시설을 바탕으로 다양한 도시서비스를 제공하는 지속가능한 도시를 스마트시티라 한다.
>
> 최근 스마트시티에 대한 관심은 사물인터넷이나 만물인터넷 등 기술의 경이적 발달이 제4차 산업혁명을 촉발하고 있는 것과 같은 선상에서, 정보통신기술의 발달이 도시의 혁신을 이끌고 도시 문제를 현명하게 해결할 수 있을 것이라는 기대로 볼 수 있다. 이처럼 정보통신기술을 적극적으로 활용하고자 하는 스마트시티 전략은 중국, 인도를 비롯하여 동남아시아, 남미, 중동 국가 등 전 세계 많은 국가와 도시들이 도시발전을 위한 전략적 수단으로 표방하고 추진 중이다.
>
> 국내에서도 스마트시티 사업으로 대전 도안, 화성 동탄 등 26개 도시가 준공되었으며, 의정부 민락, 양주 옥정 등 39개 도시가 진행 중에 있다. 스마트시티 관리의 일환으로 공공행정, 기상 및 환경감시 서비스, 도시시설물 관리, 교통정보 및 대중교통 관리 등이 제공되고 스마트홈의 일환으로 단지 관리, 통신 인프라, 홈 네트워크 시스템이 제공되며, 시민체감형 서비스의 일환으로 스마트 라이프 기반을 구현한다.

① 거리별 쓰레기통에 센서 장치를 활용하여 쓰레기 배출량 감소 효과
② 방범 CCTV 및 범죄 관련 스마트 앱 사용으로 범죄 발생률 감소 효과
③ 상하수도 및 지질정보 통합 시스템을 이용하여 시설 노후로 인한 누수 예방 효과
④ 교통이 혼잡한 도로의 확장 및 주차장 확대로 교통난 해결 효과
⑤ 거리마다 전자민원시스템을 설치하여 도시 문제의 문제해결력 상승 효과

17 다음은 사내전화 평균 통화시간을 조사한 자료이다. 평균 통화시간이 6 ~ 9분인 여자의 수는 12분 이상인 남자의 수의 몇 배인가?

<사내전화 평균 통화시간>

평균 통화시간	남자	여자
3분 이하	33%	26%
3 ~ 6분	25%	21%
6 ~ 9분	18%	18%
9 ~ 12분	14%	16%
12분 이상	10%	19%
대상 인원수	600명	400명

① 1.1배
② 1.2배
③ 1.3배
④ 1.4배
⑤ 1.5배

※ 다음은 L공사의 출입증규정 위반 시 제재 수준에 대한 자료이다. 이어지는 질문에 답하시오. [18~19]

<table>
<tr><td colspan="3" align="center">〈출입증규정 위반 시 제재 수준〉</td></tr>
<tr><td>구분</td><td>위반 사항</td><td>제재 수준</td></tr>
<tr><td rowspan="4">출입증
미패용
(미부착)</td><td>① 보호구역 내에서 출입증을 상반신 중 잘 보이는 곳에 패용하지 않은 경우</td><td rowspan="3">• 1회 : 경고
• 2회 이상 : 3일 출입정지</td></tr>
<tr><td>② 정규출입증 소지자가 보호구역 내에서 출입증을 상반신에 패용하지 않은 경우 또는 비인가지역을 출입하는 자를 인지하고도 신고하지 않은 경우</td></tr>
<tr><td>③ 보호구역 내에서 차량출입증을 앞유리 전면 잘 보이는 곳에 부착하지 않은 경우</td></tr>
<tr><td>④ 보호구역 내에서 출입증을 미소지한 경우</td><td>• 5일 출입정지</td></tr>
<tr><td rowspan="5">타인 출입증
사용</td><td>① 출입증을 발급받은 자가 고의성 없이 타인의 출입증을 사용하여 보호구역에 출입한 경우</td><td>• 출입증 사용자 및 소유자 : 5일 출입정지</td></tr>
<tr><td>② 출입증을 발급받은 자가 고의성을 가지고 타인의 허락을 얻어 타인의 출입증을 사용한 경우</td><td>• 출입증 사용자 및 대여자 : 90일 출입정지</td></tr>
<tr><td>③ 출입증을 발급받은 자가 고의성을 가지고 타인의 허락을 얻지 아니하고 무단으로 타인출입증을 사용한 경우</td><td>• 출입증 사용자 : 3년 출입정지
• 출입증 소유자 : 5일 출입정지</td></tr>
<tr><td>④ 출입증을 발급받지 않은 자가 타인의 출입증을 대여 받아 사용한 경우</td><td>• 사용자 및 대여자 : 5년 출입정지</td></tr>
<tr><td>⑤ 분실 또는 도난 출입증을 타인이 무단으로 사용을 시도하거나 사용한 경우</td><td>• 5년 출입정지</td></tr>
<tr><td rowspan="5">분실</td><td>① 임시출입증 발급확인서를 분실하거나 소지하지 않은 경우</td><td>• 인솔자 : 1일 출입정지</td></tr>
<tr><td>② 분실신고 후 다시 찾은 구출입증을 습득신고하지 않고 사용한 경우</td><td>• 1회 : 경고
• 2회 이상 : 5일 출입정지</td></tr>
<tr><td>③ 출입증을 보호구역 외부에서 분실한 경우</td><td>• 1회 : 5일 출입정지
• 2회 : 10일 출입정지
• 3회 이상 : 90일 출입정지</td></tr>
<tr><td>④ 출입증을 보호구역 내에서 분실한 경우</td><td>• 1회 : 10일 출입정지
• 2회 : 30일 출입정지
• 3회 이상 : 180일 출입정지</td></tr>
<tr><td>⑤ 출입증 분실자가 구두 분실신고를 지연한 경우 또는 구두 분실신고 후 7일 이내에 출입증 신청시스템에 분실 신고를 하지 않은 경우</td><td>• 분실자 : 5일 출입정지</td></tr>
</table>

18 다음 중 자료를 보고 이해한 내용으로 옳은 것은?

① 위반 사항 중 가장 높은 제재를 받는 것은 출입증을 발급받지 않은 사람이 다른 사람의 출입증을 대여하여 사용한 경우만 해당한다.

② 출입증규정을 위반한 경우라도 항목에 따라 최대 2번까지 제재를 받지 않을 수 있다.

③ 출입증규정은 사람뿐만 아니라 차량에도 적용된다.

④ 출입증을 보호구역 외부에서 분실한 경우, 보호구역 내에서 분실한 경우보다 제재 수준이 높다.

⑤ 출입증규정을 위반하여 제재를 받는 사람은 사용자와 소유자, 대여자이다.

19 다음 중 〈보기〉의 사례와 제재 수준이 바르게 짝지어진 것은?

〈보기〉

(가) A씨는 자신의 출입증인 줄 알고 동료 B씨의 출입증을 사용해 보호구역에 출입하였다.

(나) C씨는 출입증을 잃어버리고 바로 분실신고를 하였으나, 되찾은 후 해당 출입증으로 1회 보호구역에 출입하였다.

(다) D씨는 출근 첫날 정규출입증 소지자가 비인가지역에 출입하는 것을 보고 신고하였다.

	(가)	(나)	(다)
①	90일 출입금지	경고	없음
②	90일 출입정지	5일 출입정지	경고
③	5일 출입금지	10일 출입정지	3일 출입정지
④	5일 출입정지	경고	없음
⑤	5일 출입정지	경고	경고

※ 다음 글을 읽고 이어지는 질문에 답하시오. [20~22]

언택트란 접촉을 뜻하는 '콘택트(Contact)'에 부정을 뜻하는 '언(Un)'을 붙여 만든 신조어로서, 고객과 대면하지 않고 서비스나 상품을 판매하는 기술이 생활 속에서 확산되는 현상을 가리킨다. 쉽게 말해 키오스크(Kiosk), 드론, VR(가상현실) 쇼핑, 챗봇 등으로 대표되는 첨단기술을 통해 사람 간의 대면 없이 상품이나 서비스를 주고받을 수 있게 된 것을 '언택트'라고 하는 것이다. 최근 많은 기업과 기관에서 언택트를 핵심으로 한, 이른바 언택트 마케팅을 펼치고 있는데, 그 영역이 대면 접촉이 불가피했던 유통업계로까지 확장되면서 사람들의 관심을 모으고 있다.

어느새 우리 일상에 자리한 ⊙ 언택트 마케팅의 대표적인 예로 들 수 있는 것이 앞서 언급한 키오스크 무인주문 시스템이다. 특히 패스트푸드 업계에서 키오스크가 대폭 확산 중인데, A업체는 2014년에 처음 키오스크를 도입한 후 꾸준히 늘려가고 있고, B업체도 올해까지 전체 매장의 50% 이상인 250개 곳에 키오스크를 확대할 예정이다. 이러한 흐름은 패스푸드점에만 국한되는 것이 아니며, 더 진화한 형태로 다양한 업계에서 나타나고 있다. 최근 커피전문점에서는 스마트폰 앱을 통해 주문과 결제를 완료한 후 매장에서 제품을 수령하기만 하면 되는 시스템을 구축해 나가고 있고, 마트나 백화점은 무인시스템 도입을 가속화하는 것에서 한발 더 나아가 일찌감치 '쇼핑 도우미 로봇' 경쟁을 펼치고 있다.

이처럼 언택트 마케팅의 봇물이 터지는 이유는 무엇일까? 소비자들이 더 간편하고 편리한 것을 추구하는 데 따른 결과이기도 하지만, 판매 직원의 과도한 관심에 불편을 느끼는 소비자들이 늘고 있는 것도 한 요인으로 볼 수 있다. 특히 젊은 층에서 대면 접촉에 부담을 느끼는 경향이 두드러지는데, 이를 반영하듯 '관계'와 '권태기'를 합성한 신조어인 '관태기', 그리고 모바일 기기에 길들여진 젊은 층이 메신저나 문자는 익숙한 반면 전화 통화를 두려워한다는 뜻의 '콜포비아'란 신조어가 화제가 되기도 했다. 언택트 마케팅의 확산을 주도한 또 다른 요인으로는 인공지능(AI)과 빅데이터, 사물인터넷(IoT) 등 이른바 '4차 산업혁명'을 상징하는 기술의 진화를 꼽을 수 있다. 하지만 우리는 기술의 진화보다 소비자들이 언택트 기술에 익숙해지고, 나아가 편안하게 느끼기 시작했다는 것에 더 주목할 필요가 있다. 언택트 마케팅을 이해하고 전망하는 데 있어 결코 간과해선 안 될 것이 언택트 기술을 더 이상 낯설게 여기지 않는 인식이라는 이야기다.

언택트 기술의 보편화는 구매의 편의성을 높이고 소비자가 원하는 '조용한 소비'를 가능하게 한다는 점에서 긍정적으로도 볼 수 있으나, 일자리 감소와 같은 노동시장의 변화와 디지털 환경에 익숙하지 않은 고령층을 소외시키는 '언택트 디바이드(Untact Divide)'를 낳을 수 있다는 경고도 무시할 수 없다. 이와 관련해서 한 소비트렌드 분석센터는 '비대면 접촉도 궁극적으로는 인간이 중심이 되어야 한다.'며 굳이 인력이 필요하지 않은 곳은 기술로 대체하고, 대면 접촉이 필요한 곳에는 인력을 재배치하는 기술과 방법이 병행되어야 하며, 그에 따라 그동안 무료로 인식됐던 인적 서비스가 프리미엄화되면서 차별화의 핵심 요소로 등장하게 될 것이라는 전망을 내놓고 있다.

20 다음 중 윗글의 내용으로 적절하지 않은 것은?

① 언택트 기술은 소비자가 원하는 '조용한 소비'를 가능하게 한다.

② 키오스크 무인주문 시스템은 다양한 업계에서 더 진화한 형태로 나타나고 있다.

③ 소비자들은 언택트 기술을 더 이상 낯설게 여기지 않는다.

④ 될 수 있는 한 인력을 언택트 기술로 대체하여 인력 낭비를 줄여야 한다.

⑤ 언택트 마케팅은 대면 접촉이 불가피했던 유통업계로까지 확장되고 있다.

21 다음 중 밑줄 친 ㉠의 확산 원인으로 적절하지 않은 것은?

① 더욱더 간편하고 편리한 것을 추구하는 소비자

② 판매 직원의 과도한 관심에 불편을 느끼는 소비자의 증가

③ 인공지능, 사물인터넷 등 기술의 진화

④ 대면 접촉에 부담을 느끼는 젊은 층의 경향

⑤ 디지털 환경에 익숙하지 않은 고령층의 증가

22 다음 중 밑줄 친 ㉠의 사례로 보기 어려운 것은?

① 화장품 매장의 '혼자 볼게요.' 쇼핑바구니

② 매장 내 상품의 정보를 알려주는 바코드 인식기

③ 무인 편의점의 지문을 통한 결제 시스템

④ 24시간 상담원과 통화연결이 가능한 고객 상담 센터

⑤ 피부 상태를 체크하고 적합한 제품을 추천해 주는 인공지능 어플

※ 다음은 L공사의 동호회 인원 구성을 나타낸 자료이다. 이어지는 질문에 답하시오. **[23~24]**

(단위 : 명)

구분	2019년	2020년	2021년	2022년
축구	87	92	114	131
농구	73	77	98	124
야구	65	72	90	117
배구	52	56	87	111
족구	51	62	84	101
등산	19	35	42	67
여행	12	25	39	64
계	359	419	554	715

23 2022년 축구 동호회 인원 증가율이 계속 유지된다고 가정할 때, 2023년 축구 동호회의 인원은?(단, 소수점 첫째 자리에서 반올림한다)

① 149명   ② 150명

③ 151명   ④ 152명

⑤ 153명

24 다음 중 자료에 대한 설명으로 옳은 것은?

① 동호회 인원이 많은 순서로 나열할 때, 매년 그 순위는 변화가 없다.

② 2020 ~ 2022년간 동호회 인원 구성에서 등산이 차지하는 비중은 전년 대비 매년 증가했다.

③ 2020 ~ 2022년간 동호회 인원 구성에서 배구가 차지하는 비중은 전년 대비 매년 증가했다.

④ 2020년 족구 동호회 인원은 2020년 전체 동호회의 평균 인원보다 많다.

⑤ 등산과 여행 동호회 인원의 합은 매년 같은 해의 축구 동호회 인원에 비해 적다.

※ 다음 글을 읽고 이어지는 질문에 답하시오. [25~26]

카셰어링이란 차를 빌려 쓰는 방법의 하나로, 기존의 방식과는 다르게 시간 또는 분 단위로 필요한 만큼만 자동차를 빌려 사용할 수 있다. 이러한 카셰어링은 비용 절감 효과와 더불어 환경적·사회적 측면에서 현재 세계적으로 주목받고 있는 사업 모델이다.

호주 멜버른시의 조사 자료에 따르면, 카셰어링 차 한 대당 도로상의 개인 소유 차량 9대를 줄이는 효과가 있으며, 실제로 카셰어링을 이용하는 사람은 해당 서비스 가입 이후 자동차 사용을 50%까지 줄였다고 한다. 또한 자동차 이용량이 줄어들면 주차 문제를 해결할 수 있으며, 카셰어링 업체에서 제공하는 친환경 차량을 통해 온실가스의 배출을 감소시키는 효과도 기대할 수 있다. 호주 카셰어링 업체 차량의 60% 정도는 경차 또는 하이브리드 차량인 것으로 조사되었다.

호주의 카셰어링 시장규모는 8,360만 호주 달러로, 지난 5년간 연평균 21.7%의 급격한 성장률을 보이고 있다. 전문가들은 호주 카셰어링 시장이 앞으로도 가파르게 성장해 5년 후에는 현재보다 약 2.5배 증가한 2억 1,920만 호주 달러에 이를 것이며, 이용자 수도 10년 안에 150만 명까지 폭발적으로 늘어날 것이라고 예측한다.

이처럼 호주에서 카셰어링 서비스가 많은 회원을 확보하며 급격한 성장세를 나타내는 데는 비용 측면의 이유가 가장 크다고 볼 수 있다. 호주에서 차량을 소유할 경우 주유비, 서비스비, 보험료, 주차비 등의 부담이 크기 때문이다. 발표 자료에 의하면 차량 2대를 소유한 가족이 구매 금액을 비롯하여 차량 유지비에만 쓰는 비용은 연간 12,000호주 달러에서 18,000호주 달러에 이른다고 한다.

호주 자동차 산업에서 경제적·환경적·사회적인 변화에 따라 호주 카셰어링 시장이 폭발적인 성장세를 보이는 것에 주목할 필요가 있다. 전문가들은 카셰어링으로 인해 자동차 산업에 나타나는 변화의 정도를 '위험한 속도'로까지 비유하기도 한다. 카셰어링 차량의 주차공간을 마련하기 위해서 정부의 역할이 매우 중요한 만큼 호주는 정부 차원에서도 카셰어링 서비스를 지원하는 데 적극적으로 움직이고 있다. 호주는 카셰어링 서비스가 발달한 미국, 캐나다, 유럽 대도시에 비하면 아직 뒤처져 있지만, 성장 가능성이 높아 차별화된 서비스와 플랫폼을 개발한다면 진출을 시도해 볼 수 있다.

25 다음 중 윗글의 제목으로 가장 적절한 것은?

① 호주의 카셰어링 성장배경과 전망
② 호주 카셰어링 서비스의 장·단점
③ 카셰어링 사업의 세계적 성장 가능성
④ 카셰어링 사업의 성공을 위한 호주 정부의 노력
⑤ 호주에서 카셰어링 서비스가 성공하기 어려운 이유

26 다음 중 윗글의 내용으로 적절하지 않은 것은?

① 호주에서 카셰어링 서비스를 이용하는 사람의 경우 가입 이후 자동차 사용률이 50% 감소하였다.
② 호주의 카셰어링 업체가 소유한 차량의 약 60%는 경차 또는 하이브리드 자동차이다.
③ 호주의 카셰어링 시장은 지난 5년간 급격하게 성장하여 현재 8,360만 호주 달러의 규모를 이루고 있다.
④ 호주의 한 가족이 1년간 카셰어링 서비스를 이용할 경우 최대 18,000호주 달러가 사용된다.
⑤ 미국, 캐나다, 유럽 대도시에는 이미 카셰어링 서비스가 발달해 있다.

※ 다음은 L공사의 시설별 견학 안내에 대한 자료이다. 이어지는 질문에 답하시오. **[27~28]**

<L공사 시설별 견학 안내>

1. 본사 견학
   - 견학 시간 : 평일(월~금) 오전 10시~오후 4시
   - 견학 내용
     - 집단에너지 사업 및 지역 난방에 관한 교육(20분 소요)
     - 홍보전시실 견학(20분 소요)
   - 대상 : 초·중·고교 학생 단체(인솔자 필수 참석)
   - 견학 가능 인원 : 15~30명
   - 접수 방법 : 견학 일정 7일 전 L공사 홈페이지 또는 공문을 통한 접수(연락 가능한 전화번호 필수 기재)
   - 담당부서 : 홍보실

2. 지사 견학
   - 견학 시간 : 평일(월~금) 오전 10시~오후 4시
   - 견학 내용 : 집단에너지 사업 및 지역 난방에 관한 교육(지사별 여건에 따라 진행, 50분 소요)
   - 견학 장소 : 강남지사, 고양지사, 수원지사 등 각 지사
   - 대상 : 만 5세 이상(인솔자 필수 참석)
   - 견학 가능 인원 : 15~30명
   - 접수 방법 : 견학 일정 7일 전 L공사 홈페이지 또는 공문을 통한 접수(연락 가능한 전화번호 필수 기재)
   - 담당부서 : 각 지사 홍보과

3. 통합운영센터 견학
   - 견학시간 : 평일(월~금) 오전 10시~오후 5시
   - 견학 내용
     - L공사 및 통합운영센터 역할 소개(30분 소요)
     - 열병합발전 전시 모형 관람 및 브리핑(30분 소요)
   - 대상 : 초·중·고교 학생 단체(인솔자 필수 참석), 일반인 단체
   - 견학 가능 인원 : 5~40명
   - 접수 방법 : 견학 일정 7일 전 L공사 홈페이지 "견학 신청"을 통해 가능(연락 가능한 전화번호 필수 기재)
   - 담당부서 : 통합운영부

---

27 다음 중 L공사 견학 안내에 대한 설명으로 옳은 것은?

① 모든 시설의 견학 시간은 동일하다.

② 모든 시설은 시설별 홍보과에서 담당한다.

③ 모든 견학은 인솔자가 반드시 참석해야 한다.

④ 모든 시설의 견학 신청은 L공사 홈페이지를 통해 할 수 있다.

⑤ L공사를 견학하려면 최소 10명 이상의 단체를 구성해야 한다.

28 A고등학교는 다음과 같이 견학 계획을 세웠다. 이에 대한 설명으로 옳은 것을 〈보기〉에서 모두 고르면?

〈A고등학교 견학 계획〉

• 견학 인원 : 2학년 8개 학급, 각 학급당 20명
• 각 학급은 9월 20일(월요일) 1일 동안 동일한 시설에서 견학을 실시한다.
• 각 학급은 1개 학급이 1개 조를 이루어 순서대로 견학을 실시한다.
• 1일 동안 모든 학생이 견학을 완료하여야 한다.

---〈보기〉---
㉠ A고등학교에서 견학 계획을 완료할 수 있는 시설은 본사뿐이다.
㉡ A고등학교가 9월 14일까지 L공사 홈페이지를 통해 견학 신청을 하면 견학이 가능하다.
㉢ 만약 각 조의 규모를 24명으로 변경하고, 마지막 조를 나머지 학생들로 구성하여 견학한다면 모든 시설에서 견학 계획을 완료할 수 있다.
---

① ㉠
② ㉢
③ ㉠, ㉢
④ ㉡, ㉢
⑤ ㉠, ㉡, ㉢

29 다음은 연도별 국내은행 대출 현황에 대한 자료이다. 이에 대한 설명으로 옳은 것은?

〈연도별 국내은행 대출 현황〉

(단위 : 조 원)

구분	2015년	2016년	2017년	2018년	2019년	2020년	2021년	2022년	2023년
가계대출	403.5	427.1	437.5	450.0	486.4	530.0	583.6	621.8	640.6
주택담보대출	266.8	289.7	298.9	309.3	344.7	380.6	421.5	444.2	455.0
기업대출	404.5	432.7	447.2	468.0	493.3	527.6	539.4	569.4	584.3
부동산담보대출	136.3	153.7	168.9	185.7	205.7	232.8	255.4	284.4	302.4

※ (은행대출)=(가계대출)+(기업대출)

① 2017 ~ 2022년 동안 주택담보대출의 전년 대비 증가액은 부동산담보대출보다 매년 높다.
② 2016 ~ 2023년 동안 전년 대비 가계대출이 가장 많이 증가한 해는 2021년이다.
③ 부동산담보대출이 세 번째로 많은 연도의 주택담보대출은 가계대출의 70% 미만이다.
④ 2021년 대비 2023년 주택담보대출 증가율은 기업대출 증가율보다 높다.
⑤ 2020년도 은행대출은 2015년에 비해 40% 이상 증가했다.

30 다음 자료를 이해한 내용으로 옳지 않은 것은?

수신자 : 전 부서

제목 : 전자제품 판매 프로모션 안내

해당 부서에서는 아래와 같이 전자제품 판매 프로모션을 기획하였으니 업무에 참고하시기 바랍니다.

— 아래 —

- 기간 : 2024년 11월 7일(목) ~ 12월 29일(일)
- 대상 : 행사 품목 구매 고객 중 응모한 자에 한함
- 내용 : 해당 프로모션 당첨자에게 평생 전기세 지원 명목으로 일정 금액을 증정함(무상 A/S지원 포함)
- 혜택 : 품목별 혜택이 상이함

품목	혜택	당첨자 수
냉장고	전기세 200만 원 지원, 10년 무상 A/S	2명
에어컨	전기세 200만 원 지원, 5년 무상 A/S	2명
세탁기	전기세 100만 원 지원, 5년 무상 A/S	3명
TV	전기세 50만 원 지원, 5년 무상 A/S	4명
PC	전기세 50만 원 지원, 3년 무상 A/S	4명

- 기타
  - 제세공과금(22%, 현금)은 당첨자 본인 부담
  - 지정된 행사 매장에 방문 또는 상담 시 구매여부와 관계없이 당해 다이어리 증정(1,000부 선착순)
  - 3월 중순 당첨자 발표 예정(홈페이지 게시, 개별통보)

별첨1. 프로모션 제품별 가격표   1부
별첨2. 지정 행사장 위치 및 진행 계획   1부
별첨3. 온라인 홍보물   1부. 끝.

---

① 행사 품목 구매 고객 중 응모한 자에 한해서만 프로모션을 진행한다.

② 이번 프로모션은 품목별 혜택이 서로 다르긴 하지만 공통적으로 전기세 지원과 무상 A/S를 받을 수 있다.

③ 전국 모든 매장에 방문하거나 상담 시 구매여부와 관계없이 다이어리를 증정한다.

④ 프로모션 당첨자는 제세공과금 22%를 현금으로 부담해야 한다는 것을 응모자들에게 사전에 알려줄 필요가 있다.

⑤ 이번 프로모션은 본 회사의 행사품목 제품을 구매한 고객 중 당첨자에게 전기세를 지원하는 데 의의를 두고 있다.

31 다음 중 A의 주장에 대해 반박할 수 있는 내용으로 적절한 것은?

> A : 우리나라의 장기 기증률은 선진국에 비해 너무 낮아. 이게 다 부모로부터 받은 신체를 함부로 훼손해서
>   는 안 된다는 전통적 유교 사상 때문이야.
> B : 맞아. 그런데 장기기증 희망자로 등록이 돼 있어도 유족들이 장기 기증을 반대하여 기증이 이뤄지지 않
>   는 경우도 많아.
> A : 유족들도 결국 유교 사상으로 인해 신체 일부를 다른 사람에게 준다는 방식을 잘 이해하지 못하는 거야.
> B : 글쎄. 유족들이 동의해서 기증이 이뤄지더라도 보상금을 받고 '장기를 팔았다.'는 죄책감을 느끼는 유족
>   들도 있다고 들었어. 또 아직은 장기 기증에 대한 생소함 때문일 수도 있어.

① 캠페인을 통해 장기 기증에 대한 사람들의 인식을 변화시켜야 한다.
② 유족에게 지급하는 보상금 액수가 증가하면 장기 기증률도 높아질 것이다.
③ 장기기증 희망자는 반드시 가족들의 동의를 미리 받아야 한다.
④ 장기 기증률이 낮은 이유에는 유교 사상 외에도 여러 가지 원인이 있을 수 있다.
⑤ 제도 변화만으로는 장기 기증률을 높이기 어렵다.

32 다음은 A국의 2023년도 연령별 인구수 현황을 나타낸 그래프이다. 각 연령대를 기준으로 남성 인구가 40%
이하인 연령대 ㉠과 여성 인구가 50% 초과 60% 이하인 연령대 ㉡을 순서대로 바르게 나열한 것은?

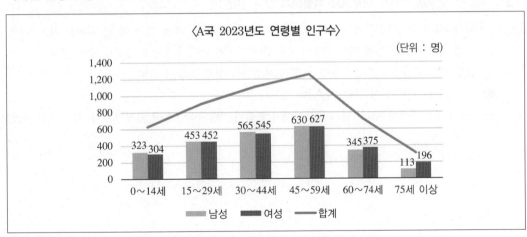

	㉠	㉡
①	0 ~ 14세	15 ~ 29세
②	30 ~ 44세	15 ~ 29세
③	45 ~ 59세	60 ~ 74세
④	75세 이상	60 ~ 74세
⑤	75세 이상	45 ~ 59세

여러 가지 센서 정보를 이용해 사람의 심리상태를 파악할 수 있는 기술을 '감정 인식(Emotion Reading)'이라고 한다. 음성 인식 기술에 이 기술을 더할 경우 인간과 기계, 기계와 기계 간의 자연스러운 대화가 가능해진다. 사람의 감정 상태를 기계가 진단해 보고 기초적인 진단 자료를 내놓을 수도 있다. 경찰 등 수사 기관에서도 활용이 가능하다. 최근 실제로 상상을 넘어서는 수준의 놀라운 감정 인식 기술이 등장하고 있다. 러시아 모스크바에 본사를 두고 있는 벤처기업 '엔테크랩(NTechLab)'은 뛰어난 안면 인식 센서를 활용해 사람의 감정 상태를 상세히 읽어낼 수 있는 기술을 개발했다. 그리고 이 기술을 모스크바시 경찰 당국에 공급할 계획이다.

현재 모스크바시 경찰은 엔테크랩과 이 기술을 수사 현장에 어떻게 도입할지 효과적인 방법을 모색하고 있다. 도입이 완료될 경우 감정 인식 기술을 수사 현장에 활용하는 세계 최초 사례가 된다. 이 기술을 활용하면 수백만 명이 모여 있는 사람들 가운데서 특정 인상착의가 있는 사람을 찾아낼 수 있다. 또한, 찾아낸 사람의 성과 나이 등을 모니터한 뒤 그 사람이 화가 났는지, 스트레스를 받았는지 혹은 불안해하는지 등을 판별할 수 있다.

엔테크랩의 공동 창업자인 알렉산드르 카바코프(Alexander Kabakov)는 "번화가에서 수초 만에 테러리스트나 범죄자, 살인자 등을 찾아낼 수 있는 기술"이라며 "경찰 등 수사 기관에서 이 기술을 도입할 경우 새로운 차원의 수사가 가능하다."고 말했다. _____ 그는 이 기술이 러시아 경찰 어느 부서에 어떻게 활용될 것인지에 대해 밝히지 않았으며, "현재 CCTV 카메라에 접속하는 방안 등을 협의하고 있지만 아직까지 결정된 내용은 없다."고 말했다. 이 기술이 처음 세상에 알려진 것은 2015년 미국 워싱턴 대학에서 열린 얼굴 인식 경연대회에서다. 이 대회에서 엔테크랩의 안면 인식 기술은 100만 장의 사진 속에 들어 있는 특정인의 사진을 73.3%까지 식별해냈다. 이는 대회에 함께 참여한 구글의 안면 인식 알고리즘을 훨씬 앞서는 기록이었다. 여기서 용기를 얻은 카바코프는 아르템 쿠크하렌코(Artem Kukharenko)와 함께 SNS상에서 연결된 사람이라면 누구든 추적할 수 있는 앱 '파인드페이스(FindFace)'를 만들었다.

33 다음 중 윗글을 이해한 내용으로 적절하지 않은 것은?

① 엔테크랩의 감정 인식 기술은 모스크바시 경찰이 범죄 용의자를 찾는 데 큰 기여를 하고 있다.

② 음성 인식 기술과 감정 인식 기술이 결합되면 기계가 사람의 감정을 진단할 수도 있다.

③ 감정 인식 기술을 이용하면 군중 속에서 특정인을 쉽게 찾을 수 있다.

④ 엔테크랩의 안면 인식 기술은 구글의 것보다 뛰어나다.

⑤ 카바코프는 쿠크하렌코와 함께 SNS상에서 연결된 사람이라면 누구든 찾아낼 수 있는 앱을 개발하였다.

34 다음 중 윗글의 빈칸에 들어갈 접속부사로 가장 적절한 것은?

① 또한   ② 게다가

③ 그래서   ④ 그러나

⑤ 말하자면

※ 다음은 L공사의 상반기 공개채용을 통해 채용된 신입사원 정보와 부서별 팀원 선호사항에 대한 자료이다. 이어지는 질문에 답하시오. [35~36]

〈신입사원 정보〉

성명	성별	경력	어학 능력	전공	운전면허	필기점수	면접점수
장경인	남	3년	–	회계학과	○	80점	77점
이유지	여	–	영어, 일본어	영문학과	○	76점	88점
이현지	여	5년	일본어	국어국문학과	○	90점	83점
김리안	남	1년	중국어	컴퓨터학과	×	84점	68점
강주환	남	7년	영어, 중국어, 프랑스어	영문학과	○	88점	72점

〈부서별 팀원 선호사항〉

• 회계팀 : 경영학, 경제학, 회계학 전공자와 운전면허 소지자를 선호함
• 영업팀 : 일본어 능통자와 운전면허 소지자를 선호하며, 면접점수를 중요시함
• 고객팀 : 경력 사항을 중요시하되, 남성보다 여성을 선호함
• 제조팀 : 다양한 언어 사용자를 선호함
• 인사팀 : 컴퓨터 활용 능력이 뛰어난 사람을 선호함

35 부서별 팀원 선호사항을 고려하여 신입사원을 배치한다고 할 때, 해당 부서에 따른 신입사원의 배치가 가장 적절한 것은?

① 회계팀 – 김리안
② 영업팀 – 강주환
③ 인사팀 – 장경인
④ 제조팀 – 이유지
⑤ 고객팀 – 이현지

36 신입사원을 부서별로 배치할 때 다음과 같은 부서 배치 기준이 정해진다면, 어느 부서에도 배치될 수 없는 신입사원은?

〈부서 배치 기준〉

• 회계팀 : 경영학, 경제학, 회계학, 통계학 중 하나를 반드시 전공해야 한다.
• 영업팀 : 면접점수가 85점 이상이어야 한다.
• 고객팀 : 5년 이상의 경력을 지녀야 한다.
• 제조팀 : 영어를 사용할 수 있어야 한다.
• 인사팀 : 필기점수가 85점 이상이어야 한다.

① 장경인
② 이유지
③ 이현지
④ 김리안
⑤ 강주환

※ 다음 글을 읽고 이어지는 질문에 답하시오. [37~38]

세계 주요국 정부들은 4차 산업혁명 시대를 선도하기 위한 파격적 혁신 전략을 수립·발표했다. 미국의 '리메이킹 아메리카', 일본의 '로봇 혁명 신전략', 독일의 '플랫폼 인더스트리 4.0', 중국의 '중국 제조 2025' 등이 대표적인 예라고 할 수 있는데, 우리나라 또한 '제조업 혁신 3.0' 전략을 통해 제조업 강화 정책을 추진하고 있다.

하지만 우리나라의 4차 산업혁명의 대응 상황은 선진국에 비해 크게 뒤처져 있는 것으로 파악된다. 몇 년 전 세계경제포럼에서 스위스 UBS은행은 한국을 비교 가능한 국가 25곳 중 4차 산업혁명 준비가 가장 부실한 나라로 지적하기도 했다. 특히 우리나라 제조 중소기업은 재무적·기술적·인적 자원 부족으로 인해 자체 대응 능력이 매우 취약하기 때문에 4차 산업혁명에 대한 중소 제조기업의 낮은 인지도와 준비도는 가장 큰 장애 요인으로 작용한다. 중소기업중앙회에서 실시한 조사에 따르면 전체의 300명 중 4차 산업혁명에 대해 '준비나 대응을 못 하고 있다'는 응답이 93.7%로 대다수를 차지했다.

우리나라의 경제적 근간이었던 제조업의 경쟁력 상실에 대한 우려감은 정부가 누구보다 앞서서 제조업 혁신을 추진하고 있는 현재 상황을 만들었다. 하지만 이러한 전 세계적 제조업 혁신 패러다임에 대응하기 위해서 선결되어야 할 점은 분명히 존재한다. 4차 산업혁명에서 가장 중요한 것은 '창조적인 개인의 아이디어를 구현하는 능력'이다. 현재 우리나라 산업계에 가장 필요한 것은 아이디어의 자유로운 흐름과 공정 경제 질서에 기반한 혁신 생태계 조성이다.

37 다음 중 윗글에 대한 이해로 적절하지 않은 것은?

① 제조업은 우리나라의 경제적 근간을 이루어 왔다.

② 우리나라 정부는 제조업 강화 정책으로 '제조업 혁신 3.0' 전략을 추진하고 있다.

③ 중국 정부는 4차 산업혁명 시대를 선도하기 위한 '중국 제조 2025' 전략을 발표했다.

④ 미국, 일본, 독일, 중국을 포함한 다섯 국가 중 우리나라의 4차 산업혁명 준비가 가장 부실하다.

⑤ 4차 산업혁명에 대한 중소 제조기업의 낮은 인지도와 준비도가 경쟁력 향상에 장애 요인이 되고 있다.

38 다음 중 글쓴이의 주장으로 가장 적절한 것은?

① 대기업과 중소기업의 상생을 통한 제조업 혁신이 필요하다.

② 정부의 강력한 제조업 강화 정책을 통해 중소 제조기업의 대응 능력을 보완해야 한다.

③ 전 세계적 제조업 혁신 패러다임을 참고하여 우리나라의 제조업 현실에 적합한 전략을 수립해야 한다.

④ 정부는 중소 제조기업을 대상으로 4차 산업혁명에 대한 인지도를 향상하기 위한 교육을 실시하여야 한다.

⑤ 개인이 창조적인 아이디어를 자유롭게 구현할 수 있도록 공정 경제 질서에 기반한 혁신 생태계를 조성해야 한다.

※ 다음은 발화요인에 따른 월별 화재발생현황 자료이다. 이어지는 질문에 답하시오. [39~40]

<월별 화재발생현황>

(단위 : 건)

항목	전기적 요인	기계적 요인	화학적 요인	가스누출	교통사고	부주의	기타	합계
1월	1,065	504	36	32	53	1,838	555	4,083
2월	896	392	30	15	42	2,707	550	4,632
3월	892	406	53	11	37	2,033	443	3,875
4월	783	346	44	19	37	2,012	473	3,714
5월	819	340	32	22	46	1,374	405	3,038
6월	721	310	53	8	38	1,865	446	3,441
7월	1,104	424	84	10	41	1,292	454	3,409
8월	1,160	373	95	12	32	1,513	505	3,690
9월	677	265	52	12	44	1,088	379	2,517
10월	759	405	45	18	41	1,386	394	3,048
11월	688	377	33	25	45	1,366	420	2,954
12월	907	477	47	27	49	1,878	552	3,937
합계	10,471	4,619	604	211	505	20,352	5,576	42,338

39 다음 중 5월 화재발생 건수가 많은 순으로 발화요인을 바르게 나열한 것은?

① 기타 – 부주의 – 기계적 요인 – 전기적 요인 – 화학적 요인 – 가스누출 – 교통사고
② 부주의 – 전기적 요인 – 기타 – 기계적 요인 – 화학적 요인 – 교통사고 – 가스누출
③ 부주의 – 전기적 요인 – 기타 – 기계적 요인 – 교통사고 – 가스누출 – 화학적 요인
④ 부주의 – 전기적 요인 – 기타 – 기계적 요인 – 교통사고 – 화학적 요인 – 가스누출
⑤ 부주의 – 기타 – 기계적 요인 – 전기적 요인 – 가스누출 – 교통사고 – 화학적 요인

40 다음 <보기> 중 자료에 대한 설명으로 옳지 않은 것을 모두 고르면?

─── <보기> ───

ㄱ. 가스누출로 인한 화재발생 건수는 10월 대비 11월에 증가하였다.
ㄴ. 2월 부주의로 인한 화재발생 건수는 기타 요인으로 인한 화재발생 건수의 3배 이상이다.
ㄷ. 매월 기계적 요인으로 인한 화재발생 건수는 기타 요인으로 인한 화재발생 건수보다 적다.
ㄹ. 제시된 자료에서 세 번째로 많은 화재발생 건수를 차지하는 발화요인은 기계적 요인이다.

① ㄱ, ㄴ ② ㄱ, ㄷ
③ ㄴ, ㄷ ④ ㄴ, ㄹ
⑤ ㄷ, ㄹ

41 다음 중 생산시스템 측면에서 신제품 개발 프로세스를 순서대로 바르게 나열한 것은?

ㄱ. 아이디어 창출	ㄴ. 제품 선정
ㄷ. 최종 설계	ㄹ. 설계의 평가 및 개선
ㅁ. 제품원형 개발 및 시험 마케팅	ㅂ. 예비 설계

① ㄱ → ㄴ → ㅂ → ㄹ → ㅁ → ㄷ
② ㄱ → ㄷ → ㅁ → ㄹ → ㄴ → ㅂ
③ ㄴ → ㄱ → ㄷ → ㅁ → ㄹ → ㅂ
④ ㄴ → ㅁ → ㄹ → ㄱ → ㄷ → ㅂ
⑤ ㄷ → ㄹ → ㄴ → ㅁ → ㄱ → ㅂ

42 다음 중 마이클 포터(Michael E. Porter)가 제시한 가치사슬분석에서 본원적 활동에 속하지 않는 것은?

① 구매물류활동
② 생산활동
③ 마케팅과 판매활동
④ R&D기술개발활동
⑤ 서비스활동

43 다음 중 투자안의 경제성 평가에 대한 설명으로 옳은 것은?

① 투자안에서 발생하는 현금흐름은 대부분이 확실하기 때문에 기대현금흐름만을 반영한 할인율을 사용한다.
② 내부수익률은 미래의 현금 유입액이 현재의 투자 가치와 동일하게 되는 수익률이다.
③ 공분산은 개별자산의 수익률의 위험정도를 나타내는 척도이다.
④ 할인율은 자본기회비용으로 기업이 현재 추진하려고 하는 사업 대신 위험이 다른 사업을 추진하였을 때 기대할 수 있는 수익률이다.
⑤ 위험이 다른 사업안에 대해 투자자들이 기대하는 수익률과 일치할 것이기 때문에 기대수익률 또는 요구수익률이라고 부른다.

44 다음 중 경영관리 과정을 순서대로 바르게 나열한 것은?

① 조직화 → 지휘 → 통제 → 계획 수립

② 지휘 → 통제 → 계획 수립 → 조직화

③ 계획 수립 → 조직화 → 지휘 → 통제

④ 계획 수립 → 통제 → 조직화 → 지휘

⑤ 통제 → 조직화 → 지휘 → 계획 수립

45 다음 중 시산표에 기입하는 거래에 해당하는 것은?

① 해외에서 기계를 수입하기 위해 주문한 경우

② 단기차입금에 대한 이자를 수표로 지급한 경우

③ 건물의 매각을 위해 계약한 경우

④ 거래처와 물품 공급 계약을 체결한 경우

⑤ 건물을 임차하기 위해 임대인과 계약한 경우

46 다음 중 확정기여형 퇴직연금제도(DC)에 대한 설명으로 옳지 않은 것은?

① 사용자가 납입할 부담금이 사전에 확정된 퇴직연금제도이다.

② 적립금 운용의 책임은 근로자에게 있으며, 기업 부담금은 근로자의 운용결과에 따라 달라진다.

③ 근로자는 사용자가 납입한 부담금과 운용 손익을 최종 급여로 지급받는다.

④ 일시금 또는 연금으로 55세 이후에 수령할 수 있다.

⑤ 사용자가 근로자 개별 계좌에 부담금을 정기적으로 납입하면, 근로자가 직접 적립금을 운용함은 물론 근로자 본인의 추가 부담금 납입도 가능하다.

47 다음 중 직무분석에 대한 설명으로 옳은 것은?

① 연공급 제도를 실시하기 위해서는 직무분석이 선행되어야 한다.

② 직무기술서와 직무명세서는 직무분석의 2차적 결과물이다.

③ 직무기술서는 특정 직무 수행을 위해 갖추어야 할 직무담당자의 자격요건을 정리한 문서이다.

④ 직무명세서는 직무분석의 결과로 얻어진 직무정보를 정리한 문서이다.

⑤ 직무명세서에는 직무의 명칭, 책임과 권한, 요구되는 육체적 능력이 기술되어 있다.

48 다음 중 시장실패(Market Failure)의 원인으로 옳지 않은 것은?

① 독과점의 존재   ② 소비의 경합성

③ 외부경제의 존재   ④ 비대칭 정보의 존재

⑤ 공유자원의 존재

49 다음 중 집약적 유통채널에 대한 설명으로 옳은 것은?

① 특정 지역에서 단일의 유통업자와 거래한다.

② 주로 과자나 저가 소비재 등 소비자들이 구매의 편의성을 중시하는 품목에서 채택한다.

③ 고도의 상품지식을 필요로 하는 전문 품목에서 채택한다.

④ 제조업자의 통제력이 매우 높다.

⑤ 유통 비용이 비교적 저렴하다.

50 다음 중 조직 차원의 공식적 커뮤니케이션에 해당하지 않는 것은?

① 군집형 커뮤니케이션

② 대각적 커뮤니케이션

③ 수평적 커뮤니케이션

④ 상향식 커뮤니케이션

⑤ 하향식 커뮤니케이션

51 다음 〈보기〉 중 직무분석 시 보완적으로 사용하는 분석법에 해당하는 것을 모두 고르면?

〈보기〉
㉠ 면접법   ㉡ 중요사건법   ㉢ 워크샘플링법   ㉣ 설문지법   ㉤ 관찰법

① ㉠, ㉡

② ㉠, ㉤

③ ㉡, ㉢

④ ㉢, ㉣

⑤ ㉣, ㉤

52 다음 중 직무명세서를 통해 확인할 수 있는 정보가 아닌 것은?

① 학력, 전공

② 경험, 경력

③ 능력, 성적

④ 지식, 기술

⑤ 업무, 직급

53 다음 중 기업 다각화의 목적으로 옳지 않은 것은?

① 새로운 성장동력 추구
② 사업 부문별 리스크 분산
③ 시장지배력 강화
④ 자본 및 인력 확보
⑤ 규모의 경제 추구

54 다음 중 STP 전략의 구성요소가 바르게 짝지어진 것은?

① Speciality, Targeting, Positioning
② Speciality, Training, Positivity
③ Segmentation, Training, Positioning
④ Segmentation, Targeting, Positivity
⑤ Segmentation, Targeting, Positioning

55 다음 중 커크패트릭 모형에 따른 교육훈련 평가단계에 해당하지 않는 것은?

① 반응평가
② 계획평가
③ 학습평가
④ 행동평가
⑤ 결과평가

56 다음 중 기능별 조직에 대한 설명으로 옳지 않은 것은?

① 조직의 목표를 위해 기본적인 기능을 중심으로 나눈 조직을 의미한다.
② 유사한 업무를 수행하는 구성원으로 조직을 구성하여 규모의 경제를 실현할 수 있다.
③ 원가우위 전략을 중요시하는 기업 또는 사업부에 유리한 조직구조이다.
④ 부서 간 경쟁이 치열하고 부서 운영 비용이 많이 든다.
⑤ 부서 간 협업이나 시너지 효과를 기대하기 어렵다.

57 다음 중 카리스마 리더십의 구성요소로 볼 수 없는 것은?

① 전략적인 목표
② 환경에 대한 민감성
③ 구성원의 신뢰
④ 관습적인 행동
⑤ 위험 감수 행동

58 다음 중 개인 신용평점을 평가할 때 활용하는 평가 요소로 옳지 않은 것은?

① 상환 이력
② 부채 수준
③ 학력 등의 민감 정보
④ 신용거래 기간
⑤ 신용 형태

59 다음 중 민츠버그의 조직이론에 따른 조직구조에 해당하지 않는 것은?

① 단순 구조
② 기계적 관료제
③ 전문적 관료제
④ 사업부제
⑤ 본부체제

60 다음 중 브랜드 포지셔닝을 위한 시장 세분화 시 고려하는 변수에 해당하지 않는 것은?

① 지리적 변수
② 인구통계학적 변수
③ 심리적 변수
④ 행동적 변수
⑤ 마케팅적 변수

61 다음 중 부가가치율 계산식으로 옳은 것은?

① [(매출액)+(매입액)]÷(매출액)×100
② [(매입액)−(매출액)]÷(매입액)×100
③ [(매출액)−(매입액)]÷(매출액)×100
④ (매입액)÷[(매출액)−(매입액)]×100
⑤ (매출액)÷[(매입액)−(매출액)]×100

62 다음 중 평정척도법에 대한 설명으로 옳지 않은 것은?

① 비표준화 검사를 통한 심리평가에서 나타나는 관찰법의 단점을 보완하기 위해 활용한다.

② 측정 대상의 연속성을 전제로 일정한 등급을 부여하여 평가한다.

③ 모든 관찰자가 쉽게 관찰할 수 없는 특성도 포함하여 평가할 수 있다.

④ 비교 대상이 되는 개인의 행동 또는 사건에 대해 동일한 기준을 가지고 평가한다.

⑤ 비교적 적용이 용이하여 널리 사용되고 있으며, 성적을 A～F로 나눠 등급을 부여하는 것이 일례이다.

63 다음 중 연속생산과 단속생산을 비교한 내용으로 옳은 것은?

구분	연속생산	단속생산
생산시기	주문생산	계획생산
생산량	대량생산	소량생산
생산속도	느림	빠름
생산원가	높음	낮음
생산설비	범용설비	전용설비

① 생산시기   ② 생산량

③ 생산속도   ④ 생산원가

⑤ 생산설비

64 다음 중 테일러의 과학적 관리법에서 표준화 및 통제의 구성요소가 아닌 것은?

① 기능적 직장 제도   ② 기구의 표준화

③ 작업 지시서   ④ 기획 부문

⑤ 계량화

65 다음 중 확정기여형 퇴직연금제도를 도입하기에 적합한 기업으로 볼 수 없는 것은?

① 근로자의 퇴직금을 전액 사외에 예치하는 기업

② 연봉제 실시 기업

③ 임금인상률이 높은 기업

④ 근로자가 직접 퇴직금을 효율적으로 투자하고자 하는 기업

⑤ 퇴직급여충당금을 부채 항목에서 제외하고자 하는 기업

66 다음 중 회귀분석 유형에 대한 설명으로 옳지 않은 것은?

① 다중 회귀분석 : 2개 이상의 독립변수들이 종속변수에 어떤 영향을 미치는지 분석하는 방법이다.

② 단계적 회귀분석 : 여러 종속변수 중에서 독립변수를 가장 잘 나타내는 변수를 선택하는 방법이다.

③ 매개 회귀분석 : 독립변수와 종속변수 간 관계가 매개변수에 의해 어떻게 매개되는지 분석하는 방법이다.

④ 조절 회귀분석 : 독립변수와 종속변수 간 관계가 조절변수에 의해 어떻게 조절되는지 분석하는 방법이다.

⑤ 로지스틱 회귀분석 : 종속변수가 범주형일 때 사용하는 방법이다.

67 다음 중 간트차트를 구성하는 주요 요소에 해당하지 않는 것은?

① 날짜   ② 협업 여부
③ 장소   ④ 작업 항목
⑤ 소유자

68 다음 중 경력 닻 모형의 구성요소로 옳지 않은 것은?

① 자신의 능력에 대한 지각   ② 자신의 욕구에 대한 지각
③ 자신의 동기에 대한 지각   ④ 자신의 가치관에 대한 지각
⑤ 자신의 인간관계에 대한 지각

69 다음 중 논리 오차를 제거할 방법으로 옳지 않은 것은?

① 객관적으로 관찰이 가능한 사실만 평가한다.

② 평가 요소에 대한 충분한 설명을 실시한다.

③ 주관적 관점을 제거하고, 인사 평가 기준대로 평가한다.

④ 비슷한 유형의 평가 요소에 대해서는 시간 간격을 두고 평가한다.

⑤ 피평가자의 점수를 일정한 비율로 배분하여 평가한다.

70 다음 중 원가를 추정할 때 원가 자료 분석을 통한 방법이 아닌 것은?

① 계정분석법   ② 고저점법
③ 공학법   ④ 산포도법
⑤ 회귀분석법

71 다음 중 ABC 재고관리를 통해 재고 품목을 구분한 내용으로 옳은 것은?

① A : 70%, B : 20%, C : 10%
② A : 80%, B : 15%, C : 5%
③ A : 80%, B : 10%, C : 10%
④ A : 75%, B : 15%, C : 10%
⑤ A : 70%, B : 15%, C : 15%

72 다음 중 소비자 행동을 분석할 때 행동적 요인에 해당하는 것은?

① 지각   ② 기억
③ 학습   ④ 태도
⑤ 가족

73 다음 중 맥그리거의 XY이론에서 Y이론을 적용한 동기부여 방법으로 옳은 것은?

① 과업은 본질적으로 모든 인간이 싫어한다.
② 인간의 자아 통제는 조직 목적의 성취에 필수적이다.
③ 직무 축소화, 목표관리법, 경영참가가 있다.
④ 직무 확대화, 목표관리법, 경영참가가 있다.
⑤ 직무 확대화, 목표관리법, 성과급 도입이 있다.

74 다음 중 켈리의 귀인이론에 대한 설명으로 옳지 않은 것은?

① 행위의 원인을 추론하는 과정에 대한 이론으로, 큐빅 이론이라고도 한다.

② 귀인은 내적 귀인과 외적 귀인으로 구분한다.

③ 다양성, 특이성, 합의성의 3가지 정보를 기준으로 원인 귀속의 방향을 결정한다.

④ 직무에 자율성을 부여할수록 내적 귀인이 높아진다.

⑤ 타인의 행동을 판단할 때 외재적 요인을 과소평가하고 내재적 요인을 과대평가하는 것을 근본적 귀인 오류라 한다.

75 다음 중 재고자산의 원가를 회수하기 어려운 경우에 해당하지 않는 것은?

① 원재료 가격이 하락한 경우

② 판매가격이 하락한 경우

③ 재고가 부분적으로 진부화된 경우

④ 재고가 물리적으로 손상된 경우

⑤ 제품 완성에 필요한 원가가 상승한 경우

76 다음 중 SQC(통계적 품질관리)에 대한 설명으로 옳지 않은 것은?

① 주로 검사를 통해 품질을 탐지한다.

② 제품의 다량 검사로 인해 비용이 많이 소요된다.

③ 불량품 제조에 따른 실패비용으로 인해 생산성이 떨어질 수 있다.

④ 불량품 선별 등 사후관리 활동이라 할 수 있다.

⑤ 끊임없는 예방 활동을 통해 실패비용을 대부분 줄일 수 있다.

77 다음 중 매슬로의 욕구 단계이론에 해당하지 않는 것은?

① 생리적 욕구　　　　　　　　② 안전의 욕구

③ 애정의 욕구　　　　　　　　④ 지시의 욕구

⑤ 자아실현의 욕구

78 다음 중 집단성과 배분제도 도입 시 예상되는 효과로 옳지 않은 것은?

① 근로자가 단기적 성과를 만들어내는 데 치중하여 업무 집중력이 떨어질 수 있다.

② 회사와 조직 간 수익 불일치가 발생하여 회사의 자본축적이 어려울 수 있다.

③ 임금의 안정성이 증가하여 근로자들의 파업이 줄어들게 된다.

④ 새로운 기계나 기술이 도입될 경우 보너스가 줄어들 수 있어 근로자들이 신기술 개발에 부정적일 수 있다.

⑤ 집단성과 배분제도 운영을 위한 자원 투입비용이 증가한다.

79 다음 중 컨조인트 분석의 주요 목적으로 옳지 않은 것은?

① 신제품 개발　　　　　　② 제품라인 확장
③ 가격 설정　　　　　　　④ 시장세분화
⑤ 공급 예측

80 다음 중 세부 업무계획을 수립할 때 유의할 점으로 옳지 않은 것은?

① 사전에 세밀한 업무계획을 세우도록 한다.

② 간트차트 등을 활용하여 업무 간 통제력을 확보한다.

③ 중간 작업물 등의 공유를 통해 가설이 타당한지 검토한다.

④ 업무계획을 빈번하게 수정하지 않도록 한다.

⑤ 업무계획은 최대한 구체적으로 작성한다.

81 다음 중 브레인스토밍에서 지켜야 할 규칙으로 옳지 않은 것은?

① 전문가, 일반인과 관계없이 참여 대상에 제한을 두지 않는다.
② 개인의 아이디어에 대해 비판이나 비난을 하지 않는다.
③ 최대한 많은 아이디어가 나오도록 유도한다.
④ 타인의 의견을 자신의 의견에 차용하여 보완하거나 발전시키도록 한다.
⑤ 참가자들의 익명성을 최대한 보장하여 자유롭게 이야기할 수 있게 한다.

82 다음 중 투자부동산에 해당하지 않는 것은?

① 장래 용도를 정하지 못한 상태로 보유하고 있는 토지
② 직접 소유하고 운용리스로 제공하는 건물
③ 장기적인 시세차익을 위해 보유하고 있는 토지
④ 통상적인 영업 과정에서 단기간에 판매하기 위해 보유하고 있는 토지
⑤ 미래에 투자부동산으로 사용하기 위하여 건설 중인 건물

83 다음 중 체계적 – 비체계적 위험에 대한 설명으로 옳지 않은 것은?

① 체계적 위험은 완벽한 분산투자를 하여도 피할 수 없는 위험이다.
② 체계적 위험은 요구수익률을 높이면 줄일 수 있다.
③ 체계적 위험과 수익은 비례 관계에 있다.
④ 포트폴리오 구성 자산수가 증가할수록 비체계적 위험은 1에 가까워진다.
⑤ 총위험은 체계적 위험과 비체계적 위험의 합이다.

84 다음 중 카이제곱 검정의 2가지 유형이 바르게 짝지어진 것은?

① 객관성 검정, 신뢰도 검정
② 객관성 검정, 독립성 검정
③ 적합도 검정, 독립성 검정
④ 적합도 검정, 신뢰도 검정
⑤ 적합도 검정, 객관성 검정

85 다음 중 피쉬바인 모델에 대한 설명으로 옳지 않은 것은?

① 한 속성의 단점이 다른 속성의 장점으로 상쇄되는 보완적 모델이다.

② 각 속성들의 기대와 각 속성에 대한 가치판단에 의해 태도가 형성된다고 본다.

③ 다양한 대상에 대한 태도 형성 과정을 설명하기 위해 개발되었다.

④ 소비자 행동에 국한된 브랜드에 대한 태도를 측정하기 위한 목적이 있다.

⑤ 소비자 행동을 변화시킬 수 있는 효과적인 전략 수립을 가능하게 한다.

86 다음 중 시스템 이론에 대한 설명으로 옳지 않은 것은?

① 시스템 이론은 생물학자인 버틀란피에 의해 창안되었다.

② 하나의 시스템을 개별 요소의 단순한 집합체 또는 추상적 총체로 본다.

③ 시스템의 성질은 개별 요소의 성질이 아닌 상호 연관에 의해 결정된다.

④ 시스템 이론은 전체 시스템을 인사, 마케팅, 생산 등 하위 시스템으로 구분한다.

⑤ 시스템 이론을 통해 경영 성과를 종속변수로 하여 조직과 환경 간 적합성을 파악할 수 있다.

87 다음 중 개념타당성에 해당하지 않는 것은?

① 내용타당성
② 집중타당성
③ 수렴타당성
④ 판별타당성
⑤ 이해타당성

88 다음 중 매트릭스 조직의 단점으로 옳지 않은 것은?

① 구성원의 창의력을 저해하고, 문제해결에 필요한 전문지식이 부족할 수 있다.

② 책임, 목표, 평가 등에 대한 갈등이 유발되어 혼란을 줄 수 있다.

③ 관리자 및 구성원 모두에게 역할 등에 대한 스트레스를 유발할 수 있다.

④ 힘의 균형을 유지하기 어려워 경영자의 개입이 빈번하게 일어날 수 있다.

⑤ 갈등 해결 등을 위한 토의, 조정 등에 많은 시간과 노력이 소요될 수 있다.

89 다음 중 BSC(Balanced Score Card)가 가지는 관점으로 볼 수 없는 것은?

① 고객 관점   ② 내부 프로세스 관점

③ 생산 관점   ④ 성장 관점

⑤ 재무 관점

90 다음 중 후광효과에 대한 설명으로 옳지 않은 것은?

① 대중에게 평판이 좋은 연예인을 광고 모델로 선호하는 것은 후광효과의 예이다.

② 평가 요인 간 상관관계의 인과성을 추론하는 과정에서 발생하는 실수에 기인한다.

③ 각각의 평가 요소가 서로 관련이 없는 경우 빈번하게 나타난다.

④ 기업은 채용 시 후광효과를 방지하기 위해 블라인드 채용을 도입하여 운영한다.

⑤ 어떤 사물이나 사람을 평가할 때 일부의 긍정적, 부정적 특성에 따라 전체적인 평가에 영향을 미치는 것을 말한다.

91 직무평가에 있어서 미리 규정된 등급 또는 어떠한 부류에 대해 평가하려는 직무를 배정함으로써 직무를 평가하는 방법은 무엇인가?

(   )

92 작업성과의 고저에 따라 임금을 적용하는 단순 복률 성과급 방식과 달리 예정된 성과를 올리지 못하여도 미숙련 근로자들에게 최저 생활을 보장하는 방식은 무엇인가?

(   )

93 특정 작업계획으로 여러 부품들을 생산하기 위해 컴퓨터에 의해 제어 및 조절되며 자재취급 시스템에 의해 연결되는 작업장들의 생산 시스템은 무엇인가?

(   )

94 다음은 마케팅 믹스 4P에 대한 설명이다. 빈칸 ㉠에 들어갈 단어는 무엇인가?

- Product(제품) : 소비자의 니즈를 충족시키는 재화나 서비스
- Price(가격) : 고객이 제품이나 서비스에 대해 지불하는 금액
-   ㉠   : 제품이나 서비스를 소비자에게 널리 알리는 활동
- Place(유통) : 제품을 어디에 판매할지에 대한 전략

(   )

95 소비자들에게 타사 제품과 비교하여 자사 제품에 대한 차별화된 이미지를 심어주기 위한 계획적인 전략접근법은 무엇인가?

(   )

96 A투자안의 명목수익률이 15%이고, 기대인플레이션이 4%일 때 A투자안의 실질수익률은 얼마인가?(단, 소수점 둘째 자리에서 버린다)

(   )

97 다음 글에 해당하는 가격정책은 무엇인가?

유표품(Branded Goods)의 제조업자가 도매상 및 소매상과의 계약에 의하여 자기회사제품의 도소매 가격을 사전에 설정해 놓고, 이 가격으로 자사제품을 판매하는 전략으로, 유표품이 도·소매상의 손실유인상품 (Loss Leader)으로 이용되는 것을 방지하여 가격안정과 명성유지를 도모하고자 하는 정책이다.

(   )

98 다음 글에 해당하는 집단의사결정 방법은 무엇인가?

- 익명성을 보장하고, 반복적인 피드백을 통계화하여 의사결정을 한다.
- 단계별로 의사결정을 진행하므로 의사결정 진행의 상황 추적이 용이하다.
- 대면하거나 한 자리에 모일 필요 없이 비교적 자유롭게 의견평가를 할 수 있다.

(   )

99 다음 글에 해당하는 회사채는 무엇인가?

- 일정 기간 내에 사전에 합의된 조건으로 발행회사가 소유하고 있는 상장주식으로 교환을 청구할 수 있는 권리가 부여된 사채이다.
- 추가적인 자금 유입 없이 상장주식으로 교환이 가능하다.

(   )

100 다음 자료를 참고하여 예상되는 확정기여형 퇴직급여액을 계산하면 얼마인가?

- 10년간 임금 총액 : 6억 원
- 10년간 회사부담금 비율 : $\frac{1}{12}$
- 10년간 운용수익률 : 연 4%

(   )

41 다음은 중국과 인도 근로자 한 사람의 시간당 의복과 자동차의 생산량을 나타낸 것이다. 리카도(Ricardo)의
비교우위이론에 따르면 양국은 어떤 제품을 수출하는가?

구분	중국	인도
의복(벌)	40	30
자동차(대)	20	10

① 중국 : 의복, 인도 : 자동차

② 중국 : 자동차, 인도 : 의복

③ 중국 : 의복과 자동차, 인도 : 수출하지 않음

④ 중국 : 수출하지 않음, 인도 : 자동차와 의복

⑤ 두 국가 모두 교역을 하지 않음

42 다음 〈보기〉 중 산업 간 무역(Inter – industry Trade)에 대한 설명으로 옳은 것을 모두 고르면?

―――――〈보기〉―――――

㉠ 생산에 있어서 규모의 경제가 전제된다.

㉡ 동일한 산업 내에서 수출입이 발생한다.

㉢ 경제발전정도가 상이한 국가 간에 주로 발생한다.

㉣ 비교우위에 의해 무역이 발생한다.

㉤ 독점적 경쟁에 의해 무역이 발생한다.

① ㉠, ㉡

② ㉠, ㉣

③ ㉡, ㉢

④ ㉢, ㉣

⑤ ㉣, ㉤

43 영국의 경제주간지에서는 각국의 빅맥 가격을 비교하여 빅맥 지수를 발표하고 있다. 다음은 2023년 1월 각국의 빅맥 가격과 환율에 대한 자료이다. 2023년 1월 미국의 빅맥 가격이 5.66달러라고 할 때, 빅맥 지수에 근거하여 화폐가치가 적정 수준보다 과소평가된 국가를 모두 고르면?

국가	빅맥 가격	환율
한국	4,500원	1,097원/달러
일본	390엔	104.30엔/달러
노르웨이	52노르웨이 크로네	8.54노르웨이 크로네/달러
스위스	6.5스위스프랑	0.89스위스프랑/달러

① 한국
② 한국, 일본
③ 한국, 노르웨이
④ 일본, 스위스
⑤ 노르웨이, 스위스

44 다음 중 환율(원/미국달러 환율)에 대한 설명으로 옳지 않은 것은?

① 환율이 올라간다는 것은 원화 가치가 미국달러화의 가치에 비해 상대적으로 하락함을 의미한다.
② 장기에서 우리나라의 물가상승률이 미국의 물가상승률보다 더 높은 경우 환율은 올라간다.
③ 환율이 내려가면 국내 대미 수출기업들의 수출은 증가한다.
④ 환율이 내려가면 미국에 유학생 자녀를 둔 부모들의 학비 송금에 대한 부담이 줄어든다.
⑤ 미국인의 주식투자자금이 국내에 유입되면 환율은 내려간다.

45 다음 〈보기〉 중 주어진 상황에 대한 설명으로 옳은 것을 모두 고르면?

인천공항에 막 도착한 A씨는 미국에서 사먹던 빅맥 1개의 가격인 5달러를 원화로 환전한 5,500원을 들고 햄버거 가게로 갔다. 여기서 A씨는 미국과 똑같은 빅맥 1개를 구입하고도 1,100원이 남았다.

〈보기〉
㉠ 한국의 빅맥 가격을 달러로 환산하면 4달러이다.
㉡ 구매력평가설에 의하면 원화의 대미 달러 환율은 1,100원이다.
㉢ 빅맥 가격을 기준으로 한 대미 실질환율은 880원이다.
㉣ 빅맥 가격을 기준으로 볼 때, 현재의 명목환율은 원화의 구매력을 과소평가하고 있다.

① ㉠, ㉡
② ㉠, ㉢
③ ㉠, ㉣
④ ㉡, ㉢
⑤ ㉡, ㉣

46 다음 중 원화의 가치가 평가절상되었을 경우 나타나는 현상으로 옳지 않은 것은?

① 국제수지 악화   ② 해외 현지 공장 건설비용 감소

③ 인플레이션 발생 가능성 증가   ④ 수출 감소

⑤ 수입 증가

47 다음은 A국과 B국의 경제에 대한 자료이다. A국의 실질환율과 수출량의 변화로 옳은 것은?

구분	2019년	2020년
A국 통화로 표시한 B국 통화 1단위의 가치	1,000	1,150
A국의 물가지수	100	107
B국의 물가지수	100	103

       실질환율   수출량

①   불변   감소

②   11% 상승   증가

③   11% 하락   감소

④   19% 상승   증가

⑤   19% 하락   증가

48 다음 〈보기〉 중 저량(Stock)변수에 해당하는 것을 모두 고르면?

─────〈보기〉─────

㉠ GDP   ㉡ 국제수지

㉢ 외환보유액   ㉣ 인구수

㉤ 생산량   ㉥ 재무상태표

㉦ 손익계산서   ㉧ 통화량

① ㉠, ㉡, ㉢, ㉣   ② ㉠, ㉡, ㉤, ㉦

③ ㉢, ㉣, ㉤, ㉦   ④ ㉢, ㉣, ㉥, ㉧

⑤ ㉢, ㉥, ㉦, ㉧

49 다음 〈보기〉 중 무차별곡선에 대한 설명으로 옳은 것을 모두 고르면?

─────────────〈보기〉─────────────
ㄱ 서수적 효용의 개념에 기초한 효용함수는 무차별곡선으로 표현할 수 없다.
ㄴ 일반적인 무차별곡선의 경우 원점에 대하여 볼록한 형태를 가지며 원점에서 멀어질수록 효용수준이 더 높다.
ㄷ 무차별곡선이란 소비자가 동일한 효용을 얻을 수 있는 X재와 Y재의 조합을 나타낸 선이다.
ㄹ 어떤 재화의 소비량이 조금씩 변하는 경우 효용도 조금씩 증가하는 것은 소비자 선호에 대한 기본가정 중 이행성에 대한 설명이다.
─────────────────────────────

① ㄱ, ㄴ   ② ㄱ, ㄷ
③ ㄴ, ㄷ   ④ ㄴ, ㄹ
⑤ ㄷ, ㄹ

50 다음 중 한계기술 대체율에 대한 설명으로 옳지 않은 것은?

① 총생산함수가 $Q = AL^{0.5}K^{0.5}$이면 한계기술 대체율은 체감한다.
② 한계기술 대체율이 체감하는 것은 등량곡선이 우하향하기 때문이다.
③ 한계기술 대체율은 등량곡선 접선의 기울기로 측정된다.
④ 한계기술 대체율은 노동의 한계생산물을 자본의 한계생산물로 나눈 값으로 구할 수 있다.
⑤ 한계기술 대체율은 동일한 생산량을 유지하면서 노동을 추가로 1단위 더 고용하기 위하여 감소시켜야 하는 자본의 수량을 의미한다.

51 다음 중 생산자이론에 대한 설명으로 옳지 않은 것은?

① 고정된 생산요소는 단기에만 존재한다.
② 노동의 한계생산물(MP_L)은 총생산물곡선의 한 점에서의 접선의 기울기를 의미한다.
③ 확장선이란 소비자이론의 소득소비곡선과 대응되는 개념이다.
④ 규모수익불변(CRS)은 1차 동차함수이다.
⑤ 무차별곡선은 기수적인 개념인 것에 반해 등량곡선은 서수적인 개념이다.

52 다음 중 X재와 Y재만을 소비하는 소비자 A의 한계대체율이 $MRS_{XY} = \dfrac{Y}{3X}$일 때, 소비자 A의 X재 엥겔곡선의 기울기와 수요의 소득탄력성, 수요의 가격탄력성은 얼마인가?

	엥겔곡선	수요의 소득탄력성	수요의 가격탄력성
①	$\dfrac{1}{3}P_X$	0	0
②	$\dfrac{1}{3}P_X$	0	1
③	$3P_X$	1	1
④	$4P_X$	1	1
⑤	$4P_X$	1	∞

53 다음 사례를 읽고 완전경쟁시장에서 이윤극대화를 추구하는 생산자 A의 빵집이 단기에는 가게를 운영하지만 장기에는 폐업을 해야 하는 경우, 식빵 1개의 가격(P)의 구간으로 옳은 것은?

> 생산자 A는 현재 빵집을 운영하고 있으며 하루에 식빵 1,000개의 매출을 올리고 있다. 빵집 운영에 필요한 하루 고정비용은 1,000,000원이며, 총비용은 5,000,000원이다.

① 1,000원< P <2,000원   ② 2,000원< P <3,000원

③ 3,000원< P <4,000원   ④ 4,000원< P <5,000원

⑤ 5,000원< P <6,000원

54 효용극대화를 추구하는 소비자 A는 빵과 김밥만 소비한다. A가 빵과 김밥의 소비로부터 얻는 한계효용은 소비량에 관계없이 각각 25, 15로 일정하다. $P_X = 5$, $P_Y = 5$, $M = 20$일 때, A의 최적소비조합(X, Y)으로 옳은 것은?(단, P_X는 빵의 가격, P_Y는 김밥의 가격, M은 소득을 나타낸다)

① (1, 3)   ② (0, 4)

③ (3, 1)   ④ (4, 0)

⑤ (2, 2)

55 다음은 기업 A와 기업 B의 전략에 따라 발생하는 이윤을 나타낸 것이다. 이 경우 순수전략에 의한 내쉬균형의 개수는 몇 개인가?(단, 괄호 안의 왼쪽 숫자는 기업 A의 이윤, 오른쪽 숫자는 기업 B의 이윤이다)

구분		기업 A	
		전략 (가)	전략 (나)
기업 B	전략 (다)	(2, 3)	(3, 0)
	전략 (라)	(4, 2)	(0, 4)

① 없음　　　　　　　　　　　② 1개
③ 2개　　　　　　　　　　　④ 3개
⑤ 4개

56 다음 〈조건〉은 소비자 A와 소비자 B의 소득과 각 재화의 소비량에 대한 자료이다. 이에 대한 설명으로 옳은 것은?(단, 두 소비자의 무차별곡선은 우하향하고, 원점에 대하여 볼록하며, MU_X는 X재의 한계효용이며, MU_Y는 Y재의 한계효용이다)

─────〈조건〉─────
- 소비자 A의 소득 : 20,000원
- 소비자 B의 소득 : 50,000원
- X재의 가격 : 2,000원
- Y재의 가격 : 5,000원
- 소비자 A의 $MRS^A_{XY}=2$
- 소비자 B의 $MRS^B_{XY}=0.1$

① 소비자 A는 X재 소비를 증가시킬 것이다.
② 소비자 A는 Y재 소비를 증가시킬 것이다.
③ 소비자 B는 X재 소비를 증가시킬 것이다.
④ 소비자 B는 소비의 아무런 변화가 없을 것이다.
⑤ 두 소비자 모두 효용극대화가 된 상태이다.

57 다음 〈보기〉 중 내쉬균형에 대한 설명으로 옳지 않은 것을 모두 고르면?

———————————————— 〈보기〉 ————————————————

㉠ 혼합전략 내쉬균형은 모든 경기자가 각 순수전략을 사용할 확률(혼합전략)을 더 이상 변경할 유인이 없는 상태를 의미한다.

㉡ 순수전략 내쉬균형은 존재하지 않을 수도 있으나, 혼합전략 내쉬균형은 항상 존재한다.

㉢ 내쉬균형은 항상 파레토 효율적인 자원배분을 보장한다.

㉣ 내쉬균형일 경우 항상 우월전략균형이다.

① ㉠, ㉡   ② ㉠, ㉢

③ ㉡, ㉢   ④ ㉡, ㉣

⑤ ㉢, ㉣

58 다음 〈보기〉 중 게임이론에서 사용되는 전략에 대한 설명으로 옳지 않은 것을 모두 고르면?

———————————————— 〈보기〉 ————————————————

㉠ 내쉬균형은 모두 우월전략이다.

㉡ 내쉬균형은 항상 파레토 효율적인 자원배분을 보장한다.

㉢ 상대방의 전략을 주어진 것으로 보고 각 경기자가 자신에게 가장 유리한 전략을 선택하였을 때 도달하는 균형을 내쉬균형이라고 한다.

㉣ 순수전략이란 경기자가 여러 가지 전략 중에서 특정한 한 가지 전략을 선택하는 것을 의미한다.

① ㉠, ㉡   ② ㉠, ㉢

③ ㉡, ㉢   ④ ㉡, ㉣

⑤ ㉢, ㉣

59 다음 중 공공재에 대한 설명으로 옳지 않은 것은?

① 특정 소비자를 공공재의 소비로부터 배제할 수 없다.

② 공공재에 대한 시장수요함수는 개별수요함수를 수직으로 합하여 얻어진다.

③ 공공재는 비배제성은 충족되지 않으나, 비경합성은 충족된다.

④ 공공재 한 단위를 추가로 공급하는 사회적 한계편익은 그 한 단위를 소비하는 모든 소비자의 한계편익의 합과 일치한다.

⑤ 두 사람만 존재하는 경우 두 사람의 한계편익의 합이 한계비용과 일치하는 수준에서 최적 산출량이 결정된다.

60 다음 〈보기〉 중 과점시장(Oligopoly)의 특징에 대한 설명으로 옳은 것을 모두 고르면?

─────〈보기〉─────

㉠ 특허권이나 정부 허가에 의해 형성되기도 한다.
㉡ 정부는 공정거래위원회를 통해 공정한 경쟁을 유도한다.
㉢ 카르텔을 형성하여 부당한 이득을 취하기도 한다.
㉣ 기업이 제품 가격을 높일수록 이윤도 증가한다.

① ㉠   ② ㉢
③ ㉡, ㉣   ④ ㉡, ㉢
⑤ ㉠, ㉡, ㉢, ㉣

---

61 다음 중 공공재의 공급모형에 대한 설명으로 옳지 않은 것은?

① 린달(Lindahl) 모형은 각 개인이 진정한 공공재 수요를 표출한다는 비현실적인 가정을 전제한다.
② 린달(Lindahl) 모형과 보웬(Bowen) 모형은 소득재분배의 문제를 고려하지 않는다.
③ 사무엘슨(Samuelson) 모형은 사용재와 공공재 간의 파레토 효율적인 배분조건을 제시한다.
④ 공공재의 시장수요곡선은 개별수요의 수평합으로 도출된다.
⑤ 사무엘슨(Samuelson) 모형은 각 개인의 한계대체율의 합과 한계전환율의 합이 일치하도록 공급한다.

---

62 공공재 수요자 3명이 있는 시장에서 구성원 A ~ C의 공공재에 대한 수요함수는 〈조건〉과 같다. 공공재의 한계비용이 30으로 일정할 때, 공공재의 최적공급량에서 각 구성원이 지불해야 하는 가격은?(단, P는 가격, Q는 수량이다)

─────〈조건〉─────

• A : $P_a = 10 - Q_a$
• B : $P_b = 20 - Q_b$
• C : $P_c = 20 - 2Q_c$

① $P_a = 5$, $P_b = 15$, $P_c = 10$ ② $P_a = 5$, $P_b = 10$, $P_c = 10$
③ $P_a = 10$, $P_b = 10$, $P_c = 15$ ④ $P_a = 10$, $P_b = 15$, $P_c = 5$
⑤ $P_a = 15$, $P_b = 15$, $P_c = 5$

63 다음 〈보기〉를 독점시장과 독점적 경쟁시장으로 바르게 나열한 것은?

┌─────────────────〈보기〉─────────────────┐
│ ⊙ 비가격경쟁이 치열하다.   │
│ ⓛ 시장에서 가격설정자로 행동한다.   │
│ ⓒ 규모의 경제에 의해 발생하기도 한다.   │
│ ⓔ 미용실, 커피전문점, 식당 등이 해당된다.   │
│ ⓜ 장기에 초과이윤을 획득한다.   │
└──┘

	독점시장	독점적 경쟁시장
①	⊙, ⓛ, ⓒ	ⓔ, ⓜ
②	⊙, ⓔ, ⓜ	ⓛ, ⓒ
③	ⓛ, ⓒ, ⓜ	⊙, ⓔ
④	ⓛ, ⓒ, ⓔ	⊙, ⓜ
⑤	ⓒ, ⓔ, ⓜ	⊙, ⓛ

64 다음 〈보기〉 중 독점적 경쟁기업에 대한 설명으로 옳은 것을 모두 고르면?

┌─────────────────〈보기〉─────────────────┐
│ ⊙ 제품차별화의 정도가 클수록 수요의 가격탄력도는 작아진다.   │
│ ⓛ 제품차별화의 정도가 클수록 초과설비규모가 작아진다.   │
│ ⓒ 경쟁이 심하기 때문에 기술혁신이 가장 잘 이루어지는 시장이다.   │
│ ⓔ 독점적 경쟁의 경우 장기에는 생산자잉여와 이윤이 모두 0이다.   │
│ ⓜ 제품차별화를 위해 기업들은 광고 등을 이용해 자사 제품의 브랜드화를 추구할 수 있다. │
└──┘

① ⊙, ⓛ   ② ⊙, ⓔ

③ ⓛ, ⓜ   ④ ⊙, ⓔ, ⓜ

⑤ ⓛ, ⓒ, ⓔ

65 다음 중 역선택에 대한 설명으로 옳은 것은?

① 자동차보험에 가입한 운전자일수록 안전 운전을 하려 한다.

② 화재보험에 가입한 건물주가 화재예방을 위한 비용 지출을 줄인다.

③ 소득이 증가할수록 소비 중에서 식료품비가 차지하는 비중이 감소한다.

④ 사고 위험이 높은 사람일수록 상해보험에 가입할 가능성이 높아진다.

⑤ 가로등과 같은 재화의 공급을 시장에 맡긴다면, 효율적인 양보다 적게 공급된다.

66 완전경쟁시장의 시장수요함수가 $Q=200-2P$이고, 장기균형에서 총비용함수가 $TC=2Q^3-2Q^2+20Q$일 때, 시장수요량은 얼마인가?

① 140 ② 160

③ 180 ④ 200

⑤ 220

67 다음 〈조건〉은 완전경쟁시장에 있는 L기업의 단기생산함수를 나타낸 것이다. 현재 노동(L) 50단위를 고용하고 있으며, 노동 한 단위당 임금은 2,000일 때, L기업이 이윤을 극대화하고 있다면 생산물의 가격(P)으로 옳은 것은?(단, 노동시장은 완전경쟁적이다)

〈조건〉

L기업의 생산함수 : $f(L)=300L-L^2$

---

① 50 ② 35

③ 20 ④ 15

⑤ 10

68 다음 중 외부효과와 코즈의 정리(Coase Theorem)에 대한 설명으로 옳지 않은 것은?

① 코즈의 정리에 따른 해결에는 이해당사자들 간의 법적 권리의 소유권과는 무관하다.

② 외부불경제 현상은 완전경쟁시장에서는 발생하지 않는다.

③ 피구세는 외부불경제 현상을 해결하기 위한 하나의 방안이다.

④ 외부효과는 자원이 효율적으로 배분되지 못하게 만드는 시장실패의 원인이 된다.

⑤ 코즈의 정리에 따르면 거래비용이 클 경우에는 민간주체들 간의 외부효과 해결이 어렵다.

69 다음 〈보기〉 중 환경오염을 줄이기 위한 피구세에 대한 설명으로 옳은 것을 모두 고르면?

─────〈보기〉─────

㉠ 피구세는 외부한계비용을 시장기구에 내부화하여 외부성 문제를 해결하는 방안이다.

㉡ 피구세는 외부효과 유발자가 인식하는 PMC와 SMC를 일치시키는 기능을 한다.

㉢ 피구보조금이 지급되면 공급곡선이 이동한다.

㉣ 피구세가 부과되면 수요곡선이 이동한다.

① ㉠, ㉡   ② ㉠, ㉢

③ ㉠, ㉣   ④ ㉡, ㉢

⑤ ㉡, ㉣

70 다음 중 고전학파의 견해에 대한 설명으로 옳은 것은?

① 세이의 법칙에 의하여 초과공급이 발생한다.

② 대금자금시장에서 민간저축은 이자율의 증가함수이다.

③ 실질이자율이 상승하거나 하락하더라도 투자에는 영향이 없다.

④ 자본설비 증대를 통한 공급능력 확충을 위해서 저축보다 소비가 중요하다고 본다.

⑤ 확대적인 재정정책으로 인해 실질이자율이 상승하여 민간투자는 감소하지만, 민간소비는 증가하는 것을 구축효과라고 한다.

71 다음 중 소비함수이론에 해당하지 않는 이론은 무엇인가?

① 케인스(Keynes)의 절대소득가설   ② 쿠즈네츠(Kuznets)의 실증분석

③ 상대소득가설   ④ 현재가치법

⑤ 평생소득가설

72 다음 중 전통적인 케인스 소비함수의 특징으로 옳지 않은 것은?

① 한계소비성향이 0과 1 사이에 존재한다.

② 평균소비성향은 소득이 증가함에 따라 감소한다.

③ 현재의 소비는 현재의 소득에 의존한다.

④ 이자율은 소비를 결정할 때 중요한 역할을 한다.

⑤ 단기소비곡선에서 평균소비성향은 한계소비성향보다 크다.

73 다음 〈조건〉은 A국의 $IS-LM$ 모형에 대한 자료이고, A국의 실질화폐수요함수는 $\left(\dfrac{M}{P}\right)^d = Y - 50r$ 이다. 정부지출이 400에서 500으로 증가할 때, 균형이자율의 증가폭은 얼마인가?

───── 〈조건〉 ─────

- $C = 100 + 0.2(Y - T)$
- $I = 200 - 10r$
- $T = 400$
- $M = 1,500$
- $P = 5$

※ Y는 총소득, C는 소비, I는 투자, T는 조세, M은 명목통화공급, P는 물가, r은 이자율이다.

① 1.0   ② 1.5

③ 2.0   ④ 2.5

⑤ 3.0

74 다음 사례에서 항상소득가설에 따른 철수의 소비 변화로 옳은 것은?

철수는 조그마한 가게를 운영해 매달 240만 원의 소득을 얻는다. 하지만 이번 달은 감기로 인해 가게를 며칠 열지 못하는 바람에 소득이 180만 원으로 줄었다.

① 소득이 60만 원 줄었지만, 소비는 변함이 없다.

② 소득이 60만 원 줄었지만, 소비는 오히려 증가한다.

③ 소득이 60만 원 줄었으므로 소비도 60만 원 줄어든다.

④ 소득이 60만 원 줄었지만, 소비는 60만 원 이상 줄어든다.

⑤ 소득과 소비는 항상 관련이 없다.

75 다음 중 항상소득이론에 근거한 설명으로 옳은 것은?

① 직장에서 승진하여 소득이 증가하였으나, 이로 인한 소비는 증가하지 않는다.

② 경기호황기에는 임시소득이 증가하여 저축률이 상승한다.

③ 항상소득에 대한 한계소비성향이 임시소득에 대한 한계소비성향보다 더 작다.

④ 항상소득의 비율이 높을수록 저축성향이 높아진다.

⑤ 소비는 현재소득에만 영향을 받을 뿐 미래소득에는 영향을 받지 않는다.

76 다음 중 통화공급에 대한 설명으로 옳은 것은?

① 신용창조가 이루어지면 경기 전체의 유동성은 감소한다.

② 본원통화는 중앙은행의 통화성자산이다.

③ 본원통화에는 지급준비금은 포함되지만, 현금은 포함되지 않는다.

④ 재할인율을 인상하면 통화 공급이 증가한다.

⑤ 통화승수란 본원통화가 1단위 증가하였을 때 통화량이 몇 단위 증가하는지를 나타낸 것이다.

77 다음 〈보기〉 중 화폐공급이 증가하는 경우를 모두 고르면?

―――――――〈보기〉―――――――
㉠ 중앙은행은 지급준비율을 인상시켰다.
㉡ 세계경제의 위기로 인해 실물자산에 대한 선호도가 증가하였다.
㉢ 중앙은행이 자금난을 겪고 있는 시중은행들로부터 국채를 매입하였다.
㉣ 은행들이 건전성 강화를 위해 국제결제은행(BIS) 기준의 자기자본비율을 높였다.

① ㉠, ㉡   ② ㉠, ㉢

③ ㉡, ㉢   ④ ㉡, ㉣

⑤ ㉢, ㉣

78 다음 중 자국의 실물시장 균형을 나타내는 IS곡선에 대한 설명으로 옳지 않은 것은?(단, IS곡선의 기울기는 세로축을 이자율, 가로축을 소득으로 하는 그래프상의 기울기를 말한다)

① 자국의 한계소비성향이 커지면 IS곡선의 기울기가 완만해진다.
② 자국의 정부지출이 증가하면 IS곡선은 오른쪽으로 이동한다.
③ 자국의 한계수입성향이 커질수록 IS곡선의 기울기는 가팔라진다.
④ 해외교역국의 한계수입성향이 커질수록 IS곡선의 기울기는 완만해진다.
⑤ 자국의 소득증가로 인한 한계유발투자율이 증가하면 IS곡선의 기울기가 완만해진다.

79 다음 중 새케인스학파에 대한 설명으로 옳지 않은 것은?

① 새케인스학파는 경기변동을 균형으로부터 이탈현상으로 본다.
② 안정화정책이 물가안정과 경기활성화에 중요한 수단이라고 본다.
③ 개별경제주체들이 합리적 기대를 이용하여 경제변수를 예상한다고 본다.
④ 내부자 – 외부자이론을 통해 실업률의 이력현상을 설명한다.
⑤ 경제여건의 변화가 발생하면 가격이 신축적으로 신속하게 조정된다고 본다.

80 다음 〈보기〉 중 $IS - LM$ 모형에서 구축효과에 대한 설명으로 옳은 것을 모두 고르면?

─────〈보기〉─────
㉠ 화폐수요의 소득탄력성이 작을수록 구축효과가 커진다.
㉡ IS곡선이 가파를수록 구축효과가 커진다.
㉢ 투자의 이자율탄력성이 클수록 구축효과가 커진다.
㉣ 화폐수요의 이자율탄력성이 작을수록 구축효과가 커진다.

① ㉠, ㉡　　　　　　　　　　　② ㉠, ㉢
③ ㉡, ㉢　　　　　　　　　　　④ ㉡, ㉣
⑤ ㉢, ㉣

81 다음 중 인플레이션에 의해 나타날 수 있는 현상으로 옳지 않은 것은?

① 구두창 비용의 발생 ② 메뉴비용의 발생

③ 통화가치 하락 ④ 총요소생산성의 상승

⑤ 단기적인 실업률 하락

82 A국가의 만 15세 이상 인구는 2,600만 명이며, 경제활동참가율은 55%라고 한다. A국가의 실업률이 30%일 때, 취업자 수와 실업자 수는 각각 몇 명인가?

	취업자 수	실업자 수
①	975만 명	528만 명
②	975만 명	429만 명
③	1,001만 명	429만 명
④	1,001만 명	528만 명
⑤	1,022만 명	410만 명

83 다음 〈보기〉 중 실업률이 상승하는 상황을 모두 고르면?

─────〈보기〉─────
ㄱ. 취업준비생 A씨가 구직을 포기하였다.
ㄴ. 직장인 B씨가 은퇴 후 전업주부가 되었다.
ㄷ. 직장인 C씨가 2주간의 휴가를 떠났다.
ㄹ. 대학생 D씨가 부모님이 운영하는 식당에서 주당 18시간의 아르바이트를 시작하였다.

① ㄱ ② ㄴ

③ ㄱ, ㄴ ④ ㄴ, ㄷ

⑤ ㄷ, ㄹ

84 다음 글의 빈칸에 들어갈 내용이 바르게 나열된 것은?

> • _____㉠_____이란 경제가 장기균형에 있어 마찰적 실업과 구조적 실업만 존재할 때의 실업률을 의미한다.
> • _____㉡_____은 실증적인 분석을 통해 실업률과 GDP갭 간의 상관관계를 정리한 식으로, 이를 이용하면 실업에 따른 산출량 손실을 계산할 수 있다.

	㉠	㉡
①	자연실업률	오쿤의 법칙(Okun's Law)
②	실제실업률	필립스곡선
③	자연실업률	필립스곡선
④	실제실업률	오쿤의 법칙(Okun's Law)
⑤	물가안정실업률	테일러 법칙(Taylor's Rule)

85 다음은 세 나라의 자연실업률, 실제실업률, 실질GDP를 나타낸 표이다. 〈보기〉 중 옳지 않은 것을 모두 고르면?

구분	자연실업률	실제실업률	실질GDP
갑	12%	10%	1,600조 원
을	6%	6%	1,500조 원
정	10%	12%	800조 원

〈보기〉

㉠ 갑국은 확장 갭이 발생하고, 잠재GDP는 1,600조 원보다 크다.
㉡ 을국은 확장 갭이 발생하고, 잠재GDP는 1,300조 원보다 작다.
㉢ 을국은 GDP갭이 발생하지 않고, 잠재GDP는 1,500조 원이다.
㉣ 정국은 침체 갭이 발생하고, 잠재GDP는 800조 원보다 크다.
㉤ 정국은 확장 갭이 발생하고, 잠재GDP는 800조 원보다 작다.

① ㉠, ㉡, ㉢   ② ㉠, ㉡, ㉤
③ ㉡, ㉢, ㉣   ④ ㉡, ㉣, ㉤
⑤ ㉢, ㉣, ㉤

86 다음 〈조건〉은 A국의 중앙은행이 준수하는 테일러 법칙(Taylor's Rule)이다. 실제 인플레이션율은 4%이고, 실제GDP와 잠재GDP의 차이가 1%일 때, A국의 통화정책에 대한 설명으로 옳지 않은 것은?

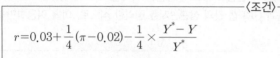

$$r = 0.03 + \frac{1}{4}(\pi - 0.02) - \frac{1}{4} \times \frac{Y^* - Y}{Y^*}$$

※ r은 중앙은행의 목표 이자율, π는 실제 인플레이션율, Y^*는 잠재GDP, Y는 실제GDP이다.

① 목표 이자율은 균형 이자율보다 낮다.

② 목표 인플레이션율은 2%이다.

③ 균형 이자율은 3%이다.

④ 다른 조건이 일정할 때, 인플레이션 갭 1% 증가에 대해 목표 이자율은 0.25% 증가한다.

⑤ 다른 조건이 일정할 때, GDP갭 1% 증가에 대해 목표 이자율은 0.25% 감소한다.

87 다음 중 기대부가 필립스곡선에 대한 설명으로 옳은 것은?

① 필립스곡선은 물가와 이자율 간의 관계를 나타낸 것이다.

② 기대물가상승률이 합리적 기대에 따라 결정될 경우 예상된 통화정책은 국민소득을 증가시킨다.

③ 다른 조건이 동일한 경우 필립스곡선이 가파를수록 희생률(Sacrifice Ratio)이 크다.

④ 중앙아시아의 내전으로 인하여 원유공급이 원활하지 않아 원유가격이 급등하면 필립스곡선이 좌측으로 이동한다.

⑤ 기대부가 필립스곡선의 경우 예상 인플레이션율이 상승하면 단기필립스곡선은 우상방으로 이동한다.

88 다음 중 GDP에 포함되는 항목으로 옳지 않은 것은?

① 재고투자 ② 귀속임대료

③ 자가소비농산물 ④ 국방서비스

⑤ 주식가격변동

89 다음 〈보기〉 중 솔로우 모형(Solow Model)의 가정에 대한 설명으로 옳지 않은 것은?

─────────〈보기〉─────────
⊙ 재화는 1가지만 존재한다.
ⓒ 인구증가율은 n으로 일정하다.
ⓒ 저축은 소득의 일정비율이며, 저축과 투자는 항상 일치한다.
ⓔ 생산함수는 일반적으로 요소대체가 불가능한 2차 동차함수이다.

① ⊙   ② ⓒ
③ ⓒ   ④ ⓔ
⑤ 없음

90 다음은 농산물 시장 개방에 따른 이득과 손실을 나타낸 그래프이다. 〈보기〉에서 옳은 것을 모두 고르면?

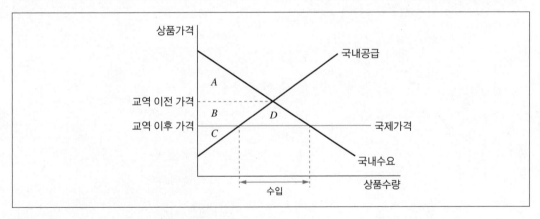

─────────〈보기〉─────────
⊙ 교역 이전 가격에서의 소비자잉여는 (A)이다.
ⓒ 교역 이전 가격에서의 사회적잉여는 ($A+B+C$)이다.
ⓒ 교역 이후 가격 하락으로 농민들이 입는 손해가 소비자들이 얻는 이익보다 크다.
ⓔ 교역 이후 가격 하락으로 사회적잉여는 감소한다.

① ⊙, ⓒ   ② ⊙, ⓒ
③ ⊙, ⓔ   ④ ⓒ, ⓒ
⑤ ⓒ, ⓔ

91 장례식장에서 사용되는 화환에 대한 수요는 $P = 200 - 4Q$, 공급은 $P = 100 + 6Q$라 한다. 빈곤층을 돕기 위해 시 당국은 화환 한 단위당 40원을 소비세로 부과하기로 하였다. 이때 소비자잉여 감소분은?(단, P는 화환의 시장가격, Q는 화환의 수를 나타낸다)

( )

92 L기업은 두 개의 공장을 가지고 있으며, 각 공장의 총비용함수는 $TC_1 = Q^2 + 2Q$, $TC_2 = 2Q^2$이다. 만약 생산물 가격이 12라고 한다면, L기업이 이윤극대화를 위한 총생산량은?

( )

93 합리적 소비자인 A는 두 개의 상품 X재와 Y재를 소비한다. A의 효용함수는 $U = X^2 Y^2$이고, 소득이 80,000원이다. X재의 가격이 400원이고, Y재의 가격이 800원일 경우, Y재의 최적소비량은 얼마인가?

( )

94 민수는 소득 100,000원 전부를 콜라와 팝콘에만 소비한다. 민수의 효용함수가 $U=$콜라$^{0.7}$팝콘$^{0.3}$일 때, 민수가 콜라에 소비하는 금액은 얼마인가?

( )

95 다음은 재화 X의 생산량에 따른 총비용을 나타낸 표이다. 생산량이 1일 때 고정비용이 15이며, 그 이후로는 증감이 없다. X재의 생산이 3단위에서 4단위로 증가할 경우, 3단위와 4단위 생산 시의 한계비용과 고정비용을 합한 값은?

생산량	1	2	3	4	5
총비용	20	27	32	37	45
한계비용	7	5	?	8	10

( )

96 두 명의 주민이 거주하는 지역이 있다. 이 지역에 공용자전거에 대한 개별 주민의 수요함수가 $P = 15 - 3Q$로 동일하다. 공용자전거 설치에 따르는 한계비용이 6일 경우, 이 지역에 설치할 공용자전거의 수량은?(단, Q는 공용자전거의 수량이며, 공용자전거는 공공재이다)

(   )

97 X재 산업의 시장수요함수는 $P = -4Q + 220$이며, 기업 A와 B의 한계비용은 $MC_1 = MC_2 = 40$이다. 이 경우 쿠르노 균형(Cournot Equilibrium)에서의 두 기업의 생산량의 합(Q)과 균형가격(P)의 합은?

(   )

98 A국의 경우 매년 취업자의 12%가 직장을 잃고 실업자가 되고, 실업자의 38%는 취업에 성공한다. 이 경제에서 균제상태(Steady State)의 실업률은?(단, A국의 경제활동인구은 일정하다)

(   )

99 어느 경제의 노동자 명목임금(w)이 16,000원에서 15% 상승하였고, 물가지수(P)는 200에서 두 배 상승하였을 때, 변화 후 실질임금$\left(\dfrac{w}{P}\right)$은 얼마인가?

(   )

100 다음 〈보기〉 중 GDP에 포함되는 값의 합은?

┌─────────────────────〈보기〉─────────────────────┐
│ • 금융서비스 : 5,000   • 파출부의 가사노동 : 2,000 │
│ • 주부의 가사노동 : 1,000   • 귀속임대료 : 2,000 │
│ • 정부의 이전지출 : 3,000 │
└──┘

(   )

합격의공식
시대
에듀

www.sdedu.co.kr

현재 나의 실력을 객관적으로 파악해 보자!

모바일 OMR
답안채점 / 성적분석 서비스

도서에 수록된 모의고사에 대한 객관적인 결과(정답률, 순위)를 종합적으로 분석하여 제공합니다.

OMR 입력
성적분석
채점결과

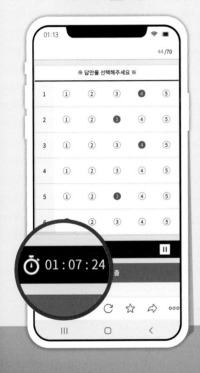

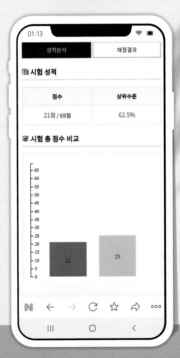

※OMR 답안채점 / 성적분석 서비스는 등록 후 30일간 사용 가능합니다.

도서 내 모의고사
우측 상단에 위치한
QR코드 찍기
→
로그인
하기
→
'시작하기'
클릭

→
'응시하기'
클릭

→
나의 답안을
모바일 OMR
카드에 입력

→
'성적분석 & 채점결과'
클릭
→
현재 내 실력
확인하기

2025
최신판

사이다 기출응용
모의고사 시리즈

사일 동안
이것만 풀면
다 합격!

사이다

LH
한국토지주택공사
사무직
4회분 | 정답 및 해설

모바일 OMR
답안채점 / 성적분석
서비스

—

NCS
핵심이론 및
대표유형 PDF

—

[합격시대]
온라인 모의고사
무료쿠폰

—

무료
NCS
특강

SDC
SDC는 시대에듀 데이터 센터의 약자로 약 30만 개의 NCS · 적성 문제
데이터를 바탕으로 최신 출제경향을 반영하여 문제를 출제합니다.

편저 | SDC(Sidae Data Center)

시대에듀

기출응용 모의고사
정답 및 해설

1일 차 기출응용 모의고사 정답 및 해설

| 01 | NCS

01	02	03	04	05	06	07	08	09	10
⑤	①	④	②	③	③	①	②	⑤	①
11	12	13	14	15	16	17	18	19	20
②	⑤	⑤	④	③	④	③	④	②	⑤
21	22	23	24	25	26	27	28	29	30
③	①	③	⑤	④	④	②	④	⑤	①
31	32	33	34	35	36	37	38	39	40
②	③	③	④	④	②	④	①	③	⑤

01 정답 ⑤

제시문의 첫 번째 문단에서는 '사회적 자본'이 늘어나면 정치 참여 도가 높아진다는 주장을 하였고, 두 번째 문단에서는 '사회적 자본'의 개념을 사이버공동체에 도입하였으나 현실과 잘 맞지 않는 다고 하면서 '사회적 자본'의 한계를 서술했다. 그리고 마지막 문 단에서는 이 같은 사회적 자본만으로는 정치 참여가 늘어나기 어 렵고 이른바 '정치적 자본'의 매개를 통해서만이 가능하다는 주장 을 하고 있다. 따라서 ⑤가 글의 주제로 가장 적절하다.

02 정답 ①

세 번째 문단에서 저작권의 의의는 인류의 지적 자원에서 영감을 얻은 결과물을 다시 인류에게 되돌려 주는 데 있다고 하였으므로 ①의 내용은 적절하지 않다.

03 정답 ④

경기남부의 가구 수가 경기북부의 가구 수의 2배라면, 경기지역의 가구 수의 비율은 남부가 $\frac{2}{3}$, 북부가 $\frac{1}{3}$ 이다.

따라서 경기지역에서 개별난방을 사용하는 가구 수의 비율은 가중 평균으로 구할 수 있다.

$\left(26.2\% \times \frac{2}{3}\right) + \left(60.8\% \times \frac{1}{3}\right) ≒ 37.7\%$

① 경기북부지역에서 도시가스를 사용하는 가구 수는 66.1%이 고, 등유를 사용하는 가구 수는 3.0%이다. 따라서 66.1÷3≒ 22배이므로 30배 미만이다.
② 서울과 인천지역에서 사용하는 비율이 가장 낮은 난방연료는 LPG이다.
③ 주어진 자료에서는 서울과 인천의 지역별 가구 수를 알 수 없 으므로, 지역난방을 사용하는 가구 수도 알 수 없다.

04 정답 ②

'-로써'는 어떤 일의 수단이나 도구를 나타내는 격조사이며, '-로 서'는 지위나 신분 또는 자격을 나타내는 격조사이다. 서비스 이용 자의 증가가 오투오 서비스 운영 업체가 많은 수익을 낼 수 있는 수단이 되므로 ⓒ에는 '증가함으로써'가 적절하다.

05 정답 ③

ㄱ. 한국, 독일, 영국, 미국이 전년 대비 감소했다.
ㄷ. 전년 대비 2020년의 한국, 중국, 독일의 연구개발비 증가율을 각각 구하면 다음과 같다.
  • 한국 : $\frac{33,684-28,641}{28,641} \times 100 ≒ 17.6\%$
  • 중국 : $\frac{48,771-37,664}{37,664} \times 100 ≒ 29.5\%$
  • 독일 : $\frac{84,148-73,737}{73,737} \times 100 ≒ 14.1\%$
  따라서 중국, 한국, 독일의 순서로 연구개발비 증가율이 높다.

ㄴ. 증가율을 계산해 보는 방법도 있지만 연구개발비가 2배 이상 증가한 국가가 없는데 중국은 2.5배 이상 증가하였으므로 증 가율이 가장 높은 것을 알 수 있다.
  따라서 증가율이 가장 높은 국가는 중국이고, 영국이
  $\frac{40,291-39,421}{39,421} \times 100 ≒ 2.2\%$로 가장 낮다.

06
정답 ③

- 한국의 응용연구비 : $29,703 \times 0.2 = 5,940.6$백만 달러
- 미국의 개발연구비 : $401,576 \times 0.6 = 240,945.6$백만 달러

따라서 2022년도 미국의 개발연구비는 한국의 응용연구비의 $240,945.6 \div 5,940.6 ≒ 40.6$배이다.

07
정답 ①

프랑스가 기초연구비 비율이 가장 높고, 응용연구비 비율도 가장 높다.

오답분석

ㄴ. 개발연구비 비율이 가장 높은 나라는 중국, 가장 낮은 나라는 프랑스이고, 비율 차이는 약 $82-35=47\%$p이다. 기초연구비 비율이 가장 높은 나라는 프랑스, 가장 낮은 나라는 중국이고, 비율 차이는 약 $25-5=20\%$p이다.

ㄷ. 기초연구비 비율이 두 번째로 높은 나라는 한국으로, 한국의 개발연구비 비율은 세 번째로 높다.

08
정답 ②

D사원의 출장 기간은 4박 5일로, 숙박 요일은 수·목·금·토요일이다. 숙박비를 계산하면 $120+120+150+150=USD\ 5400$이고, 총숙박비의 20%를 예치금으로 지불해야 하므로 예치금은 $540 \times 0.2 = USD\ 108$이다. 이때 일요일은 체크아웃하는 날이므로 숙박비가 들지 않는다.

09
정답 ⑤

D사원의 출장 출발일은 호텔 체크인 당일이다. 체크인 당일 취소 시 환불이 불가능하므로 D사원은 환불받을 수 없다.

10
정답 ①

오답분석

② 서랍장의 가로 길이와 붙박이 수납장 문을 여는 데 필요한 간격과 폭을 더한 길이는 각각 1,100mm, 1,200mm(=550+650)이고, 사무실 문을 여닫는 데 필요한 1,000mm의 공간을 포함하면 총 길이는 3,300mm이다. 따라서 사무실의 가로 길이인 3,000mm를 초과하므로 불가능한 배치이다.

③ 서랍장과 캐비닛의 가로 길이는 각각 1,100mm, 1,000mm이고, 사무실 문을 여닫는 데 필요한 1,000mm의 공간을 포함하면 총 길이는 3,100mm이다. 따라서 사무실의 가로 길이인 3,000mm를 초과하므로 불가능한 배치이다.

④ 회의 탁자의 세로 길이는 2,110mm, 서랍장의 가로 길이는 1,100mm이다. 붙박이 수납장 문을 여는 데 필요한 간격과 폭을 더한 길이인 1,200mm(=550+650)를 포함하면 총 길이는 4,410mm이다. 따라서 사무실의 세로 길이인 3,400mm를 초과하므로 불가능한 배치이다.

⑤ 회의 탁자의 가로 길이와 서랍장의 가로 길이는 각각 1,500mm, 1,100mm이고, 사무실 문을 여닫는 데 필요한 1,000mm의 공간을 포함하면 총 길이는 3,600mm이다. 따라서 사무실의 세로 길이인 3,400mm를 초과하므로 불가능한 배치이다.

11
정답 ②

- 첫 번째 빈칸 : '공동체적 연대를 위해 집단적 노력이 존재한다.'라는 내용으로 볼 때 ㉠이 적절하다.
- 두 번째 빈칸 : '아파트의 위치나 평형, 단지의 크기 등에 따라 공동체 형성의 정도가 서로 다르다.'라는 내용으로 볼 때 ㉢이 적절하다.
- 세 번째 빈칸 : '부자 동네와 가난한 동네가 뚜렷이 구분되지 않는 주거 환경'과 '규범'이라는 내용을 볼 때 ㉡이 적절하다.

12
정답 ⑤

㉠ 제시된 자료를 통해 아파트단지, 놀이터, 공원의 경우 매년 지속적으로 감소하지 않는다는 것을 알 수 있다.

㉢ • 2022년 대비 2023년의 학교 안전지킴이집의 감소율
: $\dfrac{7,270-7,700}{7,700} \times 100 ≒ -5.58\%$

• 2022년 대비 2023년의 유치원 안전지킴이집의 감소율
: $\dfrac{1,373-1,381}{1,381} \times 100 ≒ -0.58\%$

따라서 $0.58 \times 10 = 5.8\%$이므로 2022년 대비 2023년의 학교 안전지킴이집의 감소율은 2022년 대비 2023년의 유치원 안전지킴이집 감소율의 10배 미만이다.

㉣ • 2022년 전체 어린이 안전지킴이집에서 24시 편의점이 차지하는 비중 : $\dfrac{2,528}{20,512} \times 100 ≒ 12.32\%$

• 2023년 전체 어린이 안전지킴이집에서 24시 편의점이 차지하는 비중 : $\dfrac{2,542}{20,205} \times 100 ≒ 12.58\%$

따라서 전체 어린이 안전지킴이집에서 편의점이 차지하는 비중은 증가하였다.

오답분석

㉡ 2019년 대비 2023년의 선정업소 형태별로 감소한 어린이 안전지킴이집의 감소량을 구하면 다음과 같다.

- 24시 편의점 : $2,542-3,013=-471$개
- 약국 : $1,546-1,898=-352$개
- 문구점 : $3,012-4,311=-1,299$개
- 상가 : $6,770-9,173=-2,403$개

따라서 2019년에 비해 2023년에 가장 많이 감소한 선정업소 형태는 상가이다.

13
정답 ⑤

패시브 하우스는 남쪽으로 크고 작은 창을 많이 내며, 실내의 열을 보존하기 위하여 3중 유리창을 설치한다.

14
정답 ④

기존의 화석연료를 변환하여 이용하는 것도 액티브 기술에 포함된다.

오답분석

① 패시브 기술은 능동적으로 에너지를 끌어다 쓰는 액티브 기술과 달리 수동적이다. 따라서 자연채광을 많이 받기 위해 남향, 남동향으로 배치하며 단열에 신경 쓴다.
② 패시브 기술은 다양한 단열 방식을 사용한다.
③ 액티브 기술을 사용한 예로는 태양광 발전, 태양열 급탕, 지열 냉난방, 수소연료전지, 풍력발전시스템, 목재 펠릿보일러 등이 있다.
⑤ 제시된 자료를 통해 확인할 수 있다.

15
정답 ③

제시문에 따르면 폐열회수형 환기장치를 통해 '바깥 공기를 내부 공기와 교차'시킨 뒤 열손실을 막는다고 하였으므로, 패시브 하우스는 온도차를 최대한 줄이는 방식일 것이다. 따라서 ©은 수정할 필요 없이 '최소화한'으로 작성하는 것이 적절하다.

오답분석

① 제시문에 따르면 '수동적인 집'이라는 뜻의 패시브 하우스는 '능동적으로 에너지를 끌어 쓰는 액티브 하우스'에 속하기보다는 서로 짝이 되는 개념이다. 따라서 ㉠은 '대응하는'으로 수정하는 것이 적절하다.
② '-로서'는 자격/지위의 뒤에 붙여 사용하는 격조사이다. 제시문에서는 패시브 하우스가 집안의 열이 밖으로 새나가지 않도록 최대한 차단한다고 하였으므로 ㉡은 수단/방법, 원료/재료의 뒤에 붙여 사용하는 격조사인 '-로써'를 활용하여 '차단함으로써'로 수정하는 것이 적절하다.
④ '배출'은 '안에서 밖으로 밀어 내보냄'이라는 뜻의 명사이다. 제시문에 따르면 액티브 하우스는 '태양열을 적극적으로 활용'함으로써 '에너지를 자급자족하는 형태'이다. 따라서 ㉣은 '물건이나 재화 따위를 모아서 간수함'이라는 뜻의 '저장'을 활용하여 '저장한'으로 수정하는 것이 적절하다.
⑤ '계발'은 '슬기나 재능, 사상 따위를 일깨워 줌'이라는 뜻의 명사이다. ㉤의 주어는 액티브 하우스이므로 ㉤은 '산업이나 경제 따위를 발전하게 함'이라는 뜻의 '개발'을 활용하여 '개발되고'로 수정하는 것이 적절하다.

16
정답 ④

- A부품 불량품 개수 : $3,000 \times 0.25 = 750$개
- B부품 불량품 개수 : $4,100 \times 0.15 = 615$개

따라서 A, B부품의 한 달 동안 불량품 개수의 차는 $750 - 615 = 135$개이다.

17
정답 ③

㉡ • 15세 이상 외국인 중 실업자의 비율

$$: \frac{15.6 + 18.8}{695.7 + 529.6} \times 100 ≒ 2.80\%$$

• 15세 이상 귀화허가자 중 실업자의 비율

$$: \frac{1.8}{52.7} \times 100 ≒ 3.41\%$$

따라서 15세 이상 외국인 중 실업자의 비율이 더 낮다.

㉢ 외국인 취업자 수는 $560.5 + 273.7 = 834.2$천 명이므로, $834.2 \div 33.8 ≒ 24.68$배이다.

오답분석

㉠ $\frac{695.7 + 529.6 + 52.7}{43,735} \times 100 ≒ 2.92\%$이므로, 국내 인구 중 이민자의 비율은 4% 이하이다.

㉣ 국내인 여성의 경제활동 참가율이 제시되어 있지 않으므로 알 수 없다.

18
정답 ④

민원이 접수되면 제7조 제2항에 따라 주어진 처리기간은 24시간이다. 그 기간 내에 처리하기 곤란할 경우에는 제8조 제1항에 의해 민원인에게 중간답변을 한 후 48시간으로 연장할 수 있다. 또한 제8조 제2항에 따라 연장한 기간 내에서도 처리하기 어려운 사항일 경우 1회에 한하여 본사 총괄부서장의 승인에 따라 48시간을 추가로 연장할 수 있다. 그러므로 해당 민원은 늦어도 48시간+48시간=96시간=4일 이내에 처리하여야 한다. 따라서 12월 18일에 접수된 민원은 늦어도 12월 22일까지는 처리되어야 한다.

19
정답 ②

입찰가격 기준(12억 원 미만)을 충족하지 못하는 C업체는 후보에서 제외되며, 입찰점수를 계산하여 중간 선정 결과를 정리하면 다음과 같다.

구분	경영 점수 (점)	안전 점수 (점)	디자인 점수 (점)	수상 실적 가점 (점)	입찰 점수 (점)	중간 선정 결과
A	9	7	4	0	20	선정
B	6	8	6	4	24	선정
C	7	7	5	0	19	제외
D	6	6	4	2	18	탈락
E	7	5	2	0	14	탈락
F	7	6	7	2	22	선정

중간 선정된 A, B, F업체의 안전 점수와 디자인 점수의 합을 계산하면 다음과 같다.
- A : $7 + 4 = 11$점
- B : $8 + 6 = 14$점
- F : $6 + 7 = 13$점

따라서 안전 점수와 디자인 점수의 합이 가장 높은 B업체가 최종 선정된다.

20

정답 ⑤

19번의 입찰점수에 가격점수를 추가로 합산하여 최종 입찰점수를 계산하면 다음과 같다.

구분	입찰점수(점)	가격 점수(점)	최종 입찰점수(점)
A	20	4	24
B	24	6	30
C	19	2	21
D	18	8	26
E	14	6	20
F	22	10	32

따라서 최종 입찰점수가 가장 높은 업체는 F이다.

21

정답 ③

㉠ 앞의 문장에서의 정부와 기업의 시스템 개선 노력에도 불구하고 ㉠ 뒤의 문장에서는 미래에 대한 정보 판단이 어려워지고 있다고 하였으므로 ㉠에는 역접의 접속어인 '그러나'가 들어가야 한다. 다음으로 ㉡ 뒤의 문장에서는 앞 문장에서 언급하는 집단 지성 시스템의 활용 방안을 예시를 통해 이야기하므로 ㉡에는 '예를 들어'가 들어가야 한다. 마지막으로 ㉢ 뒤의 문장의 '~때문이다.'를 통해 ㉢에는 이와 호응하는 '왜냐하면'이 들어가야 함을 알 수 있다.

22

정답 ①

연차별 예산범위를 만족시키면서 6년 내에 모든 지부의 전산시스템을 교체할 수 있는 가능한 경우는 다음의 한 가지뿐이다.

구분	1년 차	2년 차	3년 차	4년 차	5년 차	6년 차
수도권	○	○	○	○		
전남권		○	○			
충북권	○					
경남권				○	○	○
경북권					○	○
사용할 예산 (억 원)	26+5 =31	26+10 =36	26+10 =36	26+17 =43	17+9 =26	17+9 =26
사용 가능 예산 (억 원)	32	40	38	44	28	26

㉠ 6년 내에 모든 지부의 전산시스템 교체를 위해서 수도권 지부는 1년 차에 시작하여야 하므로 옳은 설명이다.
㉡ 전남권 교체 작업은 수도권의 교체 기간을 벗어나 다른 시기에 이루어질 수 없다.

오답분석

㉢ 충북권의 교체 작업을 6년 차에 시작한다면 경북권을 6년 차에 교체할 수 없게 되고, 다른 기간에 경북권의 교체를 실시한다면 예산범위를 초과하는 연차가 생긴다. 따라서 6년 내에 교체가 불가능하다.

㉣ 충북권은 경남권이 아니라 수도권과 동시에 진행되므로 옳지 않은 설명이다.

23

정답 ②

변경된 연차별 예산범위를 만족시키면서 6년 내에 모든 지부의 전산시스템을 교체할 수 있는 가능한 경우는 다음의 한 가지뿐이다.

구분	1년 차	2년 차	3년 차	4년 차	5년 차	6년 차
수도권			○	○	○	○
전남권				○	○	
충북권			○			
경남권	○	○	○			
경북권	○	○				
사용할 예산 (억 원)	17+9 =26	17+9 =26	26+5 +17 =48	26+10 =36	26+10 =36	26
사용 가능 예산 (억 원)	28	26	50	39	36	30

수도권 교체를 1년 차 혹은 2년 차에 시작하면 기한 내에 경남권을 실시할 수 없다. 따라서 수도권 교체를 3년 차에 시작하고, 예산을 고려하여 경남권을 1년 차에 시작하도록 배치한다. 이때 2년 차에 남은 잔여 예산은 9억 원이므로 2년 차에 경북권을 배치할 수 있다. 3년 차에는 경남권과 수도권이 겹치는데, 둘의 필요 예산만 합하여도 43억 원이 된다. 잔여 예산이 7억 원이므로 경북권을 배치할 수 없다. 따라서 1년 차와 2년 차에 경북권 교체를 실시한다. 따라서 6년 차 중 잔여 예산을 고려하였을 때 전남권을 배치할 수 있는 기간은 4년 차와 5년 차뿐이고, 충북권의 전산시스템 교체가 시행될 수 있는 연차는 3년 차뿐이다.

24

정답 ⑤

2017 ~ 2022년의 평균 지진 발생 횟수는 (42+52+56+93+49+44)÷6=56회이다. 2023년에 발생한 지진은 2017 ~ 2022년의 평균 지진 발생 횟수에 비해 약 492÷56≒8.8배 증가했다.

오답분석

① 2021년부터 2년간 지진 횟수는 감소했다.
② 2020년의 지진 발생 횟수는 93회이고 2019년의 지진 발생 횟수는 56회이다. 2020년에는 2019년보다 지진이 93-56=37회 더 발생했다.
③ 2023년에 일어난 규모 5.8의 지진이 2017년 이후 우리나라에서 발생한 지진 중 가장 강력한 규모이다.
④ 2018년보다 2019년에 지진 횟수는 증가했지만 최고 규모는 감소했다.

25
정답 ④

제도적 복지 모델의 경우, 소득이나 자산에 관계없이 누구나 복지를 제공받을 수 있도록 한다.

오답분석

① 오늘날 국가에서 하나의 복지 모델만을 선택하여 모든 제도에 적용하는 것은 현실적으로 불가능하며, 따라서 대부분의 국가에서는 복지 모델을 상호 보완적으로 운영하고 있다고 하였다.
② 사회 복지 제도는 국민의 안정적인 생활을 보장하기 위한 여러 사업을 조직적으로 행하는 제도를 말하며, 이는 사회 복지를 제도화하려는 것이다. 따라서 복지 모델은 공통적으로 사회 복지의 제도화를 추구한다고 볼 수 있다.
③ 공공 부조는 잔여적 복지 모델을 바탕으로 한 국가가 제공하는 사회 복지 서비스이며, 소득 조사나 자산 조사의 과정을 반드시 거쳐 제공된다.
⑤ 저소득층을 대상으로 최저 소득을 보장해 주는 생계 급여 제도는 선택적 복지의 형태로서, 잔여적 복지 모델의 관점을 따른 것이다.

26
정답 ④

일시적으로 빈민들을 지원하는 방법은 잔여적 복지 모델의 입장이다. 잔여적 복지 모델은 개인의 욕구를 충족시키고 자원을 배분하는 사회적 기능이 사적 영역에서 제대로 이루어지지 않을 때 사회 복지 제도가 잠정적이고 일시적으로 그 기능을 대신할 수 있다고 본다. 따라서 이는 ⓒ이 아니라 ⓒ의 입장에서 할 수 있는 주장이다.

오답분석

① 잔여적 복지 모델은 사회 복지의 대상이 사적 영역에서 사회적 기능을 보장받지 못한 일부 사람들로 국한되어야 한다고 본다. 따라서 ⓒ의 입장에서 할 수 있는 주장이다.
② 잔여적 복지 모델은 개인의 욕구를 충족시키고 자원을 배분하는 사회적 기능이 일차적으로 사적 영역인 가족이나 시장 등을 통해 이루어져야 한다고 본다. 따라서 ⓒ의 입장에서 할 수 있는 주장이다.
③ 제도적 복지 모델은 개인의 욕구 충족과 자기 성취를 돕기 위해서 국가가 사회 제도를 통해 보편적 복지 서비스를 제공하는 것이 필요하다고 본다. 따라서 ⓒ의 입장에서 할 수 있는 주장이다.
⑤ 제도적 복지 모델은 국가가 사회 복지를 시장 논리에 내맡기지 않고 개인 또는 가족, 민간 부문에 책임을 전가하지 않아야 한다고 본다. 따라서 ⓒ의 입장에서 할 수 있는 주장이다.

27
정답 ②

(A)는 사회 정책적 차원으로 구분하는 것이므로 잔여적 복지 모델과 제도적 복지 모델로 구분한다. 두 모델의 가장 큰 차이점은 정부의 개입 정도이다. 전자는 일차적으로 개인과 가족이 해결하지만, 후자는 처음부터 정부가 직접적으로 개입한다. (B)는 운영 방식 차원으로 구분하는 것이므로 보편적 복지와 선택적 복지로 구분한다. 두 모델의 큰 차이점은 수혜자의 범위이다. 전자는 모든 국민이 수혜자가 되지만, 후자는 일정한 기준을 두고 기준을 충족하는 사람만이 수혜자가 될 수 있다.

28
정답 ④

투자규모 5만 미만에서 10만 ~ 50만 미만까지의 투자건수 비율을 합하여 구한다. 따라서 $28+20.9+26=74.9\%$이다.

29
정답 ⑤

투자규모 100만 ~ 500만 미만에서 500만 미만까지의 투자금액 비율을 합하면 $19.4+69.4=88.8\%$이다.

30
정답 ①

ㄱ. 부패금액이 산정되지 않은 6번의 경우에도 고발하였으므로 옳지 않은 설명이다.
ㄴ. 2번의 경우 해임당하였음에도 고발되지 않았으므로 옳지 않은 설명이다.

오답분석

ㄷ. 직무관련자로부터 금품을 수수한 사건은 2번, 4번, 5번, 7번, 8번으로 총 5건 있었다.
ㄹ. 2번과 4번은 모두 '직무관련자로부터 금품 및 향응 수수'로 동일한 부패행위 유형에 해당함에도 2번은 해임, 4번은 감봉 1개월의 처분을 받았으므로 옳은 설명이다.

31
정답 ②

제시문에 따르면 직계존비속 증여의 경우 5,000만 원까지만 증여세를 면제받을 수 있다.

오답분석

① 부부간 증여의 경우 6억 원까지 증여세를 면제받을 수 있다.
③ 정부의 '12・16 대책'에 따라 투기과열지구에서 9억 원을 초과하는 주택을 구매한 경우 자금조달계획서와 함께 증빙서류를 제출해야 한다.
④ 기존에는 현금이나 그와 비슷한 자산은 '현금 등'으로 기재하였으나, 앞으로는 현금과 기타자산을 나누고 기타자산은 무엇인지 구체적으로 밝혀야 한다.
⑤ 앞으로는 계획서에 조달한 자금을 어떻게 지급할지에 대한 구체적인 계획을 계좌이체, 보증금・대출 승계, 현금 지급 등으로 나누어 상세히 밝혀야 한다.

32
정답 ③

A와 D는 각각 문제해결능력과 의사소통능력에서 과락이므로 제외한다. 합격 점수 산출법에 따라 B는 $39+21+22=82$점, C는 $36+16.5+20=72.5$점, E는 $54+24+19.6=97.6$점이다. 따라서 B와 E가 합격자이다.

33 정답 ③

제시문의 두 번째 문단에 따르면 농업경제의 역사에서 정원이 갖는 의미는 시대와 지역에 따라 매우 달랐으나, 여성들의 입장은 지역적인 편차가 없었으므로 ③은 적절하지 않다.

34 정답 ④

미국의 점수 총합은 4.2+1.9+5.0+4.3=15.4점으로, 프랑스의 총점인 5.0+2.8+3.4+3.7=14.9점보다 높다.

오답분석

① 기술력 분야에서는 프랑스의 점수가 제일 높다.
② 성장성 분야에서 점수가 가장 높은 국가는 한국이고, 시장지배력 분야에서 점수가 가장 높은 국가는 미국이다.
③ 브랜드파워 분야에서 각국 점수 중 최댓값과 최솟값의 차이는 4.3-1.1=3.2점이다.
⑤ 시장지배력 분야의 점수는 일본이 1.7점으로, 3.4점인 프랑스보다 낮다.

35 정답 ④

황지원 대리는 부친 장례식, 기성용 부장은 본인 결혼식, 조현우 차장은 자녀 돌잔치, 이미연 과장은 모친 회갑으로 현금과 화환을 모두 받을 수 있다. 이외에는 화환 및 꽃다발만을 받거나, 본인과 배우자가 각각 화환 및 꽃다발, 현금을 받는다.

36 정답 ②

결혼기념일은 경조사 범위 1~2항에 속하지 않으므로 A과장은 화환 또는 꽃다발을 받을 것이다. B사원은 자녀의 돌잔치를 하므로 현금과 함께 화환을 받고, 대학교 졸업은 1~2항에 속하지 않으므로 C사원은 화환 또는 꽃다발을 받을 것이다. 따라서 B사원만 현금을 받을 수 있다.

37 정답 ④

기성용 부장은 본인 결혼식이므로 결혼식 축화화환을 제공받으며 그 금액은 82,000원이다.

오답분석

① 최영서 사원은 본인의 졸업식이므로 입학 및 졸업 축하화환을 제공받으며 그 금액은 56,000원이다.
② 정우영 대리는 결혼기념일이므로 결혼기념일 축하화환을 제공받으며 그 금액은 79,000원이다.
③ 이미연 과장은 모친의 회갑이므로 회갑 축하화환을 제공받으며 그 금액은 80,000원이다.
⑤ 황지원 대리는 부친의 장례식이므로 장례식 근조화환을 제공받으며 그 금액은 95,000원이다.

38 정답 ①

2022년 3개 기관의 전반적 만족도의 합은 6.9+6.7+7.6=21.2이고, 2023년 3개 기관의 임금과 수입 만족도의 합은 5.1+4.8+4.8=14.7이다. 따라서 2022년 3개 기관의 전반적 만족도의 합은 2023년 3개 기관의 임금과 수입 만족도의 합의 $\frac{21.2}{14.7} ≒ 1.4$배이다.

39 정답 ③

2023년에 기업과 공공연구기관의 임금과 수입 만족도는 전년 대비 증가하였으나, 대학의 임금과 수입 만족도는 감소했으므로 옳지 않은 설명이다.

오답분석

① 2022년과 2023년 현 직장에 대한 전반적 만족도는 대학 유형에서 가장 높다.
② 2023년 근무시간 만족도에서는 공공연구기관과 대학의 만족도가 6.2로 동일하다.
④ 사내분위기 측면에서 2022년과 2023년 공공연구기관의 만족도는 5.8로 동일하다.
⑤ 2023년 직장유형별 근무시간에 대한 만족도의 전년 대비 감소율은 다음과 같다.
  • 기업 : $\frac{6.5-6.1}{6.5} \times 100 ≒ 6.2\%$
  • 공공연구기관 : $\frac{7.1-6.2}{7.1} \times 100 ≒ 12.7\%$
  • 대학 : $\frac{7.3-6.2}{7.3} \times 100 ≒ 15.1\%$
  따라서 옳은 설명이다.

40 정답 ⑤

공유경제는 소유권(Ownership)보다는 접근권(Accessibility)에 기반을 둔 경제모델로, 개인이나 기업들이 소유한 물적·금전적·지적 자산에 대한 접근권을 온라인 플랫폼을 통해 거래하는 것이다. 따라서 자신이 타던 자동차를 판매하는 것은 제품에 대한 접근권이 아닌 소유권을 거래하는 것이므로 공유경제의 일환으로 볼 수 없다.

41	42	43	44	45	46	47	48	49	50
⑤	③	④	⑤	④	④	④	③	④	③
51	52	53	54	55	56	57	58	59	60
③	③	⑤	④	③	④	④	③	⑤	③
61	62	63	64	65	66	67	68	69	70
③	③	③	⑤	①	⑤	④	③	②	⑤
71	72	73	74	75	76	77	78	79	80
②	①	④	⑤	①	②	⑤	⑤	④	⑤
81	82	83	84	85	86	87	88	89	90
①	⑤	④	①	①	③	③	①	①	⑤

91	92
마코브 체인	워크 샘플링법
93	**94**
분배적 협상	스캔런 플랜
95	**96**
후광효과	적시생산방식(JIT)
97	**98**
디마케팅	유한책임회사
99	**100**
신주인수권부사채	가치주

41 정답 ⑤

수익이 많고 안정적이어서 현상을 유지하는 것이 필요한 사업은 현금젖소(Cash Cow)이다. 스타(Star)는 성장률과 시장 점유율이 모두 높아 추가적인 자금흐름을 통해 성장시킬 필요가 있는 사업을 의미한다.

BCG 매트릭스의 영역
- 물음표(Question) : 성장률은 높으나 점유율이 낮아 수익이 적고 현금흐름이 마이너스인 사업이다.
- 스타(Star) : 성장률과 시장 점유율이 모두 높아 수익이 많고, 더 많은 투자를 통해 수익을 증대하는 사업이다.
- 현금젖소(Cash Cow) : 성장률은 낮으나 점유율이 높아 안정적인 수익이 확보되는 사업으로, 투자 금액이 유지·보수 차원에서 머물게 되어 자금 투입보다 자금 산출이 많다.
- 개(Dog) : 성장률과 시장 점유율이 모두 낮아 수익이 적거나 마이너스인 사업이다.

42 정답 ③

행동 감소 전략 중 하나인 소거는 신속한 결과를 얻을 수 없다는 단점이 있다.

소거
- 정의
  - 문제 행동이 강화를 받아서 유지되었을 때 강화 인자를 줄여서 바람직하지 않은 행동이 더 이상 일어나지 않게 하거나 이를 약화하는 방법이다.
- 장점
  - 주변 인물이 이해하기 쉽다.
  - 문제 행동을 효과적으로 제거할 수 있다.
  - 효과를 장시간 지속할 수 있다.
  - 극단적이거나 위험하지 않다.
- 단점
  - 시작 단계에서 문제 행동의 빈도와 강도가 증가하기 쉽다.
  - 상당한 일관성과 지속성이 요구된다.
  - 신속한 결과를 얻을 수 없다.
  - 소거로 대처하기 곤란한 행동이 있다.
  - 소요 시간을 단정하기 어렵다.

43 정답 ④

BARS는 피평가자의 행위를 보고 평가하기 때문에 신뢰도와 객관성이 높다는 장점이 있다.

BARS(행위기준 평정척도)
- 직무수행과 관련된 중요한 사건을 추출하고, 그 중요 사건의 범주를 나누어서 범주별로 척도를 부여하는 인사평가방법으로, 절대평가 중에서도 행위를 중심으로 평가하는 기법이다.
- 중요사건법(Critical Incidents Method)과 평정척도법(Graphic Rating Scale)이 혼합된 방법으로, 정교하고 계량적이다.
- 다양하고 구체적인 직무에 적용이 가능하다.
- 업무수행 능력을 개선하는 효과가 있으며, 목표관리기법과 혼합하여 사용하면 행위와 결과를 모두 평가할 수 있다.

44 정답 ⑤

검증은 식스 시그마의 또 다른 방법론인 DMADV와 관계가 있다.

오답분석

①·②·③·④ 식스 시그마의 방법론 중 DMAIC는 정의, 측정, 분석, 개선, 관리의 5단계로 구성되며, 기존의 프로세스를 향상하기 위해 사용하는 방법이다.

• 혁신적인 품질개선을 목적으로 만든 기업 경영전략이다.
• 시그마(σ, 표준편차)라는 통계 척도를 사용하여 모든 품질 수준을 정량적으로 평가한다.
• 6σ : 규격 상한(USL; Upper Specification Limit)과 규격 하한(LSL; Lower Specification Limit)이 있는 경우 단기적으로 분포의 중심과 규격한계 사이의 거리가 표준편차의 6배가 될 정도로 불량률이 아주 낮은 상태이다.
• 품질혁신 및 고객 만족을 목표로 하여 전사적으로 실행하는 종합적인 기업의 경영전략이다.

6σ Full 방법론의 유형
• DMAIC : 고객 만족을 위해 6σ 품질에 도달할 수 있도록 일상 업무 개선, 품질혁신, 원가절감 등을 통해 제품과 공정 개선
 − Define : 문제 정의, 고객의 핵심 요구사항과 연계된 CTQ(Critical to Quality) 선정
 − Measure : 현재 수준 측정을 통해 현재 수준을 파악
 − Analyze : 데이터 수집 및 분석을 통해 근본 원인을 선정
 − Improve : 근본 원인 해결을 위한 최적안을 선정 및 개선 효과를 검증
 − Control : 관리계획을 수립 및 확대 적용
• DMADV : 프로세스 설계, 부분 재설계
 − Define : 공정과 설계 목표를 정의
 − Measure : 위험 및 생산능력 등 공정과 제품의 품질에 중요한 측면을 측정 및 파악
 − Analyze : 공정 설계를 개발하고, 분석을 통해 공정에 가장 적합한 설계를 선택
 − Design : 공정 상세 정보를 설계하고, 설계를 최적화 및 테스트
 − Verify : 공정에 선택된 설계를 검증하고, 새로운 공정을 구현 및 모니터링

45
정답 ④

마케팅 조사는 문제 정의 → 조사 방법 설계 → 자료 수집 → 자료 분석 → 조사 결과 분석의 순서로 이루어진다.

46
정답 ④

변동원가는 생산량에 비례하여 증가한다.

47
정답 ④

기계적 조직은 조직 또는 구성원의 통솔 범위가 좁다.

기계적 조직의 특징
명확히 규정된 직무, 많은 규칙과 규정, 좁은 통솔 범위, 분명한 명령 복종체계, 높은 공식화와 표준화, 낮은 팀워크, 경직성 등

48
정답 ③

가치사슬(Value Chain)은 기업의 경쟁적 지위를 파악하고 이를 향상할 수 있는 지점을 찾기 위해 사용하는 모형으로, 고객에게 가치를 제공함에 있어서 부가가치 창출에 직·간접적으로 관련된 일련의 활동·기능·프로세스의 연계를 뜻한다. 가치사슬의 각 단계에서 가치를 높이는 활동을 어떻게 수행할 것인지, 비즈니스 과정이 어떻게 개선될 수 있는지를 조사·분석하여야 한다.

가치사슬 분석의 효과
• 프로세스 혁신 : 생산, 물류, 서비스 등 기업의 전반적 경영활동을 혁신할 수 있다.
• 원가 절감 : 낭비요소를 사전에 파악하여 제거함으로써 원가를 절감할 수 있다.
• 품질 향상 : 기술개발 등을 통해 더욱 양질의 제품을 생산할 수 있다.
• 기간 단축 : 조달, 물류, CS 등을 분석하여 고객에게 제품을 더욱 빠르게 납품할 수 있다.

49
정답 ④

기능목록은 근로자의 직무 적합성을 쉽게 파악할 수 있도록 핵심 직무, 경력, 학력, 자격현황 등의 직무와 관련된 정보를 기재한 표이다.

50
정답 ③

거래비용이론은 계약 이행, 성과 측정 등에서 발생하는 거래비용 요소를 정확히 측정할 수 없다는 단점이 있다.

거래비용이론
기업 내에서 처리할 때의 조직 관리 비용과 기업 밖에서 처리할 때의 거래비용을 상대적으로 비교하여, 해당 업무에 대한 내부화나 외부화를 결정하는 이론이다.

51

정답 ③

목표설정이론이 아닌 기대효용이론(Expected Utility Theory)에서 개인의 효용을 극대화할 수 있는 대안을 선택하여 행동한다고 본다.

오답분석

①·②·④·⑤ 목표설정이론은 목표관리기법의 기초이론으로 목표 설정을 통한 동기부여를 설명한다.

52

정답 ③

이동평균법(Moving Average Method)은 정량적인 수요예측 기법으로, 과거 일정 기간의 실적을 평균해서 다음 기의 값을 예측하는 방법이다. 단순이동평균법, 가중이동평균법이 이에 해당된다.

오답분석

①·②·④·⑤ 정성적인 수요예측 기법에는 델파이법, 시장조사법, 패널동의법, 역사적 유추법 등이 있다.

53

정답 ⑤

만기가 3개월 이내인 채무증권, 금융상품 등은 단기금융상품이 아닌 현금 및 현금성 자산으로 분류한다.

오답분석

①·②·③·④ 만기가 1년 이내에 도래하지만 현금성 자산이 아닌 상품은 단기금융상품으로 분류한다.

54

정답 ④

인적자원개발(HRD)의 구성요소

• 개인 개발(Individual Development) : 단기적 결과로 개인에 초점을 맞추며, 개인의 성장과 발전에 역점을 두어 현재 직무에 적합한 개인의 지식, 기술, 태도, 역량 등을 향상하기 위한 모든 학습활동이다.

• 경력 개발(Career Development) : 장기적인 결과로 개인에 초점을 맞추며, 개인과 조직 상호 간 경력 구상을 위한 구조화와 계획적인 활동 또는 노력이다.

• 수행 관리(Performance Management) : 단기적 결과로 조직에 초점을 맞추며, 목적은 조직의 수행 요소를 확인하고 수행개선 활동을 규명하며, 업무분석을 통해 필요 요건을 명시하여 과업의 기대 수준을 설정하는 것이다.

• 조직 개발(Organizational Development) : 장기적 결과로 조직에 초점을 맞추며, 조직의 성장을 위한 학습활동이다.

55

정답 ③

개방시스템은 목표에 이르는 수단을 여러 가지 확보하여 목표를 달성하고자 한다.

오답분석

① 시스템 구성 요인의 변화가 다른 부문에 영향을 미치면서 조직 전체의 목표 달성을 위해 움직인다.

② 필요한 기능 분야별로 조직이 나누어져 전문성을 발휘하게 한다.

④ 조직은 환경을 항상 의식하여 그에 맞게 적절히 대응하여야 한다.

⑤ 조직쇠퇴가 우려되는 경우 더 많은 자원을 확보하여 시스템을 더욱 발전시키고자 노력한다.

56

정답 ④

오답분석

① 논리적 모순 : 개인의 사고 안에 있는 논리적인 배경에 따라 관점이 달라지는 부조화이다.

② 문화적 관습 : 문화적 차이에 따라 어떤 것이 일치하고 다른지 정의를 내리는 부조화이다.

③ 가치관의 배치 : 평소 자신이 품고 있던 도덕적 가치관이나 생각에 배치되는(어긋나는) 판단과 행동을 하였을 경우 발생하는 부조화이다.

⑤ 과거의 경험 : 경험적으로 아는 것에 대해 실제 현실에서 증거를 찾지 못할 때 발생하는 부조화이다.

> **인지부조화(認知不調和, Cognitive Dissonance)**
> 사람들이 자신의 태도와 행동 따위가 서로 모순되어 양립할 수 없다고 느끼는 불균형 상태이다.

57

정답 ④

리더 – 구성원 교환이론은 수직적 양자관계 → 리더 – 부하 교환관계 → 리더십 결정 → 팀 구성 역량 네트워크의 4단계로 발달한다.

> **리더 – 구성원 교환이론의 4단계 발달**
> • 수직적 양자관계 : 작업집단 안에서 리더 – 구성원 간 차별의 타당도
> • 리더 – 부하 교환관계 : 조직의 결과물을 위한 차별적 관계의 타당도
> • 리더십 결정 : 리더 – 구성원 간 관계 개발을 위한 연구
> • 팀 구성 역량 네트워크 : 더 큰 집단으로 발전하기 위한 관계 연구

58 정답 ③

오답분석
① 제품별 배치 : 대량 또는 연속생산에서 제품생산에 필요한 설비와 근로자를 생산과정 순으로 배치하는 형태이다.
② 기능별 배치 : 기계설비를 기능별로 배치하는 형태로, 다품종 소량 생산에 적합한 형태이다.
④ 혼합형 배치 : 설비배치의 3가지 형태(제품별 배치, 기능별 배치, 위치고정형 배치)가 혼합된 형태이다.
⑤ 그룹별 배치 : 자재 운반 시간을 단축하면서 다양한 품목을 생산할 수 있도록 배치하는 형태이다.

59 정답 ⑤

기대이론에서 인간은 여러 행동에 대한 기대의 정도를 비교하여 하나의 행동을 선택한다고 가정한다.

60 정답 ③

오답분석
① 브랜드 가치와 맞지 않는 마케팅은 역효과를 불러올 수 있다.
② 참여 방법이 쉬워야 더 많은 소비자가 참여할 수 있다.
④ 경제적 이익으로 사회 문제해결을 위한 금전적인 후원이나 기부가 이루어지면 소비자들에게 신뢰감을 줄 수 있다.
⑤ 과정 및 결과를 투명하게 공개함으로써 브랜드 신뢰도를 높일 수 있다.

61 정답 ③

SWOT 분석은 강점(Strength), 약점(Weakness), 기회(Opportunity), 위협(Threat)의 앞 철자를 모아서 만든 단어로, 경영전략 수립을 위한 분석 도구이다.

62 정답 ③

오답분석
① 자율·독립형 : 독립적인 경력을 추구하며, 컨설팅, 연구개발 등 전문적인 영역을 자유롭게 담당하는 업무에 적합하다.
② 기술·기능형 : 경영자 또는 관리자에 대한 목표 없이 특정한 업무에 흥미를 느끼고, 도전적이고 업무 자체의 내재적 의미를 중요시한다.
④ 창의적 기업가형 : 자신만의 사업 욕구가 강하며, 새로운 것에 대한 도전, 많은 보수 등에 관심을 가진다.
⑤ 순수 도전형 : 사물 또는 사람에 대한 정복 욕구가 강하며, 도전 기회가 지속해서 제공되는 것이 중요하다.

63 정답 ③

공급망 계획은 수요계획, 제조계획, 유통계획, 운송계획, 재고계획 등으로 구성된다.

> **공급망 계획(Supply Chain Planning)의 구성요소**
> • 수요계획 : 제품 또는 서비스에 대한 수요분석을 통한 공급 계획을 수립한다.
> • 제조계획 : 제품 또는 서비스의 생산과 관련된 세부 일정을 수립한다.
> • 유통계획 : 수요계획, 제조계획, 운송계획을 통합하여 물류상 운영계획을 수립한다.
> • 운송계획 : 제품 또는 서비스가 고객에게 최소의 비용으로 전달될 수 있도록 자원 배분 계획을 수립한다.
> • 재고계획 : 향후 수요에 대비하기 위한 최적의 재고 보관계획을 수립한다.

64 정답 ⑤

개인이 아닌 조직을 통해 경력 관리를 검증한다.

오답분석
①·②·③·④ 베버는 처음으로 관료제를 연구하고 사용한 독일의 사회학자로, 합리적·합법적인 권한에 의한 관료제를 통해 가장 효율적인 조직을 구성할 수 있다고 주장하였다. 베버는 전형적인 관료제의 특징으로 위계의 서열화, 권한의 명확화, 문서로 정의된 법규에 따른 과업 수행, 관료의 전문성, 조직에 의해 검증된 경력 관리 등을 들었다.

65 정답 ①

ABC 재고관리는 관리 대상 선정 시 하나의 지표만을 활용하여 평가하기 때문에 정확도에 문제가 생길 수 있다.

> **ABC 재고관리**
> 품목을 중요도에 따라 차별적으로 관리하는 재고관리 방식으로, 재고 회전 횟수가 증가함에 따라 재고수준은 점차 감소하게 된다.

66
정답 ⑤

선입선출법이 아닌 평균법에 대한 설명이다.

선입선출법과 평균법
- 선입선출법
  - 재고자산의 원가가 발생순서에 따라 매출원가로 소멸한다는 가정에 근거하므로 매출원가는 오래전에 발생한 원가를 반영하는 반면, 기말재고액은 최근에 발생한 원가를 반영한다.
- 평균법
  - 재고자산의 원가가 발생순서와 관계없이 섞여서 매출원가로 소멸한다는 가정에 근거하므로 기말재고액과 매출원가가 재고자산 발생 원가의 가중평균을 반영하게 된다.
  - 실지재고조사법에서는 총평균법이라 하고, 계속기록법에서는 이동평균법이라 한다.

67
정답 ④

리더 – 구성원 교환이론은 수직적 관계(집단에서의 리더 – 구성원 간 양자관계) → 교환 관계(집단의 결과물을 위한 리더 – 구성원 간 양자관계) → 리더십 결정(리더 – 구성원 간 양자관계 개발을 위한 이론 및 연구) → 역량 네트워크(더 큰 집단을 구성하기 위한 리더 – 구성원 간 양자관계 연구) 순으로 발달하였다.

68
정답 ③

오답분석

① 콘텐츠 마케팅 : 소비자에게 유용한 콘텐츠를 제공하여 관심을 끌어냄으로써 브랜드 인지도를 높이는 방법이다.
② 오프라인 마케팅 : 전통적인 마케팅 방법으로, 행사, 브로셔 등을 활용하여 브랜드 인지도를 높이는 방법이다.
④ 인바운드 마케팅 : 잠재고객의 관심을 끌어낼 수 있는 콘텐츠, 사례 등을 활용하여 적극적으로 유인하는 방법이다.
⑤ 자연유입 마케팅 : 소비자가 자발적으로 기업 또는 제품을 찾아 소비하도록 하는 방법이다.

69
정답 ②

직무급은 직무 특성, 난이도 등을 고려하여 임금을 책정한다.

오답분석

① 연공급 : 근속햇수
③ 직능급 : 직무 경력, 훈련
④ 역할급 : 역할의 크기
⑤ 성과급 : 개인 및 집단의 성과

70
정답 ⑤

인력 훈련 및 개발의 기능 형성을 기본으로 하는 것은 방어형이다. 공격형은 기능 확인 및 적용을 기본으로 한다.

마일즈 & 스노우의 전략 유형
- 공격형(Prospector)
  - 변화와 혁신으로 고성과를 추구하는 전략으로, 신기술, 신제품 등을 통해 새로운 시장에 진입을 강조하며, 기능 확인 및 적용을 기본으로 한다.
  - 인적자원을 적극적으로 외부에서 영입하고자 하므로 충원은 비공식적, 변동적, 제한적으로 이루어진다.
  - 보상은 성과급의 비중이 높은 시스템을 활용한다.
  - 성과 평가는 과정보다 결과 중심으로 평가하고, 평가 기준은 경쟁기업 등 횡단적 비교를 실시한다.
  - 인사관리 활동 : Do – See – Plan
- 방어형(Defender)
  - 안정적인 영역에서 확실한 포지션을 구축하며, 인력 훈련 및 개발의 기능 형성을 기본으로 한다.
  - 소수의 제품을 효율적으로 생산하여 높은 품질과 가격경쟁력을 주된 수단으로 삼는다.
  - 보상은 조직의 안정을 위해 내적 공정성을 중시하여 기본급의 비중이 크고 연공의 비중이 높은 보상시스템을 활용한다.
  - 성과 평가는 결과보다 과정 중심의 평가이며, 평가 기준은 전년도 성과와 같은 시계열 비교를 한다.
  - 인사관리 활동 : Plan – Do – See
- 분석형(Analyzer)
  - 공격형과 방어형의 중간 형태로, 위험은 최소로 하며 최대 이윤을 추구한다.
  - 주로 프로젝트 조직구조, 매트릭스 조직구조를 가진다.
  - 보상은 대내적 공정성을 중시하면서도 약간의 성과를 반영하여 대외적 경쟁력도 고려한다.
  - 성과 평가는 주로 과정 중심의 평가 및 시계열 비교를 하고, 평가 기준은 일부 결과 중심의 평가 및 횡단적 비교를 병행한다.
  - 인사관리 활동 : See – Do – Plan
- 반응형(Reactor)
  - 환경 변화에 따른 압박이 높을 경우에만 대응한다.
  - 보상은 주로 성과를 지향한다.
  - 성과 평가는 상황에 따른 과정 및 결과를 지향한다.

71
정답 ②

간트차트에서 가로축에는 날짜, 세로축에는 프로젝트 수행 활동이 위치한다.

오답분석

① 간트차트의 형태 및 의미에 대한 내용이다.
③ 간트차트의 장점에 대한 내용이다.
④ · ⑤ 간트차트의 단점에 대한 내용이다.

72

제품수명주기는 개발기 → 도입기 → 성장기 → 성숙기 → 쇠퇴기
의 5단계로 이루어진다.

제품수명주기(PLC; Product Life Cycle)
제품 카테고리에는 일정한 수명이 있고 이러한 수명은 새로
운 제품이 등장할 때마다 반복적인 형태로 나타나는 것을 의
미하는데, 단계마다 다른 전략들을 적용해야 한다.

73

정답 ④

규범적 동형화란 전문성 및 전문적 기준을 수용하거나 전문가의
단체에서 가장 효과적이고 최선의 방법이라고 규정한 기법을 규범
적 요소로 수용하여 조직 간 제도적 동형화가 이루어지는 것을 말
하는 것이다. 이는 조직에 전문적인 외부 인력의 유입 증가를 뜻하
는 것은 아니다.

오답분석
② 모방적 동형화에 대한 설명이다.
③ 강압적 동형화에 대한 설명이다.
⑤ 제도화 이론은 조직에 기술적 차원과 제도적 차원이 존재하며,
   기술적 차원은 합리적이고 효율적인 규범이 지배하는 반면, 제
   도적 차원은 조직에 대한 외부 환경의 기대가 지배한다고 본다.

제도화 이론
조직 간 관계에 대한 관점 중 조직이 생존하기 위해 효율적인
생산보다 이해관계자로부터 정당성을 획득하는 것이 중요하
다고 보는 이론이다.

제도화 이론의 동형화
• 모방적 동형화 : 조직에서 적용할 기술을 이해하기 어렵거
  나 조직의 목표가 모호하거나 환경이 불확실한 경우에 조
  직이 다른 조직에서 적용하고 있는 성공적인 모형을 찾아
  모방함으로써 제도적 동형성을 갖는 것을 말한다.
• 강압적 동형화 : 어떤 조직이 의존하고 있는 다른 조직으로
  부터 영향이나 사회 · 문화적 기대가 그 조직에 공식적 · 비
  공식적 압력의 형식으로 작용하는 경우에 나타나는 현상을
  말한다.
• 규범적 동형화 : 전문성 및 전문적 기준을 수용하거나 전문
  가의 단체에서 가장 효과적이고 최선의 방법이라고 규정한
  기법을 규범적 요소로 수용하여 조직 간 제도적 동형화가
  이루어지는 것을 말한다.

74

정답 ⑤

순현재가치가 0보다 크면 타당성이 있는 사업으로 판단한다.

순현재가치(NPV; Net Present Value)
• 미래에 발생하는 특정 시점의 현금흐름을 이자율로 할인하
  여 현재 시점 금액으로 환산하는 것을 말한다.
• NPV가 0보다 크면 투자가치가 있는 것으로, 0보다 작으면
  투자가치가 없는 것으로 평가한다.

75

정답 ①

안정적으로 성장하는 조직이 되기 위해서는 조직과 구성원 간 협
력을 통해 경제적 효율성과 사회적 효율성을 동시에 추구하여 균
형을 맞추는 것이 중요하나, 경제적 효율성에만 집중할 경우 구성
원의 노동력이 그만큼 많이 투입되어야 하므로 구성원의 사회적
효율성이 낮아진다.

76

정답 ②

서번트 리더십은 조직의 목표와 역할을 구성원들의 눈높이에서 정
할 수 있어 구성원들의 능력을 최대한 활용할 수 있다는 장점이
있다.

서번트 리더십의 장단점
• 장점
  – 조직 개발에 헌신 : 부하직원이 업무를 수행하도록 최대
    한 영감을 주어 기업이 나아갈 수 있는 최대한의 상태를
    만든다.
  – 개인 능력의 극대화 : 조직의 임무와 목표를 조직원들의
    눈높이에서 정할 수 있어서 근로자가 개인의 능력을 최
    대한 효율적으로 활용할 수 있다.
• 단점
  – 권한의 부족 : 업무에 있어서 조직의 전반적인 권한을
    최소화한다.
  – 업무 효율성 감소 : 업무를 수직적 관계에서 효율적인
    방식으로 처리하던 전통적 리더십에 비해 성과를 발휘하기
    까지 비교적 긴 시간이 걸린다.

77

정답 ⑤

유연생산시스템의 목적은 높은 생산성을 토대로 다양한 제품을
유연하게 제조하고, 제조 방식을 자동화하여 신뢰성을 높이는 데
있다.

1일 차 정답 및 해설 **13**

78 정답 ⑤

탐색조사는 정성적인 마케팅 조사 방법에 해당한다.

오답분석

①·②·③·④ 정량적인 마케팅 조사 방법은 기술조사, 인과조사로 나누어지며, 기술조사는 다시 횡단조사, 종결조사로 나누어진다.

정성적 조사와 정량적 조사

• 정성적 조사
  - 현상학적 인식론을 바탕으로 연구자와 대상자 간 긴밀한 상호작용을 통해 진행된다.
  - 언어, 몸짓, 행동 등 상황과 환경적 요인을 연구한다.
  - 연구자의 개인적인 준거틀을 사용하여 비교적 주관적인 연구를 수행한다.
  - 관찰자의 해석으로부터 독립된 객관적인 관찰은 존재하지 않음을 주장한다.
  - 행위자가 자기 경험에 부여하는 의미의 파악을 중시한다.
  - 탐색적 연구에 효과적이며, 사회과학에서 많이 사용한다.
  - 귀납법에 기초하며, 연구 결과의 일반화에 어려움이 있다.
  - 현지연구, 사례연구 등이 해당한다.

• 정량적 조사
  - 현상의 속성을 계량적으로 표현하고, 그들의 관계를 통계 분석으로 밝혀낸다.
  - 정형화된 측정 도구를 사용하여 객관적인 연구를 수행한다.
  - 연역법에 기초하며, 연구 결과의 일반화가 쉽다.
  - 실증주의적 인식론에 바탕을 두며, 객관성과 보편성을 강조한다.
  - 방법론적 일원주의를 주장한다.
  - 관찰에 근거하지 않은 지식의 공허함을 주장한다.
  - 일반화 가능성이 높지만, 구체화에 문제가 있다.
  - 질문지연구, 실험연구, 통계자료분석 등이 해당한다.

79 정답 ④

기대이론은 모형이 복잡하기 때문에 충분한 결과 측정이 곤란하다.

오답분석

⑤ 기대이론의 변수를 설문조사 등의 형태로 조사함에 따라 조사자마다 다른 결과가 나타날 수 있어 비교가 곤란하다는 단점이 있다.

80 정답 ⑤

델파이 기법은 익명성을 보장함으로써 외부의 간섭을 배제하고, 솔직한 답변을 끌어낼 수 있다는 장점이 있다. 이에 따라 해당 주제에 대한 지속적인 관심과 의견 제시를 끌어낼 수 있다.

델파이 기법의 장단점

• 장점
  - 익명성이 유지되어 전문가가 예측값을 낼 때 정치적이거나 사회적인 요인에 의해 영향을 받지 않고 솔직하게 응답하여 신뢰성 있는 결과를 얻을 수 있다.
  - 한 장소에 모이기 힘든 전문가를 동시에 참여시킬 수 있고, 참여자들 간 정보 및 문제해결 과정의 공유가 가능하다.
  - 조사 과정에서 대략적인 결과 확인 및 판단이 가능하다.

• 단점
  - 전문가 선정 및 응답자에 대한 통제의 어려움이 있다.
  - 설문조사 자체의 결함 및 설문의 조작 가능성이 있다.
  - 직접적인 의사소통에 제한적이다.
  - 합의에 이르는 데 시간이 너무 많이 걸려서 참여하는 사람의 결집력이 떨어질 수 있다.
  - 극단적인 판단은 의견 일치를 위해 제외되는 경향이 있어 창의적인 의견들이 손상될 수 있다.

81 정답 ①

기능 조직(Functional Structure)은 기능별 전문화의 원칙에 따라 공통의 전문지식과 기능을 지닌 부서단위로 묶는 조직구조를 의미한다.

82 정답 ⑤

컨베이어 시스템은 모든 작업을 단순 작업으로 분해하고 분해된 작업의 소요시간을 거의 동일하게 하여 일정한 속도로 이동하는 컨베이어로 전체 공정을 연결해 작업을 수행하는 것으로 포드가 주장한 것이다.

83 정답 ④

미국의 경영자 포드는 부품의 표준화, 제품의 단순화, 작업의 전문화 등 '3S 운동'을 전개하고 컨베이어 시스템에 의한 이동조립방법을 채택해 작업의 동시 관리를 꾀하여 생산능률을 극대화했다.

84 정답 ①

② 스캔런 플랜 : 생산의 판매가치에 대한 인건비 비율이 사전에 정한 표준 이하인 경우 종업원에게 보너스를 주는 제도이다.
③ 메리크식 복률성과급 : 표준생산량을 83% 이하, 83 ~ 100%, 그리고 100% 이상으로 나누어 상이한 임률을 적용하는 방식이다.
④ 테일러식 차별성과급 : 근로자의 하루 표준 작업량을 시간연구 및 동작연구에 의해 과학적으로 설정하고, 이를 기준으로 하여 고·저 두 종류의 임률을 적용하는 제도이다.
⑤ 러커 플랜 : 조직이 창출한 부가가치 생산액을 구성원 인건비를 기준으로 배분하는 제도이다.

85 정답 ①

학습조직은 구성원들에게 권한위임(Empowerment)을 강조한다. 따라서 개인보다는 팀 단위로 조직을 구성하고, 문제해결에 창의성과 혁신을 유도하기 위하여 권한을 부여하며 조직의 수평화 및 네트워크화를 유도한다. 학습조직은 결과만을 중시하는 성과 중심의 관리나 물질적 보상을 중시하는 전통적 관리와는 다르다.

86 정답 ③

목표관리는 조직에서 권력을 강화하기 위한 전술이라기보다는 조직의 동기부여나 조직의 업적 향상과 관련이 깊다.

87 정답 ③

① 신뢰성에 대한 설명이다.
② 수용성에 대한 설명이다.
④ 구체성에 대한 설명이다.
⑤ 실용성에 대한 설명이다.

88 정답 ①

인원·신제품·신시장의 추가 및 삭감이 신속하고 신축적인 것은 기능별 조직에 대한 설명이다.

89 정답 ①

다. 기업의 조직구조가 전략에 영향을 미치는 것이 아니라 조직의 전략이 정해지면 그에 맞는 조직구조를 선택하므로, 조직의 전략이 조직구조에 영향을 미친다.
라. 대량생산 기술을 사용하는 조직은 기계적 조직구조에 가깝게 설계해야 한다. 기계적 조직구조는 효율성을 강조하며 고도의 전문화, 명확한 부서화, 좁은 감독의 범위, 높은 공식화, 하향식 의사소통의 특징을 갖는다. 반면, 유기적 조직구조는 유연성을 강조하며 적응성이 높고 환경 변화에 빠르게 적응하는 것을 강조한다.

90 정답 ⑤

마이클 포터는 원가우위 전략과 차별화 전략을 동시에 추구하는 것을 이도저도 아닌 어정쩡한 상황이라고 언급하였으며, 둘 중 한 가지를 선택하여 추구하는 것이 효과적이라고 주장했다.

91 정답 마코브 체인

마코브 체인은 미래의 조건부 확률분포가 현재상태에 의해서 결정되는 마코브 특성을 이용하는 것으로, 현재의 안정적인 인력상황, 조직환경 등을 측정하여 미래에 예상되는 인력공급, 직무이동확률 등을 예측하는 방법이다.

92 정답 워크 샘플링법

워크 샘플링법은 전체 작업과정에서 무작위로 많은 관찰을 실시하여 직무활동에 대한 정보를 얻는 방법으로, 여러 직무활동을 동시에 기록하기 때문에 전체 직무의 모습을 파악할 수 있다.

93 정답 분배적 협상

분배적 협상은 희소하거나 한정적인 자원을 대상으로 진행하는 협상 방식이다. 이는 상호 배타적인 방식의 협상으로 자신의 이익을 최대화하기 위해 이해관계나 제약사항 등의 사전조사가 필요하며, 상대방이 주어진 조건에서 크게 벗어나지 않는 결정을 하도록 앵커링 전략을 사용한다.

94 정답 스캔런 플랜

스캔런 플랜은 1960년대 미국에서 개발된 이익분배제도로 종업원의 참여의식을 높이기 위해 위원회 제도를 통한 종업원의 경영참여와 개선된 생산품의 판매가치를 기준으로 성과급을 분배하는 방식이다.

95 정답 후광효과

후광효과란 일반적으로 어떤 사물이나 사람에 대해 평가를 할 때 그 일부의 긍정적, 부정적 특성에 주목해 전체적인 평가에 영향을 주어 대상에 대한 비객관적인 판단을 하게 되는 인간의 심리적 특성을 말한다. 제시된 사례를 통해 소비자들은 모델의 긍정적 특성에 주목해 상품에 대한 전체적인 평가에 영향을 주어 긍정적인 마케팅 성과를 거둘 수 있다는 것을 알 수 있다. 따라서 후광효과를 응용한 사례라는 것을 알 수 있다.

96

정답 적시생산방식(JIT)

적시생산방식(JIT; Just In Time)은 필요한 시기에 필요한 양만큼만 생산하는 재고관리 전략으로 생산공장에서 비생산적인 시간과 낭비를 제거함으로서 비용을 절감하고 품질을 향상시키며 생산유연성을 증대시키는 전략이다.

97

정답 디마케팅

제시된 사례는 기업이 고객의 수요를 의도적으로 줄이는 디마케팅이다. 프랑스 맥도날드사는 청소년 비만 문제를 인정하며 소비자들의 건강을 더욱 생각하는 회사라는 이미지를 위해 단기적으로는 수요를 하락시킬 수 있는 메시지를 담아 디마케팅을 실시하였고 결과는 장기적으로 소비자를 더욱 생각하는 회사로 이미지마케팅에 성공하며 가장 대표적인 디마케팅으로 알려지게 되었다.

98

정답 유한책임회사

유한책임회사는 2012년 개정된 상법에 도입된 회사의 형태이다. 내부관계에 관하여는 정관이나 상법에 다른 규정이 없으면 합명회사에 관한 규정을 준용한다. 유한책임회사는 신속하고 유연하며 탄력적인 지배구조를 가지고 있고, 출자자가 직접 경영에 참여할 수 있다. 또한 각 사원이 출자금액만을 한도로 책임지므로 초기 상용화에 어려움을 겪는 청년 벤처 창업에 적합하다.

99

정답 신주인수권부사채

신주인수권부사채(BW; Bond with Warrant)는 발행회사의 주식을 매입할 수 있는 권리가 부여된 사채이다. 채권자는 이자 수익과 주식 매입 기회를 동시에 얻을 수 있으며 회사는 낮은 이자로 자금 조달이 가능하다는 특징이 있다.

100

정답 가치주

기업의 현재 가치가 실제 가치보다 상대적으로 저평가되어 주당 순이익에 비해 주가가 낮은 주식을 가치주라고 한다. 가치주는 현재의 가치보다 낮은 가격에서 거래된다는 점에서, 미래의 성장에 대한 기대로 인하여 현재의 가치보다 높은 가격에 거래되는 성장주와는 다르다. 또한 성장주에 비하여 주가의 변동이 완만하여 안정적 성향의 투자자들이 선호한다.

41	42	43	44	45	46	47	48	49	50
①	①	①	②	③	⑤	③	①	②	①
51	52	53	54	55	56	57	58	59	60
①	⑤	①	③	④	④	④	②	④	②
61	62	63	64	65	66	67	68	69	70
⑤	④	①	③	④	⑤	⑤	④	④	②
71	72	73	74	75	76	77	78	79	80
②	④	①	②	②	①	②	②	②	①
81	82	83	84	85	86	87	88	89	90
②	④	⑤	③	⑤	④	④	①	⑤	③
91					92				
최고가격제					희소성				
93					94				
황금주					유동성 함정				
95					96				
600					60				
97					98				
125원					0.5				
99					100				
256만 원					500				

41
정답 ①

제시문에서 X재 수요의 가격탄력도가 비탄력적이므로 PCC곡선이 우상향하여 X재와 Y재는 보완관계에 있다. 따라서 X재의 가격상승으로 Y재의 소비량이 감소하고 교차탄력도는 음수가 된다. 통상적인 무차별곡선을 갖는 소비자가 X, Y 두 재화의 구입에 소득을 배분한 결과 가격소비곡선(PCC)이 X축에 수평이면 X재는 가격탄력성이 1이다. 왜냐하면 Y재 수요량에는 변화가 없고 Y재에 대한 지출비중도 일정하며, X재에 대한 지출비중도 동일하기 때문이다. 따라서 가격하락으로 인한 수요량이 모두 X재 수요량의 증가로 나타나므로 X재 수요곡선은 직각쌍곡선이고 가격탄력성은 1이다. 우상향하면 X재 수요량의 증가속도가 느리므로 1보다 작고, 우하향하면 1보다 크다.

42
정답 ①

기업의 이윤극대화는 등량곡선과 등비용곡선이 접하는 생산자균형점에서 달성된다. 즉, 한계생산물균등의 법칙인 $\frac{MP_L}{w} = \frac{MP_K}{r}$ 을 따라야 한다. 이 문제에서는 $\frac{80}{400} = \frac{1}{5} = \frac{MP_L}{w} < \frac{MP_K}{r} = \frac{1}{4} = \frac{50}{200}$ 이므로, 노동의 투입을 감소시키고, 자본의 투입을 증가시켜야 한다.

43
정답 ①

시장가격은 수요와 공급의 교차하는 점에서 결정된다. 따라서 P_0 보다 높다.

44
정답 ②

가격상한제는 정부가 직접 시장에 개입하여 가격규제를 하는 것으로, 시장에서 약자를 보호하기 위해서 실시하는 정책이다. 대표적으로 임대료 규제 등이 있으며, 균형가격보다 낮은 수준에서 전세가격을 설정하게 되면 초과수요가 발생하게 된다. 아파트시장의 경우 단기적으로는 공급량이 고정이므로 수직에 가까운 기울기를 하고 있지만, 장기적으로는 공급량이 신축적이므로 우상향하는 기울기를 가지고 있어 초과수요는 더욱 커지게 된다.

45
정답 ③

가격상한제를 실시하게 될 경우 최고가격은 시장가격보다 낮게 설정되어야 효과가 있다.

46
정답 ⑤

최저가격제란 정부가 공급자를 보호하기 위하여 정부가 설정한 최저가격 이하로 재화를 구입하는 것을 금지하는 제도로, 농산물가격지지제도와 최저임금제 등이 있다. 최저임금제는 장기적으로 노동을 자본으로 대체하여 노동수요(기업)는 더욱 감소시키므로 실업규모는 더욱 증가한다.

오답분석
① 최저임금제로 인해 단기적 실업이 증가하며, 노동수요의 감소로 장기적 실업규모는 더욱 증가한다.
② 최저임금제는 실업을 증가시키며, 노동수요의 감소로 실업이 더욱 증가한다.
③ 최저임금제로 인해 단기적 실업이 증가하고, 노동공급의 증가로 실업규모는 더욱 증가한다.
④ 최저임금제는 단기적 실업을 발생시키며, 노동공급의 증가로 실업률이 증가한다.

47
정답 ③

오답분석
① 시장균형가격 이상으로 최저임금이 설정되어야 효과가 있다.
② 최저임금제에서는 초과공급이 존재한다.
④ 생산자잉여가 감소하고 사회적 총잉여도 감소하는 것은 최고가격제에 대한 설명이다.
⑤ 도시지역의 임대료 규제는 최고가격제의 사례이다.

48　　　　　　　　　　　　　　　　　정답 ①

경제재란 존재량이 희소함으로 인해 반드시 대가를 지불해야 얻을 수 있는 재화를 말하며, 자유재란 햇빛, 공기와 같이 아무런 대가를 지불하지 않고 얻을 수 있는 재화를 말한다. 시대와 환경이 바뀌면 자유재도 경제재로 바뀔 수 있다. 예를 들면 깨끗한 물은 과거에는 자유재였다면, 환경오염으로 인해 공급이 감소하고 재화의 유용성이 커지며 수요가 증가하여 대가를 지불해 얻을 수 있는 경제재가 되었다.

49　　　　　　　　　　　　　　　　　정답 ②

경제변수는 일정기간에 측정되는 유량(Flow)과 일정시점에서 측정되는 저량(Stock)으로 구분된다.

경제변수

구분	개념	예시
유량 (Flow)	일정기간을 명시해야 측정할 수 있는 변수	수입, 소비, 투자, 국민소득, 수요량, 공급량, 국제수지
저량 (Stock)	일정시점에서 측정할 수 있는 변수	통화량, 외채, 국부, 자본량, 노동량

50　　　　　　　　　　　　　　　　　정답 ①

가치의 역설은 사용가치가 높은 재화가 더 낮은 교환가치를 가지는 역설적인 현상이다. 예를 들어 희소가치가 높은 다이아몬드의 한계효용이 물의 한계효용보다 크기 때문에 다이아몬드의 가격이 물의 가격보다 비싸다고 설명할 수 있다.

오답분석

② 물은 필수재이고, 다이아몬드는 사치재이다.
③ 물의 가격은 장소, 상황 등에 따라 가격이 달라지기 때문에 항상 다이아몬드의 가격보다 싸다고 할 수 없다.
④ · ⑤ 상품의 가격은 총효용이 아닌 한계효용에 의해 결정되기 때문에 한계효용이 높아지면 가격도 비싸진다.

51　　　　　　　　　　　　　　　　　정답 ①

절대우위는 다른 생산자에 비해 더 적은 생산요소를 투입해 같은 상품을 생산할 수 있는 능력이고, 비교우위는 다른 생산자보다 더 적은 기회비용으로 생산할 수 있는 능력이다.
철수는 영희보다 A, B 모두 시간당 최대 생산량이 많으므로 A와 B에 절대우위가 있다.
비교우위는 상대적인 기회비용 크기를 비교하므로 철수의 B생산 기회비용은 A생산 1개이지만, 영희의 B생산 기회비용은 A생산 $\frac{2}{3}$ 개이다. 따라서 영희는 B생산에 비교우위가 있다.

52　　　　　　　　　　　　　　　　　정답 ⑤

㉠ 밴드왜건 효과(편승 효과) : 유행에 따라 상품을 구입하는 소비 현상으로, 특정 상품에 대한 어떤 사람의 수요가 다른 사람들의 수요에 의해 영향을 받는다.
㉡ 베블런 효과 : 다른 보통사람과 자신을 차별하고 싶은 욕망으로 나타나는데, 가격이 아닌 다른 사람의 소비에 직접 영향을 받는다.

오답분석

• 외부불경제 효과 : 시장실패와 관련된 효과로, 자원이 비효율적으로 배분되는 것을 의미한다. 자가용 운전자가 주변 사람들에게 배출가스 피해를 입히는 것도 하나의 예이다.

53　　　　　　　　　　　　　　　　　정답 ①

효용이란 소비자들이 재화 혹은 서비스를 소비할 때 느끼는 주관적인 만족을 의미한다.

54　　　　　　　　　　　　　　　　　정답 ③

경제적 비용이란 생산에 소요된 모든 비용을 기회비용의 관점에서 측정한 것으로, 명시적 비용 및 암묵적 비용과 정상이윤을 포함한다. 명시적 비용과 암묵적 비용 모두 기회비용으로 측정하며, 문제는 기회비용과는 다른 매몰비용에 대한 설명이다.
매몰비용은 과거에 이미 지출된 금액으로, 현 시점에서 기업의 의사결정에 아무런 영향을 미치지 않는 비용을 의미한다. 따라서 연간 임대료 200만 원은 A병원의 매몰비용이며, 다른 포기해야 하는 것의 가장 큰 가치인 기회비용은 주어지지 않았기 때문에 경제적 비용은 존재하지 않는다. 따라서 명시적 비용과 경제적 비용 모두 0원이다.

55　　　　　　　　　　　　　　　　　정답 ④

기회비용이란 하나의 재화를 선택했을 때 그로 인해 포기한 것들 중 가장 큰 것의 가치를 의미한다.

오답분석

• 매몰비용이란 이미 지출해서 회수할 수 없는 비용을 의미한다.
• 한계비용이란 생산물 한 단위를 추가로 생산할 때 필요한 총비용의 증가분을 의미한다.

56　　　　　　　　　　　　　　　　　정답 ④

㉡ 경제학에서 기회비용을 최소화하는 것이 '최소 비용, 최대 만족'이므로 합리적인 선택이다.
㉢ 기회비용은 암묵적 비용과 명시적 비용의 합으로 구할 수 있다.

오답분석

㉠ 어떤 선택을 할 때, 포기해야 하는 대안의 가치는 당사자만이 알 수 있으므로 기회비용은 주관적이다.

ⓒ 기회비용은 어떤 대안을 선택하기 위해 포기하거나 희생해야 하는 여러 다른 대안 중 가치가 가장 큰 것을 의미한다.

57 정답 ④
장기에서는 모든 생산요소를 탄력적으로 조절할 수 있게 되어 장기 한계비용곡선과 가격이 일치하는 생산량에서 생산한다. 이에 대한 예시로 완전경쟁시장에서 기술우위를 점한 기업을 들 수 있다. 단기에서와 달리 장기에서는 비용 증가 산업, 비용 불변 산업, 비용 감소 산업마다 그 형태가 다르게 나타나므로, 비용 증가 산업에서는 산업 전체의 총생산량이 증가함에 따라 비용곡선은 상향하며, 반대로 비용 감소 산업에서는 하향 이동한다.

58 정답 ②
오답분석
가. A재에 대한 수요가 증가하면 A재의 생산량이 증가하므로 A재에 특화된 노동에 대한 수요가 증가한다. 그러나 노동공급곡선이 수직선이므로 노동수요가 증가하더라도 고용량은 변하지 않고 임금만 상승하게 된다.
다. 노동공급이 증가하면 임금이 하락하므로 A재의 생산비용이 낮아진다. 이로 인해 A재 시장에서 공급곡선이 오른쪽으로 이동하므로 A재의 가격은 하락하고 거래량은 증가한다.
마. 노동공급이 감소하면 임금이 상승하므로 A재 생산비용이 상승하여 A재의 공급곡선이 왼쪽으로 이동한다.

59 정답 ④
시장수요곡선과 시장공급곡선을 통해 시장균형량을 구하면 다음과 같다.
$$340 - 4X = 100 + 4X \rightarrow X = 30$$
시장균형량이 30일 때, 시장균형가격 $P = 220$이다. 따라서 생산자잉여는 $(220 - 100) \times 30 \times 0.5 = 1,800$이다.

60 정답 ②
현재 생산되는 자본재의 양이 고정자본 소모보다 높을 경우, 고정자본의 감가상각보다 자본재생산량이 더 높으므로, 결국 전체 경제의 자본량이 증가함을 의미한다. 따라서 자본량이 증가하면 K국 경제의 생산능력이 커지므로 생산가능곡선 자체가 바깥쪽으로 이동하게 된다.

61 정답 ⑤
생산가능곡선 내부의 점은 비효율적인 생산점, 선상의 점은 효율적인 생산점, 외부의 점은 현재 능력으로는 생산을 달성할 수 없는 점을 뜻한다. 현재 실업이 발생하고 있다는 것은 비효율적인 생산점에 있음을 의미한다. 따라서 실업의 감소는 생산가능곡선 내부의 점에서 생산가능곡선상의 점으로의 이동에 해당한다.

오답분석
① 생산가능곡선은 일반적으로 우하향하고, 원점에 오목한 형태를 가진다.
② 생산가능곡선상의 점들은 모두 생산측면의 파레토 효율을 만족한다.
③ 생산가능곡선의 접선의 기울기는 한계변환율(MRT)을 의미한다. X재를 가로축, Y재를 세로축에 표기할 때 MRT_{XY}는 'X재 한 단위를 생산하기 위해 포기해야 하는 Y재의 수량', 즉 X재 생산의 기회비용을 뜻한다.
④ 기술의 진보는 생산가능곡선을 바깥쪽으로 이동시킨다. X재 생산에서 기술진보가 발생하면 생산가능곡선이 X재 방향으로 확장된다. 이것은 생산가능곡선의 기울기가 감소하는 것이고, X재 생산의 기회비용이 감소함을 뜻한다.

62 정답 ④
ㄱ. 노동력이 증가하면 생산가능한 재화의 양이 증가하므로 생산가능곡선이 바깥쪽으로 이동한다.
ㄴ. 경제 전체의 자본량이 증가하면 생산능력이 커져 더 많은 재화와 서비스의 생산이 가능해진다.
ㄷ. 새로운 천연자원의 발견이 이루어지면 생산가능한 재화의 수량이 증가하므로 생산가능곡선은 바깥쪽으로 이동한다.
ㄹ. 생산요소 부존량이 일정하더라도 기술진보가 이루어지면 생산가능한 X재와 Y재의 수량이 증가한다.

오답분석
ㅁ. 가격하락은 생산가능곡선을 이동시키지 않는다.

63 정답 ①
㉠ 가격은 증가하고, 거래량은 변화가 없다.
㉡ 가격은 감소하고, 거래량은 변화가 없다.

오답분석
㉢ 가격은 알 수 없지만, 거래량은 증가한다.
㉣ 가격은 감소하면서 거래량은 증가한다.

64 정답 ③
수요와 공급이 감소하면 수요곡선과 공급곡선이 모두 좌측으로 이동하므로 시장거래량은 감소하고 가격변화는 불분명해진다. 또한 수요와 공급이 모두 가격탄력적이므로 시장거래량은 대폭 감소하게 된다.

65 정답 ④

수요곡선, 공급곡선의 일반적인 형태란 우하향하는 수요곡선과 우상향하는 공급곡선을 의미한다. 공급곡선이 상방으로 이동하면 생산량(Q)이 감소하고 가격(P)이 상승한다.

오답분석

① 수요곡선이 하방으로 이동하면 생산량이 감소하고 가격도 하락한다.
② 공급곡선이 하방으로 이동하면 생산량이 증가하고 가격이 하락한다.
③ 수요곡선이 상방으로 이동하면 생산량이 증가하고 가격도 상승한다.
⑤ 수요곡선과 공급곡선이 모두 하방으로 이동하면 가격은 하락한다. 이때 생산량은 두 곡선의 하방이동폭에 따라 증가할 수도, 불변일 수도, 감소할 수도 있다.

66 정답 ⑤

수직의 수요곡선이란 수요가 완전비탄력적임을 의미한다. 또한 공급곡선은 일반적인 형태라고 하였으므로, 조세를 소비자가 모두 부담하게 되어 부과된 조세만큼 시장가격이 상승한다.

오답분석

① 생산자 가격은 조세 부과 후에도 동일하다. 따라서 생산자잉여는 불변이다.
② 부과된 조세는 모두 소비자에게 귀착된다.
③ 조세 부과로 인해 공급곡선은 상방이동한다.
④ 수요곡선이 수직이므로, 공급곡선이 이동해도 시장거래량은 불변이다.

67 정답 ⑤

오답분석

① 수요곡선이 우하향하고 공급곡선이 우상향하는 경우 물품세가 부과되면 조세부과에 따른 자중적 손실의 크기는 세율의 제곱에 비례한다.
②·④ 다른 조건이 일정할 때 수요가 가격에 탄력적일수록 소비자 부담은 작아지고 자중적 손실은 커진다.
③ 단위당 조세액 중 일부만 소비자에게 전가되므로 세금부과 후에 시장가격은 단위당 조세액보다 작게 상승한다.

68 정답 ④

공급은 수요에 비해 가격변화에 대응하는 데 더 많은 시간이 소요되며 장기일수록 시설구축, 신규기업 진입 등 변수가 많아지기 때문에 가격탄력성이 단기보다 더 크게 나타난다.

오답분석

① 가격탄력성은 1을 기준으로 1보다 크면 탄력적, 1보다 작으면 비탄력적이라고 한다.

69 정답 ④

② 수요곡선이 비탄력적이라는 것은 가격(Y축)이 크게 변동해도 수요(X축)의 변동폭이 작다는 의미이므로 기울기는 더 가파르게 나타난다.
③ 대체재가 존재하는 경우 가격변화에 대해 수요는 더 민감하게 반응하게 되므로 수요의 가격탄력성이 더 커지게 된다.
⑤ 수요의 가격탄력성이 1인 경우는 가격이 상승해도 그만큼 수요량이 감소하므로 총지출은 변하지 않는다.

수요곡선이 수직선일 경우 가격탄력성은 '0'으로 완전비탄력적이 된다. 반대로 수요곡선이 수평선일 경우 가격탄력성은 '∞'으로 완전탄력적이 된다.

오답분석

① 두 재화가 서로 대체재의 관계에 있다면 수요의 교차탄력성은 양(+)의 값을 갖는다.
② 우하향하는 직선의 수요곡선상에 위치한 점에서 수요의 가격탄력성은 다르다. 가격하락 시 소비자 총 지출액이 증가하는 점에서는 수요의 가격탄력성이 1보다 크고, 소비자 총지출액이 극대화되는 점에서는 수요의 가격탄력성이 1, 가격하락 시 소비자 총지출액이 감소하는 점에서는 수요의 가격탄력성은 1보다 작다.
③ 수요의 가격탄력성이 1이면 판매자의 총수입이 극대화되는 점이다.
⑤ 재화의 분류범위가 좁을수록 수요의 가격탄력성은 탄력적이다.

70 정답 ②

가격에 대한 공급의 반응 속도가 빠를수록 공급이 가격에 대해 탄력적이라고 표현한다. 즉, 공급이 빨리 증가하면 가격은 상대적으로 적게 상승한다. 일반적으로 수요가 동일하게 증가할 경우 공급이 가격에 대해 비탄력적일수록 가격이 큰 폭으로 증가한다.

71 정답 ②

수요의 가격탄력성이 1보다 크다면 가격이 1% 하락할 때, 판매량은 1%보다 크게 증가하므로 판매자의 총수입은 증가한다. 그러므로 수요의 가격탄력성이 탄력적이라면 가격인하는 총수입을 증가시키는 좋은 전략이다.

오답분석

① 수요곡선이 우하향하는 직선이면 수요곡선상에서 우하방으로 이동할수록 수요의 가격탄력성이 점점 작아진다.
③ 열등재는 수요의 소득탄력성이 1보다 작은 재화가 아니라 수요의 소득탄력성이 음수(-)인 재화이다.
④ 시간이 경과될수록 대체재가 생겨날 가능성이 크기 때문에 수요의 가격탄력성이 커진다.

⑤ 두 재화 수요의 교차탄력성은 $\varepsilon_{XY} = \dfrac{\dfrac{\triangle Q_Y}{Q_Y}}{\dfrac{\triangle P_X}{P_X}} = \dfrac{10\%}{5\%} = 2$이

고, 두 재화는 대체재이다.

72
정답 ④

가격이 2% 상승할 때, 구입량 변화를 구하기 위해서는 수요의 가격

탄력성을 통해 도출할 수 있다. 주어진 수요함수 $Q = \dfrac{100}{P^4} = 100$

P^{-4}를 P에 대하여 미분할 경우 $\dfrac{dQ}{dP} = -400P^{-5} = -\dfrac{400}{P^5}$이므

로, 수요의 가격탄력성 공식$\left(\varepsilon = -\dfrac{dQ}{dP} \times \dfrac{P}{Q} \right)$에 의해 $\varepsilon = -$

$\dfrac{dQ}{dP} \times \dfrac{P}{Q} = \dfrac{400}{P^5} \times \dfrac{P}{\dfrac{100}{P^4}} = \dfrac{400}{P^5} \times \dfrac{P^5}{100} = 4$로 구할 수 있다. 따

라서 수요의 가격탄력성이 4이므로 맥주 가격이 2% 상승하면 맥주
구입량은 8% 감소한다.

73
정답 ①

수요의 가격탄력성(ε)이란 가격이 변화할 때, 수요량의 변화 정도
를 나타낸다.

가격탄력성(ε)의 크기	의미
$\varepsilon = 0$	완전비탄력적
$0 < \varepsilon < 1$	비탄력적
$\varepsilon = 1$	단위탄력적
$1 < \varepsilon < \infty$	탄력적
$\varepsilon = \infty$	완전탄력적

X재의 경우 비탄력적인 재화이다. 비탄력적인 재화는 다른 조건
이 일정할 때, 가격 상승 시 기업의 총수입은 증가한다.
Y재의 경우 탄력적인 재화이다. 탄력적인 재화는 다른 조건이 일
정할 때, 가격 상승 시 기업의 총수입은 감소한다.

가격탄력성의 크기	판매자의 총수입	
	가격 인상 시	가격 인하 시
$0 < \varepsilon < 1$	증가	감소
$\varepsilon = 1$	불변	불변
$\varepsilon > 1$	감소	증가

74
정답 ②

비용함수는 생산량과 비용 사이의 관계를 나타내는 함수이다. 주
어진 비용함수에서 생산량(Q)이 늘어날수록 총비용은 증가한다.
하지만 평균비용[(총비용)÷(생산량)]은 줄어든다. 예를 들어 생산
량이 1, 2, 3개로 늘어날 경우 총비용(TQ)은 75, 100, 125로 증

가하지만 평균비용은 75, 50(=100÷2), 41.6(=125÷3)으로
감소한다. 이는 생산량이 늘어날수록 평균고정비[(고정비)÷(생산
량)]가 줄어들기 때문이다. 고정비는 생산량과 관계없이 들어가는
비용으로 문제의 함수에서는 50이다. 이처럼 생산량이 늘어날 때
평균비용이 줄어드는 것을 규모의 경제가 존재한다고 한다. 한계
비용은 생산량이 하나 더 늘어날 때 들어가는 비용으로, 문제에서
는 25로 일정하다.

75
정답 ②

오답분석

ⓒ 소득효과가 0인 경우에만 보통수요곡선과 보상수요곡선은 일
치한다.
ⓒ 열등재의 경우 대체효과에 의해서는 구입량이 증가하나 소득
효과에 의해서는 구입량이 감소하므로, 가격효과에 의해 도출
된 보통수요곡선은 보상수요곡선보다 더 급경사의 형태로 나
타난다.

76
정답 ①

제시된 그래프는 X재와 Y재에 대한 소득소비곡선이다. 그래프
의 ICC는 초기에 소득이 증가함에 따라 X재와 Y재의 소비가
단위탄력적($\varepsilon_M^X = 1$)으로 증가하다가 일정 지점 이후로 X재에 대
한 소비가 더 이상 증가하지 않고, Y재의 소비만 증가하는 형태를
보여준다. 따라서 문제의 ICC를 통해 X재화의 소득탄력성은 비
탄력적이라고 볼 수 있다($0 < \varepsilon_M^X < 1$).

77
정답 ⑤

위험선호적인 투자성향을 가지고 있는 사람은 위험도가 가장 높은
주식, 회사채, 국채의 순으로 투자를 할 것이다.

78
정답 ②

불확실한 상황에서 얻을 것으로 예상되는 효용의 기대치는 기대효
용이다.

79
정답 ②

문제의 효용함수는 두 재화가 완전보완재일 때이다. 효용함수가
$U = \min[X, Y]$이므로 효용을 극대화하려면 X재와 Y재를 항상
1 : 1로 소비해야 한다.
소득이 100이고 Y재의 가격이 10일 때, X재와 Y재의 양은 항상
같으므로 두 재화를 같은 양 X라고 설정하고 예산선식($M = P_X X$
$+ P_Y Y$)에 대입해 보면 $100 = P_X \times X + 10 \times X$이다. 이를 정리

하면 $X = \dfrac{100}{P_X + 10}$임을 알 수 있다.

80
정답 ①

레온티예프 효용함수는 항상 소비비율이 일정하게 유지되는 완전 보완재적인 효용함수이므로, X재의 가격이 변화해도 소비량은 일정하게 유지된다. 그러므로 대체효과는 0이고, 효용극대화점에서 효용함수가 ㄴ자형으로 꺾인 형태이기 때문에 한계대체율은 정의되지 않는다. 따라서 ㄱ은 옳고, ㄷ은 옳지 않다. 또한 소비비율이 일정하게 유지되는 특성으로 가격변화 시 두 재화의 소비방향은 항상 같은 방향으로 변화하므로 ㄹ도 옳지 않다.

효용극대화 모형을 풀면 MAX $U(x, y)=\min[x, y]$, $10x+10y=M$에서 효용극대화 조건 $x=y$를 제약식에 대입하면

$x=\dfrac{M}{P_x+P_y}$, $y=\dfrac{M}{P_x+P_y}$ 이다.

$P_x=P_y=10$, $M=1,800$을 대입하면 $x=y=90$이고,

$P_x=8$, $P_y=10$, $M=1,800$을 대입하면 $x=y=100$이므로, 소득효과는 10이다.

따라서 옳은 것은 ㄱ, ㄴ이다.

81
정답 ②

효용함수가 $U=\min\left[\dfrac{X}{2}, \dfrac{Y}{2}\right]$으로 나타나 있는 경우, 레온티예프 함수임을 알 수 있다. 따라서 두 재화는 완전보완재 관계이다. 그러므로 X재와 Y재는 2 : 2의 비율로 소비한다. 따라서 X재와 Y재의 단위당 가격이 100원으로 동일하기 때문에 각각 절반의 X재와 Y재를 소비하게 된다.

82
정답 ④

유동성제약이 존재할 경우 차입이 불가능하여 소비를 증가시킬 수 없기 때문에 현재의 가처분 소득에 의해 소비가 결정된다. 따라서 이 경우 국채가 발행됨에 따라 조세감면이 이루어지면 사람들의 가처분소득이 증가하므로 소비가 증가하게 된다.

83
정답 ⑤

소비자선호의 기본공리

• 완비성(Completeness) : 소비자는 임의의 두 재화묶음 간의 선호 순서를 판단할 수 있다.

• 이행성(Transivity) : 재화묶음 A가 B보다 선호되고, B가 C보다 선호되면 A가 C보다 더 선호된다.

• 연속성(Continuity) : 어떤 재화의 소비량이 조금씩 변하는 경우 효용도 조금씩 증가한다.

• 단조성(Monotonicity) : 재화소비량이 증가할수록 효용도 지속적으로 증가한다.

• 볼록성(Convexity) : 소비자는 극단적인 재화묶음보다 여러 가지 재화를 고루 소비할 수 있는 재화묶음을 더 선호한다.

84
정답 ③

두 재화가 완전보완재이면 한계대체율체감의 법칙이 적용되지 않으므로 무차별곡선은 L자 형태를 가진다.

85
정답 ⑤

무차별곡선이란 어떤 개인이 동일한 효용을 얻을 수 있는 점들을 연결한 선이다.

오답분석

① 무차별곡선이 서로 교차하면 이행성의 공리를 위배하는 것이다.

② 원점에서 멀어질수록 X재와 Y재의 소비량이 더 많아지므로, 더 높은 효용수준을 나타낸다.

③ · ④ 무차별곡선이란 소비자의 효용이 같은 재화의 조합을 연결한 선으로, 원점에 대해 볼록하고, 우하향하는 기울기를 가진다. 두 재화가 완전대체재인 경우 우하향하는 직선의 형태이다.

86
정답 ④

생산함수가 $Q=\min[4K, 2L]$이므로 생산자균형에서는 항상 $Q=2L=4K$가 성립한다. 그러므로 40단위의 재화를 생산하기 위해서는 노동 20단위, 자본 10단위가 투입되어야 한다. 따라서 최소생산비용을 계산하면 $(1\times20$단위$)+(3\times10$단위$)=50$이다.

87
정답 ④

자본의 한계생산은 $MP_K=\dfrac{\partial Q}{\partial K}=L^{0.5}$이므로 자본투입량이 증가하여도 자본의 한계생산에는 변함이 없다.

오답분석

① 노동의 한계생산은 $MP_L=\dfrac{\partial Q}{\partial L}=0.5L^{-0.5}K$가 된다. 이때 노동을 늘릴수록 노동의 한계생산은 감소한다.

② 자본의 한계생산은 $MP_K=\dfrac{\partial Q}{\partial K}=L^{0.5}$가 된다. 이때 노동을 늘릴수록 자본의 한계생산은 증가한다.

③ • 최적상태의 도출 : $\min C=wL+rK$, $st\ L^{0.5}K=Q$

• 비용극소화 조건 :

$$MRTS_{LK}=\frac{MP_L}{MP_K}=\frac{0.5L^{-0.5}K}{L^{0.5}}=\frac{K}{2L}=\frac{w}{r}$$

$$\Rightarrow 2Lw=rK$$

노동과 자본의 단위당 가격이 동일하다면 $2L=K$이므로 자본투입량은 노동투입량의 2배가 된다.

⑤ $Q=L^{0.5}K$는 콥 - 더글라스 함수이다.

88

정답 ①

등량곡선과 등비용선으로 알 수 있는 것은 비용제약에서 산출량이 극대화되는 지점, 또는 주어진 생산량을 최소의 비용으로 생산할 수 있는 지점이다. 따라서 이윤극대화 생산량을 구할 수 없다.

89

정답 ⑤

규모에 대한 수익체증은 모든 생산요소를 동일한 비율로 변화시킬 때 사용되는 개념이고, 규모의 경제는 기업이 생산량을 증가시킬 때, 생산요소의 투입비율이 변하는 경우까지 포함해서 장기평균비용이 낮아지는 것을 의미하는 개념이다. 따라서 규모의 경제는 규모에 대한 수익체증을 포함하는 보다 일반적인 개념이다.

90

정답 ③

엥겔의 법칙이란 소득이 증가함에 따라 가계의 총지출 중에서 음식비에 대한 지출비율이 점차 감소한다는 법칙을 의미하며, 엥겔지수는 가계의 소비지출 중 식료품비의 비율을 나타낸 수치이다. 일반적으로 소득 수준이 낮으면 엥겔지수는 높아지고, 소득 수준이 높으면 엥겔 지수는 낮아진다.

(엥겔지수)=[(식료품비 지출액)÷(가계소비지출)]×100

28%=[(식료품비 지출액)÷3,000,000]×100%

∴ (식료품비 지출액)=840,000원

91

정답 최고가격제

최고가격제란 인플레이션에 대한 규제 및 소비자 보호 등을 목적으로 정부가 균형가격보다 낮은 가격선에서 통제를 하여 그 이상의 가격으로 거래가 이루어지는 것을 제한하는 제도이다.

92

정답 희소성

제시된 사례는 모두 희소성과 관련된 사례들이다. 경제문제는 자원의 희소성으로 인하여 발생하는데, 인간의 욕망은 무한하나, 이를 충족시켜 줄 수 있는 경제적 자원이 상대적으로 제한되어 있음을 희소성의 법칙이라고 한다.

93

정답 황금주

황금주란 단 한 주만으로도 합병·이사해임 등 경영권에 직결되는 중요 의사결정에 대해 절대적인 권한을 행사할 수 있는 특별 주식으로, 적대적 M&A에 방어권을 행사할 수 있는 방법이다.

94

정답 유동성 함정

유동성 함정은 금리가 한계금리 수준까지 낮아져 통화량을 늘려도 소비·투자 심리가 살아나지 않는 현상을 말한다. 이는 중앙은행과 정부의 통화정책 효과를 제한하며, 경제 회복을 어렵게 만드는 중요한 경제 현상이다.

95

정답 600

재화 X의 균형가격은 210이고, 균형거래량은 20이다. 소비자잉여는 P축과 균형점을 빗변으로 하는 직각삼각형이므로 소비자잉여의 크기는 다음과 같다.

$$(270-210)\times20\times\frac{1}{2}=600$$

96

정답 60

시장수요함수와 시장공급함수를 연립하여 최고가격제 시행 전 가격과 생산량을 구하면 $P=220$, $Q=80$이다. 최고가격제를 시행하게 되면 시장에는 90의 수요량과 75의 공급량이 존재하게 되어 15의 초과수요가 발생하게 된다. 초과수요를 해소하기 위해 단위당 S원의 보조금을 지급하면 공급곡선이 S원만큼 하방으로 이동하므로 시장공급함수식은 $P=-(100+S)+4Q$로 바뀌게 된다. 따라서 가격이 200일 때 공급량이 90이 되는 단위당 보조금의 크기를 계산하기 위해 변경된 공급함수 식에 $P=200$, $Q=90$을 대입하면 $200=-(100+S)+360$, $S=60$이다. 따라서 Y재 1단위당 보조금액은 60이다.

97

정답 125원

보조금 지급 이전의 균형가격과 거래량을 계산하면, $400-Q=250+1.5Q$ → $Q=60$, $P=340$이다.

공급함수에 보조금 X원을 지급하면 공급함수가 하방으로 이동하므로 $P=(250-X)+1.5Q$가 된다. 따라서 X원의 보조금을 지급한 이후 가격이 50원 하락하였으므로 균형가격 P는 290원이다. 균형가격을 수요함수에 대입하면, 균형거래량은 110이다. 균형가격 290과 균형거래량 110을 보조금 지급 이후의 공급함수에 대입하면 $290=(250-X)+1.5\times110$이므로 보조금 X는 125원이다.

98

정답 0.5

$$e_p=\frac{\dfrac{\Delta Q}{Q}}{\dfrac{\Delta P}{P}}=\frac{\dfrac{20}{200}}{\dfrac{20}{100}}=\frac{10}{20}=0.5$$

99

- [기대소득 $E(X)$]=$(80\%\times1,600)+(20\%\times0)$=1,280만 원
- [기대효용 $EU(X)$]=$(0.8\times\sqrt{1,600})+(0.2\times\sqrt{0})$=32만 원
- [확실성등가액 CEQ]=32^2=1,024만 원
- (공정한 보험료)=1,600(손실이 없을 때 소득)−1,280(기대소득)=320만 원
- ∴ (위험프리미엄)=1,280만−1,024만=256만 원

100
정답 500

주어진 생산함수는 레온티예프 생산함수로, 비용극소화는 $Q=L$ $=2K$에서 이루어진다.
100단위의 상품을 생산할 경우 $100=L=2K$에서 L은 100, K는 500이다.
이를 비용함수에 대입하면 TC(총비용)$=wL+rK=4L+2K=$ $(4\times100)+(2\times50)$=500이다.
※ w=노동의 단위당 가격, r=자본의 단위당 가격

2일 차 기출응용 모의고사 정답 및 해설

| 01 | NCS

01	02	03	04	05	06	07	08	09	10
③	④	④	①	④	⑤	⑤	⑤	③	④
11	12	13	14	15	16	17	18	19	20
③	①	①	②	④	②	②	⑤	④	②
21	22	23	24	25	26	27	28	29	30
④	②	⑤	④	②	②	②	②	④	③
31	32	33	34	35	36	37	38	39	40
⑤	④	②	④	⑤	②	①	③	④	④

01
정답 ③

두 번째 문단에서 부조화를 감소시키는 행동은 비합리적인 면이 있는데, 그러한 행동들이 자신들의 문제에 대해 실제적인 해결책을 찾지 못하도록 할 수 있다고 하였다.

오답분석
① 인지 부조화는 불편함을 유발하기 때문에 사람들은 이것을 감소시키려고 한다.
② 제시문에는 부조화를 감소시키는 행동의 합리적인 면이 나타나 있지 않다.
④ 부조화를 감소시키는 행동으로 사람들은 자신의 긍정적인 측면의 이미지를 유지하게 되는데, 이를 통해 부정적인 이미지를 감소시키는지는 알 수 없다.
⑤ 제시문에서 부조화를 감소시키려는 자기방어적인 행동은 부정적인 결과를 초래한다고 하였다.

02
정답 ④

앞의 내용에 따르면 인지 부조화 이론에서 '사람들은 현명한 사람을 자기 편, 우매한 사람을 다른 편이라 생각할 때 마음이 편안해질 것이다.'라고 하였다. 따라서 자신의 의견과 동일한 주장을 하는 글은 논리적인 글을 기억하고, 자신의 의견과 반대되는 주장을 하는 글은 형편없는 글을 기억할 것이라 예측할 수 있다.

03
정답 ④

기타를 제외한 4개국의 2022년 대비 2023년의 해외 이주자 수의 감소율을 구하면 다음과 같다.
- 미국 : $\frac{2,434-2,487}{2,487} \times 100 \fallingdotseq -2.13\%$
- 캐나다 : $\frac{225-336}{336} \times 100 \fallingdotseq -33.04\%$
- 호주 : $\frac{107-122}{122} \times 100 \fallingdotseq -12.30\%$
- 뉴질랜드 : $\frac{96-96}{96} \times 100 \fallingdotseq 0\%$

따라서 2022년 대비 2023년의 해외 이주자 수의 감소율이 가장 큰 나라는 캐나다이다.

오답분석
① 전체 해외 이주민의 수는 2017년에 증가했으므로 옳지 않다.
② • 2020년 기타를 제외한 4개국의 해외 이주자 수
　 : 10,843+1,375+906+570=13,694명
　 • 2023년 기타를 제외한 4개국의 해외 이주자 수
　 : 2,434+225+107+96=2,862명
　 • 2020년 대비 2023년 4개국 해외 이주자 수의 증감률
　 : $\frac{2,862-13,694}{13,694} \times 100 \fallingdotseq -79.1\%$

따라서 2020년 대비 2023년 기타를 제외한 4개국 해외 이주자 수의 감소율은 80% 미만이다.
③ 2015년 대비 2023년의 캐나다 해외 이주자 수의 증감률은
$\frac{225-2,778}{2,778} \times 100 \fallingdotseq -91.9\%$이다. 즉, 2015년 대비 2023년의 캐나다 해외 이주자 수의 감소율은 94% 미만이다.
⑤ 2016~2023년 호주의 전년 대비 해외 이주자의 감소폭을 구하면 다음과 같다.
- 2016년 : 1,846-1,835=11명
- 2017년 : 1,749-1,846=-97명
- 2018년 : 1,608-1,749=-141명
- 2019년 : 1,556-1,608=-52명
- 2020년 : 906-1,556=-650명
- 2021년 : 199-906=-707명
- 2022년 : 122-199=-77명
- 2023년 : 107-122=-15명

따라서 호주의 전년 대비 해외 이주자 수의 감소폭이 가장 큰 해는 2021년이다.

04　　　　　　　　　　　　　　　　　　　　정답 ①

아시아의 소비실적은 2000년에 1,588Moe이었으므로 3배 이상이 되려면 4,764Moe 이상이 되어야 한다.

오답분석

②・④・⑤ 제시된 자료를 통해 알 수 있다.

③ 2000년 중국과 인도의 에너지 소비 비중은 $\frac{879+317}{8,782}\times100$
≒13.6%이다.

05　　　　　　　　　　　　　　　　　　　　정답 ④

제시문에서는 사유 재산에 대한 개인의 권리 추구로 다수가 피해를 입게 된다면 사익보다 공익을 우선시하여 개인의 권리가 제한되어야 한다고 주장한다. 따라서 이러한 주장에 대한 반박으로는 개인인 땅 주인이 권리를 행사함에 따라 다수인 마을 사람들에게 발생하는 피해가 법적으로 증명되어야만 권리를 제한할 수 있다는 ④가 가장 적절하다.

06　　　　　　　　　　　　　　　　　　　　정답 ⑤

비용이 17억 원 이하인 업체는 A, D, E, F이며, 이 중 1차로 선정할 업체를 구하기 위해 가중치를 적용한 점수를 구하면 다음과 같다.

• A : (18×1)+(11×2)=40점
• D : (16×1)+(12×2)=40점
• E : (13×1)+(10×2)=33점
• F : (16×1)+(14×2)=44점

따라서 1차로 선정될 3개 업체는 A, D, F이며, 이 중 친환경소재 점수가 가장 높은 업체인 F가 최종 선정된다.

07　　　　　　　　　　　　　　　　　　　　정답 ⑤

비용이 17억 2천만 원 이하인 업체는 A, C, D, E, F이며, 이 중 1차로 선정할 업체를 구하기 위해 가중치를 적용한 점수를 구하면 다음과 같다.

• A : (11×3)+(15×2)=63점
• C : (13×3)+(13×2)=65점
• D : (12×3)+(14×2)=64점
• E : (10×3)+(17×2)=64점
• F : (14×3)+(16×2)=74점

따라서 1차 선정될 업체는 C와 F이며, 이 중 입찰 비용이 더 낮은 업체인 F가 최종 선정된다.

08　　　　　　　　　　　　　　　　　　　　정답 ⑤

2021년과 2022년의 합계 출산율의 차이는 1.19−1.15=0.04명이다.

09　　　　　　　　　　　　　　　　　　　　정답 ③

삼각지는 본래 지명 새벌(억새 벌판)의 경기 방언인 새뿔을 각각 석 삼(三)과 뿔 각(角)으로 잘못 해석하여 바꾼 것이므로 뿔 모양의 지형에서 유래되었다는 내용은 적절하지 않다.

오답분석

① 우리나라의 지명 중 山(산), 谷(곡), 峴(현), 川(천) 등은 산악 지형이 대부분인 한반도의 산과 골짜기를 넘는 고개, 그 사이를 굽이치는 하천을 반영한 것이다.

② 평지나 큰 들이 있는 곳에는 坪(평), 平(평), 野(야), 原(원) 등의 한자가 많이 쓰였다.

④ 조선 시대에는 촌락의 특수한 기능이 지명에 반영되는 경우가 많았는데 하천 교통이 발달한 곳의 지명에는 '∼도(渡)', '∼진(津)', '∼포(浦)' 등의 한자가 들어간다.

⑤ 김포공항에서 유래된 공항동은 서울의 인구 증가로 인해 새롭게 만들어진 동이므로 공항동 지명의 역사는 일제에 의해 한자어 지명이 바뀐 고잔동 지명의 역사보다 짧다.

10　　　　　　　　　　　　　　　　　　　　정답 ④

'공문서의 전달과 관리의 내왕, 관물의 수송 등을 주로 담당했던 역과 관리나 일반 여행자에게 숙박 편의를 제공했던 원의 역원취락(驛院聚落)은 주요 역로를 따라 발달했다.'는 빈칸의 앞 부분의 내용을 통해 '역(驛)∼', '∼원(院)' 등의 한자가 들어가는 지명은 과거에 육상 교통이 발달했던 곳임을 알 수 있다.

11　　　　　　　　　　　　　　　　　　　　정답 ③

B과장은 현재 4급으로, 3급으로 승진하기 위해서는 직급 임기 4년, 인사고과 점수 93점 이상, 과장급 4년 이상 보직기간을 충족해야 한다.

• 직급 임기 : 2017년 4월 3일부터 임기하여 2021년 4월 3일자로 임기가 4년을 경과하므로 임기 조건을 충족하였다.

• 보직 : 현재 과장으로 조건을 충족하였다.

• 보직기간 : 4년으로 조건을 충족하였다.

• 인사고과 점수 : 92점으로 조건을 충족하지 못하였다.

따라서 B과장은 인사고과 점수 부족으로 승진 대상자에서 제외되므로 인사고과 점수를 1점 이상 더 높게 받아야 한다.

12

C대리는 현재 5급으로, 4급으로 승진하기 위해서는 직급 임기 4년, 인사고과 점수 90점 이상, 대리급 4년 이상 보직기간을 충족해야 한다.
- 직급 임기 : 2020년 1월 1일부터 임기하여 2024년 1월 1일자로 임기가 4년을 경과하므로 임기 조건을 충족하였다(∵ 2024년 1월 1일 승진 기준).
- 보직 : 현재 대리로 조건을 충족하였다.
- 보직기간 : 4년으로 조건을 충족하였다.
- 인사고과 점수 : 93점으로 조건을 충족하였다.

따라서 C대리는 이미 승진 대상자로 추가로 충족해야 할 조건은 없다.

13

정답 ①

A부장은 현재 3급으로, 2급으로 승진하기 위해서는 직급 임기 5년, 인사고과 점수 95점 이상, 부장급 5년 이상 보직기간을 충족해야 한다.
- 직급 임기 : 2021년 1월 1일부터 임기하여 2026년 1월 1일자로 임기가 5년을 경과한다.
- 보직 : 현재 부장으로 조건을 충족하였다.
- 보직기간 : 5년으로 조건을 충족하였다.
- 인사고과 점수 : 96점으로 조건을 충족하였다.

따라서 A부장은 직급 임기를 제외한 나머지 조건을 모두 충족한 상태이므로 2026년 1월 1일에 임기 5년을 채워 승진할 수 있다.

14

정답 ②

2021년도 전체 인구수를 100명으로 가정했을 때, 같은 해 문화예술을 관람한 비율은 60.8%이므로 $100 \times 60.8 ≒ 60.8$명이다. 60.8명 중 미술관 관람률은 10.2%이므로 $60.8 \times 0.102 = 6.2 ≒ 6$명이다.

오답분석

① 문화예술 관람률은 52.4% → 54.5% → 60.8% → 64.5%로 꾸준히 증가하고 있다.
③ 문화예술 관람률이 접근성과 관련이 있다면 조사기간 동안 가장 접근성이 떨어지는 것은 관람률이 가장 낮은 무용이다.
④ 남자보다는 여자의 문화예술 관람률이 높으며, 40세 이상보다 30대 이하의 문화예술 관람률이 높다.
⑤ 60세 이상 문화예술 관람률의 2017년 대비 2023년의 증가율은 $\frac{28.9-13.4}{13.4} \times 100 ≒ 115.7$%이므로 100% 이상 증가했다.

15

정답 ④

2021년에 독일은 10.4%에서 11.0로 증가했으므로 증가율은 $\frac{11.0-10.4}{10.4} \times 100 ≒ 5.77$%이며, 대한민국은 9.3%에서 9.8로 증가했으므로 증가율은 $\frac{9.8-9.3}{9.3} \times 100 ≒ 5.38$%이다.

오답분석

① 2019년에 일본은 8.0%에서 7.7%로 감소했으므로 감소율은 $\frac{8.0-7.7}{8.0} \times 100 = 3.75$%이다.
②·③·⑤ 자료를 통해 확인할 수 있다.

16

정답 ②

2023년 미국의 청년층 실업률은 2018년과 비교하여 6.8%p 증가하였다.

오답분석

① 5.1%p 감소
③ 6.1%p 증가
④ 변화 없음
⑤ 0.4%p 감소

17

정답 ②

빈칸의 앞 문단에서는 골관절염과 류마티스 관절염이 추위로 인해 증상이 악화될 수 있음을 이야기하고 있으며, 뒤 문단에서는 외부 온도 변화에 대응할 수 있는 체온 유지 방법을 설명하고 있다. 즉, 온도 변화에 증상이 악화될 수 있는 질환들을 예방하기 위해 체온을 유지·관리해야 한다는 것이므로 빈칸에는 앞에서 말한 일이 뒤에서 말할 일의 근거가 될 때 쓰는 '따라서'가 들어가야 한다.

18

정답 ⑤

남성의 경제활동 참가율의 경우는 가장 높았던 때가 74.0%이고 가장 낮았던 때는 72.2%이지만, 여성의 경제활동 참가율의 경우는 가장 높았던 때가 50.8%이고 가장 낮았던 때는 48.1%이므로 2%p 이상 차이가 난다.

오답분석

① 2023년 1분기 경제활동 참가율은 60.1%로, 전년 동기 경제활동 참가율 대비 0.2%p 상승했다.
② 2023년 1분기 여성 경제활동 참가율(48.5%)은 남성(72.3%)에 비해 낮지만, 전년 동기에 비해 0.4%p 상승했다.
③ 남녀 경제활동 참가율의 합이 가장 높았던 때는 73.8+50.8=124.6인 2022년 2분기이다.
④ 조사기간 중 경제활동 참가율이 가장 낮았을 때는 2022년 1분기로, 여성의 경제활동 참가율 역시 48.1%로 가장 낮았다.

19

정답 ④

구매하려는 라면의 개수를 x개라 하면, 온라인에서 라면을 구매할 때 드는 비용은 $(900x+2,500)$원이고, 소형매장에서 라면을 구매할 때 드는 비용은 $1,000x$원이다. 이때 소형매장에서 구매하는 것보다 온라인에서 구매하는 것이 더 저렴하려면 다음 식을 만족해야 한다.

$900x+2,500<1,000x$

$\rightarrow 100x>2,500$

$\therefore\ x>25$

따라서 라면을 25개보다 많이 구매할 때 온라인에서 구매해야 비용을 최소화할 수 있다. 그러므로 A와 B는 소형매장, C는 온라인에서 구매해야 한다.

20

정답 ②

자신의 식사비를 각자 낸다면 5만 원이 넘는 식사도 가능하다.

오답분석

① 심사대상자로부터 법정 심사료가 아닌 식사 등을 받는 것은 원활한 직무수행이나 사교·의례로 볼 수 없다.

③ 상급자에게 사교·의례의 목적으로 건네는 선물은 5만 원까지이므로 50만 원 상당의 선물은 허용되지 않는다.

④ 졸업한 학생선수 및 그 학부모와 학교운동부지도자 간에 특별한 사정이 없는 한 직무관련성이 인정되지 않으므로, 1회 100만 원 이하의 금품 등을 수수하는 것은 허용될 수 있다.

⑤ 언론사 임직원이 외부강의 후 사례금으로 90만 원을 받은 것은 외부강의 사례금 상한액 100만 원을 넘지 않았으므로 허용된다.

21

정답 ④

신입직 지원자는 400명이므로 수용 가능 인원이 380명인 A중학교는 시험 장소로 적절하지 않으며, E고등학교의 경우 시험 진행에 필요한 스피커를 갖추고 있지 않으므로 적절하지 않다. 한편, B고등학교는 일요일에만 대여할 수 있으므로 시험이 실시되는 토요일에 대여할 수 없다. 따라서 신입직 채용시험 장소로 선택할 수 있는 곳은 C대학교와 D중학교이며, 이 중 대여료가 저렴한 D중학교가 신입직 채용시험 장소로 가장 적절하다.

22

정답 ②

신입직과 경력직 지원자는 총 480명이므로 수용 가능 인원이 480명 이하인 A중학교와 D중학교는 시험 장소로 적절하지 않으며, 스피커를 갖추고 있지 않은 E고등학교 역시 적절하지 않다. 따라서 신입·경력직 채용시험 장소로 선택할 수 있는 곳은 B고등학교와 C대학교이며, 이 중 대여료가 저렴한 B고등학교가 신입·경력직 채용시험 장소로 가장 적절하다.

23

정답 ⑤

• A : 해외여행에 결격사유가 있다.
• B : 지원분야와 전공이 맞지 않다.
• C : 대학 재학 중이므로 지원이 불가능하다.
• D : TOEIC 점수가 750점 이상이 되지 않는다.
• E : 병역 미필로 지원이 불가능하다.

따라서 A~E 5명 모두 지원자격에 부합하지 않는다.

24

정답 ④

제시문은 한 개인이나 사회가 언어적 다양성을 보이는 경우를 '이중 언어 사용'과 '양층 언어 사용'의 두 상황으로 나누어 설명하고 있다. 언어의 다양성을 원인과 결과로 나누거나 변화 과정을 소개하고 있지는 않다.

오답분석

① '이중 언어 사용'과 '양층 언어 사용'의 개념을 밝히고 그에 대하여 설명을 서술하고 있다.

② 양층 언어 사용 상황에 있는 구성원이 특정 상황에서 사용되는 언어를 몰라 불이익을 받는 경우를 예를 들어 설명하였다.

③ 퍼거슨과 피시먼의 연구를 대조하여 각각 연구의 특성을 부각하고 있다.

⑤ 이중 언어 사회에서 다수자 언어와 소수자 언어를 하위 요소로 나누고, 양층 언어 사회에서 상층어와 하층어를 하위 요소로 나누어 설명하고 있다.

25

정답 ④

이중 언어 사회에서 통용되는 둘 이상의 언어들은 공용어로서 대등한 지위를 가질 수 있다고 하였으므로 적절하지 않다.

오답분석

① 양층 언어 사회에서 변이어들은 언어 사용자 수와 무관하게 '상층어'와 '하층어'로 구분되며 상보적 관계에 있다고 하였다.

② 상층어는 주로 '높은 차원', 하층어는 '낮은 차원'의 언어적 기능을 수행하므로 구성원은 특정 상황에서 사용되는 언어를 모를 경우 불이익을 받을 수 있다고 하였다.

③ 상층어는 주로 종교, 법률, 교육, 행정 등과 같은 분야에 사용되며, 하층어는 주로 가족 간의 비격식적인 대화, 친교를 위한 일상 담화 등에 사용된다고 하였으므로 각 변이어에 부여하는 가치가 다름을 알 수 있다.

⑤ 이중 언어 사회에서 일반적으로 다수자 언어는 힘이나 권위의 문제에 있어 소수자 언어보다 우세한 지위를 가지는 경우가 많다고 하였다.

26
정답 ②

이중 언어 사회(B지역)에서는 둘 이상의 언어(프랑스어와 영어)가 사회적으로 기능상의 차이 없이 통용되므로 구성원 모두가 두 언어를 유창하게 구사할 필요는 없다.

오답분석

① 양층 언어 사회(A지역)에서 상층어(현대 표준 아랍어)와 하층어(구어체 아랍어)는 사용하는 장소나 상황이 엄격하게 구분된다. 따라서 두 언어를 습득하는 환경이 다를 수 있다.
③ 양층 언어 사회(A지역)에서 상층어(현대 표준 아랍어)와 하층어(구어체 아랍어)는 사회적으로 기능에 차이가 있다.
④ 이중 언어 사회(B지역)에서는 둘 이상의 언어(프랑스어와 영어)가 사용되는 장소의 구분이 없다.
⑤ 이중 언어 사회(B지역)와 양층 언어 사회(A지역) 모두 둘 이상의 언어를 사용하는 언어적 다양성을 보이고 있다.

27
정답 ②

SOC, 산업·중소기업, 통일·외교, 공공질서·안전, 기타의 5개 분야에서 전년 대비 재정지출액이 증가하지 않았으므로 옳은 설명이다.

오답분석

① 교육 분야의 전년 대비 재정지출 증가율은 다음과 같다.
  - 2020년 : $\frac{27.6-24.5}{24.5}\times100 ≒ 12.7\%$
  - 2021년 : $\frac{28.8-27.6}{27.6}\times100 ≒ 4.3\%$
  - 2022년 : $\frac{31.4-28.8}{28.8}\times100 ≒ 9.0\%$
  - 2023년 : $\frac{35.7-31.4}{31.4}\times100 ≒ 13.7\%$

  따라서 교육 분야의 전년 대비 재정지출 증가율이 가장 높은 해는 2023년이다.
③ 2019년에는 기타 분야가 예산에서 차지하고 있는 비율이 가장 높았다.
④ SOC(−8.6%), 산업·중소기업(2.5%), 환경(5.9%), 기타(−2.9%)의 4개 분야가 해당한다.
⑤ 통일·외교 분야의 증감추이는 '증가 – 증가 – 감소 – 증가'이고, 기타 분야의 증감추이는 '감소 – 감소 – 증가 – 증가'로 동일하지 않다.

28
정답 ②

- 2022년 사회복지·보건 분야 재정지출의 2021년 대비 증감률
  : $\frac{61.4-56.0}{56.0}\times100 ≒ 9.6\%$
- 2022년 공공질서·안전 분야 재정지출의 2021년 대비 증감률
  : $\frac{10.9-11.0}{11.0}\times100 ≒ -0.9\%$

따라서 증감률의 차이는 $9.6-(-0.9)=10.5\%$p이다.

29
정답 ④

초과근무 계획표에 따라 초과근무 일정을 정리하면 다음과 같다.

월요일	화요일	수요일	목요일	금요일	토요일	일요일
김혜정 정해리 정지원	이지호 이승기 최명진	김재건 신혜선	박주환 신혜선 정지원 김우석 이상엽	김혜정 김유미 차지수	이설희 임유진 김유미	임유진 한예리 이상엽

목요일에는 초과근무자가 5명이고, 목요일 초과근무자 중 단 1명만 초과근무 일정을 바꿔야 한다면 목요일 6시간과 일요일 3시간 일정으로 $6+(3\times1.5)=10.5$시간을 근무하는 이상엽 직원의 일정을 바꿔야 한다.

30
정답 ③

이륜차와 관련된 교통사고는 $29+11=40\%$로 $2,500\times0.4=1,000$건이며, 30대 이하 가해자는 $38+21=59\%$로 $2,500\times0.59=1,475$명이므로 $\frac{1,000}{1,475}\times100 ≒ 67.8\%$이다.

오답분석

① 60대 이상의 비율은 $100-(38+21+11+8)=22\%$로, 30대보다 높다.
② 사륜차와 사륜차 교통사고 사망건수는 $2,500\times0.42\times0.32=336$건이고, 20대 가해자 수는 $2,500\times0.38=950$명으로, $\frac{336}{950}\times100 ≒ 35.4\%$로 35% 이상이다.
④ 보행자와 관련된 교통사고는 $18+11=29\%$로 $2,500\times0.29=725$건이며, 그중 40%가 사망사건이라고 했으므로 사망건수는 $725\times0.4=290$건이다. 이때, 사륜차와 사륜차의 교통사고 사망건수는 336건이므로 보행자와 관련된 교통사고 사망건수보다 많다.
⑤ 사륜차와 이륜차 교통사고 사상자 수는 $2,500\times0.29=725$명이고, 이 중 사망자의 비율은 68%이므로 사망건수는 $725\times0.68=493$건이다. 따라서 사륜차와 사륜차 교통사고 사망건수인 336건보다 많다.

31
정답 ⑤

이륜차 또는 보행자와 관련된 교통사고는 $29+18+11=58\%$로 $2,500\times0.58=1,450$건이다. 이 중 20%의 가해자가 20대라고 했으므로 $1,450\times0.2=290$건이다. 이때 전체 교통사고 중 20대 가해건수는 $2,500\times0.38=950$건이므로, 이륜차 또는 보행자와 관련된 교통사고 중 20대 가해자는 전체 교통사고 20대 가해자의 $\frac{290}{950}\times100 ≒ 30\%$를 차지한다.

32 정답 ④

ㄴ. 주세가 부과된다는 것은 해당 음료의 알코올 함유량이 100분의 1 이상이라는 의미인데, 알코올 함유량이 100분의 0.5를 초과하는 음료는 맥주로 분류되어 30%의 관세가 같이 부과된다. 따라서 주세의 납부 대상이지만 관세의 납부 대상이 아닌 음료는 존재하지 않는다.

ㄷ. 알코올 함유량이 100분의 0.5를 초과한다면 이는 맥주에 해당하여 30%의 관세가 부과된다. 따라서 옳지 않다.

오답분석

ㄱ. 알코올 함유량이 100분의 0.5를 초과하는 경우 30%의 관세가 부과되며, 이와 별도로 알코올 함유량이 100분의 1 이상인 경우 72%의 주세가 부과된다. 따라서 옳은 내용이다.

33 정답 ②

(가) A유형의 시험체 강도 평균은 24.2MPa이며, 기준강도는 24MPa이므로 각 시험체 강도가 모두 기준강도에서 3.5MPa을 뺀 값(20.5MPa) 이상이어야 한다. A유형의 3개의 시험체는 모두 이 조건을 충족하므로 판정결과는 합격이다.

(나) C유형의 시험체 강도 평균은 35.1MPa이며, 기준강도는 35MPa이므로 각 시험체 강도가 모두 기준강도에서 3.5MPa을 뺀 값(31.5MPa) 이상이어야 한다. C유형의 3개의 시험체는 모두 이 조건을 충족하므로 판정결과는 합격이다.

(다) E유형의 시험체 강도 평균은 45.5MPa이며, 기준강도는 45MPa이므로 각 시험체 강도가 모두 기준강도의 90%(40.5MPa) 이상이어야 한다. 그런데 E유형의 시험체 1이 이 조건을 충족하지 못하므로 판정결과는 불합격이 된다.

34 정답 ④

제시문은 대중과 미술의 소통을 목적으로 공공장소에 미술 작품을 설치하는 공공미술의 변화 과정을 설명하고 있다. 두 번째 문단에서 장소 중심의 공공미술은 이미 완성된 작품을 어디에 놓느냐에 주목했기 때문에 작품 창작에서 대중의 참여를 중요시했다고 볼 수 없다.

35 정답 ⑤

ㄴ. 2023년과 2022년에 G기업이 정부지원금 1위이므로 2021년에도 1위라면, 3개년 연속 1위이다.

ㄷ. F기업과 H기업은 2022년에 비해 2023년에 정부지원금이 감소하였다.

ㄹ. 2023년 7개 기업의 총 정부지원금은 454,943만 원으로, 2022년 총 정부지원금 420,850만 원에 비해 454,943-420,850=34,093만 원 증가하였다.

오답분석

ㄱ. 2022년과 2023년에 정부지원금이 동일한 기업은 없다.

36 정답 ②

2022년을 기준으로 1위와 2위가 바뀌었다고 했으므로 2021년에는 1위가 D기업, 2위가 G기업이다. E기업은 매년 한 순위씩 상승했고, 2022년에 4위였으므로 2021년에는 5위이다. 2021년부터 3년간인 2023년까지 5위 안에 드는 기업이 동일하다 했으므로, 5위 안에 드는 기업은 C, D, E, G, H기업이고, H기업은 2022년까지 매년 3위를 유지했으므로 2021년에도 3위이다.

따라서 2021년 1위는 D기업, 2위는 G기업, 3위는 H기업, 4위는 C기업, 5위는 E기업이다.

37 정답 ①

제시문에 따르면 복지국가 담론에 대한 회의 혹은 자본주의 시장 실패에 대한 대안이나 보완책으로 '사회적 경제'가 거론된다. 따라서 기존의 복지국가 담론은 사회적 경제가 등장하게 된 배경으로 볼 수 있으며, 이는 사회적 경제의 개념과는 거리가 멀다.

38 정답 ③

주어진 전제를 기호화하면 다음과 같다.
ⅰ) 갑○ ∨ 을○
ⅱ) 병○ → 을×
ⅲ) 을○ → 병×(병과 을은 동시에 임용될 수 없으므로)
∴ 병×

따라서 병이 임용되지 못한다는 결론을 위해서는 을이 임용된다는 전제를 끌어낼 수 있으면 된다. 그런데 첫 번째 전제에서 갑과 을 둘 중 적어도 한 명은 임용되어야 함을 알 수 있으므로 ③이 추가적인 전제로 주어진다면 병이 임용되지 못한다는 결론을 얻을 수 있다.

39 정답 ④

신입사원의 수를 x명이라고 하자.
1인당 지급하는 국문 명함은 150장이므로 1인 기준 국문 명함 제작비용은 10,000(∵ 100장)+3,000(∵ 추가 50장)=13,000원이다.
$13,000x=195,000$
$\therefore x=15$

40 정답 ④

1인당 지급하는 영문 명함은 200장이므로 1인 기준 영문 명함 제작비용(일반 종이 기준)은 15,000(∵ 100장)+10,000(∵ 추가 100장)=25,000원이다.
이때 고급종이로 영문 명함을 제작하므로 해외영업부 사원들의 1인 기준 영문 명함 제작비용은 $25,000\left(1+\dfrac{1}{10}\right)=27,500$원이다.
따라서 8명의 영문명함 제작비용은 27,500×8=220,000원이다.

41	42	43	44	45	46	47	48	49	50
③	⑤	①	⑤	③	③	③	④	①	⑤
51	52	53	54	55	56	57	58	59	60
③	③	①	④	③	③	④	④	④	①
61	62	63	64	65	66	67	68	69	70
④	③	④	②	③	③	⑤	⑤	③	①
71	72	73	74	75	76	77	78	79	80
②	④	⑤	⑤	③	③	④	⑤	③	③
81	82	83	84	85	86	87	88	89	90
⑤	②	④	①	⑤	③	④	①	⑤	③

91	92
친화성	권위법
93	94
대용승진	팀 조직
95	96
합명회사	인재 개발
97	98
요원화 기능	당기순이익
99	100
시장세분화	50억 원

41

정답 ③

미래 예측은 전략개발단계에 해당한다. GE 매트릭스의 상황평가단계는 분석단위 결정, 변수 파악, 가중치 부여, 사업단위 위치 결정으로 진행된다.

오답분석
① 분석단위 결정 : 시장, 제품 등에 대해 독립된 의사결정 또는 자원배분이 가능한 단위를 말한다.
② 변수 파악 : 수익성을 결정하는 변수가 무엇인지 파악한다.
④ 가중치 부여 : 산업의 매력도, 시장에서의 경쟁우위 등 중요도에 따라 비중을 부여한다.
⑤ 사업단위 위치 결정 : 각 변수를 평가하여 개별 사업의 매트릭스상 위치를 결정한다.

42

정답 ⑤

조직 및 개인의 역량 개발은 HRD의 업무에 해당한다.

오답분석
①·②·③·④ HRM(Human Resource Management)은 인적자원관리를 의미하며, 인적자원의 확보 및 배치, 미래 인적자원계획, 인사제도 기획 및 실행, 임금 및 복리후생 설계 등을 통해 조직의 인력 효율성·생산성을 높여 성과를 창출하기 위한 관리기법이다.

HRD(Human Resource Development)
• 인적자원개발로 조직 내에서 직원들의 역량을 향상하고 발전시키는 업무이다.
• 일반적으로 교육, 훈련, 경력이나 역량 개발 등을 포함하며, 개개인이 조직의 목표에 더 잘 부합하도록 구성원의 성장을 지원한다.

43

정답 ①

MBO는 구성원과 조직과의 활발한 커뮤니케이션을 통해 조직에 알맞은 구성원의 목표를 관리함으로써 구성원과 조직의 성장에 목적을 두므로, 개인 목표와 조직 목표의 연계가 필요하다.

오답분석
②·③·④·⑤ 목표관리법(MBO; Management By Objectives) 은 모든 조직 구성원이 목표를 설정하고 실행하여 이에 대한 성과를 함께 평가하는 방법이다.

44

정답 ⑤

재고를 최소화하기 위해서는 로트 크기를 줄이는 것이 중요하다. 로트는 1회에 생산되는 제품 단위를 의미하며, 로트를 줄일수록 재고를 최소화할 수 있다.

적시생산방식(JIT)
• 소규모 로트 크기 : 생산소요시간 및 재고 감축과 시공간, 비용을 절약할 수 있으며, 각 공정의 작업부하가 작업시간 동안에 평준화되는 경향을 보이게 된다.
• 풀(Pull) 형식의 자재 흐름 통제 : 주문에 의해 생산이 개시되어 필요로 하는 양만큼의 자재를 각 공정을 따라 조립설비까지 끌어당기는 형태인 풀(Pull) 형식의 수단으로 정보를 주고받는 카드 모양의 칸반(Kanban)을 활용한다.
• 노동력의 유연성과 팀워크 : 노동자가 다기능을 수행하여 낭비되는 생산능력을 줄이고 팀워크도 좋아지는 이점이 있다.
• 공급업체와의 유대 강화 : 공급업체와의 유대를 강화하여 공급업체로부터 우수한 품질의 부품을 적기에 필요로 하는 수량만큼만 공급받을 수 있도록 한다.
• 원천에서의 품질 관리 : 작업자가 품질의 책임까지 담당하도록 하는 '원천에서의 품질관리(Quality at Source)'로 별도의 품질 관리부서가 불필요하게 된다.

45 정답 ③

① 프리미엄 가격 : 타깃 고객이 가격에 민감하지 않고 높은 품질의 제품을 선호하는 경우 제품에 높은 가격을 붙여 판매하는 방법이다.
② 경쟁자 기반 가격 : 경쟁자들이 책정한 가격을 분석하여 제품 가격을 결정하는 방법이다.
④ 원가 기반 가격 : 제품의 생산, 마케팅 등에 소요된 비용을 분석하여 이익을 창출할 수 있는 수준으로 가격을 결정하는 방법이다.
⑤ 시장침투 가격 : 시장 내 비슷한 제품이 많아 경쟁이 치열할 경우 경쟁제품 대비 저렴한 가격을 설정하여 제품의 시장 점유율을 높이는 방법이다.

46 정답 ③

공사는 일반 행정 기관에 적용되는 예산 회계에 관한 법령의 적용을 받지 않는다.

① 공사의 운영은 공공기관의 운영에 관한 법률에 따라 이루어진다.
④ · ⑤ 공사는 임원의 임명권과 운영의 책임을 모두 정부가 가지기 때문에 공공성과 기업성을 적절히 조화시켜 운영하는 것을 목표로 한다.

47 정답 ③

생산이나 근로조건 등은 경제적 관계인 데 반해, 생산이나 근로조건 결정을 위한 교섭은 인간관계를 수반하는 사회관계이다.

① 이상적인 노사관계는 경영자와 근로자(노동조합)의 힘이 균형된 상태이다.
② 노사관계는 근로자와 사용자가 생산 면에서는 협력적 관계에 있고, 성과 배분 면에서는 그 몫에 대해 대립적 관계를 형성한다고 본다.
④ 근로자 개인의 입장에서 사용자와의 관계는 개별적 관계로 취업규칙과 관련되고, 개별근로자들이 구성한 노동조합은 사용자 집단과 집단적 관계를 형성하며 단체협약에 의해 규정된다.
⑤ 개별근로자는 경영자에게 종속적 관계에 있지만, 근로자가 소속된 노동조합과 경영자는 대등적 관계를 동시에 맺는 양면성이 나타난다.

48 정답 ④

신주인수권은 지분증권(주식매매에 의한 주가 차익이나 배당금을 얻기 위해 기업의 자본에 투자하는 것)에 해당한다.

① · ② 회사채, DLB(파생결합사채)는 채무증권에 해당한다.
③ ELS(주가연계증권)는 파생결합증권에 해당한다.
⑤ 신탁증권은 수익증권에 해당한다.

49 정답 ①

브랜드 개발 전략은 시장 상황 분석 → 정체성 수립 → 가치 제안 → 컨셉 개발 → 구성요소 개발의 순서로 이루어진다.

브랜드 개발 전략의 5단계
1. 시장 상황 분석 : 브랜드 개발에 앞서 현재 환경과 자사의 마케팅 전략을 분석한다.
2. 정체성 수립 : 자사 브랜드의 정체성을 개발하고, 자사 브랜드가 추구하는 바를 수립한다.
3. 가치 제안 : 정체성을 통해 실제 고객이 느낄 가치를 제안한다.
4. 컨셉 개발 : 가장 효과적으로 정체성을 전달할 방법 및 컨셉을 개발한다.
5. 구성요소 개발 : 이름, 로고, 슬로건 등 구성요소를 구체적으로 개발한다.

50 정답 ⑤

네트워크 조직은 핵심 업무만 해당 조직에서 수행하고, 그 외 부수 업무는 다른 조직을 활용하여 수행한다.

51 정답 ③

평균 및 표준편차 관리도는 계량형 관리도에 해당한다.

관리도의 종류
• 계수형 관리도(Control Charts for Attributes)
 - 불량률 관리도(P Chart)
 - 불량 개수 관리도(Np Chart)
 - 결점수관리도(C Chart)
 - 단위당 결점수관리도(U Chart)
• 계량형 관리도(Control Charts for Variable)
 - 평균값 관리도(X-bar Chart)
 - 표준편차 관리도(S Chart)
 - 분산 관리도(S^2 Chart)
 - 범위 관리도(R Chart)
 - 두 측정값의 범위 차 관리도(Rs Chart)
 - 개개의 측정값 관리도(X Chart)
 - 중앙값 관리도(X-tilde Chart)
 - 최댓값 – 최솟값 관리도(L-S Chart)

52 정답 ③

기업의 체질 및 구조를 근본적으로 재설계하여 경쟁력을 확보하는 것은 리엔지니어링에 대한 설명이다.

오답분석

①·②·④·⑤ 다운사이징은 기업의 소형화, 감량화를 통해 조직의 효율성을 향상하고, 조직 내 인력, 업무, 부서 등 규모를 축소하는 경영 혁신전략 중 하나이다.

53 정답 ①

오답분석

② 재검사법 : 동일한 대상에 대해 동일한 척도를 가지고 일정 시간 이후 재측정하여 얻은 2개의 측정값의 상관관계로 신뢰도를 측정하는 방법이다.

③ 반분법 : 서로 다른 대상에서 측정 항목을 나누어 측정하고 측정값 간 상관관계를 통해 신뢰도를 측정하는 방법이다.

④ 동형검사법 : 동일 대상에 대해 일정 간격을 두고 2개의 척도를 측정하여 신뢰도를 측정하는 방법이다.

⑤ 내적일관성법 : 여러 개의 측정 항목 중에 신뢰도를 저해하는 항목을 찾아내어 측정 항목에서 제외함으로써 측정 도구의 신뢰성을 높이고자 할 때 사용되는 방법이다.

신뢰도 측정 방법

• 재검사법 : 검사점수가 시간의 변화에 따라 얼마나 일관성이 있는지를 알아보는 것이므로, '안정성 계수(Coefficient of Stability)'를 사용한다.

• 반분법 : 검사를 두 번 시행하지 않고 신뢰도를 측정하는 방법으로, 동일한 검사를 두 부분으로 나누고(예 문항의 짝수 번과 홀수 번) 두 부분 간 상관관계를 구하여 둘로 구분된 문항들의 내용이 얼마나 일관성 있게 동일한 개념을 측정하고 있는가를 판별한다.

• 동형검사법 : 2개 이상의 유사한 측정 도구를 사용하여 동일한 표본에 적용한 결과를 서로 비교해서 신뢰도를 측정하는 방법이다. 2개의 동형 검사를 동일 집단에 동시에 시행하므로 검사 간격이 문제되지 않는다는 점이 있으나, 동형 검사 제작이 어렵다는 단점이 있다.

• 내적일관성법 : 동일한 개념을 측정하기 위해 여러 개의 항목을 이용할 때 항목들이 일관성 혹은 동질성을 갖는가를 측정하는 방법이다.

---

54 정답 ④

④는 기계적 관료제의 특징이다.

전문적 관료제

• 특징
  - 전문가들이 문제를 표준화된 프로그램으로 균일하게 처리하는 구조 형태이다.
  - 전문적인 직원에게 재량권을 부여한다.

• 활용기관
  - 대학, 종합병원, 사회복지기관, 컨설팅회사 등

기계적 관료제

• 특징
  - 조직의 효율성을 목적으로 하는 대규모의 구조 형태이다.
  - 표준화, 세분화, 높은 집권화, 높은 공식화를 지닌다.
  - 단순반복적으로 과업을 수행하고, 이를 획일적으로 규정한다.

• 활용기관
  - 은행, 행정부, 대량생산 제조업체 등

---

55 정답 ③

오답분석

① 개별법 : 상품마다 각각의 단가를 적용하는 방법이다.

② 총평균법 : 당기에 매입한 전체 금액을 전체 수량으로 나누어 계산하는 방법이다.

④ 선입선출법 : 먼저 매입한 재고가 먼저 판매된다는 전제하에 판매한 재고자산 가액을 결정하는 방법이다.

⑤ 후입선출법 : 나중에 매입한 재고가 먼저 판매된다는 전제하에 판매한 재고자산 가액을 결정하는 방법이다.

56 정답 ③

오답분석

① 서열법 : 직무 난이도를 상호 비교하여 등급을 정하는 방법이다.

② 분류법 : 직무 난이도 등을 고려한 등급 정의에 따라 적당한 등급으로 편입하는 방법이다.

④ 점수법 : 직무의 상대적 가치를 점수로 평가하는 방법이다.

⑤ 요소비교법 : 직무의 상대적 가치를 임금으로 평가하는 방법이다.

57
정답 ④

가설주도 방식은 문제해결 단계에 적용하는 것이 효율적이며, 문제해결 후반부에 적용하는 것이 효율적인 것은 이슈맵 방식이다.

이슈 트리(Issue Tree)
- 정의
  - 떠오르는 생각들을 흐름을 따라 구조화하여 작성한 결과물이다.
- 작성 유형
  - 연역법 방식 : 문제를 정의하고 구성요소를 세분화하는 방식으로, 문제해결 초기 단계나 사전지식이 부족할 때 사용한다.
  - 가설주도 방식 : 먼저 가설을 제시하고 검증에 필요한 논거를 통해 질문에 대한 답을 도출하는 방식으로, 확고한 가설을 수립할 수 있을 수준으로 문제가 파악되었을 때 사용한다.
  - 이슈맵 방식 : 이슈에 대하여 '예' 또는 '아니오'로 구분하면서 배열하는 방식으로, 문제해결 후반부에 주로 사용된다.

58
정답 ④

노동의 효율적 이용을 위해 기술적 작업, 관리적 업무 등에서 분업을 통해 전문화를 지향한다.

오답분석

① 책임과 권한 : 책임은 권한으로부터 생겨나는 것으로, 책임과 권한이 서로 관련되어야 한다.
② 명령의 일원화 : 근로자는 한 명의 상사에게만 명령과 지시를 받아야 한다.
③ 집권화 : 권한이 집중되거나 분산되어야 하는 정도를 의미하며, 이를 통해 최선의 전체 이익을 추구한다.
⑤ 주도권 : 경영자가 개인적인 욕심을 버리고 근로자가 주도적으로 실천할 수 있는 계획을 세우게 하는 것이다.

페이욜의 일반관리원칙
- 책임과 권한 : 직무를 효과적으로 수행하기 위해서는 책임과 권한이 서로 상응하여야 한다.
- 명령의 일원화 : 하위자는 한 사람의 상사로부터 명령과 지시를 받아야 한다.
- 집권화 : 개별적인 여건에 따라 '최선의 전체 이익'을 가져다 줄 수 있는 집중과 분산의 정도가 결정된다.
- 주도권 : 스스로 계획을 세우고 실천하는 것으로, 경영자는 '개인적인 자만'을 버리고 하위자가 주도권을 실천할 수 있게 해야 한다.
- 분업 : 노동의 효율적 이용을 위해 필요하다고 보는 전문화이다.
- 직장의 안정성 : 능률은 안정된 노동력에 의하여 증진될 수 있다.
- 공정성 : 상사가 하위자를 다룰 경우에는 사랑과 정의를 적절하게 조화함으로써 종업원의 충성심과 조직에 대한 헌신을 유도하여야 한다.
- 질서 : 인적, 물적 요소의 배치에 핵심이 되는 적재적소의 조직원칙이다.
- 계층의 연쇄 : 최상위로부터 최하위에 이르기까지의 '상급자의 사슬'로 보며, 불필요하게 이 사슬로부터 이탈해서도 안 되겠지만, 이를 엄격하게 따르는 것이 오히려 해로울 때는 단축할 필요가 있다.
- 보수 : 보수의 금액과 지급 방법은 공정해야 하며, 종업원과 고용주 모두에게 똑같이 최대의 만족을 주는 것이어야 한다.
- 전체의 이익을 위한 개인의 복종 : 전체의 이익과 개인의 이익이 충돌할 경우 경영자는 이를 조정해야 한다.
- 지휘의 일원화 : 동일한 목적을 위한 조직체로서의 집단의 활동은 동일한 상사에 의하여 계획되어야 한다.
- 규율 : 규칙을 준수하고 그에 따라 일을 처리하고 노력해야 한다는 것으로, 잘못된 업무수행에 대한 처벌은 유능하고 공정한 감독과 결부되어야 한다.
- 단결심 : 팀워크의 중요성과 그것을 조성하기 위한 의사소통의 중요성을 강조한다.

59
정답 ④

유통업자 판매촉진은 제조업체가 유통업체를 대상으로 하는 판매촉진 활동을 의미하며 경영활동 지원, 판매활동 지원, 콘테스트, 협동광고, 진열보조금 지원, 판매장려금 지원, 판매도우미 파견 등이 있다. 소비자에게 특정 제품을 소량으로 포장하여 무료로 샘플을 제공하는 판매촉진은 소비자 판매촉진에 해당한다.

60
정답 ①

카리스마 리더십에서는 비언어적 표현(눈빛, 제스처, 억양 등)을 통해 구성원들에게 의사표시를 할 수 있는 능력을 중요시한다.

> **카리스마 리더십의 특징**
> • 비전 제시
>   – 비언어적(눈빛, 제스처, 억양, 표정 등) 표현으로 의사표시를 할 수 있다.
>   – 현재보다 나은 미래 목표를 제시하며, 구성원이 이해하기 쉽게 목표와 비전을 설명한다.
>   – 구성원들로부터 신뢰를 얻는다.
>   – 개인적인 매력을 가지고 있다.
> • 위험 감수
>   – 목표 달성을 위해 개인적인 위험, 비용, 희생을 수용한다.
> • 구성원의 능력과 욕구 인정
>   – 구성원의 능력을 정확히 평가하고, 욕구와 감정에 알맞게 대응한다.
> • 관습 파괴
>   – 관습이나 규범에 얽매이지 않고, 환경에 맞는 새로운 행동을 추구한다.
> • 환경에 민감
>   – 외부 환경을 정확히 판단하고, 변화를 위한 필요 자원에 대해 명확히 인지한다.

61
정답 ④

오답분석

① 단수가격 : 제품가격의 끝자리를 단수(가격에서 끝자리를 홀수로 정하는 것)로 표시하여 제품가격이 저렴하게끔 보이게 한다.
② 명성가격 : 품질이 좋으면 가격이 높다고 생각하는 소비자들의 경향을 이용하여 제품가격을 높게 책정한다.
③ 준거가격 : 소비자가 제품의 구매를 결정할 때 기준이 되는 가격으로, 소비자들이 제품 구입 시 과거 경험이나 기억, 외부에서 들어온 정보로 적정하다고 생각하는 가격으로 책정한다.
⑤ 유보가격 : 소비자가 제품에 대해 지불할 의사가 있는 최대가격으로, 소비자는 유보가격으로 정한 수준보다 낮은 가격에 판매되는 제품을 구매하게 된다.

62
정답 ③

관료제는 권위주의, 관료주의 등으로 인해 사회 변동에 빠르게 적응하지 못하는 경직성 문제를 가져올 수 있다.

오답분석

①・②・④・⑤ 관료제는 창의성의 결여, 인간 소외 현상, 목적 전도 현상, 비능률성 등의 부작용을 일으킬 수 있다.

> **관료제의 단점**
> • 창의성의 결여 : 지나친 위계질서의 강조로 절차와 규정에 얽매여 개인의 창의성을 살리는 데 어렵다.
> • 인간 소외 현상 : 창의성과 개성이 결여되어 인간성 상실에 따른 인간 소외 현상이 발생한다.
> • 목적 전도 현상 : 수단과 절차를 지나치게 강조하여 본래의 목적에 소홀하게 되는 목적 전도 현상이 일어난다.
> • 비능률성 : 요즘과 같은 고도의 창의성을 필요로 하는 업무에서는 오히려 비능률적이다.

63
정답 ④

MRP(Material Requirements Planning) 시스템은 제품을 생산하는 데 있어 자재가 투입될 시점과 투입되는 양을 관리하기 위한 시스템을 말하며, 특히 조립 제품 생산에 많이 활용한다.

64
정답 ②

시장침투 가격전략은 기업이 신제품을 출시하면서 경쟁제품 대비 가격을 낮게 설정하여 시장 점유율을 빠르게 확보하기 위한 전략이다.

65
정답 ③

K-IFRS는 유무형 자산 평가 시 역사적 원가 모형 외에 공정가치 활용 재평가 모형도 인정한다.

K-IFRS와 K-GAAP

구분	K-IFRS	K-GAAP
주요 재무제표	연결재무제표	개별재무제표
비재무 사항 연결공시	○	×
유무형 자산 평가	역사적 원가 모형과 공정가치 활용 재평가 모형 중 선택할 수 있으며, 재평가 시 평가차익은 자본에 보고	역사적 원가 모형만 적용하는 것이 원칙이나, 유형자산은 재평가 허용
대손충당금	발생 기준에 의해서만 인식	합리적・객관적인 기준
영업권	영업권은 상각하지 않고, 손상평가	20년 이내에서 정액법 상각

66
정답 ③

직무기술서는 직무의 특성을 중점적으로 기재하는 반면, 직무명세서는 직무수행자의 인적 요건을 중점적으로 기재한다.

67
정답 ⑤

분개는 거래 발생 시 기재할 계정과목과 금액을 차변과 대변으로 나누어 표시하는 것이다. 이는 회계상 거래 여부 파악 → 계정과목 결정 → 차변 및 대변 결정 → 계정과목별 발생 금액 결정의 순서로 이루어진다.

68
정답 ⑤

자본집약도가 높아지면 한 사람의 노동자가 만들어내는 산출량의 크기, 즉 노동생산성이 상승하는 경향이 있으므로 비례 관계이다.

오답분석
① (자본집약도)＝(자본투입량)÷(노동투입량)
② 자본집약도는 원자재 등 유동자본을 고려하는 경우도 있으나, 대부분 고정자본을 의미한다.
③ 기술이 진보하면 노동자 1인당 고정자본량이 늘어나 자본집약도가 높아진다.
④ 경공업은 노동집약적으로 작업이 이루어지므로 자본집약도가 낮게 나타난다.

69
정답 ③

오답분석
①·②·④·⑤ 참여적 리더십은 구성원의 자발적 참여와 리더의 의견 경청을 통해 민주적인 의사결정을 할 수 있으며, 이를 통해 구성원들에게 적극적인 동기부여 및 사명감을 부여할 수 있다.

리더십의 유형
- 지시적 리더십 : 상급자 중심의 의사결정으로, 하급자에 명령을 전달한다.
- 위임적 리더십 : 하급자 중심의 의사결정으로, 상급자가 권한과 책임을 전적으로 하급자에게 위임한다.
- 참여적 리더십 : 리더가 구성원들과의 협의를 바탕으로 문제해결 과정을 함께 공유한다.

70
정답 ①

기능식 조직은 일상적인 기술을 사용하여 부서 간 기술의존성이 낮은 조직에 적합하다.

기능식 조직(Functional Organization)
수평적 분업 관계에서 연결되는 여러 전문 기능별 직장들이 각기 그 전문적 입장에서 모든 작업자를 지휘, 감독하는 조직체계이다.

71
정답 ②

연속생산은 종료 및 시작 프로세스의 반복을 피함으로써 프로세스를 변경시키지 않고 품질을 일관되게 관리할 수 있다.

연속생산
- 정해진 생산 공정에 따라 일정한 생산 속도로 차별화가 어렵고, 가격에 민감한 제당, 제지, 정유, 전력 등과 같은 장치산업을 대량 생산하는 방식이다.
- 생산 단가나 시간과 관리 절차 등이 절약되어 생산성이 향상되며, 작업의 분업화 및 표준화로 미숙련자나 반(半)숙련자의 작업이 가능하다는 장점이 있다.
- 생산원가는 낮지만(고효율), 다양한 수요에 대응한 제품생산에는 유연성이 떨어진다.
- 생산 흐름의 연속성으로 어느 한 곳에서 고장이 생길 때에는 전체 공정이 정지되므로 다른 생산 시스템에 비하여 생산 공정의 높은 신뢰성이 요구된다.

단속생산
- 주로 고객의 주문에 따라 생산하는 방식으로, 대량생산이 어려운 제품생산에 유리하다.
- 항공기 제조업, 조선업, 맞춤 의류 제조업 등에서 볼 수 있다.
- 고수요 변화에 대한 대응이 쉽다는 장점이 있다.

72
정답 ④

비체계적 오차의 발생 가능성을 제거하거나 낮추는 것이 신뢰도를 높이는 방법이다.

측정오차의 종류
- 체계적 오차(Systematic Error)
  - 자료의 수집 방법이나 수집 과정에서 개입되는 오차로, 조사 내용이나 목적에 비해 자료 수집 방법이 잘못 선정되었거나 조사대상자가 응답할 때 본인의 태도나 가치와 관계없이 사회가 바람직하다고 생각하는 편향으로 응답할 경우 발생할 수 있다.
  - 체계적으로 영향을 미치는 요인으로는 주로 지식, 교육, 신분, 특수정보, 인간성 등이 있으며, 이는 경우에 따라 인위적으로 또는 자연적으로 작용하여 측정에 오차를 초래한다.

- 측정 결과의 자료분포가 어떠한 방향으로 기울어지는 것이 특징이다.
- 변수 간 상호관계에서 어떤 한쪽으로 지나치게 높거나 낮게 나타나는 경향이 있다.
- 측정의 타당도는 체계적 오차와 관련성이 크다. 즉, 체계적 오차와 타당도는 반비례 관계이다.
- 표준화된 측정 도구를 사용하면 체계적 오차를 줄일 수 있다.
• 비체계적 오차(Random Error)
- 무작위적 오차라고도 하며, 측정 과정에서 우연히 또는 일시적인 사정에 의해 나타나는 오차이다.
- 측정 대상, 측정 과정, 측정 환경, 측정자 등에 따라 일관성 없이 영향을 미침으로써 발생한다.
- 통제하기 어려운 상황에서 주로 발생한다.
- 인위적이지 않아 오차의 값이 다양하게 분산되어 있다.
- 방향이 일정하지 않아 상호 간 영향에 의해 상쇄되는 경우도 있다.
- 측정의 신뢰도는 비체계적 오차와 관련성이 크다. 즉, 비체계적 오차와 신뢰도는 반비례 관계이다.

73 정답 ⑤

오답분석
①·②·③·④ 상품의 매매, 채무의 발생 및 소멸, 현금의 수입 및 지출, 금전의 대여 및 차입, 비용의 지급 등은 회계상 거래에 해당한다.

회계상 거래와 회계상 거래가 아닌 경우
• 회계상 거래 : 자산, 부채, 자본의 증감 변화, 금액의 측정 가능성
• 회계상 거래가 아닌 경우 : 단순 주문과 계약, 보관, 약속, 담보, 고용(채용) 등

74 정답 ⑤

오답분석
① 제품의 단순화 : 대량생산을 통한 생산비 절감을 목표로 제품을 단순화한다.
② 작업의 단순화 : 근로자의 동일 작업에 대한 연속 실시로 생산 능률이 향상된다.
③ 부품의 표준화 : 제품의 표준화(단순화)를 위해 호환성 있는 표준화된 부품을 생산한다.
④ 기계의 전문화 : 생산원가의 절감 및 부품의 표준화를 위해 단일목적의 기계로 생산한다.

포드 시스템의 3S
• Simplification(단순화) : 제품, 작업
• Standardization(표준화) : 부품, 작업
• Specialization(전문화) : 기계, 공구, 공정

75 정답 ③

오답분석
① 상동적 태도 : 헤일로 효과와 유사한 오류로, 집단의 특성에 따라 해당 집단의 구성원을 평가하는 것이다.
② 항상 오차 : 평가자의 가치판단에 따른 심리적 오차로, 관대화 경향과 중심화 경향으로 나뉜다.
④ 논리 오차 : 평가 요소 간 상관관계가 있을 때 하나의 요소가 특별할 경우 다른 요소도 그러할 것이라고 평가하는 것이다.
⑤ 대비 오차 : 절대적인 평가 기준이 아닌 자기 자신과 피평가자를 비교하여 평가하는 것이다.

76 정답 ③

오답분석
①·②·④·⑤ 피쉬바인 모델은 어떤 대상에 대한 태도가 해당 대상이 각 속성에서 어떨 것인지에 대한 소비자의 신념과 각 속성에 대한 소비자의 평가에 따라 결정된다는 모델이다.

피쉬바인(Fishbein) 모델
$$A = \sum_{i=1}^{n} b_i e_i$$
• A : 대상에 대한 태도
• n : 고려되는 속성의 수
• b_i : 대상이 속성 i에서 어떨 것인지에 대한 소비자의 신념
• e_i : 속성 i에 대한 소비자의 평가

77 정답 ④

오답분석
① 선착순 우선법 : 주문이 들어온 순서에 따라 작업 순서를 결정하는 것이다.
② 최소 작업시간 우선법 : 작업 완료까지 잔여 시간이 가장 적은 순서로 결정하는 것이다.
③ 최소 여유시간 우선법 : 남아 있는 납기일 수와 작업 완료까지 잔여 시간의 차이가 가장 적은 순서로 결정하는 것이다.
⑤ 긴급률 우선법 : 작업 완료까지 잔여 시간과 남아 있는 납기일 수의 비율이 가장 적은 순서로 결정하는 것이다.

78
정답 ⑤

직무분석 절차는 배경정보 수집 → 대표 직위 선정 → 직무정보 수집 → 직무기술서 작성 → 직무명세서 작성의 5단계로 진행된다.

> **직무분석 절차의 5단계**
> - 배경정보 수집 : 조직도, 업무분장표 등 배경정보를 수집한다.
> - 대표 직위(직무) 선정 : 여러 가지 직무를 대표할 수 있는 대표 직위를 선정하여 분석한다.
> - 직무정보 수집 : 직무 성격, 직무에 대한 근로자의 행동 등을 직무분석법에 따라 분석한다.
> - 직무기술서 작성 : 수집된 직무정보를 참고하여 직무기술서를 작성한다.
> - 직무명세서 작성 : 직무기술서 내용을 토대로 직무수행에 필요한 인적 특성, 경험 등을 작성한다.

79
정답 ⑤

변혁적 리더십에서 구성원의 성과 측정뿐만 아니라 구성원들을 리더로 얼마나 육성했는지도 중요한 평가 요소라 할 수 있다.

80
정답 ③

세후 타인자본비용은 세전 타인자본비용에 [1−(법인세율)]을 곱한 값이다.

> **자본비용(Cost of Capital)**
> - 정의
>   - 어떤 자산으로부터 얻어져야 할 최소의 기대수익률로, 투자자의 기회비용이다.
>   - 투자안 평가, EVA(경제적 부가가치)에 의한 성과 측정, 운전 자본관리, 최적자본구조 결정 등 기업의 주요 의사결정요인이다.
> - 구성
>   - 자기자본비용 : 보통주를 발행하여 자금을 조달하는 대가로 지급하는 비용이다.
>   - 타인자본비용 : 기업의 자금 조달 수단 중 부채금융에 의하여 조달된 자금이다.

81
정답 ⑤

직무명세서(Job Specification)는 직무를 성공적으로 수행하는 데 필요한 인적 요건을 명시해 놓은 것이다. 일반적으로 자격요건, 가치관, 작업자에게 요구되는 지식 및 기술, 능력, 적성, 성격, 흥미, 태도, 경력 및 경험 등이 포함된다.

82
정답 ②

목표관리법은 목표 달성에 대한 결과를 중점적으로 측정하기 때문에 단기적인 성과에 치중한다는 단점이 있다.

오답분석

①·③·④·⑤ 목표관리법의 장점으로는 명확한 목표 설정, 평가 결과에 대한 공정성, 구성원의 역량 강화, 동기부여를 통한 조직 활성화, 성과급 제도 도입 등이 있다.

> **목표관리법(MBO)의 장단점**
> - 장점
>   - 조직과 구성원의 합의에 의한 목표 설정으로 인해 목표에 대한 공감대 형성 및 참여도 증대를 기대할 수 있다.
>   - 구성원의 성장 촉진 및 조직의 성과 향상에 기여한다.
>   - 실적에 따른 차별 보상(성과급 제도)이 가능하다.
>   - 구성원의 목표 달성에 따른 피드백으로 인재 육성 계획이 가능하다.
> - 단점
>   - 도입의 초창기에는 적절한 목표 설정이 어려우며, 서류 작업이 많아 부담으로 작용할 수 있다.
>   - 직무 특성상 수치 적용이 어려운 부서의 도입은 어렵다.
>   - 목표 수립 시 장기 전략을 염두에 둔 절차 또는 방법에 대해 폭넓게 제시할 수 없다.
>   - 단기간의 실적에 치우치는 경향이 있다.
>   - 개인으로서의 목표 달성과 능력 획득보다 조직으로서의 목표가 우선시될 우려가 있으므로 적극적인 참여도가 낮아질 수 있다.

83
정답 ④

전사적 자원관리는 리스크를 제거하는 것이 아닌 리스크를 사전에 예측하고 예방하여 리스크를 완화하는 데 목적이 있다.

오답분석

①·②·③·⑤ 전사적 자원관리(ERP; Enterprise Resource Planning)의 장점에는 생산성 제고, 보고 속도 향상, 업무 간소화, 리스크 완화, 신속성 향상, 단일 데이터 소스 구축 등이 있다.

84
정답 ①

아웃바스켓 훈련이 아니라 인바스켓 훈련이 해당한다.

오답분석

② 비즈니스 게임 : 훈련생들을 소수의 인원으로 나누어 그룹화한 후 각각의 경영환경을 제시하여 경쟁하게 함으로써 가장 좋은 성과를 거두도록 훈련하는 것을 말한다.
③ 역할연기법 : 훈련생들에게 현실에 가까운 상황을 부여하고, 특정 역할을 연기하게 하는 체험형 훈련방식이다.

④ 행동모델법 : 훈련생들에게 어떤 상황에서의 가장 이상적인 행동을 제시하여 그것을 이해하고 따라 하도록 훈련하는 것을 말한다.
⑤ 교류분석법 : 두 사람의 대화 내용을 분석하여 훈련하는 것을 말한다.

> **인바스켓 훈련(In-basket Training)**
> 의사결정 능력 향상을 위해 모의 경영 상황을 부여하고, 특정 상황에서 문제를 해결할 수 있는 능력을 훈련하는 것이다.

85
정답 ⑤

인간관계론은 노동력 투입에 따른 산출량이 아닌 근로자 간 민주적인 관계를 통한 사회적 능률을 중시한다.

> **인간관계론의 특징**
> • 사회적 규범 중시 : 생산수준은 사회적, 집단적 규범에 의하여 정해지며, 협동주의와 집단주의의 속성을 지닌다.
> • 비경제적 요소 중시 : 구성원은 경제적 문제뿐만 아니라 다양한 비경제적 요소에 의하여 만족을 느끼며, 이러한 만족의 증가가 생산성의 향상을 이끈다.
> • 비공식적 조직 중시 : 근로자의 작업량은 개인별 능력이 아닌 비공식적 집단이 합의한 사회적 규범에 의하여 결정된다.
> • 민주적 리더십 중시 : 집단규범의 설정과 시행에 있어서 참여와 동기부여를 강조하는 민주적 리더십이 효율적이다.
> • 사회적 능률 : 생산성은 단순한 투입에 따른 산출을 의미하는 기계적 능률보다 인간적이고 민주적인 능률을 나타내는 사회적 능률을 중시한다.

86
정답 ③

영업권, 개발비, 저작권, 광업권, 어업권, 산업재산권 등은 무형자산에 해당한다. 기계장치, 구축물, 건설 중인 자산은 유형자산에 해당한다.

87
정답 ④

흐름 생산은 연속생산에 해당한다.

오답분석

② 개별 생산 : 주문자의 요구에 의한 생산방식으로, 소량 생산방식에 해당한다.
③ 로트 생산 : 동일한 제품을 일정한 간격을 두고 반복하여 생산하는 방식이다.
⑤ 배치 생산 : 주문 생산과 흐름 생산의 중간 형태인 생산방식이다.

88
정답 ①

컨조인트 분석의 자료수집 방법에는 2요인 접근법, 전체 프로파일 접근법이 있다.

오답분석

②・④ 선호점수법은 평가척도 결정단계에서 사용하는 방법이다.
③・⑤ 카드제시법은 자극 표시 단계에서 사용하는 방법이다.

> **컨조인트 분석의 자료수집 방법**
> • 2요인 접근법(Two – Factor Approach)
> – 한 번에 두 속성만을 고려하면서 각 속성의 수준으로 이루어진 쌍에 가장 선호하는 것부터 가장 싫어하는 것까지 순위를 부여하여 자료를 수집하는 방법이다.
> – 응답자에게 평가상 어려움을 덜어 주고 평가에 필요한 정보처리량을 줄여줄 수 있어서 자료수집이 쉽고 속성의 수가 많으며 상호관계가 적을 때 타당도가 높아진다.
> – 많은 횟수의 평가가 요구되고, 2개의 속성만을 동시에 평가한다는 면에서 비현실적이다.
> • 전체 프로파일 접근법(Full – Profile Approach)
> – 응답자가 모든 속성들의 수준에 대한 정보를 담고 있는 프로파일을 평가하는 방법이다.
> – 등간척도 이상에 의한 평가가 가능하며 속성의 수가 적고 속성 간 상호작용 관계가 클 때 유용하다.
> – 속성과 속성 수준 수가 많으면 응답자들의 평가 대안 수가 많아져 혼돈을 초래하는 등 바람직하지 못한 결과가 도출될 수 있다.

89
정답 ⑤

조업도가 증가하면 총변동비는 증가하고, 총고정비는 일정하므로 준고정비[(총고정비)+(총변동비)], 일정 범위의 조업도 내에서는 총원가가 일정하지만, 조업도 구간이 달라지면 총원가가 변동됨]는 증가한다. 그 예로 택시 구간제 요금이 있다.

90
정답 ③

총괄생산계획의 수립은 제품군 형성 → 총괄 수요 예측 → 시설 이용 평준화 → 현재의 능력과 생산능력 소요량과의 비교 → 생산전략 개발 → 최적 생산전략 결정의 순서로 이루어진다.

91
정답 친화성

Big 5 Model
• 외향성 : 다른 사람과의 사교, 자극과 활력을 추구하는 성향으로, 인간관계에서 느끼는 편안함의 정도를 뜻한다.
• 친화성 : 타인에게 협력하고 양보하는 정도를 뜻한다.
• 성실성 : 책임감과 신뢰감 있게 노력하는 정도를 뜻한다.
• 안정성 : 스트레스 대처, 자신감 등 감정적 안정의 정도를 뜻한다.
• 개방성 : 새로운 것에 대한 흥미와 관심의 정도를 뜻한다.

92　　　　　　　　　　　　　정답 권위법

권위법은 해당 제품 또는 분야의 전문가가 등장하여 제품을 소개함으로써 소비자에게 신뢰를 주고, 제품 판매에 긍정적 영향을 미친다.

> **광고 표현기법의 종류**
> • 비유법 : 상품의 특징을 비유로 알기 쉽고 재미있게 표현한다.
> • 비교법 : 경쟁상품과 자사 제품을 비교하여 그 우의를 강조한다.
> • 권위법 : 오피니언 리더(전문가)가 등장하며, 제품 판매에 효과적이다.
> • 의인화 : 사람이 아닌 제품이나 광고문구 등을 사람처럼 표현하여 소비자의 흥미를 끌어내는 기법이다.
> • 과장법 : 크리에이터의 능력을 발휘할 수 있는 기법이다.
> • 휴머니즘 : 인간의 감성을 자극하여 드라마틱하게 구성하는 기법이다.

93　　　　　　　　　　　　　정답 대용승진

대용승진(Surrogate Promotion)은 형식적 승진의 대표적인 제도로, 준(Quasi) 승진이라고도 불린다. 직급은 올라가지만 직무 내용의 실질적 변화는 없으며, 승진과 함께 급여나 기타 보상 또한 증가하지 않는다. 대용승진은 장기간의 승진 정체로 인해 조직 분위기가 침체되었을 때 이를 개선하기 위해 사용되며, 종업원이 대외 업무를 수행할 때 고객의 신뢰감을 높이기 위해 실시되기도 한다.

94　　　　　　　　　　　　　정답 팀 조직

팀 조직은 공동의 목표를 달성하기 위해 부서의 경계 없이 구성원이 협력하는 조직구조이다. 그러므로 상호 책임을 공유하며 일정 수준의 자율성을 가진다. 팀 조직은 협업을 통해 높은 성과를 달성할 수 있으며, 관리 계층의 축소로 조직의 유연성이 향상된다. 그러나 개인의 책임이 분산되므로 무임승차 문제가 발생할 수 있으며 이는 팀 내 갈등을 유발하고 전체적인 성과를 저하시킬 수 있다.

95　　　　　　　　　　　　　정답 합명회사

합명회사는 2인 이상의 무한책임사원으로 구성된 회사형태이다. 모든 사원이 회사의 채무에 대해 직접적이고 연대적이며 무한책임을 진다. 또한 사원은 회사의 업무를 집행하고 회사를 대표할 권리와 의무가 있다. 일반적으로 합명회사는 주주총회와 같은 공식적인 기관을 가지지 않는다.

96　　　　　　　　　　　　　정답 인재 개발

존 맥스웰의 리더십 5단계
• 지위 : 주어진 지위를 이용하여 구성원들을 따르게 하는 수준
• 관계(허용) : 신뢰 구축을 통해 구성원들이 자발적으로 따르게 하는 수준
• 성과 : 조직의 성과 창출을 통해 구성원들이 따르게 하는 수준
• 인재 개발(육성) : 구성원들을 리더로 성장시켜 함께 조직을 이끌어 가는 수준
• 인격(존경) : 오랜 기간에 걸쳐 검증된 탁월한 리더십과 인품을 통해 존경받는 수준

97　　　　　　　　　　　　　정답 요원화 기능

인적자원관리의 주요 기능 4가지
• 요원화 기능 : 채용 대상자에게 채용 정보를 제공하고, 채용에 흥미를 느끼도록 하여 지원을 유도하는 기능
• 훈련 및 개발 기능 : 구성원들이 업무를 효과적으로 수행하는 데 필요한 능력, 태도, 생각 등을 향상하도록 직원 교육 요구사항을 식별하여 효과적인 교육 프로그램을 만들고 실시하는 기능
• 동기부여 기능 : 구성원들이 업무에 자발적으로 참여하여 생산성을 높이는 데 기여할 수 있도록 자극하는 기능
• 유지 기능 : 구성원의 업무능률이 떨어지지 않도록 유지하고 관리하는 기능

98　　　　　　　　　　　　　정답 당기순이익

자기자본이익률(ROE)은 기업이 자기자본을 이용하여 어느 정도의 이익을 냈는지를 나타내는 지표이다. 이는 당기순이익을 자기자본으로 나눈 값에 100을 곱하여 계산한다.

99　　　　　　　　　　　　　정답 시장세분화

시장세분화 단계에서는 시장을 기준에 따라 세분화하고, 각 세분시장의 고객 프로필을 개발하여 차별화된 마케팅을 실행한다.

100　　　　　　　　　　　　　정답 50억 원

• (당기순이익)＝(총수익)－(총비용)＝35억－20억＝15억 원
• (기초자본)＝(기말자본)－(당기순이익)＝65억－15억＝50억 원
• (기초부채)＝(기초자산)－(기초자본)＝100억－50억＝50억 원

|03| 경제

41	42	43	44	45	46	47	48	49	50
②	③	①	①	③	④	①	④	④	①
51	52	53	54	55	56	57	58	59	60
③	①	③	④	③	④	④	④	⑤	③
61	62	63	64	65	66	67	68	69	70
②	⑤	⑤	⑤	③	⑤	④	④	④	⑤
71	72	73	74	75	76	77	78	79	80
③	①	①	③	⑤	⑤	④	④	⑤	②
81	82	83	84	85	86	87	88	89	90
②	④	③	⑤	⑤	⑤	②	⑤	⑤	⑤

91	92
15	22,000원
93	**94**
100	40,000원
95	**96**
1,050	10
97	**98**
0	300
99	**100**
3,600	450조 원

41
정답 ②

주어진 함수는 콥 – 더글라스 생산함수($Q = A L^\alpha K^\beta$)이다. 콥 – 더글라스 생산함수($Q = A L^\alpha K^\beta$)는 $\alpha + \beta$차 동차함수로, 조건의 함수는 $0.4 + 0.6 = 1$인 1차 동차함수이다. 1차 동차함수의 경우 규모에 대한 수익불변함수이다.

오답분석
① 한계기술 대체율은 L, K 값의 크기에 따라 변화한다.
③ 주어진 함수는 $0.4 + 0.6 = 1$인 1차 동차함수이다.
④ 규모에 대한 수익에 관계없이 콥 – 더글라스 생산함수의 대체탄력성은 항상 1이다.
⑤ 주어진 콥 – 더글라스 생산함수의 등량곡선은 직선이 아니라 원점에 대해 볼록한 곡선이다. 따라서 기울기는 모든 점에서 다르다.

42
정답 ③

효용함수가 $U(X_1, X_2) = \min[X_1, 3X_2]$이므로, 이 함수는 완전보완재의 효용함수이다.
소비자균형에서는 $X_1 = 3X_2$가 성립하고, 예산제약식에서는 $30X_1 + 10X_2 = 1,500$이 동시에 성립해야 한다. 따라서 예산제약식에 $X_1 = 3X_2$를 대입하면 $90X_2 + 10X_2 = 1,500$, $100X_2 = 1,500$이므로, $X_2 = 15$, $X_1 = 45$이다.

43
정답 ①

교정적 조세(Corrective Taxation)란 피구세와 같이 외부성에 따른 자원배분의 효율성을 시정하기 위해 부과하는 조세를 의미한다.

오답분석
나. 오염배출권은 오염배출권 제도가 시행될 때 만들어지는 것이지, 피구세가 부과될 때 생겨나는 것은 아니다.
다. 피구세의 세율이 어떻게 정해지느냐에 따라 오염배출량이 달라지므로 피구세와 오염배출권 제도에서 오염배출량이 반드시 동일하다는 보장은 없다.
마. 오염배출권이 자유로이 거래될 수 있다면 오염을 줄이는 데 비용이 적게 드는 당사자는 오염배출권을 매각하고 직접 오염을 줄일 것이고, 오염을 줄이는 데 비용이 많이 드는 당사자는 오염면허를 매입하고 오염을 배출할 것이다. 그러므로 오염배출권이 자유로이 거래될 수 있다면 적은 비용으로 오염을 줄일 수 있는 당사자가 오염을 줄이게 된다. 오염배출권 제도는 환경문제와 같은 외부성을 해결하는 데 있어 시장유인을 사용하는 방법이다.

44
정답 ①

가격차별(Price Discrimination)은 동일한 상품에 대해 구입자 혹은 구입량에 따라 다른 가격을 받는 행위를 의미한다. 노인이나 청소년 할인, 수출품과 내수품의 상이한 가격 책정 등은 구입자에 따라 가격을 차별하는 대표적인 사례이다. 한편, 물건을 대량으로 구매할 경우 할인이 적용되거나 전력 사용량에 따라 다른 가격이 적용되는 것은 구입량에 따른 가격차별에 해당한다. 반면, 대출 최고 이자율 제한 제도는 가격의 법정 최고치를 제한하는 가격상한제(Price Ceiling)에 해당한다.

45
정답 ③

가격차별이란 동일한 재화를 구매자에 따라 서로 다른 가격을 매기거나 동일한 구매자라도 각기 다른 평균가격을 설정하는 것을 말한다. 일반적으로 가격차별이라고 하면 제3급 가격차별을 의미하는데, 가격차별이 이루어지기 위한 성립조건은 다음과 같다.
• 기업이 독점력을 갖고 있어야 한다.
• 시장의 분리가 가능하여야 한다.
• 각 시장의 수요의 가격탄력성이 서로 달라야 한다.
• 시장 간 재판매가 불가능하여야 한다.
• 시장분리비용이 시장분리에 따른 이윤증가분보다 작아야 한다.

46
정답 ④

ⓒ 가격차별을 하기 위해서는 상품의 소비자 간 재판매가 불가능해야 한다.
ⓔ 제3급 가격차별의 경우, 가격차별을 하는 독점기업은 수요의 가격탄력성이 상대적으로 높은 집단에게는 낮은 가격을, 가격탄력성이 상대적으로 낮은 집단에게는 높은 가격을 설정해야 한다.

47
정답 ①

이윤을 극대화하기 위해서는 $MP_L \times P = w$를 만족해야 한다. $MP_L = 20$, $P = 20$, $w = 400$이고 $MP_L \times P = w$를 만족하므로 고용을 현 상태로 유지해야 한다.

48
정답 ④

내쉬균형은 상대방의 전략이 주어졌을 때, 각 경기자가 자신에게 가장 유리한 전략을 선택하였을 때 도달하는 균형을 의미한다.
- 기업 A의 경우 : 기업 B가 전략 (가)를 선택하든 전략 (나)를 선택하든 전략 (나)를 하는 것이 유리하다.
- 기업 B의 경우 : 기업 A가 전략 (가)를 선택하든 전략 (나)를 선택하든 전략 (나)를 하는 것이 유리하다.

따라서 내쉬균형은 둘 다 (나)를 선택하는 것이다.

49
정답 ④

A가 $\frac{1}{2}$ 비용을 부담할 경우 B는 $\frac{1}{3}$ 비용을 부담하려고 하며, B가 $\frac{1}{2}$ 비용을 부담하려고 하면 A는 $\frac{1}{3}$ 비용을 부담하려고 한다. 또한 A가 $\frac{1}{3}$ 비용을 부담할 경우에도 B는 $\frac{1}{3}$ 비용을 부담하려고 하며, B가 $\frac{1}{3}$ 비용을 부담할 경우에도 A는 $\frac{1}{3}$ 비용을 부담하려고 한다.

따라서 A와 B 모두 $\frac{1}{3}$ 을 분담하는 것이 우월전략이므로 둘 다 $\frac{1}{3}$ 비용을 부담해야 한다.

50
정답 ①

A기업이 전략적 제휴를 요청한다면 B기업은 현상유지보다 전략적 제휴를 승인하고 동시에 요청하는 것이 이익을 극대화하는 전략이다. 따라서 제시된 상황에서 우월전략은 동시에 전략적 제휴를 요청하는 것이며, 내쉬균형에서는 상대방의 전략이 주어진 것으로 전제하므로, A기업이 전략적 제휴를 요청하면 B기업은 이를 승인하는 것을 선택해 100의 효용을 얻는다. 또한 A기업이 개별 전략을 선택하면 B기업은 전략적 제휴를 요청해 70의 효용을 받는다. 따라서 내쉬균형은 2개이며, 내쉬균형에서는 상대방의 효용손실 없이는 자신의 효용을 증가시킬 수 없기 때문에 파레토 최적을 이룬다.

51
정답 ③

준지대는 공장설비 등과 같이 단기적으로 고정된 생산요소에 대한 보수로 '(총수입)−(총가변비용)' 또는 '(총고정비용)+[초과이윤 (혹은 손실)]'으로 계산된다. 또한 경제적지대와는 달리 준지대는 단기에만 발생하는 특징이 있다.

52
정답 ①

경제적지대는 생산요소가 얻는 소득 중에 이전수입을 초과하는 부분으로, 노동시장에서의 경제적지대는 노동공급의 임금탄력성에 따라 달라진다. 일반적으로 노동공급이 비탄력적일수록 경제적지대가 차지하는 비중이 커진다. 왜냐하면 비탄력적이란 것은 요소공급이 어느 정도 제한되어 있음을 의미하기 때문이다. 요소공급이 제한되어 있는 경우에는 희소성을 갖기 때문에 경제적지대는 요소공급자가 추가로 얻는 소득으로 볼 수 있으므로 비탄력적일수록 수요에 비해 공급이 부족하기 때문에 수요−공급의 원리에 의해 공급곡선이 수직에 가까워질수록 이전수입의 면적은 작아지고, 경제적지대의 면적은 커진다.

53
정답 ③

공공재란 재화와 서비스에 대한 비용을 지불하지 않더라도 모든 사람이 공동으로 이용할 수 있는 재화 또는 서비스를 말한다. 공공재는 비경합성과 비배제성을 동시에 가지고 있으며, 재화와 서비스에 대한 비용을 지불하지 않더라도 누구나 공공재의 이익을 얻을 수 있으므로 '무임승차의 문제'가 발생한다. 이는 결국 시장실패의 원인이 된다. 그러나 공공재라도 민간이 생산·공급할 수는 있다.

54
정답 ③

수요함수가 $P = 4,000 - \frac{1}{2}Q$이고, 한계비용 $MC = 1,000$으로 일정하므로 $P = MC$로 두면 $4,000 - \frac{1}{2}Q = 1,000$, $Q = 6,000$이다. 즉, 완전경쟁시장일 경우 6,000단위의 재화가 생산된다. 쿠르노 모형에서 두 기업의 비용함수가 동일하면 각 기업의 생산량은 완전경쟁일 때의 $\frac{1}{3}$ 만큼이므로 A와 B의 생산량은 모두 2,000단위이다.

55
정답 ④

먼저 완전경쟁시장의 수요를 계산해야 한다. 완전경쟁시장의 이윤극대화는 $MC = 0$, $P = MC$이므로 P에 0을 대입하면 $Q = 15$이다. 따라서 쿠르노 경쟁 시장의 전체 생산량은 $15 \times \frac{2}{3} = 10$이다.

56
정답 ④

독점도란 독점에 따른 후생손실을 측정하는 척도로, $dm = \frac{P - MC}{P} = \frac{1}{\varepsilon}$ 로 나타낼 수 있다. L기업 제품의 가격탄력성은 $16 \div 4 = 4\%$이므로 L기업의 독점도는 $1 \div 4 = 0.25$이다.

57

오답분석

ⓓ 완전경쟁시장은 같은 상품을 취급하는 수많은 공급자와 수요자로 구성되어 있어 기업들은 시장가격을 수용할 뿐 결정하지는 못한다.

시장구조
- 자연독점 : 상품의 특성상 여러 기업이 생산하는 비용보다 한 기업이 독점적으로 생산할 때 비용이 적게 들어 자연스럽게 생겨난 독점시장이다.
- 독점시장 : 한 산업을 하나의 기업이 지배하는 시장 형태이다.
- 독점적 경쟁시장 : 시장에 다수의 기업들이 참여하고 있지만, 참여 기업들은 각기 디자인, 품질, 포장 등에 있어 어느 정도 차이가 있는 유사 상품을 생산, 공급하여 상호 경쟁하고 있는 시장 형태이다.
- 완전경쟁시장 : 상품의 공급자와 수요자가 영세하고 다수이며, 동질적인 상품이 거래되고, 생산 요소의 이동이 자유로운 시장 형태이다.

58

사회무차별곡선(SIC)은 동일한 사회후생수준을 나타내는 U_A와 U_B의 조합을 연결한 선을 의미한다.

- ㉠ 공리주의 사회후생함수 : 사회후생이 각 개인의 효용의 합으로 결정되는 함수 $W= U_A + U_B$
- ㉡ 평등주의 사회후생함수 : 저소득층에 대해서는 보다 높은 가중치를 그리고 고소득층에 대해서는 보다 낮은 가중치를 부여하는 일반적인 사회후생함수 $W= U_A \times U_B$
- ㉢ 롤스의 사회후생함수 : 사회구성원 중 가난한 계층의 후생수준에 의하여 사회후생이 결정되는 함수 $W=\min[U_A, U_B]$

59

정답 ③

소비자물가지수는 물가변화를 과대평가하는 경향이 있다. 그 이유는 소비자의 대체가능성을 무시하거나, 신제품의 등장으로 인해 가격이 적시에 반영되지 못하거나, 재화의 품질이 개선되는 부분 등을 적시에 반영하지 못하기 때문이다.

60

정답 ③

부분균형분석과 일반균형분석

구분	부분균형분석	일반균형분석
분석방법	특정시장만 부분적 분석	경제 내의 모든 시장을 동시에 고려하여 분석
독립재의 존재 유무	교차탄력성이 0이면 X재와 Y재는 서로 독립재	교차탄력성이 0이 되는 경우가 없고, 모든 재화가 관련재
사용 시기	시장 간의 상호의존성이 낮을 때 주로 이용	시장 간의 상호의존성이 높을 때 주로 이용
장점	분석이 비교적 간단하고 대부분의 경우 분석결과가 현실경제를 잘 설명하고 있음	특정시장에서 발생한 불균형의 파급효과분석이 가능
단점	경제부문 간 상호의존관계를 고려하지 않기 때문에 오류가 발생할 가능성이 존재	분석이 상대적으로 복잡함

61

정답 ②

A. 노동자가 기업에 비해 물가상승을 과소 예측하면 노동공급이 증가한다.
C. 명목임금이 경직적이면 물가상승에 따라 고용이 증가한다.

62

정답 ⑤

단기 총공급곡선이 우상향하게 되는 것은 케인스(Keynes)의 시각을 반영한 것이다. 단기 총곡선이 우상향하는 것은 노동시장과 생산물 시장에서의 불완전정보로 인한 경우와 임금과 가격의 경직성으로 인한 두 가지 측면에서 설명이 가능하다.

구분	불완전정보	가격경직성
노동시장	노동자 오인모형(ㄴ)	비신축적 임금모형(ㄹ)
생산물 시장	불완전 정보모형(ㄱ)	비신축적 가격모형(ㄷ)

- ㄱ. 불완전 정보모형 : 루카스의 섬모형으로 개별생산자는 물가상승이 전반적인 물가상승에 기인한 것인지 아닌지 자신의 상품만 가격이 상승한 것인지를 정보의 불완전성으로 알지 못한다는 것이다.
- ㄴ. 노동자 오인모형 : 노동자들은 기업에 비해서 정보가 부족하여 명목임금의 변화를 실질임금의 변화로 오인하여 화폐환상에 빠지게 되어 총공급곡선이 우상향하게 된다.
- ㄷ. 비신축적 가격모형 : 메뉴비용으로 대표적으로 설명되는 것으로, 가격을 신축적으로 조정하지 않는 기업이 많을수록 총공급곡선은 수평에 가까워진다.
- ㄹ. 비신축적 임금모형 : 명목임금이 계약기간 내에는 경직적이므로 물가상승은 실질임금 하락으로 이어져 노동고용량의 증가로 이어진다.

2일 차 정답 및 해설 **43**

63 정답 ⑤

시장실패란 시장의 가격기구에 의해 효율적인 자원배분 및 공평한 소득분배가 실현되지 못하는 것이다.

오답분석

ㄹ 관료제도의 문제는 정부실패의 원인에 해당한다.

64 정답 ⑤

중고차시장에서 종종 품질이 나쁜 차가 거래되는 이유는 도덕적 해이가 아닌 역선택 때문이다.

- 역선택 : 거래를 할 때 정보 비대칭으로 인해 부족한 정보를 가지고 있는 쪽이 불리한 선택을 하는 상황이다.
- 도덕적 해이 : 감추어진 행동이 문제가 되는 상황에서 정보를 가진 측이 정보를 가지지 못한 측의 이익에 반하는 행동을 취하는 경향이다.

65 정답 ③

완전경쟁시장의 특징

- 다수의 수요자와 공급자
  다수의 공급자와 수요자가 존재하므로 개별수요자와 공급자는 가격에 영향을 미칠 수 없다. 따라서 개별수요자와 공급자는 시장에서 결정된 가격을 주어진 것으로 받아들이는 가격수용자로 행동한다.
- 재화의 동질성
  모든 기업은 완전히 동질적인 재화를 생산하며 품질뿐만 아니라 판매조건, A/S 조건 등 모든 것이 동일하다.
- 자원의 완전이동성
  기존의 생산요소를 이용해서 다른 재화를 생산하는 것이 가능하며, 특정산업으로의 진입과 퇴거가 자유롭게 이루어진다.
- 완전한 정보
  일물일가의 법칙이 성립하며, 미래에 대한 불확실성은 없다.
- $P = LMC = LAC$
  장기균형에서는 가격, 한계비용, 평균비용이 동일하므로 개별기업은 정상이윤만을 획득한다.

66 정답 ⑤

완전경쟁에서는 한계이윤이 0이다.

오답분석

① 한계수입과 한계비용이 일치해야 한다.
② 생산물의 시장가격과 한계비용이 일치해야 한다.
③ 실질임금과 노동의 한계생산이 일치해야 한다.
④ 완전경쟁기업의 이윤극대화 조건은 $MR = MC$이므로 총수입이 총비용보다 크다고 하더라도 이윤극대화가 보장되지는 않는다.

67 정답 ④

외부불경제이든 외부경제든 외부성이 발생하면 시장기구에 의해 과잉생산 혹은 과소생산이 이루어지므로, 자원배분의 비효율성이 초래되어 경제적 순손실이 발생한다.

외부성

구분	생산	소비
외부불경제	$SMC > PMC$	$SMB < PMB$
외부경제	$SMC < PMC$	$SMB > PMB$

68 정답 ④

정부개입이 없는 경우 외부한계비용은 $25 - 20 = 5$이고, 450단위의 생산이 이루어지므로 균형에서의 총외부비용은 2,250이다.

오답분석

① 현재처럼 공급곡선(MC곡선)이 수평선인 경우에는 생산자잉여가 0이다. 따라서 생산자잉여는 감소하지 않는다.
② 한 단위당 5의 조세를 부과하면 공급곡선이 상방으로 이동하여 생산량은 400이 된다.
③ 정부개입이 없는 경우 균형생산량은 PMC와 수요곡선(D)이 만나는 450이다.
⑤ 사회적 최적생산량은 수요곡선(D)과 SMC가 만나는 400이다.

69 정답 ④

재화를 배제성과 경합성을 기준으로 사적 재화, 클럽재, 공유자원, 공공재로 유형화할 수 있는데, 재산권 강화를 통해 공유자원을 사적재화로 조정할 수 있다.

70 정답 ⑤

코즈의 정리란 재산권(소유권)이 명확하게 확립되어 있고, 거래비용 없이도 자유롭게 매매할 수 있다면 권리가 어느 경제 주체에 귀속되는가와 상관없이 당사자 간의 자발적 협상에 의한 효율적인 자원배분이 가능해진다는 이론이다. 그러나 현실적으로는 거래비용의 존재, 외부성 측정 어려움, 이해당사자의 모호성, 정보의 비대칭성, 협상능력의 차이 등으로 인해 코즈의 정리로 문제를 해결하는 데는 한계가 있다.

71 정답 ③

파레토 효율성이란 하나의 자원배분 상태에서 다른 사람에게 손해가 가지 않고서는 어떤 한 사람에게 이득이 되는 변화를 만들어내는 것이 불가능한 배분 상태를 의미한다. 즉, 파레토 효율성은 현재보다 더 효율적인 배분이 불가능한 상태를 의미한다.

오답분석

① 완전경쟁시장 균형점에서 사회적 잉여가 가장 크기 때문이다.

② 사회 구성원 간에 경제적 후생을 균등하게 분배하는 것은 아니 므로 사회적 형평성이 극대화되지는 않는다.
④ 완전경쟁시장 균형점에서 재화 한 단위 생산에 따른 사회적 한 계편익과 사회적 한계비용이 같기 때문이다.
⑤ 시장수요곡선의 높이는 사회적 한계편익을 반영하고, 시장공 급곡선의 높이는 사회적 한계비용을 완전하게 반영하기 때문 이다.

72 정답 ①
피구세가 부과되면 평균비용뿐만 아니라 한계비용도 증가한다.

73 정답 ①
효율임금이론은 시장균형 임금보다 높은 수준의 임금을 지급하면 생산성을 높일 수 있다고 보는 이론으로, 근로자의 임금에 따라 노동생산성이 결정된다고 주장한다.

오답분석
② 기업이 임금을 시장균형임금보다 높게 설정하여 이윤극대화를 추구한다는 이론이다.
③ 정보가 불완전한 상태에서 도덕적 해이와 역선택을 막기 위해 높은 임금을 지불한다.
④ 비자발적 실업이 발생하더라도 높은 효율성 임금이 지급되므 로 임금의 경직성을 설명할 수 있다.
⑤ 효율임금이론은 노동자에게 지급되는 임금이 시장의 균형임금 보다 높은 경우를 설명하는 이론이다.

74 정답 ②
소득 불평등 정도를 나타내는 용어에는 지니계수, 로렌츠곡선, 십 분위분배율 등이 있다. 지니계수는 소득분배가 얼마만큼 균등한 가를 나타낸 지표로, 0과 1 사이 값을 갖는다. 0이면 완전평등, 1이면 완전불평등을 의미한다. 보통 0.4가 넘으면 소득분배 불평 등 정도가 심하다고 본다. 로렌츠곡선은 가로축에 소득계층별 가 구비율을, 세로축에 누계소득 점유율을 놓고 그린 곡선이다. 소득 분포가 완전히 균등할 때 로렌츠곡선은 대각선(45도 직선)과 일치 하게 된다. 상위 20% 계층 소득대비 하위 40% 계층 소득의 비율 을 나타낸 것은 십분위분배율이라고 하며, 이 수치는 2에 가까울 수록 소득분포가 고르다는 의미이나, 중간계층 소득이 반영되지 못하는 단점이 있다.

75 정답 ①
ㄱ. 후생경제학의 제1정리란 '시장구조가 완전경쟁적이고 외부성 · 공공재 등의 시장실패 요인이 존재하지 않는다면 일반경쟁 균형의 자원배분은 파레토 효율적'임을 의미한다. 따라서 제1 정리가 성립하려면 외부성, 공공재, 위험과 불확실성 등 시장 실패 요인이 존재하지 않아야 한다. 즉, 불확실한 상황에 대한 고려를 포함하지 않아야 제1정리가 성립한다.

ㄴ. 시장의 힘에 대한 신뢰를 보여주는 것은 제1정리이다. 후생경 제학의 제2정리는 모든 개인들의 선호가 볼록성을 충족하면 초기 부존자원의 적절한 재분배를 통하여 임의의 파레토 효율 적인 자원배분을 일반경쟁균형을 통하여 달성할 수 있음을 의 미한다.

76 정답 ⑤
새케인스학파는 합리적 기대를 받아들이지만, 가격의 경직성으로 인해 단기에는 통화정책이 효과를 나타낼 수 있다고 본다.

77 정답 ④
화폐수요의 이자율 탄력성이 높은 경우(이자율의 화폐수요 탄력성 은 낮음)에는 총통화량을 많이 증가시켜도 이자율의 하락폭은 작 기 때문에 투자의 증대효과가 낮다. 반면, 화폐수요의 이자율 탄력 성이 낮은 경우(이자율의 화폐수요 탄력성은 높음)에는 총통화량 을 조금만 증가시켜도 이자율의 하락폭은 커지므로 투자가 늘어나 고 이로 인해 국민소득이 늘어나므로 통화정책의 효과가 높아진다.

78 정답 ④
명목이자율(Nominal Interest Rate)은 일반적으로 말하는 이자율 로, 물가상승을 감안하지 않는다. 반면, 실질이자율(Real Interest Rate)은 물가상승 조정을 위해 명목이자율에서 물가상승률을 뺀 것을 말한다. 물가상승률까지 고려해 실질이자율로 계산된 금리 가 마이너스인 경우는 자주 있었으며, 이러한 관계를 보고한 경제 학자 어빙 피셔의 이름을 따서 피셔 방정식이라는 개념으로 설명 이 가능하다. 해당 지표를 통해 2020년의 물가상승률이 가장 낮았 으며, 실질이자율은 5%로 가장 높았다는 사실을 확인할 수 있다.

79 정답 ⑤
A국의 한계소비성향은 소비함수를 통해 0.6이라는 것을 알 수 있고, 정부지출승수 $\dfrac{dY}{dG}=\dfrac{1}{1-0.6(1-t)}$ 이다. 따라서 조세율이 0이므 로 정부지출승수는 $\dfrac{1}{1-0.6}=2.5$ 이다. 40만큼 정부지출이 증가하 면 정부지출승수에 의해 $2.5 \times 40 = 100$ 만큼 국민소득이 증가할 것 이다.

80 정답 ②
균형국민소득을 구하기 위해 $Y=C+I+G$ 를 이용하면 $2,000= 1,200+(400-40r)+500$ 이다. 따라서 균형이자율 $r=2.5$ 이다.

81

$Y = C + I + G$

$8,000 = (2,000 + 0.1Y) + (1,000 + 0.2Y) + G$

$\therefore G = 2,600$

82

정답 ④

기업의 투자를 유인하는 정책이 많아지면 대부자금의 수요를 증가시킨다. 이에 따라 균형이자율이 상승하게 된다.

오답분석

① 균형이자율은 대부자금에 대한 수요와 공급이 일치하도록 조정된다.

② 정부 재정흑자의 증가는 대부자금의 총저축이 증가하여 균형이자율이 하락하고, 민간소비와 민간투자가 증가한다.

③ 정부 재정적자의 증가는 국민저축을 감소시켜 결과적으로 대부자금의 공급을 감소시켜 균형이자율이 상승하게 된다.

⑤ 저축에 대한 세제혜택이 많아지면 총저축이 증가하여 균형이자율이 하락한다.

83

정답 ③

실질이자율의 신축적인 조정에 의해 생산물시장의 균형이 이루어진다고 가정하는 것은 고전학파이며, 케인스는 생산량의 조정에 의해 불균형이 조정된다고 본다.

84

정답 ⑤

정부재정지출승수는 $\dfrac{1}{1-c(1-t)}$ 이다.

주어진 조건을 적용하면 $\dfrac{1}{1-\dfrac{2}{3}\left(1-\dfrac{1}{5}\right)} = \dfrac{1}{1-\dfrac{8}{15}} = \dfrac{15}{7}$ 이다.

따라서 140억 원의 추가경정예산의 시행으로 인해 $\dfrac{15}{7} \times 140$억 $= 300$억 원의 국민소득이 증가한다.

85

정답 ⑤

• [한계소비성향(c)]$=0.5$

 투자승수는 $\dfrac{1}{1-c(1-t)}$ 이므로 $\dfrac{1}{1-0.5(1-0)} = 2$

• 균형국민소득의 증가분 : 1조$\times 2 = 2$조 원

 조세승수는 $\dfrac{-c}{1-c(1-t)}$ 이므로 $\dfrac{-0.5}{1-0.5(1-0)} = -1$

• 균형국민소득의 감소분 : 0.5조$\times -1 = -0.5$조 원

따라서 균형국민소득은 $2 - 0.5 = 1.5$조 원 증가한다.

86

정답 ⑤

확장적인 재정정책을 실시하면 IS곡선이 '(정부지출 증가분)×(승수)'만큼 오른쪽으로 이동하면서 국민소득이 증가한다. 국민소득이 증가하면 화폐수요가 증가하므로 이자율이 상승하고, 이에 따라 민간투자가 감소하는 구축효과가 발생한다. 그러므로 IS-LM 모형에서는 확장적 재정정책을 실시하더라도 승수모형에서보다 국민소득이 작게 증가한다. 확장적 재정정책을 실시할 때 국민소득이 크게 증가하려면 일차적으로 IS곡선의 이동 폭이 커야 하므로 승수가 커야 한다. 즉, 한계소비성향이 높을수록, 소득세율이 낮을수록 승수효과가 크므로 국민소득에 미치는 영향이 크다. 또한 국민소득이 크게 증가하려면 구축효과가 작아야 한다. 구축효과는 화폐수요의 이자율탄력성이 높을수록(LM곡선이 완만할수록), 민간투자의 이자율탄력성이 작을수록(IS곡선이 급경사일수록) 작아진다.

87

정답 ②

고정환율제도에서는 재정정책으로 IS곡선이 오른쪽으로 이동하면서 대내균형이 우상방으로 이동하나, 국내이자율이 국제이자율보다 높아 해외자본이 유입된다. 이에 따라 환율하락을 방지하기 위하여 중앙은행이 개입하여 국내통화량을 증가시킴으로써 LM곡선이 오른쪽으로 이동하게 되고, 결국 새로운 균형에서는 국민소득이 증가하게 된다.

88

정답 ⑤

소비함수이론에는 케인스의 절대소득가설, 쿠즈네츠의 실증분석, 상대소득가설, 피셔의 2기간 모형, 항상소득가설, 생애주기가설, 랜덤워크 가설이 해당한다. 반대로 투자함수이론에는 현재가치법, 내부수익률법, 신고전학파의 투자결정이론, 가속도 원리, 신축적 가속도 원리, 투자옵션이론, Q이론이 해당한다. 딕싯(Dixit)의 투자옵션이론은 투자함수이론에 해당하며, 미래에 대한 불확실성이 커질수록 기업의 투자는 줄어든다고 주장한다.

89

정답 ⑤

• [한계소비성향(MPC)]$=\dfrac{\Delta C}{\Delta Y_d}$, 처분가능소득이 1단위 증가할 때 소비가 증가하는 비율

• [한계저축성향(MPS)]$=\dfrac{\Delta S}{\Delta Y_d}$, 처분가능소득이 1단위 증가할 때 저축이 증가하는 비율

• [평균소비성향(APC)]$=\dfrac{C}{Y_d}$, 처분가능소득에서 소비가 차지하는 비중

• [평균저축성향(APS)]$=\dfrac{S}{Y_d}$, 처분가능소득에서 저축이 차지하는 비중

따라서 $APC + APS = 1$이다.

① 평균소비성향(APC)은 항상 양($+$)의 값을 가진다.
② 한계소비성향(MPC)은 항상 $0<MPC<1$의 값을 가진다.
③ $APC+APS=1$
④ $MPC+MPS=1$

90 정답 ⑤

[순현재가치(NPV)]$=-1,000+\dfrac{660}{1.1}+\dfrac{726}{1.1\times1.1}=-1,000$

$+1,200=200$만 원

91 정답 15

최적생산량은 한계비용과 한계수입이 일치하는 지점에서 구할 수 있다. 한계비용과 한계수입은 각각 총비용과 총수입을 미분하여 구할 수 있으며, $50+Q^2$를 Q에 대하여 미분하면 $2Q$이고, $60Q-Q^2$를 Q에 대하여 미분하면 $60-2Q$이다. 따라서 $2Q=60-2Q$이므로 $Q=15$이다.

92 정답 22,000원

완전경쟁시장의 이윤극대화 조건인 $P=MC$를 만족하는 생산량은 4이다.
총수입(TR) : $4\times15,000=60,000$원
총비용(TC) : $38,000$원
(총수입)$-$(총비용)$=22,000$원
∴ [이윤(π)]$=22,000$원

93 정답 100

완전경쟁시장에서 이윤극대화 생산량은 $P=MC$가 일치하는 점에서 결정된다. 따라서 $P=MC \rightarrow 2,200=16Q+600$이므로 이윤극대화 생산량은 $Q=100$이다.

94 정답 40,000원

이윤극대화 조건으로부터 $MR_1=MR_2$이므로

$P_1\left(1-\dfrac{1}{\varepsilon_1}\right)=P_2\left(1-\dfrac{1}{\varepsilon_2}\right)$을 활용한다.

$P_1\left(1-\dfrac{1}{2}\right)=24,000\left(1-\dfrac{1}{6}\right)$이므로 $P_1=40,000$원이다.

- $MR_1=$(성인) 한계수입
- $MR_2=$(청소년) 한계수입
- $\varepsilon_1=$(성인) 수요의 가격탄력성
- $\varepsilon_2=$(청소년) 수요의 가격탄력성
- $P_1=$(성인) 입장료
- $P_2=$(청소년) 입장료

95 정답 1,050

공공재의 시장수요곡선은 개별수요곡선의 수직합이므로 두 소비자의 개별수요곡선을 수직으로 합하면 $P=5,000-4Q$이다. 공공재의 효율적인 최적생산량을 구하기 위해 $P=MC$로 두면 $5,000-4Q=800$, $Q=1,050$이다. 따라서 파레토효율적인 Z재의 생산량은 $1,050$단위이다.

96 정답 10

시장수요함수가 $P=80-4Q$이고 두 기업의 한계비용은 20으로 동일할 때, 쿠르노 총 생산량은 완전경쟁 생산량의 $\dfrac{2}{3}$로 생산한다. 완전경쟁은 $P=MC$ 수준에서 생산량을 결정하므로 $20=80-4Q \rightarrow Q=15$이다. 따라서 완전경쟁 생산량은 15이고, 쿠르노 총 생산량은 $\dfrac{2}{3}$ 만큼인 10이다.

97 정답 0

(십분위분배율)$=\dfrac{\text{(최하위 40\% 계층의 소득)}}{\text{(최상위 20\% 계층의 소득)}}=\dfrac{0}{100}=0$

98 정답 300

한계수입과 수요의 가격탄력성이 주어져 있으므로, 아모로소 – 로빈슨(Amoroso – Robinson) 공식을 이용하여 자동차 가격을 구할 수 있다.

아모로소 – 로빈슨 공식 : $MR=P\left(1-\dfrac{1}{\varepsilon}\right)$

$225=P\left(1-\dfrac{1}{4}\right)$

∴ $P=300$

99

A의 효용은 $\sqrt{2,500}=50$이고, B의 효용은 $\sqrt{4,900}=70$이므로, 후생은 $50+70=120$이 된다. 여기서 A와 B가 균등분배등가소득 e를 가진다고 가정하면 각각의 효용은 $\sqrt{e}$가 되고, 후생은 $2\sqrt{e}$가 된다. 따라서 $2\sqrt{e}=120$이 되기 위한 균등분배등가소득 e는 3,600이다.

100

균형국민소득 식은 $Y=C+I+G+X-M$이다.
(Y : 국내총생산, C : 소비지출, I : 투자, G : 정부지출, X : 수출, M : 수입)
$900=200+50+300+X-100$
$\therefore X=450$

3일 차 기출응용 모의고사 정답 및 해설

| 01 | NCS

01	02	03	04	05	06	07	08	09	10
③	④	④	③	③	④	⑤	②	②	③
11	12	13	14	15	16	17	18	19	20
①	③	⑤	④	③	③	③	⑤	③	④
21	22	23	24	25	26	27	28	29	30
④	④	③	③	③	④	②	①	⑤	④
31	32	33	34	35	36	37	38	39	40
②	③	①	④	②	③	③	①	③	①

01
정답 ③

제시문에서는 현대 사회의 소비 패턴이 '보이지 않는 손' 아래의 합리적 소비에서 벗어나 과시 소비가 중심이 되었으며, 그 이면에는 소비를 통해 자신의 물질적 부를 표현함으로써 신분을 과시하려는 욕구가 있다고 설명하고 있다.

02
정답 ④

사진별로 개수에 따른 총 용량을 구하면 다음과 같다.
• 반명함 : $150 \times 8,000 = 1,200,000$KB
• 신분증 : $180 \times 6,000 = 1,080,000$KB
• 여권 : $200 \times 7,500 = 1,500,000$KB
• 단체사진 : $250 \times 5,000 = 1,250,000$KB
사진 용량 단위 KB를 MB로 전환하면
• 반명함 : $1,200,000 \div 1,000 = 1,200$MB
• 신분증 : $1,080,000 \div 1,000 = 1,080$MB
• 여권 : $1,500,000 \div 1,000 = 1,500$MB
• 단체사진 : $1,250,000 \div 1,000 = 1,250$MB
따라서 모든 사진의 총 용량을 더하면 $1,200 + 1,080 + 1,500 + 1,250 = 5,030$MB이고, 5,030MB는 5.03GB이므로 필요한 USB 최소 용량은 5GB이다.

03
정답 ④

필요한 홍보자료는 $20 \times 10 = 200$부이며, $200 \times 30 = 6,000$페이지이다. 이를 활용하여 업체당 인쇄비용을 구하면 다음과 같다.

구분	페이지 인쇄 비용	유광표지 비용	제본비용	할인을 적용한 총비용
A	$6,000 \times 50$ $=30$만 원	200×500 $=10$만 원	$200 \times 1,500$ $=30$만 원	$30 + 10 + 30$ $=70$만 원
B	$6,000 \times 70$ $=42$만 원	200×300 $=6$만 원	$200 \times 1,300$ $=26$만 원	$42 + 6 + 26$ $=74$만 원
C	$6,000 \times 70$ $=42$만 원	200×500 $=10$만 원	$200 \times 1,000$ $=20$만 원	$42 + 10 + 20$ $=72$만 원 → 200부 중 100부 5% 할인 → (할인 안 한 100부 비용)+(할인한 100부 비용) $=36 + (36 \times 0.95)$ $=70$만 2천 원
D	$6,000 \times 60$ $=36$만 원	200×300 $=6$만 원	$200 \times 1,000$ $=20$만 원	$36 + 6 + 20$ $=62$만 원
E	$6,000 \times 100$ $=60$만 원	200×200 $=4$만 원	$200 \times 1,000$ $=20$만 원	$60 + 4 + 20$ $=84$만 원 → 총비용 20% 할인 84×0.8 $=67$만 2천 원

따라서 가장 저렴한 비용으로 인쇄할 수 있는 업체는 D인쇄소이다.

04
정답 ③

교육프로그램에 따라 해당되는 지원 금액과 신청 인원은 다음과 같다.

구분	영어회화	컴퓨터 활용능력	세무회계
지원 금액	$70,000 \times 0.5$ $=35,000$원	$50,000 \times 0.4$ $=20,000$원	$60,000 \times 0.8$ $=48,000$원
신청 인원	3명	3명	3명

교육프로그램마다 3명씩 지원했으므로, 총지원비는 $(35,000 + 20,000 + 48,000) \times 3 = 309,000$원이다.

05 정답 ③

• 매립(埋立) : 우묵한 땅이나 하천, 바다 등을 돌이나 흙 따위로 채움
• 굴착(掘鑿) : 땅이나 암석 따위를 파고 뚫음

오답분석

① • 당착(撞着) : 말이나 행동 따위의 앞뒤가 맞지 않음
  • 모순(矛盾) : 어떤 사실의 앞뒤, 또는 두 사실이 이치상 어긋나서 서로 맞지 않음
② • 용인(庸人) : 평범한 사람
  • 범인(凡人) : 평범한 사람
④ • 체류(滯留) : 객지에 가서 머물러 있음
  • 체재(滯在) : 객지에 가서 머물러 있음
⑤ • 모범(模範) : 본받아 배울 만한 대상
  • 귀감(龜鑑) : 거울로 삼아 본받을 만한 모범

06 정답 ④

온실가스 총량은 2021년에 한 번 감소했다가 다시 증가한다.

오답분석

① 이산화탄소는 조사 기간 동안 가장 큰 비중을 차지한다.
② 2023년에 42,721.67ppm으로 가장 큰 값을 가진다.
③ 32,719.8, 32,977.2, 35,045.8, 42,586.5, 42,721.67ppm으로 해가 지남에 따라 지속적으로 증가하고 있다.
⑤ 언제나 메탄은 아산화질소보다 가계, 산업부문을 통틀어 더 많이 배출되고 있다.

07 정답 ⑤

D대리의 청렴도 점수를 a로 가정하고, 승진심사 평점 계산식을 세우면 다음과 같다.
$(60 \times 0.3) + (70 \times 0.3) + (48 \times 0.25) + (a \times 0.15) = 63.6$
$\rightarrow a \times 0.15 = 12.6$
$\therefore a = \dfrac{12.6}{0.15} = 84$

따라서 D대리의 청렴도 점수는 84점임을 알 수 있다.

08 정답 ②

B과장의 승진심사 평점은 $(80 \times 0.3) + (72 \times 0.3) + (78 \times 0.25) + (70 \times 0.15) = 75.6$점이다.
따라서 B과장이 승진후보에 오르기 위해 필요한 점수는 $80 - 75.6 = 4.4$점임을 알 수 있다.

09 정답 ②

첫 번째 문단의 마지막 문장을 통해 확인할 수 있다.

오답분석

① 첫 번째 문단에서 '직진성을 가지는 입자의 성질로는 파동의 원형으로 퍼져나가는 회절 및 간섭현상을 설명할 수 없다.'고 하였다.
③ 두 번째 문단에서 '광자는 많은 에너지를 가진 감마선과 X선부터 가시광선을 거쳐 적은 에너지를 가진 적외선과 라디오파에 이르기까지 모든 에너지 상태에 걸쳐 존재한다.'고 하였다.
④ 두 번째 문단에 따르면 광자의 개념은 1905년 알베르트 아인슈타인이 광전 효과를 설명하기 위해 도입했다.
⑤ 마지막 문단에서 모든 광자는 광속으로 움직인다고 하였다.

10 정답 ③

매월 각 프로젝트에 필요한 인원은 다음과 같다.
• 2월 : A・B프로젝트 46+42=88명
• 3~4월 : B・C프로젝트 42+24=66명
• 5월 : B・D프로젝트 42+50=92명
• 6월 : D프로젝트 50명
• 7월 : D・E프로젝트 50+15=65명
• 8~9월 : E프로젝트 15명
따라서 5월에 가장 많은 92명의 인원이 필요하므로 모든 프로젝트를 완료하기 위해서는 최소 92명이 필요하다.

11 정답 ①

프로젝트별 총 인건비를 계산하면 다음과 같다.
• A프로젝트 : 46×130만=5,980만 원
• B프로젝트 : 42×550만=23,100만 원
• C프로젝트 : 24×290만=6,960만 원
• D프로젝트 : 50×430만=21,500만 원
• E프로젝트 : 15×400만=6,000만 원
따라서 A~E프로젝트를 인건비가 적게 드는 순서대로 나열하면 A-E-C-D-B이다.

12 정답 ③

총 인건비와 진행비를 합한 각 프로젝트에 들어가는 총비용은 다음과 같다.

프로젝트	총 인건비	진행비	프로젝트 총비용
A	5,980만 원	20,000만 원	25,980만 원
B	23,100만 원	3,000만 원	26,100만 원
C	6,960만 원	15,000만 원	21,960만 원
D	21,500만 원	2,800만 원	24,300만 원
E	6,000만 원	16,200만 원	22,200만 원

따라서 총비용이 가장 적게 드는 것은 C프로젝트이다.

13
정답 ⑤

ㄴ. 몸무게가 80kg인 사람에게 4조 개의 감마선 입자가 흡수된 것이 1rem이므로, 몸무게 50kg인 사람에게 1rem은 2.5조 개의 감마선 입자가 흡수된 것이라는 것을 알 수 있다. 따라서 200rem의 피해를 입었으므로 머리카락이 빠지기 시작하고 구역질을 할 것이다.

ㄷ. 가벼운 손상은 몸이 스스로 짧은 시간에 회복할 뿐만 아니라 정상적인 신체 기능에 영향을 미치지 않는다. 이를 '문턱효과'가 있다고 하였으므로 옳은 내용이다.

ㄹ. 몸무게가 80kg인 사람이 4조 개의 감마선 입자를 흡수한 것이 1rem이므로 400조 개 이상의 감마선을 흡수한 체르노빌 사고 현장의 소방대원은 100rem 이상의 피해를 입었다고 할 수 있다.

오답분석

ㄱ. 방사선에 300rem 정도의 피해를 입었다면 수혈이나 집중적인 치료를 받지 않는 한 방사선 피폭에 의한 사망 확률이 50%에 달한다고 하였으므로 옳지 않은 내용이다. 1rem은 몸무게 1g 당 감마선 입자 5천만 개가 흡수된 것을 의미하므로 몸무게에 따라 1rem에서 흡수된 감마선 입자의 양은 다르다.

14
정답 ④

전체 스팸 수신량이 가장 많은 때는 2022년 상반기이고, 가장 적은 때는 2023년 하반기이다.

$(2.39+0.46)-(1.4+0.26)=1.19$

15
정답 ③

$\dfrac{1.4-1.64}{1.64}\times100 ≒ 14.6\%$

16
정답 ③

'본격적'은 '제 궤도에 올라 제격에 맞게 적극적인 것'을 의미하므로 제시문의 흐름상 적절하게 사용되었다.

17
정답 ③

샌드위치를 소개하는 (다) 문단이 가장 먼저 오는 것이 적절하며, 다음으로 샌드위치 이름의 유래를 소개하는 (나) 문단이 와야 한다. 그 뒤를 이어 샌드위치 백작에 대한 평가가 엇갈림을 설명하는 (가) 문단이 와야 하고, 마지막으로는 이러한 엇갈린 평가를 구체적으로 설명하는 (라) 문단이 와야 한다.

18
정답 ⑤

음식 이름의 주인공인 샌드위치 백작이 일부에서는 유능한 정치인·군인이었던 인물로 평가되는 반면, 다른 한편에서는 무능한 도박꾼으로 평가되고 있는 것을 볼 때 ⑤가 빈칸에 들어갈 내용으로 가장 적절하다.

19
정답 ③

• 수용 가능한 인원 파악
  10(운영 인원)+117(선발인원)+6(아나운서)=133명의 전체 참여 인원을 수용할 수 있어야 하므로 최대수용인원이 124명인 세미나실 4는 제외된다.

• 여유 공간 파악
  전체 참여 인원의 10%를 수용할 수 있는 여유 공간이 있어야 한다고 했으므로 133명의 10%인 13.3명을 추가로 수용할 수 있어야 한다. 따라서 총 146.3명 이상을 수용할 수 있어야 하므로 최대수용인원이 136명인 대회의실 2는 제외된다.

• 부대시설 파악
  마이크와 프로젝터가 모두 있어야 하므로 두 가지를 모두 갖추지 못한 한빛관과 세미나실 4는 제외된다.

• 대여 가능 날짜 파악
  발대식 전날 정오인 12월 16일 12시부터 1박 2일의 발대식이 진행되는 18일까지 예약이 가능해야 하므로 대회의실 1과 세미나실 4가 적합하다.

따라서 모든 조건을 충족하는 대회의실 1이 가장 적절하다.

20
정답 ④

월급여가 300만 원 미만인 직원은 $1,200\times(0.18+0.35)=636$명, 월급여가 350만 원 이상인 직원은 $1,200\times(0.12+0.11)=276$명으로 $\dfrac{636}{276}≒2.30$이다. 따라서 2.5배 미만이다.

오답분석

① 직원 중 4년제 국내 수도권 지역 대학교 졸업자 수는 $1,200\times0.35\times0.45=189$명으로, 전체 직원의 $\dfrac{189}{1,200}\times100=15.75\%$로 15% 이상이다.

② 고등학교 졸업의 학력을 가진 직원은 $1,200\times0.12=144$명, 월급여 300만 원 미만인 직원은 $1,200\times(0.18+0.35)=636$명이다. 이 인원이 차지하는 비율은 $\dfrac{144}{636}\times100≒22.6\%$이다.

③ 4년제 대학교 졸업 이상의 학력을 가진 직원은 $1,200\times0.35=420$명, 월급여 300만 원 이상인 직원은 $1,200\times(0.24+0.12+0.11)=564$명이고, 이 인원이 차지하는 비율은 $\dfrac{420}{564}\times100≒74.46\%$로 78% 이하이다.

⑤ 전체 직원이 1,000명이라면 외국 대학교 졸업학력을 가진 직원은 $1,000\times0.35\times0.2=70$명이다.

21
정답 ④

국내 소재 대학 및 대학원 졸업자는 $1,200 \times (0.17 + 0.36) + 1,200 \times 0.35 \times (0.25 + 0.45 + 0.1) = 972$명으로, 이들의 25%는 $972 \times 0.25 = 243$명이다.

월급여 300만 원 이상인 직원은 $1,200 \times (0.24 + 0.12 + 0.11) = 564$명이므로, 이들이 차지하는 비율은 $\frac{243}{564} \times 100 \coloneqq 43\%$이다.

22
정답 ④

대리와 과장의 총출장비는 다음과 같다.
- 일비 : $(30,000 \times 3) + (50,000 \times 3) = 240,000$원
- 교통비 : $(3,200 \times 2) + (121,800 \times 2) + 10,300 = 260,300$원
- 숙박비 : $(120,000 \times 2) + (150,000 \times 2) = 540,000$원
- 식비 : $(8,000 \times 3 \times 3) + (10,000 \times 3 \times 3) = 162,000$원

따라서 대리와 과장이 지급받을 수 있는 총출장비는 $240,000 + 260,300 + 540,000 + 162,000 = 1,202,300$원이다.

23
정답 ③

사원 2명과 대리 1명의 총출장비는 다음과 같다.
- 일비 : $(20,000 \times 2 \times 2) + (30,000 \times 2) = 140,000$원
- 교통비 : 0원(자가용 이용)
- 숙박비 : $(80,000 \times 3) = 240,000$원
- 식비 : $(6,000 \times 3 \times 2 \times 2) + (8,000 \times 3 \times 2) = 120,000$원

따라서 사원들과 대리가 지급받을 수 있는 총출장비는 $140,000 + 240,000 + 120,000 = 500,000$원이다.

24
정답 ③

2017년도, 2018년도, 2021년도에는 금융부채가 비금융부채보다 각각 약 1.48배, 1.48배, 1.4배 많다.

오답분석

① 2020년도의 부채비율은 $56.6 \div 41.6 \times 100 \coloneqq 136.1$이므로 약 136%이며, 다른 연도에 비해 부채비율이 가장 높다.
② 자산은 2014년도부터 2022년도까지 꾸준히 증가했다.
④ 부채는 2020년도 이후 줄어들고 있다.
⑤ 자본은 비금융부채보다 매년 약 $1.9 \sim 6.3$배 이상이다.

25
정답 ③

모든 식물이 아닌 전체 식물의 90%가 피보나치 수열의 잎차례를 따르고 있다.

26
정답 ④

제시문은 피보나치 수열과 식물에서 나타나는 피보나치 수열을 설명하고 있으므로 기사의 제목으로 ④가 적절하다.

27
정답 ②

㉠은 '진리, 가치, 옳고 그름 따위가 판단되어 드러나 알려지다.'의 의미로 사용된 것이다. 반면 ②는 '드러나게 좋아하다.'의 의미로 사용되었다.

28
정답 ①

각 표창 후보자의 평가 결과를 정리하면 다음과 같다.

구분	대민봉사	업무역량	성실성	청렴도	총점
갑돌	3	3	3	1	10
을순	2	3	1	3	9
병만	1	3	3	2	9
정애	2	2	2	3	9

갑돌은 총점이 제일 높으므로 반드시 선발되지만, 나머지 3명은 모두 9점으로 동일하므로 동점자 처리기준에 의해 선발여부가 결정된다. 최종적으로 3명이 선발되었다고 하였으므로 3명 중 2명이 선발될 수 있는 기준을 판단해야 한다.

두 개 이상의 항목에서 '상'의 평가를 받은 후보자는 을순, 병만 2명이므로 ㄱ은 적절한 기준이다.

오답분석

ㄴ. 3명 중 청렴도에서 '하'의 평가를 받은 후보자가 한 명도 없으므로 적절하지 않은 기준이다.
ㄷ. 3명 중 '하'의 평가를 받은 항목이 있는 후보자를 제외하면 정애 한 명만 남게 되므로 적절하지 않은 기준이다.

29
정답 ⑤

- 2023년 전체 어린이보호구역 : $5,946 + 6,735 + 131 + 2,313 + 11 = 15,136$개소
- 2021년 전체 어린이보호구역 : $5,850 + 5,476 + 126 + 1,755 + 10 = 13,217$개소
- $\therefore 15,136 - 13,217 = 1,919$개소

30
정답 ④

시설별 전년 대비 2020년 어린이보호구역 지정개소 증가율은 다음과 같다.

- 초등학교 : $\frac{5,654 - 5,526}{5,526} \times 100 \coloneqq 2.32\%$
- 유치원 : $\frac{2,781 - 2,602}{2,602} \times 100 \coloneqq 6.88\%$
- 특수학교 : $\frac{107 - 93}{93} \times 100 \coloneqq 15.05\%$
- 보육시설 : $\frac{1,042 - 778}{778} \times 100 \coloneqq 33.93\%$
- 학원 : $\frac{8 - 7}{7} \times 100 \coloneqq 14.29\%$

따라서 전년 대비 2020년 어린이보호구역 지정개소 증가율이 가장 높은 시설은 보육시설이다.

31 정답 ②

- 2023년 전체 어린이보호구역 : $5,946+6,735+131+2,313+11=15,136$개소
- 2018년 전체 어린이보호구역 : $5,365+2,369+76+619+5=8,434$개소

따라서 2023년 어린이보호구역은 2018년 어린이보호구역보다 $15,136-8,434=6,702$개소 증가했으므로 옳지 않은 설명이다.

오답분석

① 2018년에 어린이보호구역으로 지정된 시설은 $5,365+2,369+76+619+5=8,434$개소이다.
③ 2022년과 2023년의 특수학교 어린이보호구역 지정개소 수는 131개소로 같다.
④ 2018~2023년 동안 초등학교 어린이보호구역은 꾸준히 증가하고 있으므로 옳은 설명이다.
⑤ 학원 어린이보호구역은 2023년에 11개로 2022년과 동일하므로 증가율은 0%이다.

32 정답 ③

- 철수 : C, D, F는 포인트 적립이 안 되므로 해당 사항이 없다.
- 영희 : A는 배송비가 없으므로 해당 사항이 없다.
- 민수 : A, B, C는 주문 취소가 가능하므로 해당 사항이 없다.
- 철호 : 환불 및 송금수수료, 배송비가 포함되었으므로 A, D, E, F에는 해당 사항이 없다.

33 정답 ①

제시문은 '발전'에 대한 개념을 설명하고 있다. 빈칸 앞에서는 '발전'에 대해 '모든 형태의 변화가 전부 발전에 해당하는 것은 아니다.'라고 하면서 '교통신호등'을 예로 들고 있다. 반면 빈칸 뒤에서는 '사태의 진전 과정에서 나중에 나타나는 것은 적어도 그 이전 단계에 내재적으로나마 존재했던 것의 전개에 해당한다는 것이다.'라고 설명하고 있다. 따라서 ①의 내용이 빈칸에 들어가는 것이 적절하다.

34 정답 ④

노선별 건설비용과 사회손실비용은 다음과 같이 구할 수 있다.
- (건설비용)=(각 구간 길이)×(1km당 건설비용)
  - A노선 : $(1.0\times1,000)+(0.5\times200)+(8.5\times100)$
    $=1,950$억 원
  - B노선 : 20×100억$=2,000$억 원
  - C노선 : $(0.5\times1,000)+(1\times200)+(13.5\times100)$
    $=2,050$억 원

- (사회손실비용)=(노선 길이)×$\dfrac{1,000원}{10km}$×(연간 평균 차량 통행량)×(유지 연수)
  - A노선 : $10km\times\dfrac{1,000}{10}\times2$백만 대×$15=300$억 원
  - B노선 : $20km\times\dfrac{1,000}{10}\times2$백만 대×$15=600$억 원
  - C노선 : $15km\times\dfrac{1,000}{10}\times2$백만 대×$15=450$억 원

- 건설비용과 사회손실비용을 고려한 노선별 비용 비교
  - A노선 : $1,950$억$+300$억$=2,250$억 원
  - B노선 : $2,000$억$+600$억$=2,600$억 원
  - C노선 : $2,050$억$+450$억$=2,500$억 원

따라서 건설비용과 사회손실비용을 모두 고려하였을 때, A노선의 비용이 가장 저렴하므로 A노선이 가장 적합하다.

35 정답 ②

S-4532와 S-8653의 운동량은 같지만 피로도는 가격이 더 높은 S-4532가 더 낮으므로, 운동량과 피로도를 동일하게 중요시하는 직원에게는 S-8653 모델보다는 S-4532 모델이 더 적합하다.

오답분석

① 피로도는 가격이 높을수록 낮으므로, 피로도를 가장 중요시한다면 연습용 자전거보다 외발용 자전거가 더 적합하다.
③ 피로도는 상관없다고 하였으므로, 가격이 더 저렴한 S-dae66 모델이 더 경제적이다.
④ 연습용 자전거인 S-HWS와 S-WTJ는 보조바퀴가 달려있으므로, 자전거를 처음 배우는 사람에게 적합하다.
⑤ '자전거 타기' 제도에 책정된 예산은 한계가 있을 것이므로, 옳은 의견이다.

36 정답 ③

일반 자전거의 운동량을 1이라고 하면, 연습용 자전거는 0.8, 외발 자전거는 1.5의 운동량을 갖는다.
주어진 자료를 토대로 후보 5명의 운동량을 계산하면 다음과 같다.
- 갑 : $1.4\times2=2.8$
- 을 : $1.2\times2\times0.8=1.92$
- 병 : $2\times1.5=3$
- 정 : $2\times0.8+1\times1.5=3.1$
- 무 : $0.8\times2\times0.8+1.2=2.48$

따라서 '정-병-갑-무-을'의 순서로 운동량이 많다.

37

정답 ③

빈칸 앞의 문단에서는 사회적 문제가 되고 있는 딥페이크의 악용 사례에 대해 이야기하고 있으나, 빈칸 뒤의 문단에서는 딥페이크 기술을 유용하게 사용하고 있는 이스라엘 기업의 사례를 이야기하고 있다. 따라서 빈칸에는 어떤 일에 대하여 앞에서 말한 측면과 다른 측면을 말할 때 사용하는 '한편'이 들어가야 한다.

38

정답 ①

구매 방식별 비용을 구하면 다음과 같다.
- 스마트폰앱 : $12,500 \times 0.75 = 9,375$원
- 전화 : $(12,500 - 1,000) \times 0.9 = 10,350$원
- 회원카드와 쿠폰 : $(12,500 \times 0.9) \times 0.85 ≒ 9,563$원
- 직접 방문 : $(12,500 \times 0.7) + 1,000 = 9,750$원
- 교환권 : $10,000$원

따라서 피자 1판을 가장 싸게 살 수 있는 구매 방식은 스마트폰앱이다.

39

정답 ③

제시문은 VOD서비스의 등장으로 방송국이 프로그램의 순수한 재미와 완성도에 집중하게 될 것이라고 추측한다. 하지만 이러한 양상이 방송국 간의 과도한 광고 유치 경쟁을 불러일으킬 것이라는 내용은 언급되지 않았다.

40

정답 ①

ㄱ. 2022년에 기말주가는 전년 대비 감소하였으나, 기본 주당순이익은 증가하였다.

ㄴ. 2021년 주가매출비율은 2022년보다 높으나, 주당 순자산가치는 낮다.

오답분석

ㄷ. 주당매출액은 연간매출액을 총발행주식 수로 나눈 값이다. 따라서 분모인 총발행주식 수가 매년 동일하다면, 연간 매출액과 주당매출액이 비례함을 알 수 있다. 그러므로 2022년의 주당 매출액이 가장 높으므로 연간 매출액도 2022년이 가장 높다.

ㄹ. 2020년 대비 2023년 주당매출액은 $\dfrac{37,075 - 23,624}{23,624} \times 100$ ≒ 56.9% 증가하였다.

41	42	43	44	45	46	47	48	49	50
⑤	③	③	①	⑤	②	⑤	⑤	⑤	④
51	52	53	54	55	56	57	58	59	60
①	④	⑤	④	③	⑤	⑤	④	⑤	②
61	62	63	64	65	66	67	68	69	70
⑤	①	③	⑤	④	①	①	③	④	①
71	72	73	74	75	76	77	78	79	80
⑤	⑤	②	⑤	③	②	③	②	④	②
81	82	83	84	85	86	87	88	89	90
①	⑤	⑤	④	⑤	②	③	⑤	⑤	④

91	92
곱셈의 법칙	45만 원

93	94
혼합 판매채널	80만 원

95	96
편의품	지시적 리더십

97	98
85%	중요사건법

99	100
자본비용	잔여손실

41
정답 ⑤

개츠비 곡선은 우상향하는 모습을 나타낸다.

42
정답 ③

행동수정 전략은 과거 사건을 강조하지 않으며, 현재의 환경 사건을 강조한다.

행동수정 전략
- 정의
  - 인간의 행동을 개선하기 위하여 환경과 특정 행동 간 기능적 관계를 분석하여 행동에 변화를 주는 것이다.
- 특성
  - 행동 원리에 기초한 절차이다.
  - 행동에 초점을 맞춘다.
  - 현(現) 환경 사건을 강조한다. ⇒ 행동의 원인으로 과거 사건을 비(非)강조한다.
  - 절차에 대해 정확히 설명한다.
  - 행동 변화를 측정한다.
  - 일상생활에서 인간이 실행하는 처치이다.
  - 행동에 대한 가설적 기저 원인을 반대한다.

43
정답 ③

오답분석

① 노동조합의 단체교섭 및 경영참여 기능에 대한 내용이다.
② 노동조합의 공제적 기능에 대한 내용이다.
④ 노동조합의 정치적 기능에 대한 내용이다.
⑤ 노동조합의 노동시장 통제 기능에 대한 내용이다.

44
정답 ①

EVA에서 투하자본은 총자산에서 비영업용 자산을 제외하고, 실제 영업에 투하된 자산을 기준으로 한다.

45
정답 ⑤

오답분석

① 제품 : 소비자의 니즈를 충족하는 재화 또는 서비스를 의미한다.
② 가격 : 소비자가 지불하는 금액으로, 제품의 실제 가치뿐 아니라 고객이 지불할 의사가 있는 가격 또한 의미한다.
③ 판매촉진 : 소비자에게 제품 또는 서비스에 대해 널리 알리는 것을 의미한다.
④ 유통채널 : 제품 또는 서비스를 어디에 판매할지에 대한 전략을 의미한다.

46
정답 ②

EOQ 모형은 단위당 구매비용, 생산비용이 일정하다고 가정한다. 즉, 대량 구매를 한다고 해도 별도의 할인이 적용되지 않는다.

EOQ(Economic Order Quantity) 모형
- 정의
  - 연간 재고 유지비용과 주문 비용의 합을 최소화하는 1회 주문량이다.
- 가정
  - 단위 기간 중의 수요를 정확히 예측할 수 있다.
  - 단위당 구매비용, 생산비용이 일정하다.
  - 재고 사용량은 일정하다.
  - 제품 조달기간은 일정하다.
  - 단위당 재고 유지비용은 일정하다.
  - 주문량은 전량 일시에 입고된다.
  - 각 주문은 지연 없이 입고되며, 공급이 중단되지 않는다.

47
정답 ⑤

브랜드 가치는 고객의 충성도, 고객의 인지도, 제품의 품질, 브랜드 이미지, 경쟁우위 등을 통하여 결정된다.

48 정답 ⑤
목표 달성 이후 즉시 보상함으로써 보상적 권력을 더욱 잘 사용할 수 있다.

49 정답 ⑤
MECE(Mutually Exclusive and Collectively Exhaustive) 기법은 글로벌 컨설팅사 맥킨지의 분석기법으로, 각 항목이 서로 배타적이면서도 부분의 합들이 누락된 사항 없이 전체를 이루도록 하는 것을 의미하며, 전체집합 내에서 문제가 해결되는 것을 전제로 하므로 해결 방법이 전체집합 외부에 존재할 경우 사용할 수 없다.

50 정답 ④
노사 간 협력은 조직 내 갈등 완화 및 성과 향상이 목적이므로 직무분석과는 관계가 없다.

51 정답 ①
수익을 인식하기 위해서는 계약 식별 → 수행 의무 식별 → 거래가격 산정 → 거래가격 배분 → 수익 인식의 5단계를 적용해야 한다.

> **수익 인식 모형의 5단계(K-IFRS 제1115호)**
> • 계약 식별 : 고객과의 계약인지 여부를 확인하는 단계이다.
> • 수행 의무 식별 : 고객에게 수행할 의무가 무엇인지를 확인하는 단계이다.
> • 거래가격 산정 : 고객에게 받을 대가를 측정하는 단계이다.
> • 거래가격 배분 : 거래가격을 수행 의무별로 배분하는 단계이다.
> • 수익 인식 : 수행 의무의 이행 시 수익을 인식하는 단계이다.

52 정답 ④
생산 자재 품질의 불량은 우연원인이 아닌 이상원인에 해당한다.

오답분석

① · ② · ③ · ⑤ 우연원인은 정상적인 생산 조건에서 발생하는 변동으로, 우연적이며 피할 수 없는 변동이다.

> **품질의 산포를 발생시키는 원인**
> • 우연원인
> – 생산 조건이 엄격하게 관리된 상태에서도 발생하는 어느 정도의 불가피한 변동을 주는 원인이다.
> – 근로자의 숙련도 차이, 작업환경의 차이, 생산 자재 가격의 변동, 생산설비의 허용 가능한 오차 등에 의하여 발생한다.
> – 품질 개선을 위해서는 시스템적이고 관리적인 접근이 필요하다.

> • 이상원인
> – 산발적으로 발생하여 품질 변동을 일으키는 원인이다.
> – 근로자의 부주의, 불량자재의 사용, 생산설비의 이상 등에 의하여 발생한다.

53 정답 ⑤
회귀분석법은 시계열이 아닌 인과관계 분석을 통한 예측기법에 해당한다.

오답분석

① 지수평활법 : 가장 최근의 실적치에 가장 큰 가중치를 부여하고, 오래된 데이터의 가중치는 지수함수적으로 적게 적용하는 방법이다.
② 최소자승법 : 예측값과 실제값의 오차 제곱의 합이 최소가 되는 값을 구하는 방법이다.
③ 박스-젠킨스법 : 자동회귀 이동평균을 활용하여 과거값에 대한 현재의 최적값을 구하는 방법이다.
④ 목측법 : 시계열의 경과도표에서 눈대중으로 각 점을 가장 가깝게 통과하는 평균선을 어림잡아 그려보는 방법이다.

54 정답 ④

오답분석

① 타당성 : 인사 평가 내용이 평가의 목적을 적절히 반영하여야 한다.
② 수용성 : 평가 절차 또는 결과가 공개되어 피평가자들이 평가의 공정성 및 활용 목적에 동의하는 정도를 말한다.
③ 신뢰성 : 평가 결과는 일관성이 있어야 한다.
⑤ 실용성 : 평가에 투입된 비용 대비 결과가 합리적이어야 한다.

55 정답 ③
가공원가는 직접노무비와 제조간접비의 합으로 구한다.

오답분석

① 직접원가 계산식이다.
② 제조원가 계산식이다.
④ 총원가 계산식이다.
⑤ 판매가격 계산식이다.

56 정답 ⑤
ERG 이론은 욕구를 단계적인 계층적 개념이 아닌 중요도와 구체성 정도에 따라 분류하였다. 이때, 욕구 간 순서는 존재하지 않는다고 본다.

57
정답 ⑤

$$（부채비율）=\frac{（부채총계）}{（자기자본）}×100$$

58
정답 ④

직무분석은 법적 리스크를 완화하기 위하여 고용 관련 법률(남녀고용평등과 일·가정 양립 지원에 관한 법률 제8조 제1항)에 따른 근거를 정의한다.

오답분석

① 직무분석의 인력 채용 및 선발에 대한 내용이다.
② 직무분석의 인력 훈련에 대한 내용이다.
③ 직무분석의 성과 평가에 대한 내용이다.
⑤ 직무분석의 성과 보상에 대한 내용이다.

직무분석(Job Analysis)
분석하고자 하는 산업현장에서의 다양한 책무와 과업을 일목요연하게 정리하고, 정리된 과업 순서(책무, 과업)를 나열하여 그에 따른 지식과 스킬, 태도를 분석하는 것이다.

59
정답 ⑤

이자율의 변동은 비체계적 위험이 아닌 체계적 위험으로 볼 수 있다.

오답분석

①·②·③·④ 비체계적 위험은 기업 고유의 원인에 기인하며, 대개 경기변동과 관계없이 발생하는 위험이다.

60
정답 ②

안전재고 설정 시 고려 사항
• 이론 재고 : 통계적으로 안전재고를 계산한 값
• 재고 특성 : 생산 단가, 제품 크기, 입고 주기, 최소 주문 수량 등
• 고려 비용 : 이자 비용, 취급 비용, 유지 비용, 감가상각 등

61
정답 ⑤

주어진 매트릭스에서 시장 지위를 유지하며 집중 투자를 고려해야 하는 위치는 사업의 강점도 높고 시장의 매력도 또한 높은 프리미엄이다.
프리미엄에서는 성장을 위하여 적극적으로 투자하며, 사업 다각화 전략과 글로벌 시장 진출을 고려해야 하고, 너무 미래지향적인 전략보다는 적정선에서 타협을 하는 단기적 수익을 수용하는 전략이 필요하다.

GE 매트릭스
3×3 형태의 매트릭스이며, Y축 시장매력도에 영향을 끼치는 요인은 시장 크기, 시장 성장률, 시장수익성, 가격, 경쟁 강도, 산업평균 수익률, 리스크, 진입장벽 등이 있다. X축 사업 강점에 영향을 끼치는 요인은 자사의 역량, 브랜드 자산, 시장 점유율, 고객충성도, 유통 강점, 생산 능력 등이 있다.

62
정답 ①

주제품과 함께 사용되어야 하는 종속제품을 높은 가격으로 책정하여 마진을 보장하는 전략을 종속제품 가격결정이라고 한다.

오답분석

② 묶음 가격결정 : 몇 개의 제품들을 하나로 묶어서 할인된 가격으로 판매하는 전략이다.
③ 단수 가격결정 : 제품 가격의 끝자리를 단수로 표시하여 소비자들이 제품의 가격이 저렴하다고 느껴 구매하도록 하는 전략이다.
④ 침투 가격결정 : 빠른 시일 내에 시장에 깊숙이 침투하기 위해 신제품의 최초가격을 낮게 설정하는 전략이다.
⑤ 스키밍 가격결정 : 신제품이 시장에 진출할 때 가격을 높게 책정한 후 점차적으로 그 가격을 내리는 전략이다.

63
정답 ③

명성가격은 가격이 높아질수록 품질이 좋다고 인식되고, 소비자들은 제품의 가격과 자신의 권위가 비례한다고 생각한다. 따라서 이런 제품의 경우 가격이 떨어지면 초기 매출은 증가하겠지만 나중으로 갈수록 오히려 매출이 감소하게 된다.

64
정답 ⑤

인간관계론은 메이요(E. Mayo)와 뢰슬리스버거(F. Roethlisberger)를 중심으로 호손실험을 거쳐 정리된 것으로, 과학적 관리법의 비인간적 합리성과 기계적 도구관에 대한 반발로 인해 발생한 조직이론이다. 조직 내의 인간적 요인을 조직의 주요 관심사로 여겼으며, 심리요인을 중시하고, 비공식 조직이 공식 조직보다 생산성 향상에 더 중요한 역할을 한다고 생각했다.

65
정답 ④

오답분석

① 강제할당법에 대한 설명이다.
② 대조표법에 대한 설명이다.
③ 중요사건기술법에 대한 설명이다.
⑤ 에세이평가법에 대한 설명이다.

66
정답 ①

직무현장훈련(OJT; On the Job Training)이란 업무와 훈련을 겸하는 교육훈련 방법을 의미한다. 실습장 훈련, 인턴사원, 경영 게임법 등은 집합교육훈련(Off-JT; Off the Job Training)에 해당한다.

67
정답 ①

비유동자산은 재무상태표 작성일을 기준으로 1년 이내에 현금화할 수 없는 자산을 말한다. 비유동자산은 크게 투자자산, 유형자산, 무형자산으로 구분할 수 있고, 이때 투자자산은 기업의 본래 영업활동이 아닌 투자목적으로 보유하는 자산이며, 유형자산은 토지, 건물 등 부동산 자산과 기계장치, 설비 등을 말한다. 그리고 그 외 영업권, 산업재산권 등을 무형자산이라고 한다.

68
정답 ③

기능별 전략(Functional Strategy)은 기업의 주요 기능 영역인 생산 및 마케팅, 재무, 인사, 구매 등을 중심으로 상위 전략인 기업 전략 내지 사업 전략을 지원하고 보완하기 위해 수립되는 전략이다. 예시로는 R&D 전략, 마케팅 전략, 생산 전략, 재무 전략, 구매 전략 등이 있다. 차별화 전략은 사업 전략에 해당한다.

> **기업 전략(Corporate Strategy)**
> 조직의 사명(Mission) 실현을 위한 전략으로, 기업의 기본적인 대외경쟁방법을 정의한 것이다.
> 예 안정 전략, 성장 전략, 방어 전략 등
>
> **사업 전략(Business Strategy)**
> 특정 산업이나 시장 부문에서 기업이 제품이나 서비스의 경쟁력을 확보하고 개선하기 위한 전략이다.
> 예 원가우위 전략, 차별화 전략, 집중화 전략 등

69
정답 ④

노조가입의 강제성의 정도에 따른 것이므로 '클로즈드 숍 – 유니언 숍 – 오픈 숍' 순서이다.

70
정답 ①

대량생산 및 대량유통으로 규모의 경제를 실현하여 비용 절감을 하는 전략은 비차별화 전략이다. 이는 단일제품으로 단일 세분시장을 공략하는 집중화 전략과는 반대되는 전략이다.

71
정답 ⑤

체계적 오차는 측정 과정에서 일정한 패턴이나 규칙성을 가지는 오차이며, 측정 도구와 관계없이 측정상황에 따라 발생하는 오차는 비체계적 오차이다. 비체계적 오차가 작은 것은 신뢰성이 높다고 볼 수 있다.

72
정답 ⑤

수평적 분화는 조직 내 직무나 부서의 개수를 의미하며, 전문화의 수준이 높아질수록 직무의 수가 증가하므로 수평적 분화의 정도는 높아지는 것이 일반적이다.

73
정답 ②

오답분석
① 목적적합성과 충실한 표현은 근본적 질적 특성이다.
③ 정보이용자들이 미래 결과를 예측하기 위해 사용하는 절차의 투입요소로 재무정보가 사용될 수 있다면, 그 재무정보는 예측가치를 갖는다. 즉, 재무정보가 예측가치를 갖기 위해서 그 자체가 예측치 또는 예상치일 필요는 없다. 예측가치를 갖는 재무정보는 정보이용자 자신이 예측하는 데 사용된다.
④ 재무정보가 과거 평가를 확인하거나 변경시킨다면 확인가치를 갖는다.
⑤ 재무정보의 제공자와는 달리 이용자의 경우에는 제공된 정보를 분석하고 해석하는 데 원가가 발생한다.

74
정답 ⑤

실물적 경기변동이론에서 경기변동은 실물적 충격이 발생했을 때 경제주체들의 최적화 행동의 결과로 인해 균형 자체가 변하는 현상이다. 또한, 경기변동과정에서 발생하는 실업은 모두 자발적 실업이라고 본다. 실물적 경기변동이론에서는 경기변동을 균형현상이라고 보기 때문에 경기변동이 발생하더라도 정부가 개입할 필요는 없다고 주장하며, 화폐의 중립성이 성립하므로 통화량의 변동은 경기에 아무런 영향을 미치지 않는다고 주장한다.

75
정답 ③

오답분석
① 아웃소싱 : 일부의 자재, 부품, 노동, 서비스를 외주업체에 이전해 전문성과 비용 효율성을 높이는 것을 말한다.
② 합작투자 : 2개 이상의 기업이 공동으로 투자하여 새로운 기업을 설립하는 것을 말한다.
④ 턴키프로젝트 : 공장이나 생산설비를 가동 직전까지 준비한 후 인도해 주는 방식을 말한다.
⑤ 그린필드투자 : 해외 진출 기업이 투자 대상국에 생산시설이나 법인을 직접 설립하여 투자하는 방식으로, 외국인직접투자(FDI)의 한 유형이다.

76

역선택은 감추어진 특성의 상황에서 정보 수준이 낮은 측이 사전적으로 바람직하지 않은 상대방을 만날 가능성이 높아지는 현상을 의미한다. 반면, 도덕적 해이는 감추어진 행동의 상황에서 어떤 거래 이후에 정보를 가진 측이 바람직하지 않은 행동을 하는 현상을 의미한다. 따라서 나·라는 역선택에 해당하고, 가·다·마는 도덕적 해이에 해당한다.

77

정답 ③

오답분석

① 규모의 경제를 활용하기 위해서는 하나의 공기업에서 생산하는 것이 바람직하다.
② 공공재를 아무런 규제 없이 시장원리에 맡겨둘 경우 과소 생산이 이루어져 사회적 최적생산량 달성을 이룰 수 없다.
④ 한계비용가격 설정을 사용하는 경우 해당 공기업은 손실을 입게 된다.
⑤ 평균비용가격 설정을 사용하는 경우 사회적 최적 생산량에 미달한다.

78

정답 ②

㉠ 집약적 유통 : 가능한 많은 중간상들에게 자사의 제품을 취급하도록 하는 것이다.
㉡ 전속적 유통 : 일정 지역 내에서의 독점 판매권을 중간상에게 부여하는 방식이다.
㉢ 선택적 유통 : 집약적 유통과 전속적 유통의 중간 형태이다.

79

정답 ④

ESG 경영은 도입된 지 얼마 되지 않아 다양한 정보 획득에는 한계가 있으며, ESG 평가기관에서 통용되는 공통의 산업 표준이 없는 등 신뢰도를 확보해 나가야 하는 문제점도 존재한다.

오답분석

① ESG 경영은 기업이 사회적 책임을 다한다는 인식을 주어 긍정적 이미지와 신뢰도 제고에 도움이 된다.
② ESG 경영을 통해 경영 효율성이 높아지고, 재무적 성과를 향상할 수 있다.
③ ESG 경영을 통해 기업에 대한 투자자들의 관심이 높아져 이익이 증가하고, 주가 상승으로 이어질 수 있다.
⑤ ESG 경영을 통해 기후변화와 같은 문제에 적극적으로 대처하여 새로운 비즈니스 모델을 발굴할 수 있다.

> **ESG(Environmental, Social and Governance) 경영**
> 기업 가치평가 시 일반적인 분석 대상인 재무 정보의 상대적 개념인 '비재무 정보'를 의미하며, 기업의 경제적 활동 성과에 사회적 책임, 환경적 성과 및 지배구조를 평가하여 포괄적인 기업가치를 산출하는 활동이다. 기업의 중장기 기업가치에 막대한 영향을 끼치는 요소이다.

80

정답 ②

인간의 자아 통제는 조직 목적의 성취에 필수적이라는 내용은 Y이론의 가정이다.

오답분석

①·③·④·⑤ 맥그리거의 XY이론은 인간의 본질과 행동에 대한 경영자의 가정을 X이론과 Y이론으로 개념화한 것이다. X이론은 전통적인 인간관, Y이론은 발전적이고 협동적인 인간관을 나타낸다.

> **맥그리거의 XY이론**
> • X이론 : 인간은 본래 일하는 것과 책임지기를 싫어하고, 야망이 없고 영리하지 못하며, 명령에 따라가는 것을 좋아한다고 가정한다. 또한, 변화에 저항적이고 안전을 원하며, 자기중심적이며 사기에 잘 속는다고 성악(性惡)적으로 가정한다.
> • Y이론 : 인간의 본성은 일을 싫어하지 않고 조직의 목표 달성을 위하여 자율적으로 자기 규제와 헌신을 할 수 있다고 가정한다. 또한, 조직 목표에 헌신하는 동기는 자기실현 욕구나 존경 욕구의 충족이 가장 중요한 보상이며, 문제해결에 있어 창의력과 상상력을 발휘할 수 있다는 것을 전제한다.

81

정답 ①

경력 닻 모형은 다양한 환경에서 성공을 경험할 수 있었던 개인의 역량, 다양한 직무 경험에서 비롯된 동기 또는 목표, 다른 집단이나 환경 등에 반응하는 자신만의 가치관을 구성요소로 한다.

82

정답 ⑤

오답분석

① 생산관리 : 제품생산 프로세스를 설계하고, 생산설비를 최적화하는 업무를 수행한다.
② 구매관리 : 생산 자재의 공급 계획을 수립하고, 발주 및 납품 등의 업무를 수행한다.
③ 물류관리 : 제품의 입고, 보관, 출고 등에 대한 전반적인 관리 및 재고관리 업무를 수행한다.
④ 품질관리 : 제품의 품질 전략을 수립하고, 품질관리 시스템을 구축한다.

> **공급망 관리(SCM; Supply Chain Management)**
> 기업이 제품생산을 위하여 원재료의 수급에서 고객에게 제품을 전달하기까지의 공급망에서 일어나는 구매·조달, 생산, 유통 및 영업, 물류 및 배송, 재고관리 등의 정보흐름을 최적화하여 효율성을 극대화하기 위한 시스템이다.

83
정답 ⑤

공격형이 아닌 방어형 전략의 인적자원관리 활동에 대한 설명이다.

오답분석

①·②·③·④ 마일즈&스노우의 공격형 전략은 고객의 니즈를 신속히 파악하여 충족시키고자 하며, 신제품, 신기술 등 혁신을 중요시한다.

> **마일즈&스노우의 전략 유형**
> * 공격형
>   - 기술혁신을 통해 블루 오션을 개척하는 기업군으로, 고도의 전문 지식(첨단기술)뿐만 아니라 수평적 의사소통을 통해 동태적이고 급변하는 현대 사회에 적합한 전략 유형이다.
>   - 인력계획은 비공식적이고 제한적이며 영입을 원칙으로 한다.
>   - 성과에 대한 보상은 외적 경쟁 정도에 기준을 두며, 성과급의 비중이 크다.
>   - 인사고과는 결과 지향적이며, 장기적인 결과를 중시한다.
>   - 인적자원관리 활동 : 실행 → 평가 → 계획
> * 방어형
>   - 대량 생산을 통한 원가경쟁력을 기반으로 저원가전략을 추구한다.
>   - 제품 및 시장영역은 안정적이며, 제한된 범위에서 전문적인 위치를 차지하는 특징이 있다.
>   - 인적자원관리 활동 : 계획 → 실행 → 평가
> * 분석형
>   - 공격형과 방어형 전략을 적절히 배합하여 사용하는 기업군으로, 안정적인 시장에서는 효율성 극대화를 통해 자본을 확보하고 새로운 시장을 개척한다.
>   - 이 전략을 택하는 기업은 시장 수요의 존재를 확인해 준 제품이나 서비스만을 개발하기 때문에 모방하고자 하는 제품이나 서비스의 개발에 집중적으로 투자하며, 혁신 전략을 추구하는 기업보다 효율적인 생산을 해야 해서 공정의 효율화를 강조한다.
>   - 인적자원관리 활동 : 평가 → 실행 → 계획
> * 반응형
>   - 환경의 위기와 기회에 전략적 형성 없이 거시적인 환경적 압박으로 인해 어쩔 수 없이 대응해야 하는 경우에만 그때그때 임시방편적으로 반응하는 기업군을 의미한다.

84
정답 ④

기업자원의 효율화를 극대화하는 일정 계획, 통제 활동을 하는 것은 업무적 의사결정이다.

> **앤소프(H. I. Ansoff)의 의사결정**
> * 전략적 의사결정
>   - 기업의 외부 환경에 기업을 적응시키는 것으로, 그 기업이 어떤 업종에 종사하며 장래 어떤 업종으로 진출할 것인가를 결정하는 문제이다.
>   - 기업 목표의 변경 및 조직규모의 확대, 다각화의 지향 및 현재의 제품·시장 지위 정도, 환경의 변화에 대응하기 위한 제품 및 시장 믹스 선정, 제품시장의 기회에 기업의 총자본을 배분하는 의사결정 등을 다룬다.
> * 관리적 의사결정
>   - 조직 내부 문제의 합리화에 대한 의사결정으로, 전략적 의사결정을 구체화하기 위하여 조직의 성과가 극대화될 수 있는 방향으로 여러 자원을 조직화하는 것이다.
>   - 조직 편성, 자원의 조달 방법, 인사와 훈련 계획, 권한 책임의 문제, 유통경로, 작업 및 정보의 흐름 등을 다룬다.
> * 업무적 의사결정
>   - 전략적 및 관리적 의사결정을 더욱 구체화하기 위하여 조직의 여러 자원이 변환 과정을 거쳐 효율성을 극대화하는 것과 관련된 의사결정으로, 주로 하위경영층의 일선 관리자들에 의해 이루어진다.
>   - 기업자원의 효율을 극대화하는 일정 계획, 감독, 통제 활동 등을 실시한다.

85
정답 ⑤

이연법인세부채는 비유동부채에 해당한다.

오답분석

① 미지급금 : 당해 회사의 사업목적을 위한 경상적인 영업활동 이외에서 발생하는 거래나 계약 관계 등에 의하여 이미 확정된 채무 중 아직 지급이 완료되지 아니한 것으로, 결산기말 현재 1년 이내에 상환하기로 되어 있는 부채이다.

② 선수금 : 상품 등을 판매하기 전에 계약금으로 미리 받은 채무이다.

③ 당기법인세부채 : 당기법인세 중 아직 납부되지 않은 금액이다.

④ 유동성장기부채 : 사채, 장기차입금 등의 고정부채 중 결산일로부터 1년 이내에 상환기간이 도래하는 부채이다.

> **부채의 종류**
> * 유동부채 : 예수금, 단기차입금, 미지급금, 미지급비용, 선수수익, 선수금, 당기법인세부채(미지급법인세), 유동성장기부채, 매입채무 등
> * 비유동부채 : 이연법인세부채, 사채, 임대보증금, 장기차입금, 퇴직급여충당부채, 장기매입채무 등

86
정답 ②

소비자 정보 처리 과정은 노출, 주의, 지각(이해), 기억으로 구성된다.

오답분석

① 노출 : 외부의 마케팅 활동에 의해 의도적·선택적으로 감각기관이 활성화되는 것이다.
③ 주의 : 노출된 정보 중에서 처리할 일부 정보를 선택하는 것이다.
④ 지각 : 노출된 정보를 조직화하여 의미를 부여하고 해석하는 것이다.
⑤ 기억 : 노출된 정보가 단기적·장기적으로 유지되어 의사결정에 사용되는 것이다.

87
정답 ③

기능별 조직은 부서 간 수평적인 조정 및 구성원 간 커뮤니케이션이 약해지는 문제가 발생할 수 있다.

기능별 조직의 장단점
• 장점
  - 구성원이 업무에서 기술 및 지식을 얻어 전문적 역할을 할 수 있다.
  - 구성원이 업무에 적극적으로 참여하고 자율적으로 업무를 할 수 있다.
  - 업무에 창의성을 발휘할 수 있어서 구성원의 만족도를 높일 수 있다.
  - 의사결정 권한이 조직 상층부에 집중되어 효율적이며, 자원을 중복되지 않고 효율적으로 사용할 수 있다.
• 단점
  - 부서 간 의사소통의 단절 및 마찰이 있을 수 있다.
  - 부서 간 통제 기능이 없어서 제품 및 서비스의 조정이 어려울 수 있다.
  - 각 부서의 공식적 업무 구조에 집착하게 됨으로써 고객의 요구에 덜 민감하게 대응하게 된다.
  - 구성원들이 각 부서의 목표에만 집착하게 되어 조직 전체의 목표에 소홀하거나 조직의 전략적 목표에 덜 민감해질 수 있다.

88
정답 ⑤

인적평가센터법은 평가 결과의 안정성 및 수용성이 높다는 장점이 있다.

인적평가센터법(HAC; Human Assessment Center)
관리자 선발이나 승진 의사결정에 있어서 후보자들의 행동을 훈련받은 평가자들이 평가 기준을 사전에 정하여 집중적으로 관찰 평가함으로써 신뢰성과 타당성을 높이는 방법이다.

89
정답 ⑤

세부 업무계획을 수립할 때 고려하는 항목으로는 이슈, 가설, 분석, 원천, 책임, 최종 산출물 등이 있다. 검증은 업무계획 수립 시 고려하는 항목으로 보기 어렵다.

오답분석

① 이슈 : 질문 형태로 구성하며, 이슈에 따른 실행 과제까지 작성한다.
② 가설 : 이슈에 대한 답변과 이유에 대해 작성한다.
③ 분석 : 가설을 증명하기 위한 분석방법 또는 분석모델을 작성한다.
④ 원천 : 분석을 위한 자료를 얻을 수 있는 수단, 방법, 대상 등에 대해 작성한다.

90
정답 ④

관료제는 조직의 계층화를 통해 상명하복의 수직적 체계를 가지며, 이를 통해 관리통제 및 책임소재 파악 등이 용이해진다.

오답분석

① 법과 규칙에 의한 지배 : 관료제의 성립은 법과 규칙에 의해 정해진다.
② 관료의 전임화 : 관료의 안정적인 신분보장을 통해 임무를 전담하게 한다.
③ 권한의 명확화 : 직위에 따른 권한과 권리를 명확히 규정한다.
⑤ 업무의 문서화 : 업무수행은 구두가 아닌 문서로 진행한다.

91
정답 곱셈의 법칙

곱셈의 법칙이란 각 서비스 항목에 있어서 처음부터 점수를 우수하게 받았어도, 마지막 단계의 마무리에서 0이면 결과는 0으로 형편없는 서비스가 되는 것을 의미한다. 즉, 처음부터 끝까지 단계마다 잘해야 한다는 뜻이다.

92
정답 45만 원

1차 연도 이후부터 매년 1,000개씩 생산량이 감소하므로 추정 총생산량은 10,000개(1차 연도)+9,000개(2차 연도)+8,000개(3차 연도)+7,000개(4차 연도)+6,000개(5차 연도)=40,000개이다.

$$(\text{생산량 단위당 감가상각비})=\frac{(\text{취득원가})-(\text{잔존가치})}{(\text{추정 총생산량})}$$

$$=\frac{2,000,000-200,000}{40,000}=45$$

이므로 1차 연도의 감가상각비는 45만 원이다.

93
정답 혼합 판매채널

혼합 판매채널은 여러 가지 판매채널 전략을 결합하여 사용하는 방식이다. 여러 유형의 판매 채널을 동시에 사용하고, 상품이나 고객 세그먼트에 따라 다른 채널 전략을 적용하는 등 유연하게 대처할 수 있으며, 더 넓은 시장을 포괄할 수 있다. 그러나 여러 채널을 동시에 운영하면서 일관성 있는 관리가 어렵고, 채널 간 경쟁이 발생할 수 있다는 단점이 있다.

94
정답 80만 원

- A주식이 올랐을 때 기대수익 : 1,000만×60%×20%=120만 원
- A주식이 떨어졌을 때 기대손실 : 1,000만×40%×10%=40만 원
- A주식에 투자했을 때 기대수익 : 120만−40만=80만 원

95
정답 편의품

편의품은 소비자가 빈번하게 최소한의 쇼핑 노력을 들여 구입하는 상품이다. 따라서 브랜드와 관계 없이 가장 가까운 곳에서 구매하게 되고, 계획 없이 충동적으로 구매하는 경우가 많다. 음료수, 우산, 과자, 비누 등 일상 생활용품이 이에 해당한다.

96
정답 지시적 리더십

로버트 하우스(Robert House)의 경로−목표 이론에서는 다음과 같이 4가지 리더십 유형을 제시하고 있다.
- 지시적 리더십 : 구체적인 지시와 명령을 통해 부하의 직무를 명확히 하고 규칙과 절차 준수를 요구하는 리더십
- 후원적 리더십 : 부하의 욕구와 복지를 배려하고 만족스러운 인간관계를 강조하는 친절하고 지지적인 리더십
- 참여적 리더십 : 부하의 의견과 제안을 고려하고 의사결정 과정에 참여시키는 협력적인 리더십
- 성취지향적 리더십 : 도전적인 목표를 설정하고 높은 성과 기준을 통해 부하들의 능력 발휘를 격려하는 리더십

97
정답 85%

공공기관의 운영에 관한 법률 시행령 제7조 제3항에 의하면, 공기업 중 시장형 공기업은 자산규모 2조 원 이상, 총수입액 중 자체수입액 85% 이상인 공기업이며, 준시장형 공기업은 시장형 공기업이 아닌 공기업(자체수입비율이 50% 이상 85% 이하)이다(동법 제5조).

98
정답 중요사건법

중요사건법은 직무에서 결정적으로 잘한 사건이나 실수한 사건을 수집하여 분석하는 방법이다. 주로 감독자에 의해 수행되며, 관찰 가능한 직무행동의 이익과 용도를 충분히 인식할 수 있는 장점이 있지만, 정보 수집, 분류에 많은 시간이 소요되고 직무 전체의 모습이 기술되지 않을 수 있는 단점이 있다.

99
정답 자본비용

경제적 부가가치(EVA; Economic Value Added)는 기업이 영업활동을 통해 얻은 이익에서 법인세와 자본비용을 공제하고 남은 금액을 의미하며 기업의 진정한 경제적 이익을 측정하는 지표이다. 그러므로 경제적 부가가치의 계산식은 세후순영업이익에서 자본비용을 공제한 값이다.

100
정답 잔여손실

대리인 비용은 주주와 경영자의 이해관계가 달랐을 때 그로 인해 발생하는 문제를 해결하는 데 드는 비용으로 확증비용, 감시비용, 잔여손실이 있다.

> **대리인 비용의 종류**
> - 확증비용 : 회계 감사비용 또는 경영자의 부정행위에 따른 벌칙 규정 등 경영자 스스로가 투자자의 이익에 반하는 의사결정을 하지 않는다는 것을 확신시키는 데 드는 비용이다.
> - 감시비용 : 경영자가 투자자의 이익에 반하는 의사결정을 하는 것을 방지하기 위해 투자자가 경영자를 감시하는 데 드는 비용이나 경영자 성과에 따른 보상비용이다.
> - 잔여손실 : 확증비용과 감시비용이 지출되었으나 경영자가 투자자의 이익을 최대화하지 못해 발생할 수 있는 투자자의 기회비용(예산이나 투자제약으로 인해 발생하는 기회비용 등)이다.

| 03 | 경제

41	42	43	44	45	46	47	48	49	50
②	④	③	②	③	⑤	②	①	⑤	③
51	52	53	54	55	56	57	58	59	60
④	⑤	⑤	②	④	③	②	③	①	⑤
61	62	63	64	65	66	67	68	69	70
④	④	③	⑤	⑤	①	⑤	⑤	③	②
71	72	73	74	75	76	77	78	79	80
①	⑤	③	②	④	②	⑤	④	⑤	①
81	82	83	84	85	86	87	88	89	90
①	②	⑤	①	④	⑤	③	③	③	③

91	92
절대소득가설	5,000만 원 증가
93	94
2.5	200
95	96
4,000만 원 감소	50
97	98
80	8
99	100
부존자원	1,030원/달러

41
정답 ②

가속도원리는 소득(혹은 소비) 변화가 투자에 정비례적인 영향이 아닌 가속도적인 영향을 설명하는 이론이다. 이는 생산량(GDP) 변화에 의해 투자가 유발되는 것을 설명하려는 이론으로, 소득(혹은 소비) 변화가 투자에 가속도적인 영향을 미친다는 것을 설명한다. 하지만 생산시설의 완전가동을 전제하고 있으며, 가속도계수가 일정하고, 이자율과 자본가격 등을 고려하지 않는다는 단점이 있다. 이후에 신축적 가속도원리라는 보다 현실적인 이론이 제시되었다. 신축적 가속도원리는 실제자본량과 목표자본량 간의 갭이 시차를 두고 서서히 메워진다고 보며, 산출량의 변화에 따른 투자의 변화는 기존의 단순 가속도원리보다 서서히 이루어짐을 설명함으로써 현실 설명에 더 부합한다.

42
정답 ④

리카도의 대등정리는 항상소득가설 혹은 생애주기가설과 같은 미래전망적 소비이론에 근거하고 있다.

오답분석

① 리카도의 대등정리에 따르면 국채가 발행되더라도 정부저축이 감소하는 만큼 민간저축이 증가하므로 총저축은 변하지 않는다.
② 유동성제약에 놓여 있을 경우 현재의 가처분소득에 의해 소비가 결정되기 때문에 국채가 발행됨에 따라 조세감면이 이루어지면 사람들의 가처분소득이 증가하므로 소비가 증가하게 된다.
③ 리카도의 대등정리에 따르면 국채가 발행되더라도 경제 전체의 총저축이 변하지 않으므로 이자율과 민간투자도 변하지 않는다.
⑤ 리카도의 대등정리에 따르면 합리적인 소비자들은 국채를 부채로 인식한다.

43
정답 ③

생애주기이론에 따르면 단기에는 자산규모가 고정되어 있으므로 APC는 MPC보다 크다.

44
정답 ②

㉠ 케인스의 유동성 선호설에 따르면 자산은 화폐와 채권 두 가지만 존재한다고 가정하며, 화폐공급이 증가하더라도 증가된 통화량이 모두 화폐수요로 흡수되는 구간을 유동성함정이라고 한다.
㉢ 유동성함정에서의 화폐수요곡선은 수평형태를 가지고, 화폐수요의 이자율탄력성이 무한대인 상태이다.

오답분석

㉡ 유동성함정은 화폐수요곡선이 수평인 구간이다.
㉣ 케인스의 유동성 선호설에 따른 투기적 동기의 화폐수요는 화폐수요함수와 반비례관계에 있다 $\left[\dfrac{M^d}{P} = kY(\text{거래적 동기의 화폐수요}) - hr(\text{투기적 동기의 화폐수요}) \right]$.

45
정답 ③

㉠ 시장이자율이 정상이자율보다 낮다면 소비자들은 이자율이 상승할 것을 예상하여 채권가격이 하락할 것으로 예상하므로 투기적 화폐수요는 증가한다.
㉣ 케인스에 따르면 이자율이 하락하면 채권가격이 상승하므로 채권을 구입할 경우 자본손실을 입을 가능성이 커져 채권보다는 화폐를 보유하고자 한다. 따라서 이자율이 하락하면 화폐수요가 증가한다.

46
정답 ⑤

(A주식의 기대수익률)=(무위험이자율)+[(시장평균수익률)−(무위험이자율)]×(A주식의 베타)
(A주식의 기대수익률)=2%+(8%−2%)×2
(A주식의 기대수익률)=14%

47
정답 ②

현재소비보다 미래소비에 대한 선호가 증가할수록 현재의 저축은 증가하게 된다. 저축의 증가는 대부자금의 공급증가를 의미하고, 이자율은 하락한다.

48
정답 ①

항상소득가설은 미국의 경제학자 프리드먼(Friedman)이 주장한 소비함수이론이다. 프리드먼은 소득을 정기적이고 확실한 '항상소득'과 임시적 수입인 '일시소득'으로 구분했다. 또한 항상소득의 일정 비율은 소비되지만, 일시소득은 소비보다는 저축하는 경향이 강하다고 주장했다. 이는 소득 변동이 소비에 미치는 효과가 '소득의 성질'에 따라 다름을 강조한 것이다. 소득 변동이 임시적으로 증가한 것은 일시소득이 늘어난 것으로, 소비에 영향을 미치지 못하거나 영향을 미치는 정도가 매우 낮다. 그러나 항상소득의 변화는 소비에 미치는 영향이 크고 항구적이다.

49
정답 ⑤

통화승수(m)를 구하는 방법은 다음과 같다.

$$\frac{1}{(현금통화비율)+(지급준비율)\times[1-(현금통화비율)]}$$

따라서 통화승수는 $\frac{1}{0.2+0.25(1-0.2)}=2.5$이다. 중앙은행에 의해 100억 원의 본원통화 공급이 이루어질 경우 증가하는 A국의 통화량은 2.5(통화승수)×100억=250억 원이다.

50
정답 ③

총통화량을 본원통화로 나눈 수치인 통화승수는 민간부문의 현금보유비율과 은행의 지급준비율에 의해 결정된다. 통화승수는 민간부문의 현금보유비율이 높을수록, 즉 개인과 기업이 현금을 많이 보유할수록 작아지고, 은행의 지급준비율이 낮을수록 커진다.

오답분석
① 통화승수는 법정지급준비율을 낮추면 커진다.
② 요구불예금이 증가하면 민간 화폐보유성향이 낮아져 통화승수가 증가한다.
④ 통화승수는 은행들이 지급준비금을 더 많이 보유할수록 작아진다.
⑤ 통화승수는 총통화량을 본원통화로 나눈 값이다.

51
정답 ④

다른 조건이 일정할 때, 기준금리 인상 시 이자율이 상승하여 기업들은 대출금에 대한 이자비용 증가로 인해 투자가 줄어들고, 이자율 상승에 따른 채권수익률이 상승하므로 주식보다는 채권을 구입하고자 하므로 주식에 대한 수요감소에 따른 주가하락으로 인해 토빈의 Q 비율은 하락한다. 또한 은행의 대출금리가 상승하면서 주택구입자금 대출 시 이자비용이 증가하므로 주택수요가 감소하고, 이에 따른 부동산 가격 하락으로 인해 주택투자가 감소한다. 자본유입에 따른 환율이 하락하여 순수출이 감소한다. 경기 전반적인 자산가격 하락으로 인해 소비 또한 감소한다.

52
정답 ⑤

한국은행은 우리나라 중앙은행이자 발권은행으로 통화신용정책 등을 진행한다. 주식시장에서 상장주식을 매매하는 것은 한국은행의 기능이 아니다.

53
정답 ⑤

B국의 실제지급준비율(z)은 법정지급준비율과 초과지급준비율을 합한 20%이다. 또한 B국의 경우 민간은 현금을 전혀 보유하지 않으므로 현금통화비율(c)은 0이다. 이에 따라 통화승수(m)를 구하면 $\frac{1}{c+z(1-c)}$ 이므로 $\frac{1}{c+0.2(1-c)}=\frac{1}{0+0.2(1-0)}=5$이다. 중앙은행이 20억 원 상당의 공채를 매입할 경우 통화량은 20억×5(통화승수)=100억 원만큼 증가한다.

54
정답 ②

요구불예금이 5조 원이고 법정지급준비율이 20%이면 1조 원의 법정지급준비금이 필요하다. 제시된 상황에 따라 갑자기 법정지급준비율이 10%로 인하된 경우, 총 5,000억 원의 법정지급준비금이 필요한 상황이 된다. 따라서 현재 지급준비금이 5,000억 원 초과한 상황이다.

55
정답 ④

기본적으로 통화량 증가 시 정부에서는 각종 출구전략을 통해 이자율을 상승시킨다. 통화량이 증가하면 채권수요가 증가하고, 이자율이 하락하므로 소비자의 구매욕구를 촉진시키거나 단위당 기대수익률이 높은 사업을 제시하여 투자를 활성화하며, 향후 인플레이션 발생을 경고해서 구매력에 영향을 줄 수도 있다. 또한 대중들의 인지도가 높은 기업의 채권 회수율의 하락을 공시하여 자연스럽게 이자율을 상승시킨다. 반면, 경제성장률과 물가상승률의 하락은 이자율을 낮춰 투자를 활성화해야 하는 상황이므로 시중에 통화량을 증가시키는 방안이다.

56
정답 ③

은행보유 시재금은 현금통화에 포함되지 않는다.
• $M1$(협의통화)=(현금통화)+(요구불예금)+(수시입출식 저축성 예금)
• $M2$(광의통화)=$M1$+(시장형 상품)+(실배당형 상품)+(금융채)+(기타)
• Lf(금융기관 유동성)=$M2$+(2년 이상 장기금융 상품)+(생명보험 계약준비금)
• L(광의유동성)=Lf+(기타금융기관 상품)+(국채·회사채·지방채)

57

$$\frac{\Delta M}{M} + \frac{\Delta V}{V} = \frac{\Delta P}{P} + \frac{\Delta Y}{Y}$$

$$4\% + \frac{\Delta V}{V} = 4\% + 10\% \rightarrow \frac{\Delta V}{V} = 10\%$$

58

정답 ③

화폐수량설에 따르면 통화량(M)과 화폐유통속도(V)의 곱은 물가수준(P)과 실질국민소득(Y)의 곱과 같다. 즉, $MV = PY$이며, 이를 증가율로 나타내면 $\frac{\Delta M}{M} + \frac{\Delta V}{V} = \frac{\Delta P}{P} + \frac{\Delta Y}{Y}$와 같다. 따라서 물가상승률$\left(\frac{\Delta P}{P}\right)$은 $\left[\text{통화증가율}\left(\frac{\Delta M}{M}\right)\right]$ + $\left[\text{화폐유통속도증가율}\left(\frac{\Delta V}{V}\right)\right]$ - $\left[\text{실질경제성장률}\left(\frac{\Delta Y}{Y}\right)\right]$이므로 $6+0-3$ $=3\%$임을 알 수 있다. 피셔방정식은 명목이자율(i)이 실질이자율(r)과 물가상승률(π)의 합이라는 관계를 나타내므로 $i = r + \pi$가 성립한다. 따라서 실질이자율(r)은 '[명목이자율(i)]-[물가상승률(π)]'이므로 $10-3=7\%$이다.

59

정답 ①

마샬(Marshall)의 현금잔고 방정식은 $M^d = kPY$이므로 화폐 수요는 $\frac{M^d}{P} = kY$이고, 화폐수량방정식에 따라 $MV = PY$이므로 $\frac{M}{P} = \frac{Y}{V}$이다.

따라서 k와 V는 반비례관계가 성립하므로 A국의 금융정책이 강화되는 경우 마샬의 k는 증가하고, 화폐유통속도(V)는 감소한다.

60

정답 ⑤

[실질경제성장률(실질GDP 증가율)]=(명목GDP 증가율)-[물가상승률(GDP디플레이터 상승률)] → $10-10=0\%$
따라서 전년 대비 동일하다.

61

정답 ④

피구효과란 경제 불황이 발생하여 물가가 하락하면 민간이 보유한 화폐의 구매력이 증가하므로 실질적인 부가 증가하는 효과가 발생하고, 실질부가 증가하면서 소비도 증가하여 IS곡선이 오른쪽으로 이동하는 효과를 말한다. 즉, 피구효과는 IS곡선의 기울기가 아닌 IS곡선 자체의 이동을 가져오는 효과이다.

62

정답 ③

오답분석

ㄴ. 새고전학파는 경기변동을 공급 측 충격에 의해 발생한다고 본다. 수요 측 충격에 의해 발생한다고 보는 것은 새케인스학파이다.

ㄷ. 새고전학파와 새케인스학파 모두 합리적 기대를 사용하여 경기를 예측한다.

63

정답 ③

ㄱ. 정부지출 증가로 IS곡선은 오른쪽으로 이동하며 AD곡선 또한 오른쪽으로 이동하므로 소득수준은 증가한다.

ㄹ. IS곡선이 오른쪽으로 이동하여 이자율이 증가하므로 투자지출은 감소한다.

오답분석

ㄴ. IS곡선이 오른쪽으로 이동하여 이자율이 증가한다.

ㄷ. AS곡선이 수평이므로 LM곡선의 이동을 수반하지 않아 명목통화량은 변하지 않는다.

64

정답 ⑤

화폐수요의 소득탄력성이 크면 국민소득이 증가할 때 화폐수요가 큰 폭으로 증가하므로 이자율이 대폭 상승한다. 따라서 화폐수요의 소득탄력성이 클수록 구축효과(Crowding Out Effect)가 커진다.

65

정답 ⑤

루카스 비판은 경제 정책 평가에 있어 경제주체의 기대를 고려하지 않은 전통적 거시계량경제모형은 신뢰할 수 없다고 비판한 경제학자 루카스(Lucas)의 주장으로, 이에 따르면 조세삭감이 영구적인 경우의 소비는 일시적인 경우의 소비보다 큰 폭으로 증가한다. 따라서 영구적인 조세감면 시의 한계소비성향이 일시적인 조세감면 시의 한계소비성향보다 더 크다.

66

정답 ①

고전학파는 재정정책을 실시하면 총저축이 감소하여 대부자금의 공급이 감소하고 이에 따라 이자율이 상승하므로 민간투자와 민간소비가 감소하는데, 이 감소분이 정부지출 증가분과 정확히 일치하므로 100% 구축효과가 발생한다고 보기 때문에 경제안정화 정책을 쓸 필요가 없다고 주장한다.

오답분석

② 통화주의자는 재량적인 경제안정화 정책에서는 대리인문제가 발생할 수 있으므로 준칙에 입각한 통화정책이 바람직하다고 본다.

③ 케인스는 IS곡선이 가파르고, LM곡선이 완만하므로 적극적인 재정정책이 경제안정화 정책으로 바람직하다고 주장한다.

④ 새고전학파는 합리적 기대를 사용한다. 또한 예상치 못한 경제안정화 정책은 일시적으로 유효할 수 있다는 점을 인정한다.

⑤ 새케인스학파는 비시장청산모델이며, 임금과 물가가 경직적인 경우에는 경제안정화 정책이 유효하다고 주장한다.

67 정답 ②

ㄱ. 인플레이션이 발생하게 되면 실질채무부담이 줄어들어 기업 부채의 실질부담도 줄어든다(인플레이션의 발생은 채무자에게 유리하다).

ㄹ. 인플레이션이 발생하게 되면 세법상 감가상각의 크기보다 실제 감가상각의 크기가 더 크게 발생하게 되어 기업의 이윤이 과대평가될 가능성이 있다.

68 정답 ④

실업률과 고용률은 아래의 공식에 의해서 구할 수 있다.
- (실업률)=(실업자 수)÷[(취업자 수)+(실업자 수)]×100
- (고용률)=(취업자 수)÷(15세 이상인구)×100

경제활동인구는 취업자 수와 실업자 수를 더한 인구이다. 따라서 경제활동인구가 2,000만 명이고, 취업자 수가 1,200만 명이므로 실업자 수는 800만 명이다.

실업률 : 800만÷2,000만×100=40%

고용률 : 1,200만÷4,800만×100=25%

∴ 40-25=15%

69 정답 ③

케인스(Keynes)의 유동성 선호이론은 실질화폐공급과 실질화폐수요로 이루어진 화폐시장을 설명하는 이론이다. 경제가 유동성 함정에 빠지면 통화량의 증가 등이 물가에 영향을 미치지 못하고, 늘어난 통화량은 투자적 화폐 수요로 흡수된다.

오답분석

① 총공급곡선이 우상향 형태일 때 물가수준이 하락하면 총공급곡선 자체가 이동하는 것이 아니라 총공급곡선상에서 좌하방으로 이동한다.

② 확장적 재정정책을 실시하면 이자율이 상승하여 민간투자가 감소하는 구축효과가 발생하게 되는데, 변동환율제도에서는 확장적 재정정책을 실시하면 환율하락으로 인해 추가적으로 총수요가 감소하는 효과가 발생한다. 즉, 확장적 재정정책으로 이자율이 상승하면 자본유입이 이루어지므로 외환의 공급이 증가하여 환율이 하락한다. 이렇듯 평가절상이 이루어지면 순수출이 감소하므로 폐쇄경제에서보다 총수요가 더 큰 폭으로 감소한다.

④ 장기균형 상태에 있던 경제에 원유가격이 일시적으로 상승하면 단기에는 물가가 상승하고 국민소득이 감소하지만, 장기적으로는 원유가격이 하락하여 총공급곡선이 다시 오른쪽으로 이동하므로 물가와 국민소득은 변하지 않는다.

⑤ 단기 경기변동에서 소비와 투자가 모두 경기순응적이며, 소비의 변동성은 투자의 변동성보다 작다.

70 정답 ②

통화주의학파는 화폐수요의 이자율탄력성이 작다고 주장한다. 따라서 LM곡선이 급경사 형태를 취하고, 화폐시장이 안정적이라고 주장한다.

71 정답 ①

정부의 확장적 재정정책, 독립적인 민간 투자의 증가, 가계의 소비 증가, 확대 금융정책으로 인한 통화량의 증가 등은 총수요곡선을 오른쪽으로 이동시키는 수요견인 인플레이션의 요인이다.

오답분석

②·⑤ 수입 자본재나 국제 원자재 가격의 상승은 총공급곡선을 왼쪽으로 이동시켜 비용인상 인플레이션이 발생하게 된다.

③ 임금이 하락하면 총공급곡선이 오른쪽으로 이동하므로 물가는 하락하게 된다.

④ 환경오염의 감소는 인플레이션과 직접적인 관계가 없다.

72 정답 ⑤

ㄷ. 디플레이션이 발생하면 기업의 실질적인 부채부담이 증가한다.

ㄹ. 디플레이션이 발생하면 채무자의 채무액 실질가치가 증가하기 때문에 채무가 있는 기업의 채무불이행 증가로 금융기관 부실화가 초래될 수 있다.

오답분석

ㄱ. 피셔효과(Fisher Effect)에 따르면 '(명목이자율)=(실질이자율)+(예상 인플레이션율)'인 관계식이 성립하므로 예상인플레이션율이 명목이자율을 상회할 경우 실질이자율은 마이너스(-) 값이 될 수 있다. 하지만 명목이자율이 마이너스(-) 값을 가질 수는 없다.

ㄴ. 명목임금이 하방경직적일 때 디플레이션으로 인해 물가가 하락하면 실질임금은 상승하게 된다.

73 정답 ③

15세 이상의 인구(생산가능인구)가 1,500만 명이고, 경제활동참가율이 60%이므로 경제활동인구는 900만 명이다.
- 취업자 수 : 900만×80%=720만 명
- 실업자 수 : 900만×20%=180만 명

오답분석

① 15세 이상의 인구는 생산가능인구를 의미하므로 1,500만 명이다.

② 실업자 수는 180만 명이다.

④ 경제활동인구는 900만 명이다.

⑤ 경제활동인구가 생산가능인구에 포함된다.

74 정답 ②

오쿤의 법칙은 경기회복기에 고용의 증가속도보다 국민총생산의 증가속도가 더 크고, 불황기에는 고용의 감소속도보다 국민총생산의 감소속도가 더 크다는 것이다. 실업률이 1% 늘어날 때마다 국민총생산이 2.5%의 비율로 줄어드는 것과 같이 실업률과 국민총생산의 밀접한 관계를 의미한다.

오답분석

① 왈라스의 법칙(Walars' Law)에 대한 설명이다.
③ 엥겔의 법칙(Engel's Law)에 대한 설명이다.
④ 슈바베의 법칙(Schwabe's Law)에 대한 설명이다.
⑤ 그레셤의 법칙(Gresham's Law)에 대한 설명이다.

75 정답 ④

프리드먼(Friedman)에 의하면 장기 총공급곡선은 수직이므로 총수요가 변화해도 물가만 변화하고 총생산과 실업률은 불변이다. 따라서 장기 필립스곡선은 자연실업률 수준에서 수직선이다.

오답분석

① 단기 필립스곡선은 우하향하며, 이는 단기 총공급곡선이 우상향하는 것을 의미한다. 이 경우 확장정책(총수요 증가)이 시행되면 국민소득이 증가한다.
② 단기 필립스곡선이 우하향하므로 총수요가 감소(총수요곡선 좌측이동)하면 물가가 내려가고 국민소득이 감소한다. 따라서 희생률 개념이 성립한다.
③ 필립스곡선은 임금 상승률과 실업률 사이의 관계를 분석한 것을 말한다.
⑤ 예상 인플레이션율이 상승하면 단기 총공급곡선은 좌측(상방)으로 이동하고, 단기 필립스곡선은 우측(상방)으로 이동한다.

희생률
인플레이션율이 1% 감소할 때 실질GDP의 감소율이다.
• 총공급곡선이 수직선일 경우(장기) : 총수요가 감소할 때 물가 하락, 실질국민소득 불변
• 총공급곡선이 우상향할 경우(단기) : 총수요가 감소할 때 물가 하락, 실질국민소득 감소

76 정답 ②

GDP는 국적을 불문하고 한 국가의 국경 내에서 이루어진 생산활동을 모두 포함하는 개념으로, 국가의 생활수준이나 경제성장률을 분석할 때 사용되는 지표이다. 또한 한 국가 내에서 일정기간 동안 생산된 '모든 생산물'이 아닌 '모든 최종생산물'의 시장가치로 그 국가의 경제수준을 나타낸다.

77 정답 ⑤

궁핍화 성장(Immiserizing Growth)은 한 나라의 경제가 외국과의 무역에 크게 의존하는 경우, 경제성장은 이루어지지만 불리한 교역 조건 때문에 국민의 실질 소득은 낮아지는 현상이다. 기술진보와 궁핍화 성장의 인과관계는 없다.

78 정답 ④

라스파이레스 방식으로 계산한 소비자물가지수는 다음과 같다.

$$L_P = \frac{\sum P_t Q_0}{\sum P_0 Q_0} \times 100 = \frac{(40 \times 10) + (25 \times 25)}{(25 \times 10) + (10 \times 25)} \times 100$$

$$= \frac{1,025}{500} \times 100 = 205$$

79 정답 ⑤

경제의 외부충격에 대비하기 위해 내수시장을 키우는 것은 바람직하나, 내수시장에 치우칠 경우 글로벌 경쟁력을 잃어 오히려 성장률이 둔화될 수 있다.

80 정답 ①

AK모형에서는 저축률이 상승하면 경제성장률 및 1인당 경제성장률이 모두 높아진다. 하지만 솔로우 모형(Solow Model)에서는 저축률이 상승하면 경제성장률이 일시적으로만 높아지는 수준효과만 갖는다.

81 정답 ①

경기종합지수는 경기선행지수, 경기동행지수, 경기후행지수로 구분된다.
• 경기선행지수 : 구인구직비율, 재고순환지표, 건설수주액
• 경기동행지수 : 소매판매액지수
• 경기후행지수 : 상용근로자수

82 정답 ②

환율제도는 고정환율제도와 자유변동환율제도를 양극단으로 하여 이분법적으로 분류할 수 있다. 먼저 고정환율제도는 외환의 시세 변동을 반영하지 않고 환율을 일정 수준으로 유지하는 환율제도이며, 자유변동환율제도는 환율이 외환시장에서 외환의 수요와 공급에 의해 자율적으로 결정되도록 하는 환율제도이다. 이러한 환율제도는 제도별로 상이한 장단점이 존재하지만 그 어떠한 환율제도라도 통화정책의 자율성(㉠), 자유로운 자본 이동(㉡), 환율안정(㉢)의 세 가지 정책목표를 동시에 만족시키기는 현실적으로 불가능하기 때문에 이를 삼불원칙이라고 한다.

83 정답 ⑤

쿠즈네츠 곡선은 사이먼 쿠즈네츠(Kuznets)가 1950년대 내놓은 역(逆)U자형 곡선으로, 소득 불평등 정도를 설명하는 그래프를 뜻한다. 쿠즈네츠는 산업화 과정에 있는 국가의 불평등 정도는 처음에 증가하다가 산업화가 일정 수준을 지나면 다시 감소한다고 주장했다. 쿠즈네츠는 이 연구로 1971년에 노벨 경제학상을 받았다. 하지만 『21세기 자본』의 저자 피케티(Piketty)는 불평등이 감소한 이유로 산업화 진전이 아니라 대공황과 2차 세계대전에 따른 결과라고 주장했으며, 『왜 우리는 불평등해졌는가』의 저자 밀라노비치(Milanović)는 선진국에서는 세계화의 결과로 불평등이 다시 악화되었다며, 쿠즈네츠 곡선이 한 번 순환으로 끝나는 것이 아니라 불평등이 다시 상승하는 '파동' 형태를 가진다고 분석했다.

84 정답 ①

정부지출의 효과가 크기 위해서는 승수효과가 커져야 한다. 승수효과란 확대 재정정책에 따른 소득의 증가로 인해 소비지출이 늘어나게 되어 총수요가 추가적으로 증가하는 현상을 말한다. 즉, 한계소비성향이 높을수록 승수효과는 커진다. 한계소비성향이 높다는 것은 한계저축성향이 낮다는 것과 동일한 의미이다.

85 정답 ④

고정환율제에서 확대 재정정책을 실시할 경우 IS곡선이 우측으로 이동하고, 이에 따라 이자율이 상승한다. 이자율 상승으로 인해 해외에서의 자본이 유입되어 통화량 증가를 일으키고, 고정환율을 유지하기 위해서 LM곡선이 우측으로 이동한다.

오답분석

① 확대 재정정책은 변동환율제에서 IS곡선을 우측 이동시키고, 이자율이 상승하여 환율이 하락한다. 이로 인해 순수출을 감소시킨다.

② 확대 금융정책은 변동환율제에서 LM곡선을 우측 이동시키고, 이자율이 하락하여 자본유출이 발생한다. 이로 인해 환율이 증가하고 순수출이 증가한다. 따라서 순수출의 증가로 인해 IS곡선이 우측 이동하게 된다. LM곡선과 IS곡선의 우측 이동으로 인해 산출량은 증가하지만, 다시금 이자율은 하락하기 때문에 변하지 않는다.

③ 수입제한정책은 변동환율제에서 환율을 인상시키지만 국민소득과 무역수지에 영향을 주지 않는 반면, 고정환율제에서 환율에는 영향을 주지 않지만 국민소득과 무역수지를 증가시킨다.

⑤ 확대 금융정책은 고정환율제에서 LM곡선을 우측 이동시키고, 이에 따라 이자율이 하락한다. 이자율이 하락하기 때문에 자본유출이 발생하여 통화량이 감소한다.

86 정답 ⑤

고정환율제도에서 통화정책은 환율을 유지하기 위해 통화량을 되돌려야 하므로 효과가 없지만, 재정정책은 환율 변화를 막기 위한 통화량 변동으로 효과가 매우 크다. 고정환율제도에서 확대 재정정책이 실시되면 IS곡선이 우측 이동하게 되어 이자율이 상승한다. 따라서 해외에서 자본이 유입되어 통화량이 증가하고 통화량 증가에 따라 LM곡선이 우측으로 이동하여 국민소득은 증가한다. IS곡선과 LM곡선이 모두 우측으로 이동하기 때문에 이자율은 변하지 않는다.

87 정답 ③

소국의 수입관세 부과 시 국내가격은 상승하고 생산량은 증가한다. 그에 따라 생산자잉여도 증가하게 된다.

오답분석

① 부과한 관세만큼 국내가격이 상승하게 된다.

② 국내가격이 상승하므로 소비량은 감소하게 된다.

④ 수입관세 부과 시 정부는 관세수입을 얻고, 관세 부과로 인한 가격 조정에 따른 사회적 후생손실이 발생한다.

⑤ 소국은 국제 시장에서의 가격설정능력이 없다. 따라서 관세를 부과해도 교역조건은 변화하지 않는다. → 대국의 경우 수입관세 부과 시 교역조건이 개선된다.

88 정답 ③

고정환율제도는 정부가 환율을 일정수준으로 정하고, 지속적인 외환시장 개입을 통해 정해진 환율을 유지하는 제도이다. 이 제도에서 확대 금융정책의 경우 중앙은행의 외환매각으로 통화량이 감소한다.

89 정답 ③

헥셔-올린 정리에서는 국가 간 비교우위의 원인을 요소부존도의 차이에서 설명하고, 이를 국가 간 무역의 발생원인으로 보았다. 공급조건에서는 국가 간 생산기술의 차이가 없어 동일한 생산함수를 가진다고 가정하였으며, 수요조건에서는 국가 간 사회후생함수가 동일하며 동조적인 성질을 가진다고 가정하였다.

오답분석

가. 두 국가의 생산요소는 노동과 자본 두 가지이고, 국가 간 생산요소의 이동은 불가능하다고 가정한다.

라. 헥셔-올린 정리는 비교우위의 발생원인을 요소부존의 차이로 설명하는 이론이다. 즉, 각국의 요소부존도는 서로 다른 것으로 가정한다.

90
정답 ③

메츨러의 역설이 발생하면 관세를 통한 국내산업 보호효과가 발생하지 않는다. 메츨러의 역설이란 수입재에 대한 관세부과가 오히려 수입재의 국내상대가격을 하락시키는 것을 의미하며, 메츨러의 역설이 성립되기 위해서는 다음 3가지의 조건이 필요하다.
1. 관세부과국이 대국일 것
2. 상대국의 수입수요의 가격탄력성이 매우 낮을 것
3. 관세부과국의 수입재에 대한 한계소비성향이 매우 낮을 것

91
정답 절대소득가설

절대소득가설은 경제학자 케인스(Keynes)가 주장한 소비이론이다. 현재 소득이 소비를 결정하는 가장 중요한 요인으로, 소득 이외 요인은 소비에 2차적인 영향만 미친다는 것이다. 하지만 현재 소비를 설명하기 위해 현재 소득에만 큰 비중을 두고 금융자산, 이자율, 장래소득의 기대 등 소비에 영향을 끼치는 다른 변수는 간과했다는 지적이 있다. 항상소득가설은 항상소득이 소비를 결정한다는 이론이다. 경제학자 밀턴 프리드먼은 소득을 정기적으로 확실한 항상소득과 임시적인 변동소득으로 구분해 항상소득이 소비에 영향을 미친다고 주장했다.

92
정답 5,000만 원 증가

$r\%$ 이자율로 영구히 받을 경우 무한등비급수로 계산한 $\dfrac{A}{r}$ 가 된다. 따라서 시중금리가 4%인 경우 매년 200만 원씩 영구히 지급되는 영구채의 현재가치는 $\dfrac{200}{0.04}=5,000$만 원이다. 시중금리가 2%로 감소하는 경우의 현재가치는 1억 원이며, 5,000만 원만큼 증가한다.

93
정답 2.5

통화승수는 총통화량을 본원통화로 나눈 값으로, 총통화량을 구하는 공식은 다음과 같다.
- (총통화량)=(현금통화)+(예금통화)
- (통화승수)$=\dfrac{(총통화량)}{(본원통화)}$
- [총통화량(M)]$=\dfrac{1}{c+\gamma(1-c)}B$ (c : 현금통화비율, γ : 지급준비율, B : 본원통화)

여기서 $c=\dfrac{150}{600}=0.25$, $\gamma=\dfrac{90}{450}=0.2$이므로,

통화승수는 $\dfrac{1}{c+\gamma(1-c)}=\dfrac{1}{0.25+0.2(1-0.25)}=2.5$이다.

94
정답 200

예금이 400, 법정지급준비율(z_l)이 20%일 때 법정지급준비금은 80이다. L은행의 경우 실제지급준비금 120을 보유하고 있으므로 초과지급준비금은 40이다. 따라서 초과지급준비금 40을 대출할 때 증가할 수 있는 최대 총예금창조액은 $200\left(=\dfrac{1}{z_l}\times40=\dfrac{1}{0.2}\times40\right)$이다.

95
정답 4,000만 원 감소

지급준비금은 은행이 고객들의 예금 반환 요구에 대비해 갖고 있는 돈이다. 지급준비율(지준율)은 예금 중 지급준비금으로 보유하는 돈의 비율이며, 법정지급준비율은 중앙은행이 정하게 된다. 중앙은행이 찍어낸 돈은 은행을 통해 시중에 유통되면서 또 다른 돈을 만들어낸다. 이를 신용창조(예금창조)라고 한다. 예금창조액은 지급준비율의 역수이다. 예를 들어 지급준비율이 20%일 때, 1,000만 원의 예금으로 만들어지는 예금창조액은 1,000만(예금액)÷0.2(지급준비율)=5,000만 원이다. 지급준비율이 100%로 인상되면 예금통화액은 1,000만÷1=1,000만 원이 되어 4,000만 원이 감소한다.

96
정답 50

(실업률)$=\dfrac{U}{L}=\dfrac{s}{s+f}=\dfrac{0.4}{0.4+0.4}=\dfrac{0.4}{0.8}=\dfrac{1}{2}=50\%$이다.

97
정답 80

GDP디플레이터는 명목GDP를 실질GDP로 나눈 후 100을 곱하여 산출한다. 이 산출식을 이용하여 실질GDP를 구하면 다음과 같다.

(실질GDP)$=\dfrac{(명목GDP)}{(GDP디플레이터)}\times100=\dfrac{120}{150}\times100=80$

98
정답 8

1인당 소득 $f(k)=\dfrac{2\sqrt{KL}}{L}=2\left(\dfrac{K}{L}\right)^{\frac{1}{2}}=2\sqrt{k}$ 이다.

기본방정식인 $sf(k)=(n+d)k$에 주어진 값을 대입해서 풀면 $0.2\times2\sqrt{k}=(0.05+0.05)k$로부터 $k=16$이 도출된다. 따라서 $f(k)$에 대입하면 1인당 소득은 8임을 알 수 있다.

99

헥셔 – 올린 정리에서 모든 국가는 토지, 노동, 자본에 있어서 그 부존자원의 양이 서로 다르다고 가정하였으며, 이러한 가정이 있기에 비교우위가 발생하여 무역이 활성화된다고 주장하였다.

100

이자율평가설에 의하면 환율의 예상변동율은 두 나라의 명목이자율 차이와 같으며, 다음의 식으로 나타낼 수 있다.

$$\frac{\Delta e^e}{e}(환율변동)=i(국내\ 명목이자율)-i_f(해외\ 명목이자율)$$

따라서 한국의 이자율이 6%이고, 미국이 3%면 환율의 예상변동율은 $\frac{\Delta e^e}{e}=6\%-3\%=3\%$이다. 즉, 현재 환율이 1,000원/달러일 때 1년 뒤 환율이 3% 상승하므로 1년 뒤 환율은 1,030원/달러로 예상된다.

4일 차 기출응용 모의고사 정답 및 해설

| 01 | NCS

01	02	03	04	05	06	07	08	09	10
①	③	④	④	⑤	④	⑤	③	③	①
11	12	13	14	15	16	17	18	19	20
①	②	③	④	③	④	②	③	④	④
21	22	23	24	25	26	27	28	29	30
⑤	④	③	④	①	④	④	④	②	③
31	32	33	34	35	36	37	38	39	40
④	④	①	④	⑤	④	④	⑤	④	⑤

01 정답 ①

'휴리스틱'의 개념 설명을 시작으로 휴리스틱에 반대되는 '알고리즘'에 대한 내용이 이어지고, 다음으로는 휴리스틱을 이용하는 방법인 '이용가능성 휴리스틱'에 대한 설명과 휴리스틱의 문제점인 '바이어스(Bias)'의 개념을 연이어서 설명하며 '휴리스틱'에 대한 정보의 폭을 넓혀가며 설명하고 있다.

02 정답 ③

확률이나 빈도를 바탕으로 주관적인 판단에 따라(이유가 있음) 사건을 예측하였지만, 예측하지 못한 결과가 발생하는 것, 주관적인 판단과 객관적인 판단 사이에 오는 차이를 '바이어스'라고 한다. ③과 같이 확률이나 빈도를 바탕으로 주관적인 확률에 따라 사건(최근 한달 동안 가장 높은 타율)을 예측하였지만 결과가 예상할 수 없었던 모습(4타수 무안타)으로 나타나는 것을 말한다.

03 정답 ④

ㄴ. 다수의 풍부한 경제자유구역 성공 사례를 활용하는 것은 강점에 해당하지만, 외국인 근로자를 국내주민과 문화적으로 동화시키려는 시도는 위협을 극복하는 것과는 거리가 멀다. 따라서 해당 전략은 ST전략으로 적절하지 않다.
ㄹ. 경제자유구역 인근 대도시와의 연계를 활성화하면 오히려 인근 기성 대도시의 산업이 확장된 교통망을 바탕으로 경제자유구역의 사업을 흡수할 위험이 커진다. 또한 인근 대도시와의 연계 확대는 경제자유구역 내 국내·외 기업 간의 구조 및 운영상 이질감 해소에 직접적인 도움이 된다고 보기 어렵다.

ㄱ. 경제호황으로 인해 자국을 벗어나 타국으로 진출하려는 해외기업이 증가하는 기회상황에서 성공적 경험에서 축적된 우리나라의 경제자유구역 조성 노하우로 이들을 유인하여 유치하는 전략은 SO전략에 해당한다.
ㄷ. 기존에 국내에 입주한 해외기업의 동형화 사례를 활용하여 국내기업과 외국계 기업의 운영상 이질감이라는 약점을 해소하여 생산성을 증대시키는 전략은 WO전략에 해당한다.

04 정답 ④

• 우선, 서울 지부에서 김포공항까지 택시비가 소요된다.
 → 20,000원
• 세미나 시작 2시간 전인 12시 정각까지 세미나 장소인 진주 본사에 도착하여야 하며, 그러기 위해서는 택시로 이동하는 시간을 고려하여 11시 반에는 사천공항에 도착하여야 한다. 따라서 탑승이 가능한 항공편은 AX381뿐이다. → 38,500원
• 사천공항에서 내린 후 진주 본사까지 택시로 이동한다.
 → 20,000원
• 물품비는 $(5,000 \times 2) + (1,000 \times 4) + (2,000 \times 1) + (1,500 \times 2)$
 $= 19,000$원이 든다. → 19,000원
• 세미나 종료 후 다시 택시를 타고 사천공항으로 이동한다.
 → 20,000원
• 사천공항에 도착하면 18:30이 된다. 따라서 탑승이 가능한 항공편은 YI830뿐이다. → 48,000원
• 김포공항에서 다시 택시로 서울 지부로 이동한다. → 20,000원
위의 과정을 식으로 정리하면 다음과 같다.
$20,000 + 38,500 + 20,000 + 19,000 + 20,000 + 48,000 + 20,000$
$= 185,500$원
따라서 진주 본사 출장 이후 서울 지부로 돌아오기까지의 물품 구입비와 교통비의 합은 185,500원이다.

05 정답 ⑤

지원자의 직무능력을 가릴 수 있는 요소들을 배제하는 것은 기존의 채용 방식이 아닌 블라인드 채용 방식으로, 이를 통해 직무능력만으로 인재를 평가할 수 있다. 따라서 ⑤는 블라인드 채용의 등장 배경으로 적절하지 않다.

06
정답 ④

블라인드 면접의 경우 자료 없이 면접을 진행하는 무자료 면접 방식과 면접관의 인지적 편향을 유발할 수 있는 항목을 제거한 자료를 기반으로 면접을 진행하는 방식이 있다.

오답분석

① 무서류 전형은 최소한의 정보만을 포함한 입사지원서를 접수하되 이를 선발 기준으로 활용하지 않는 방식이다.
② 블라인드 처리되어야 할 정보를 수집할 경우, 온라인 지원서상 개인정보를 암호화하여 채용담당자는 이를 볼 수 없도록 기술적으로 처리한다.
③ 무자료 면접 방식은 입사지원서, 인·적성검사 결과 등의 자료 없이 면접을 진행한다.
⑤ 기존에 쌓아온 능력·지식 등은 서류 전형이 아닌 필기 및 면접 전형을 통해 검증된다.

07
정답 ⑤

㉠은 지원자들의 무분별한 스펙 경쟁을 유발하는 반면, ㉡은 지원자의 목표 지향적인 능력과 역량 개발을 촉진한다.

08
정답 ③

건설자재회사별로 L공사의 주문량에 대한 금액을 계산하면 다음과 같다.
- A자재 : $(2,000 \times 20) + (1,200 \times 70) + (1,500 \times 100) + (2,700 \times 5) = 287,500$원
- B자재 : $(2,200 \times 20) + (1,200 \times 70) + (1,500 \times 100) + (2,500 \times 5) = 290,500$원
- C자재 : $(2,000 \times 20) + (1,000 \times 70) + (1,600 \times 100) + (2,600 \times 5) = 283,000$원
- D자재 : $(2,200 \times 20) + (1,100 \times 70) + (1,500 \times 100) + (2,500 \times 5) = 283,500$원
- E자재 : $(2,200 \times 20) + (1,100 \times 70) + (1,600 \times 100) + (2,700 \times 5) = 294,500$원

따라서 L공사는 주문 금액이 가장 저렴한 C자재에 주문을 넣을 것이다.

09
정답 ③

제일 저렴한 C자재와 그 다음으로 저렴한 D자재는 500원 차이이고, 바닥재는 D자재가 C자재보다 100원 저렴하므로 D자재가 C자재보다 저렴해지려면 바닥재 주문량을 11roll 이상 주문해야 한다. 따라서 여전히 C자재가 가장 저렴하다.

10
정답 ①

A사원은 계획적이고 순차적으로 업무를 수행하므로 효율적인 업무 수행을 하고 있다.

오답분석

② 다른 사람의 업무에 지나칠 정도로 책임감을 느끼며 괴로워하는 B대리는 '배려적 일중독자'에 해당한다.
③ 음식을 과다 섭취하는 폭식처럼 일을 한 번에 몰아서 하는 C주임은 '폭식적 일중독자'에 해당한다.
④ 휴일이나 주말에도 일을 놓지 못하는 D사원은 '지속적인 일중독자'에 해당한다.
⑤ 한 번에 소화할 수 없을 만큼 많은 업무를 담당하는 E대리는 '주의결핍형 일중독자'에 해당한다.

11
정답 ①

A업체와 B업체의 가격과 보온성 평가점수의 합이 별 8개로 동일하므로, 모든 부문 별 개수의 합계를 비교해야 하는데 A업체는 별 17개, B업체는 별 14개이다. 따라서 L사는 A업체에서 근무복을 구매할 것이다.

12
정답 ②

100만 원 한도 내에서 15명의 근무복을 구매하려면 한 벌당 구매가격이 $100 \div 15 \fallingdotseq 6.67$만 원보다 저렴해야 한다. 이 조건을 만족하는 A업체와 B업체만 비교할 때, 가격과 보온성 평가점수의 합이 A업체와 B업체 모두 별 8개이므로 가격이 더 저렴한 B업체의 근무복을 구매한다.

13
정답 ③

조건에 따르면 각 팀이 새로운 과제를 3, 2, 1, 1, 1개로 나눠서 맡아야 한다. 기존에 수행하던 과제를 포함해서 한 팀이 맡을 수 있는 과제가 최대 4개라는 점을 고려하면 다음과 같이 정리할 수 있다.

구분	기존 과제 수	새로운 과제 수		
(가)팀	0	3	3	2
(나)팀	1	1	1	3
(다)팀	2	2	1	1
(라)팀	2	1	2	1
(마)팀	3	1		

ㄱ. a는 새로운 과제 2개를 맡는 팀이 수행해야 하므로 (나)팀이 맡을 수 없다.
ㄷ. 기존에 수행하던 과제를 포함해서 과제 2개를 맡을 수 있는 팀은 기존 과제의 수가 0개인 (가)팀과 1개인 (나)팀인데 위의 세 경우 모두 2개 과제를 맡는 팀이 반드시 있다.

오답분석

ㄴ. f는 새로운 과제 1개를 맡는 팀이 수행해야 하므로 (가)팀이 맡을 수 없다.

14
정답 ④

직급에 따른 업무항목별 계산 기준에 따르면 B차장의 업무평점은 $(80\times0.3)+(85\times0.2)+(90\times0.5)=86$점이다.

15
정답 ③

직급에 따른 업무항목별 계산 기준에 따르면 A사원의 업무평점은 $(86\times0.5)+(70\times0.3)+(80\times0.2)=80$점이다.
승진심사 평점은 업무평정(80%)+능력(10%)+태도(10%)이므로 $(80\times0.8)+(80\times0.1)+(60\times0.1)=78$점이다.

16
정답 ④

제시문에 따르면 스마트시티 전략은 정보통신기술을 적극적으로 활용하여 도시의 혁신을 이끌고 도시 문제를 해결하는 것으로 볼 수 있다. ④는 물리적 기반시설 확대의 경우로, 정보통신기술의 활용과는 거리가 멀다.

17
정답 ②

- 평균 통화시간이 6 ~ 9분인 여자의 수 : $400\times\dfrac{18}{100}=72$명
- 평균 통화시간이 12분 이상인 남자의 수 : $600\times\dfrac{10}{100}=60$명

$\therefore\ \dfrac{72}{60}=1.2$배

18
정답 ③

출입증 미패용(미부착)의 ③을 보면 '차량출입증'이라고 명시되어 있으므로 사람뿐만 아니라 차량에도 적용됨을 알 수 있다.

오답분석

① 위반 사항 중 가장 높은 제재 수준은 5년 출입금지이고, 이는 타인 출입증 사용 항목의 ④와 ⑤에 해당한다.
② 출입증규정을 위반한 경우 항목에 따라 규정 위반 횟수만큼 제재 수준이 높아진다. 또한, 위반 시 2번까지 제재를 받지 않는 경우는 없다.
④ 출입증을 보호구역 내에서 분실했을 때의 제재 수준이 외부에서 분실했을 때보다 높다.
⑤ 출입증규정을 위반하였을 때 제재를 받는 사람은 사용자, 소유자, 대여자, 분실자, 인솔자이다.

19
정답 ④

(가) 타인 출입증 사용 항목의 ①을 위반한 경우로, 출입증 사용자 및 소유자는 5일 출입정지 제재를 받는다.
(나) 분실 항목의 ②를 위반한 경우에 해당하며, 1회 사용하였으므로 경고를 받는다.
(다) 출입증 미패용(미부착) 항목의 ②의 경우지만, 위반한 자를 보고 신고하였으므로 제재를 받지 않는다.

20
정답 ④

언택트 기술이 낳을 수 있는 문제에 대응하기 위해서는 인간 중심의 비대면 접촉이 이루어져야 한다. 인력이 불필요한 곳은 기술로 대체해야 하지만, 대면 접촉이 필요한 곳에는 인력을 재배치해야 한다는 것이다. 따라서 될 수 있는 한 인력을 언택트 기술로 대체해야 한다는 ④는 적절하지 않다.

21
정답 ⑤

언택트 마케팅에 사용되는 기술의 보편화는 디지털 환경에 익숙하지 않은 고령층을 소외시키는 '언택트 디바이드'와 같은 문제를 낳을 수 있다. 따라서 ⑤는 언택트 마케팅의 확산 원인으로 적절하지 않다.

22
정답 ④

언택트 마케팅은 전화 통화나 대면 접촉에 부담을 느끼는 사람들이 증가함에 따라 확산되고 있다. 따라서 24시간 상담원과의 통화연결은 언택트 마케팅의 사례로 보기 어렵다. 오히려 채팅앱이나 메신저를 통한 24시간 상담 등이 언택트 마케팅의 사례로 적절하다.

오답분석

①・②・③・⑤ 언택트 마케팅의 대표적인 사례이다.

23
정답 ③

2022년 축구 동호회 인원 증가율 : $\dfrac{131-114}{114}\times100\fallingdotseq15\%$
따라서 2023년 축구 동호회 인원은 $131\times1.15\fallingdotseq151$명이다.

24
정답 ④

2020년 전체 동호회의 평균 인원은 $419\div7\fallingdotseq60$명이다. 따라서 2020년 족구 동호회 인원이 62명이므로 전체 동호회의 평균 인원보다 더 많다.

오답분석

① 족구와 배구 동호회의 순위가 2019년과 2020년에 다르다.
② 2020년과 2021년을 비교하면,
분모 증가율은 $\dfrac{554-419}{419}\fallingdotseq\dfrac{1}{3}$이고,
분자 증가율은 $\dfrac{42-35}{35}=\dfrac{1}{5}$이다.
따라서 2020년에는 비중이 감소했다.
③ 2019년과 2020년을 비교하면,
분모 증가율은 $\dfrac{419-359}{359}\fallingdotseq\dfrac{1}{6}$이고,
분자 증가율은 $\dfrac{56-52}{52}=\dfrac{1}{13}$이다.
따라서 2020년에는 비중이 감소했다.
⑤ 2019년부터 등산과 여행 동호회 인원의 합은 각각 31, 60, 81, 131명으로 2022년에는 축구 동호회 인원과 동일하다.

25

정답 ①

제시문은 급격하게 성장하는 호주의 카셰어링 시장을 언급하면서 이러한 성장 원인에 대해 분석하고 있으며, 호주 카셰어링 시장의 성장 가능성과 이에 따른 전망을 이야기하고 있다. 따라서 글의 제목으로 ①이 가장 적절하다.

26

정답 ④

네 번째 문단에 따르면 호주에서 차량 2대를 소유한 가족의 경우 차량 구매 금액을 비롯하여 차량 유지비에 쓰는 비용이 최대 연간 18,000호주 달러에 이른다고 하였다. 이처럼 차량 유지비에 대한 부담이 크기 때문에 차량 유지비가 들지 않는 카셰어링 서비스를 이용하려는 사람이 늘어나고 있다.

27

정답 ④

모든 시설은 공통적으로 L공사 홈페이지를 통해 견학 신청 접수가 가능하다.

오답분석

① 본사와 각 지사의 견학 시간은 동일하나(평일 오전 10시 ~ 오후 4시), 통합운영센터는 1시간 더 길다(평일 오전 10시 ~ 오후 5시).

② 본사는 홍보실, 각 지사는 홍보과에서 담당하며, 통합운영본부는 통합운영부에서 담당한다.

③ 통합운영센터에 일반인 단체가 견학하는 경우에는 인솔자의 참석이 필수가 아니다.

⑤ L공사 시설 중 통합운영센터는 견학 가능 인원이 5 ~ 40명이므로 최소 5명 이상의 단체를 구성해야 한다.

28

정답 ③

ⓐ • L공사 본사의 경우에 견학 가능 시간은 총 360분(평일 오전 10시 ~ 오후 4시)이며, 한 번 견학하는 데 40분이 소요된다. 따라서 9개 조가 견학할 수 있는데 A고등학교는 8개 학급이 견학을 가므로 견학 계획을 완료할 수 있다.

• L공사 지사의 경우에 견학 가능 시간은 총 360분(평일 오전 10시 ~ 오후 4시)이며, 한 번 견학하는 데 50분이 소요되므로 하루에 7개의 조가 견학을 할 수 있다. 그러나 학급은 8개로 8개의 견학 조가 있으므로 마지막 1개 조는 견학을 완료하지 못한다.

• L공사 통합운영센터의 경우에 견학 가능 시간은 총 420분(평일 오전 10시 ~ 오후 5시)이며, 한 번 견학하는 데 60분이 소요되므로 하루에 7개 조가 견학을 할 수 있다. 따라서 통합운영센터의 경우에도 1개 조는 견학을 완료하지 못한다.

ⓒ 견학하려는 학생은 모두 20명×8개 학급=160명이므로 24명씩 조를 구성한다면 24명으로 된 6개의 조와 16명으로 구성된 1개의 마지막 조가 구성된다[(24×6)+16=160]. 16명은 시설별 견학 가능 인원을 만족하므로 총 7개의 조를 이루어 3개의 시설에서 모두 견학 계획을 완료할 수 있다.

오답분석

ⓑ 견학일 7일 전까지 홈페이지를 통해 접수해야 하므로 9월 13일까지 접수해야 견학이 가능하다.

29

정답 ②

2016 ~ 2023년 동안 전년 대비 가계대출이 가장 많이 증가한 해는 583.6−530.0=53.6조 원인 2021년이다.

(단위 : 조 원)

연도	2016년	2017년	2018년	2019년
가계대출 증가액	427.1 −403.5 =23.6	437.5 −427.1 =10.4	450 −437.5 =12.5	486.4 −450 =36.4
연도	2020년	2021년	2022년	2023년
가계대출 증가액	530 −486.4 =43.6	583.6 −530 =53.6	621.8 −583.6 =38.2	640.6 −621.8 =18.8

오답분석

① 2017 ~ 2022년 전년 대비 주택담보대출 증가액이 부동산담보대출 증가액보다 높지 않은 연도는 2017년, 2018년, 2022년이다.

③ 부동산담보대출이 세 번째로 많은 연도는 2021년이며, 이때의 주택담보대출은 가계대출의 $\frac{421.5}{583.6} \times 100 ≒ 72.2\%$이다.

④ 2021년 대비 2023년 주택담보대출 증가율은 $\frac{455.0-421.5}{421.5} \times 100 ≒ 7.9\%$이고, 기업대출 증가율은 $\frac{584.3-539.4}{539.4} \times 100 ≒ 8.3\%$이므로 기업대출 증가율이 더 높다.

⑤ 2015년 대비 2020년 은행대출 증가율은 $\frac{(530+527.6)-(403.5+404.5)}{(403.5+404.5)} \times 100 = \frac{1,057.6-808}{808} \times 100 ≒ 30.9\%$이다.

30

정답 ③

해당 프로모션은 지정된 행사 매장에 방문 또는 상담하는 고객에게 구매여부와 관계없이 다이어리를 증정한다고 되어 있으므로 전국 매장이라는 표현은 옳지 않다.

31

정답 ④

우리나라의 낮은 장기 기증률은 전통적 유교 사상 때문이라고 주장하고 있는 A와 달리, B는 이에 대하여 다양한 원인을 제시하고 있다. 따라서 A의 주장에 대해 반박할 수 있는 내용으로 ④가 적절하다.

32
정답 ④

각 연령대를 기준으로 남성과 여성의 인구비율을 계산하면 다음과 같다.

구분	남성	여성
0 ~ 14세	$\frac{323}{627} \times 100 ≒ 51.5\%$	$\frac{304}{627} \times 100 ≒ 48.5\%$
15 ~ 29세	$\frac{453}{905} \times 100 ≒ 50.1\%$	$\frac{452}{905} \times 100 ≒ 49.9\%$
30 ~ 44세	$\frac{565}{1,110} \times 100 ≒ 50.9\%$	$\frac{545}{1,110} \times 100 ≒ 49.1\%$
45 ~ 59세	$\frac{630}{1,257} \times 100 ≒ 50.1\%$	$\frac{627}{1,257} \times 100 ≒ 49.9\%$
60 ~ 74세	$\frac{345}{720} \times 100 ≒ 47.9\%$	$\frac{375}{720} \times 100 ≒ 52.1\%$
75세 이상	$\frac{113}{309} \times 100 ≒ 36.6\%$	$\frac{196}{309} \times 100 ≒ 63.4\%$

남성 인구가 40% 이하인 연령대는 75세 이상(36.6%)이며, 여성 인구가 50% 초과 60% 이하인 연령대는 60 ~ 74세(52.1%)이다. 따라서 ④가 옳다.

33
정답 ①

제시문의 첫 번째 문단에서 엔테크랩이 개발한 감정 인식 기술을 모스크바시 경찰 당국에 공급할 계획이라고 하였으므로 아직 도입되어 활용되고 있는 것은 아니다.

34
정답 ④

빈칸의 앞에서는 감정 인식 기술을 수사 기관에 도입할 경우 새로운 차원의 수사가 가능하다고 하였고, 빈칸의 뒤에서는 이 기술이 어느 부서에서 어떻게 이용될 것인지 밝히지 않았고 결정된 것이 없다고 하였으므로 앞의 내용과 뒤의 내용이 상반될 때 쓰는 접속부사인 '그러나'가 들어가야 한다.

35
정답 ⑤

고객팀은 경력 사항을 중요시하되, 남성보다 여성을 선호하므로 고객팀에 배치할 신입사원으로는 여성이면서 5년의 경력을 지닌 이현지가 가장 적절하다.

오답분석

① 회계팀에 배치할 신입사원으로는 회계학을 전공한 장경인이 가장 적절하다.
② 영업팀은 일본어 능통자를 선호하므로 이유지와 이현지를 고려할 수 있다. 이때, 영업팀은 면접점수를 중요시하므로 면접점수가 더 높은 이유지가 영업팀에 배치되는 것이 가장 적절하다.
③ 인사팀에 배치할 신입사원으로는 컴퓨터학을 전공한 김리안이 가장 적절하다.

④ 제조팀에 배치할 신입사원으로는 영어, 중국어, 프랑스어 사용이 가능한 강주환이 가장 적절하다.

36
정답 ④

부서별로 배치될 수 있는 신입사원을 정리하면 다음과 같다.
• 회계팀 : 장경인(회계학 전공)
• 영업팀 : 이유지(면접점수 88점)
• 고객팀 : 이현지(경력 5년), 강주환(경력 7년)
• 제조팀 : 이유지, 강주환
• 인사팀 : 이현지(필기점수 90점), 강주환(필기점수 88점)
따라서 어느 부서에도 배치될 수 없는 신입사원은 김리안이다.

37
정답 ④

우리나라의 4차 산업혁명 대응 상황은 선진국에 비해 크게 뒤쳐져 있으며, 스위스의 UBS은행은 비교 가능한 국가 25곳 중 4차 산업혁명 준비가 가장 부실한 나라로 지적하기도 하였다. 그러나 비교 대상인 25개의 국가에 미국, 일본, 독일, 중국이 포함되었는지는 알 수 없으므로 다섯 국가의 4차 산업혁명에 대한 준비 수준을 서로 비교할 수 없다.

38
정답 ⑤

마지막 문단에 따르면 글쓴이는 전 세계적 제조업 혁신 패러다임에 대응하기 위해 '창조적인 개인의 아이디어를 구현하는 능력'이 선결되어야 한다고 이야기하며, 아이디어의 자유로운 흐름과 공정 경제 질서에 기반한 혁신 생태계 조성이 가장 필요하다고 주장한다. 따라서 글쓴이의 주장으로 ⑤가 가장 적절하다.

39
정답 ④

5월 발화요인별 화재발생 건수는 부주의가 1,374건으로 가장 많으며, 다음으로는 전기적 요인 819건, 기타 405건, 기계적 요인 340건, 교통사고 46건, 화학적 요인 32건, 가스누출 22건 순으로 많다.

40
정답 ⑤

ㄷ. 10월의 경우, 기계적 요인으로 인한 화재발생 건수는 405건으로, 기타 요인으로 인한 화재발생 건수인 394건보다 많음을 알 수 있다.
ㄹ. 제시된 자료에서 합계 값이 세 번째로 큰 발화요인은 부주의, 전기적 요인 다음으로 큰 기타 요인이다.

오답분석

ㄱ. 가스누출로 인한 화재발생 건수는 10월에 18건, 11월에 25건으로 증가하였다.
ㄴ. 2월 부주의로 인한 화재발생 건수는 2,707건으로, 기타 요인으로 인한 화재발생 건수의 3배인 550×3=1,650건보다 많다.

| 02 | 경영

41	42	43	44	45	46	47	48	49	50
①	④	②	③	②	②	⑤	②	②	①
51	52	53	54	55	56	57	58	59	60
③	⑤	⑤	⑤	②	④	④	③	⑤	⑤
61	62	63	64	65	66	67	68	69	70
③	③	②	⑤	③	②	③	⑤	⑤	③
71	72	73	74	75	76	77	78	79	80
②	③	③	①	⑤	⑤	③	③	⑤	④
81	82	83	84	85	86	87	88	89	90
⑤	④	④	③	④	②	①	①	③	③
91					92				
분류법					멘체스터 플랜				
93					94				
유연생산시스템(FMS)					Promotion(판매촉진)				
95					96				
포지셔닝 전략					10.5%				
97					98				
재판매가격 유지정책					델파이 기법				
99					100				
교환사채					5,200만 원				

41
정답 ①
생산시스템 측면에서 신제품 개발 프로세스는 아이디어 창출 →
제품 선정 → 예비 설계 → 설계의 평가 및 개선 → 제품원형 개발
및 시험 마케팅 → 최종 설계의 순서로 진행된다.

42
정답 ④
가치사슬은 기업활동에서 부가가치가 생성되는 과정을 의미한다.
그 과정은 본원적 활동과 지원 활동으로 구분하는데 본원적 활동
은 제품 생산, 운송, 마케팅, 판매, 물류, 서비스 등과 같은 부가가
치를 직접 창출하는 활동이며, 지원활동은 구매, 기술개발, 인사,
재무, 기획 등 현장활동을 지원하는 제반업무로 부가가치를 간접
적으로 창출되도록 하는 활동이다. R&D기술개발활동은 지원활동
에 속한다.

43
정답 ②

오답분석
① 투자안에서 발생하는 현금흐름은 대부분이 불확실하기 때문에
   기대현금흐름과 위험을 반영한 할인율을 사용한다.
③ 공분산은 두 자산 사이의 수익률의 변동성이 서로 얼마만큼 관
   련이 있는지를 나타내는 척도이다.

④ 할인율은 자본기회비용으로 기업이 현재 추진하려고 하는 사
   업 대신 위험이 같은 사업을 추진하였을 때 기대할 수 있는 수
   익률이다.
⑤ 위험이 같은 사업안에 대해 투자자들이 기대하는 수익률과 일치
   할 것이기 때문에 기대수익률 또는 요구수익률이라고 부른다.

44
정답 ③
경영관리 과정은 계획 수립 → 조직화 → 지휘 → 통제 순서이다.

45
정답 ②
기업에서 회계상 거래가 발생하면 변동된 자산이나 부채 등의 내
역을 계정별로 마련한 장부에 기록하고 특정 시점에 모든 계정별
금액을 하나의 표로 옮기는데, 이를 시산표라 한다. 이때, 회계상
에서의 거래는 회사의 재산 상태에 영향을 미쳐야 하고, 그 영향을
금액으로 측정할 수 있어야 한다.

46
정답 ②
확정기여형 퇴직연금제도에서 적립금 운용의 책임은 근로자에게 있
으며, 기업 부담금은 사전에 확정되어 있다. 적립금 운용의 책임이
기업에 있는 경우는 확정급여형(DB; Defined Benefit)이다.

> **확정기여형 퇴직연금제도(DC; Defined Contribution)**
> • 근로자는 자기책임의 투자기회, 사용자는 예측가능한 기
>   업운영의 이점이 있다.
> • 사용자가 매년 근로자의 연간 임금총액의 1/12 이상을 근
>   로자의 퇴직연금계좌에 적립하면 근로자가 적립금을 운용
>   하고, 퇴직 시 기업이 부담한 금액과 운용결과를 합한 금액
>   을 일시금 또는 연금형태로 받을 수 있다.
> • 확정기여형 퇴직연금제도는 근로자의 운용실적에 따라 퇴
>   직급여가 변동될 수 있다.

47
정답 ⑤
직무명세서는 특정 직무를 수행함에 있어서 갖추어야 할 직무담당
자의 자격요건을 정리한 문서로, 인적사항, 직무명세 정보 등이
있다.

오답분석
① 직무급 제도의 기초 작업을 실시하기 위해서는 직무분석이 선
   행되어야 한다.
② 직무기술서와 직무명세서는 직무분석의 1차적 결과물이다.
③ 직무명세서는 특정 직무를 수행함에 있어서 갖추어야 할 직무
   담당자의 자격요건을 정리한 문서이다.
④ 직무기술서는 직무분석의 결과로 얻어진 직무정보를 정리한
   문서이다.

48
정답 ②

소비의 경합성은 사적 재화의 특징으로, 시장에서 효율적 자원배분이 가능한 조건이다.

49
정답 ②

집약적 유통은 가능한 많은 중간상들에게 자사의 제품을 취급하도록 하는 것으로, 과자나 저가 소비재 등과 같이 소비자들이 구매의 편의성을 중시하는 품목에서 채택한다.

오답분석

①·④ 전속적 유통채널에 대한 설명이다.
③·⑤ 선택적 유통채널에 대한 설명이다.

50
정답 ①

군집형 커뮤니케이션은 비공식적 커뮤니케이션에 해당한다. 비공식적 커뮤니케이션은 종업원들은 조직도에 의해서 규정된 상대와만 대화를 나누려 하지 않고, 여러 가지 사회적인 욕구와 필요에 의해 직종과 계층을 넘어서 인간적 유대를 갖고 커뮤니케이션을 유지하려는 것으로, 단순형·확률형·한담형·군집형이 있다.

공식적 커뮤니케이션의 종류
- 상향식 커뮤니케이션 : 조직의 하위계층으로부터 상위계층에 정보가 전달되는 Bottom–up 방식이다.
- 하향식 커뮤니케이션 : 조직의 위계(Hierarchy)에 따라 상위계층에서 하위계층으로 정보가 전달되는 Top–down 방식이다.
- 수평적 커뮤니케이션 : 계층 수준이 동일한 동료 간 정보 교류, 업무의 조정(Coordination) 역할이다.
- 대각적 커뮤니케이션 : 계층이 다른 타 부서 구성원과의 정보 교류이다.
- 대외적 커뮤니케이션 : 조직 외부의 주체자와 정보 교류이다.

51
정답 ③

ⓒ 중요사건법 : 직무수행에 중요한 영향을 미친 사건 또는 사례를 중심으로 정보를 수집한다.
ⓒ 워크샘플링법 : 직무담당자가 작성하는 작업일지 등을 통해 해당 직무정보를 정보를 수집한다.

오답분석

㉠ 면접법 : 업무흐름표, 분담표 등을 참고하여 직무담당자 또는 소속집단 대상 면접을 통해 정보를 수집한다.
㉣ 설문지법 : 표준화된 설문지를 활용하여 직무담당자가 관련 항목에 체크하도록 하여 정보를 수집한다.
㉤ 관찰법 : 훈련된 직무분석 담당자가 직무담당자를 직접 관찰하여 정보를 수집한다.

52
정답 ⑤

학력, 전공, 경험, 경력, 능력, 성적, 지식, 기술, 자격 등의 정보는 직무명세서를 통해 확인할 수 있다. 반면 업무, 직급은 직무기술서를 통해 확인할 수 있는 정보이다.

53
정답 ⑤

기업 다각화는 범위의 경제를 추구한다. 이는 한 기업이 2개 제품을 동시에 생산하는 비용이 두 기업이 2개 제품을 각각 생산하는 비용보다 더 작은 것을 의미한다.

오답분석

① 산업구조 변화, 기술 발달 등 급변하는 환경에서 다각화를 통해 성장동력을 찾는다.
② 개별 사업 부문별로 경기순환주기에 따라 노출되는 리스크나 강력한 경쟁자가 생겨날 때 기술이 발전되어 진부한 사업이 되어 버리는 위험 등을 최소화할 수 있다.
③ 가격경쟁우위, 상호구매협정 등으로 시장에서의 지배력을 강화할 수 있다.
④ 다각화를 통해 여러 사업 분야에서 다양한 인력 및 안정된 자금을 마련할 수 있다.

기업 다각화
- 정의
  - 기업이 기존에 운영하고 있던 사업 이외의 다른 사업에 진출해 사업 범위를 넓히는 행위이다.
- 목적
  - 새로운 성장동력 추구
  - 리스크 분산
  - 시장지배력 강화
  - 자본 및 인력 확보
  - 범위의 경제 추구
  - 재무적인 균형 유지

54
정답 ⑤

STP 전략이란 Segmentation(세분화), Targeting(목표 선정), Positioning(위치 정립)의 첫 자를 딴 마케팅 전략이다. 이는 몇 개의 기준을 이용, 시장을 분류하고, 이러한 세분시장에서 표적시장을 선택하며, 마케팅 믹스를 통해 자사 제품을 소비자에게 인식시켜 주는 과정이다.

55
정답 ②

커크패트릭 모형의 교육훈련 평가단계는 반응평가 → 학습평가 → 행동평가 → 결과평가의 4단계로 이루어진다.

오답분석

① 반응평가 : 교육 프로그램에 참여한 참가자들의 만족도를 측정한다.

③ 학습평가 : 참가자들이 교육을 통해 지식, 태도 등이 얼마나 성장했는지 측정한다.

④ 행동평가 : 교육을 통해 습득한 지식, 태도 등을 현업에 얼마나 적용하고 있는지 측정한다.

⑤ 결과평가 : 참가자들의 학습 결과가 기업 성과에 얼마나 영향을 미쳤는지 측정한다.

56
정답 ④

기능별 조직이 아닌 부문별 조직에 대한 설명이다.

> **기능별 조직과 부문별 조직**
> - 기능별 조직(Functional Structure)
>   - 조직의 목표를 위한 기본적인 기능을 중심으로 나눈 조직으로, 재무, 생산, 마케팅 등 비슷한 업무를 분장하는 사람들을 그룹화하여 규모의 경제를 형성할 수 있다.
>   - 주로 원가우위 전략을 펼치는 사업부나 기업 전체에서 사용하기에 유리한 조직구조이다.
>   - 부서 간 협업이나 시너지는 기대하기 어렵다.
> - 부문별 조직(Divisional Structure)
>   - 결과에 초점을 맞춘 조직으로, 사업 단위별로 하나의 독립적인 소규모 조직처럼 운영되어 기능별 조직보다 부서 간 경쟁이 치열하고 비용이 많이 든다.
>   - 변화에 민감하고 소비자의 요구에 빠르게 대응해야 하는 사업구조에서 유용하게 사용할 수 있는 조직구조이다.

57
정답 ④

카리스마 리더십은 비관습적인 행동을 통해 비범한 이미지를 나타내고자 한다.

오답분석

①·②·③·⑤ 카리스마 리더십의 구성요소로는 전략적인 목표, 환경에 대한 민감성, 구성원의 신뢰, 위험 감수 행동, 비관습적인 행동, 높은 동기부여, 모범적 행동 등이 있다.

58
정답 ③

개인 신용평점을 평가할 때 활용하는 평가 요소
- 상환 이력 정보 : 기한 내 채무상환 여부, 과거 채무 연체 경험에 대한 정보
- 현재 부채 수준 : 금융기관 대출, 보증채무 등
- 신용거래 기간 : 최초 및 최근 신용거래 기간

- 신용 형태 정보 : 체크카드, 신용카드 이용 정보
- 비금융·마이데이터 : 각종 공과금 등 비금융 납부 실적 정보와 저축성 금융자산(수신 등) 거래내역 정보

59
정답 ⑤

민츠버그의 조직이론에 따른 조직구조는 단순 구조, 기계적 관료제, 전문적 관료제, 사업부제, 임시체제로 나누어진다.

오답분석

① 단순 구조 : 최고 관리자와 실무자로 구성되는 소규모 조직이며, 조직환경이 동태적이다.

② 기계적 관료제 : 일반적으로 조직규모가 크고 안정적이며, 업무절차가 표준화되어 있다.

③ 전문적 관료제 : 전문가를 중심으로 하여 업무가 분권화되어 있는 조직이다.

④ 사업부제 : 독자적인 형태를 가진 조직으로 운영되며, 중간관리자가 핵심 역할을 한다.

> **민츠버그(Henry Mintzberg)의 조직이론에 따른 조직구조**
> - 단순 구조(자영업, 소기업 구조) : 분업화 정도가 낮고, 권한이 최고 경영자에게 집중되며, 대부분의 의사소통이 비공식적이다.
> - 기계적 관료제(베버의 관료제) : 전통적 분업 논리와 통제 중심의 관리원칙이 중시되며, 권력이 원천이다.
> - 전문적 관료제(전문 직업인) : 매우 전문적인 조직원이 높은 재량권을 가지고 업무를 수행하며, 조직의 최고 경영자가 조직 내 전문가 집단을 제대로 장악하지 못한다.
> - 사업부제 : 본사가 각기 다른 독립적인 사업부를 지원하고, 사업부는 매우 높은 수준의 의사결정권을 가지고 있으며, 다양한 브랜드, 제품, 생산기지를 운영하는 데 효과적이다.
> - 임시체제(Adhocracy) : 다양한 전문기술을 가진 비교적 이질적인 전문가들이 프로젝트를 중심으로 집단을 구성해 문제를 해결하는 임시적 조직구조로, 관료제와 대조를 이루는 개념이다.

60
정답 ⑤

시장 세분화 시 고려하는 변수
- 지리적 : 소비자가 거주하는 지역이나 상점의 위치와 연관이 있는 도시 규모, 인구 밀도, 기후 등
- 인구통계학적 : 나이, 성별, 생활주기, 소득, 종교, 교육 수준 등
- 심리(분석)적 : 소비자의 심리적 특성으로서 가치관이나 개성, 이미지 등
- 행동적 : 상품과 관련된 소비자 행동과 연관이 있는 구매 기회, 사용률, 브랜드 충성도, 착용 경험 등

61
정답 ③

부가가치율은 매출액에서 매입액을 차감한 값을 매출액으로 나눈 값에 100을 곱하여 계산한다.

62
정답 ③

모든 관찰자가 쉽게 관찰할 수 없는 특성은 평가 시 배제하여야 한다.

오답분석

①·②·④·⑤ 평정척도법(Rating Scale)은 비표준화 검사를 통한 심리평가에서 나타나는 관찰법의 단점을 보완하기 위해 활용하는 평가 방법으로, 관찰자 주관의 개입 배제, 다른 관찰자 전달 기준의 명확화, 관찰자료 수량화 등을 통해 평가 결과의 신뢰도를 확보한다.

63
정답 ②

연속생산과 단속생산

구분	연속생산	단속생산
생산시기	계획생산	주문생산
생산량	대량생산	소량생산
생산속도	빠름	느림
생산원가	낮음	높음
생산설비	전용설비	범용설비

64
정답 ⑤

계량화는 최적화의 구성요소이다.

과학적 관리법의 구성요소
- 최적화
  - 계량화 : 어떤 현상의 특성이나 경향 등을 수량으로 표시한다.
  - 시간 및 동작 연구 : 동작에 들어가는 시간을 분석하고, 불필요한 동작을 제거한 뒤 이러한 동작 수행에 적절한 사람을 선발하여 교육하는 과정까지 제시한다.
  - 계산 및 시간 절약 수단 : 시간 및 동작 연구를 통해 과업 수행에 효과적인 도구를 개발 및 선택하여 이용한다.
- 표준화 및 통제
  - 기능적 직장 제도 : 과업에 대한 모든 관리를 전문적 직장에 맡겨 작업자를 전문적으로 지휘, 감독하는 제도이다.
  - 기구의 표준화 : 과업에 사용되는 도구, 기계, 방법 등을 표준화하여 효율성을 증대한다.
  - 작업 지시서 : 표준적인 작업의 순서, 시간, 동작을 표로 작성하여 직원들을 관리한다.
  - 기획 부문 : 과업에 대한 계획과 집행 업무를 분리하여 진행한다.

- 동기부여
  - 과업 관념 : 제일 일 잘하는 사람이 하루에 처리하는 표준 작업량이다.
  - 차별적 성과급 제도 : 과업 수행에 따른 수행자에 대한 인센티브를 지급함으로써 수행자의 동기를 고취하고, 통제를 가능하게 하는 제도이다.

65
정답 ③

확정기여형은 운용수익률이 임금인상률보다 높을 경우 근로자에게 유리하므로 임금인상률이 낮은 중소기업이 적합하다.

오답분석

① 근로자의 퇴직금을 100% 사외 적립함으로써 개인의 퇴직급여 수급권을 안전하게 보장한다.
② 확정기여형은 매년 중간 정산 형태로 퇴직금을 지급하는 기업의 자금흐름과 유사하다고 볼 수 있다.
④ 확정기여형은 근로자 각자가 자산을 직접 운용한다.
⑤ 기업의 퇴직급여 부담금이 비용으로 인식되어 BS(Balance Sheet : 재무상태표)에 퇴직급여충당금 항목이 없어진다.

66
정답 ②

단계적 회귀분석은 여러 독립변수 중에서 종속변수를 가장 잘 나타내는 변수를 선택하는 방법이다.

오답분석

①·③·④·⑤ 회귀분석은 여러 변수 간 관계를 파악하고 분석하는 데 이용하는 통계적 도구로, 다중 회귀분석, 단계적 회귀분석, 매개 회귀분석, 조절 회귀분석, 로지스틱 회귀분석, 경로 분석 등이 있다.

67
정답 ③

오답분석

① 날짜 : 각 작업의 날짜, 기간 등을 일, 주, 월 단위로 표시한다.
② 협업 여부 : 해당 프로젝트에서 특정 팀 간 협업이 필요한지를 표시한다.
④ 작업 항목 : 다양한 단계에 있는 작업 및 작업 간 독립성, 종속성 등을 표시한다.
⑤ 소유자 : 작업을 담당하는 개인 또는 조직을 표시한다.

68

정답 ⑤

경력 닻 모형은 인간이 경력과 관계된 선택을 할 때 무게를 두는 개인적 특성이 있다는 것이다. 이는 개인의 능력 또는 지식, 개인의 동기 또는 욕구, 개인의 가치관 등을 고려하여 선택한다고 본다.

69

정답 ⑤

논리 오차가 아닌 항상 오차의 제거 방법이다.

70

정답 ③

공학법은 생산방법, 시간 등에 대해 공학자의 주관적 평가를 토대로 원가를 추정하는 방법이다.

오답분석

① 계정분석법 : 원가 담당자가 각 계정에 기록된 모든 원가를 변동원가, 고정원가 등으로 구분하는 방법이다.
② 고저점법 : 과거의 원가 자료 중 최고조업도와 최저조업도의 값을 통해 원가를 추정하는 방법이다.
④ 산포도법 : 조업도와 원가를 두 축으로 하는 도표상에 과거의 자료를 표시하여 산포도를 그린 후 모든 점에 근접하는 직선을 긋고, Y축과 만나는 점을 고정원가, 직선의 기울기를 단위당 변동원가로 추정하여 원가와 조업도 간 관계를 가장 잘 나타내는 방법이다.
⑤ 회귀분석법 : 원가를 종속변수로 놓고 조업도를 독립변수로 하여 원가와 조업도의 상관성을 분석, 회귀식을 도출하여 원가방정식을 구한 후 예상조업도에 대한 원가를 추정하는 방법이다.

71

정답 ②

ABC 재고관리는 일반적으로 A등급 80%, B등급 15%, C등급 5%의 비중으로 재고 품목을 나타낸다.

72

정답 ③

학습, 관여도 등은 행동적 요인에 해당한다.

오답분석

①・②・④ 지각, 기억, 태도 등은 인지적 요인에 해당한다.
⑤ 가족은 사회적 요인에 해당한다.

소비자 행동 분석

기업의 마케팅 활동에 대한 소비자들의 반응과 소비자들이 제품과 서비스의 구매 결정을 내리는 과정에서 겪는 물리적, 정서적, 사회적 요인들의 영향을 연구하는 것이다.

73

정답 ④

Y이론을 적용한 동기부여 방법에는 직무 확대화, 목표관리법, 경영참가 등이 있다.

오답분석

①・②・③・⑤ X이론을 적용한 동기부여 방법에는 직무 축소화, 강화, 성과급 도입 등이 있다. X이론은 경제적 유인, 안정감 등 저차원적 욕구를 통해 동기부여를 끌어낼 수 있다고 보는 반면, Y이론은 자율성, 창의력 등을 발휘할 수 있는 고차원적 욕구를 통해 동기부여를 끌어낼 수 있다고 본다.

74

정답 ③

켈리는 일관성, 특이성, 합의성의 3가지 정보를 기준으로 원인 귀속의 방향을 결정한다고 주장했다.

켈리의 귀인이론

• 일관성 : 같은 사람이 다른 여러 상황에서도 동일하거나 비슷하게 행동하는 것을 말한다.
• 특이성 : 개인이 각기 다른 상황과는 달리 특정 상황에서만 다르게 행동하는 것을 말한다.
• 합의성 : 서로 다른 사람들이 같은 상황에서 비슷하게 행동하는 것을 말한다.

귀인이론에서의 오류

• 근본적 귀인오류(Fundamental Attribution Error) : 타인의 행동을 해석할 때 상황의 영향을 과소평가하고, 개인 특성의 영향을 과대평가하는 경향이 강한 것을 말한다.
• 행위자 – 관찰자 편견(Actor – Observer Bias) : 어떤 행동에 대해 행위자가 행한 행동에 대해서는 외적 귀인을, 타인이 행한 행동에 대해서는 내적 귀인을 하는 경향이 있는 것을 말한다.
• 자존적 편견(Self – serving Bias) : 자신에 대한 사건이나 자기가 속한 집단 또는 가깝게 여기는 집단의 성공은 그 원인을 내부에서 찾고, 실패의 경우에는 그 원인을 외부에 돌리는 경향을 말한다.
• 통제의 환상(Illusion of Control) : 개인이 자기가 한 일의 성공가능성을 객관적인 성공가능성보다 높게 지각하는 것을 말한다.

75

정답 ①

원재료 가격이 하락하는 경우에는 해당 원재료 가격을 순실현가능가치로 감액하여 재고자산 원가를 회수할 수 있다.

재고자산의 원가를 회수하기 어려운 경우(K-IFRS 제1002호)

• 판매가격이 하락한 경우
• 재고가 완전히 또는 부분적으로 진부화된 경우
• 재고가 물리적으로 손상된 경우
• 제품을 완성하거나 판매하는 데 필요한 원가가 상승한 경우

76
정답 ⑤

SPC(통계적 공정관리)에 대한 설명이다.

오답분석

① · ② · ③ · ④ 통계적 품질관리(SQC; Statistical Quality Control)는 주로 검사를 통해 품질을 탐지하며, 불량품 선별 등 사후관리 중심의 활동이라 할 수 있다. 단, 다량 검사로 인한 검사비용과 불량품 제조에 따른 실패비용 등으로 생산성이 떨어진다는 단점이 있다.

> SPC(Statistical Process Control : 통계적 공정관리)
> TQC(Total Quality Control : 종합적 품질관리)의 일환으로, 품질 규격에 합격할 수 있는 제품을 만들어 내기 위해 통계적 방법에 따라 공정을 관리하는 방법이다.

77
정답 ④

매슬로의 욕구 단계이론은 생리적 욕구, 안전의 욕구, 애정의 욕구, 존경의 욕구, 자아실현의 욕구의 5단계로 구성된다.

오답분석

① 생리적 욕구 : 인간의 생존에 있어 가장 기본적인 욕구로, 모든 욕구보다 우선하여 나타난다.
② 안전의 욕구 : 생리적 욕구를 충족한 이후에 신체적, 정신적 안정감을 찾고자 하는 욕구이다.
③ 애정의 욕구 : 대인 간 상호작용을 통해 충족되는 욕구이다.
⑤ 자아실현의 욕구 : 욕구 중 최상위 욕구로, 스스로 더 나은 단계로 발전하고자 하는 욕구이다.

> **매슬로의 욕구 단계이론**
> • 생리적 욕구(Physiological Needs) : 의 · 식 · 주, 먹고 자는 것, 종족 보존 등 최하위 단계의 욕구이다.
> • 안전(안정)의 욕구(Safety Needs) : 신체적 · 정신적 위험에 의한 불안과 공포에서 벗어나고자 하는 욕구이다.
> • 애정과 소속의 욕구(Love and Belonging Needs) : 어떤 조직이나 단체에 소속되어 애정을 주고받고자 하는 욕구이다.
> • 존경(자기 존중)의 욕구(Esteem Needs) : 개인이 소속 단체의 구성원으로서 명예나 권력을 누리려는 욕구이다.
> • 자기실현의 욕구(Self-actualization Needs) : 자신의 재능과 잠재력을 충분히 발휘하여 자기가 이룰 수 있는 모든 것을 성취하려는 최고 수준의 욕구이다.

78
정답 ③

집단성과 배분제도는 임금을 차등화하므로 임금의 안정성이 감소하여 근로자들의 파업이 증가할 수 있다.

오답분석

① 단기적 성과에 치중하여 고정급보다 더 많은 보너스를 받으려고 하는 현상이 나타날 수 있다.

② 회사가 어려워도 해당 조직이 우수한 성과를 냈다면 보너스를 지급해야 하므로 그만큼 회사 자본에 부정적 영향을 미칠 수 있다.
④ 신기술이 도입되면 업무 효율성이 증대되고, 그만큼 근로자의 업무량이 줄어들어 보너스가 줄어드는 것을 기피하게 된다.
⑤ 집단성과 배분제도를 운영하는 데 필요한 각종 투입물이나 인적 · 물적 자원으로 인한 비용이 증가한다.

79
정답 ⑤

공급 예측이 아닌 수요 예측이 해당된다.

오답분석

① · ② · ③ · ④ 컨조인트 분석의 주요 목적으로는 신제품 개발, 제품라인 확장, 가격 설정, 시장세분화, 수요 예측, 마케팅 활동 등이 있다.

> **컨조인트 분석(Conjoint Analysis)**
> • 소비자가 상품을 선택할 때 어떤 속성을 중요하게 생각하는지, 속성값 중에 어떤 수준을 더 좋아하는지를 정량적으로 측정하는 분석 기법으로, 2개 이상의 독립변수들이 종속변수에 대한 순위나 가치를 부여하는 데 어느 정도의 영향을 미치는가를 분석하는 기법이다.
> • 신제품 컨셉 평가, 경쟁분석을 통한 시장 점유율 예측, 시장 내 제품 포지셔닝, 최적 가격 설정, 시장세분화 등 여러 분야에 활용할 수 있는 마케팅 조사 기법이다.

80
정답 ④

업무계획은 중간 성과, 가설, 적합성 등을 면밀히 검토하여 필요시 지속적으로 수정하는 것이 필요하다.

81
정답 ⑤

익명성을 보장하는 것은 델파이 기법에서 지켜야 할 규칙이다.

오답분석

① · ② · ③ · ④ 브레인스토밍은 참여 대상에 제한을 두지 않고, 최대한 많은 아이디어가 자유롭게 제시될 수 있도록 하는 것이 핵심이다. 또한, 제시된 아이디어에 대해 비판이나 비난하지 않고 존중함으로써 전체 아이디어를 보완하고 발전시켜야 한다.

82

통상적인 영업 과정에서 단기간에 판매하기 위해 보유하고 있는 토지는 투자부동산에 해당하지 않는다.

투자부동산(K-IFRS 제1040호)
임대수익이나 시세차익 또는 둘 다를 얻기 위하여 소유자가 보유하거나 리스 이용자가 사용권 자산으로 보유하고 있는 부동산[토지, 건물(또는 건물의 일부분) 또는 둘 다]. 다만, 다음 목적으로 보유하는 부동산은 제외한다.
- 재화나 용역의 생산 또는 제공이나 관리 목적에 사용
- 통상적인 영업 과정에서의 판매

투자부동산의 예(K-IFRS 제1040호)
- 장기 시세차익을 얻기 위하여 보유하고 있는 토지. 통상적인 영업 과정에서 단기간에 판매하기 위하여 보유하는 토지는 제외한다.
- 장래 용도를 결정하지 못한 채로 보유하고 있는 토지. 만약 토지를 자가 사용할지, 통상적인 영업 과정에서 단기간에 판매할지를 결정하지 못한 경우에 해당하는 토지는 시세차익을 얻기 위하여 보유한다고 본다.
- 직접 소유하고 운용리스로 제공하는 건물(또는 보유하는 건물과 관련되고 운용리스로 제공하는 사용권 자산)
- 운용리스로 제공하기 위하여 보유하는 미사용 건물
- 미래에 투자부동산으로 사용하기 위하여 건설 또는 개발 중인 부동산

83
정답 ④

포트폴리오 구성 자산수가 증가할수록 비체계적 위험은 0에 가까워진다.

체계적 위험과 비체계적 위험
- 체계적 위험 : 시장의 변동에 의해 설명될 수 있는 위험으로, 분산투자에 의해 제거될 수 없는 위험을 의미한다.
- 비체계적 위험 : 시장의 변동이 아닌 자산 자체의 고유한 성격 및 특정 기업의 실적에 따른 주가에 의해 발생하는 가격변동의 위험을 의미한다.

84
정답 ③

카이제곱 검정은 적합도 검정, 독립성 검정의 2가지 유형이 있다.

카이제곱 검정의 유형
- 적합도 검정 : 하나의 변수가 주어진 분포에서 나올 가능성이 있는지를 검증하는 것이다.
- 독립성 검정 : 범주형인 2개의 변수가 서로 연관성이 있는지를 검증하는 것이다.

85
정답 ④

피쉬바인 모델이 아닌 속성 만족도 – 중요도 모델에 대한 설명이다.

속성 만족도 – 중요도 모델

$$A_0 = \sum_{i=1}^{n} B_i I_i$$

- A_0 : 특정 대상에 대한 태도
- n : 소비자가 중요하다고 생각하는 속성의 수
- B_i : 특정 대상이 속성 i에 있어서 얼마나 만족스러운가에 대한 소비자의 신념
- I_i : 소비자가 속성 i에 부여하는 중요도

86
정답 ②

시스템 이론은 하나의 시스템을 상호 연관되는 개별 요소로 구성되는 통일체로 본다.

시스템 이론
버틀란피가 여러 학문 분야를 통합할 공통 사고와 연구의 틀을 모색하는 과정에서 처음으로 주장한 이론이다. 조직을 하나의 전체 시스템(Total System)으로 보고, 그것이 어떻게 분석 가능한 여러 개의 하위 시스템으로 구성되는가를 강조하였다.

87
정답 ①

내용타당성은 측정 도구 자체의 타당성을 평가하는 것으로, 측정하려고 하는 개념을 정확히 파악하여 측정 도구가 적합한지 판단하는 것이다.

개념타당성
- 정의
  - 연구자가 측정하고자 하는 심리적·추상적 개념이 실제로 측정 도구에 의하여 제대로 측정되었는가를 검정하는 방법이다.
- 종류
  - 집중·수렴타당성 : 동일한 개념을 측정하기 위해 서로 다른 측정 방법을 사용하여 얻은 측정치 간 높은 상관관계가 존재할 때 두 검사가 동일한 특성을 측정하고 있다고 할 수 있다.
  - 판별타당성 : 서로 다른 개념들을 동일한 방법으로 측정하였을 때 측정치 간 상관관계가 낮은 경우 해당 측정이 타당하다는 변별 근거가 된다.
  - 이해타당성 : 어떤 개념을 얼마나 잘 이해하고 있는지를 측정하고 평가하는 기준이다.

88
정답 ①

매트릭스 조직은 기존의 기능별 조직구조 상태를 유지하면서 특정한 프로젝트를 수행할 때는 다른 부서의 인력과도 함께 일하는 조직 설계 방식으로, 서로 다른 부서 구성원이 함께 일하면서 효율적인 자원 사용과 브레인스토밍을 통한 창의적인 대안 도출도 가능하다.

오답분석

② 매트릭스 조직은 조직 목표와 외부 환경 간 발생하는 갈등이 내재하여 갈등과 혼란을 초래할 수 있다.

③ 복수의 상급자를 상대해야 하므로 역할에 대한 갈등 등으로 구성원이 심한 스트레스에 노출될 수 있다.

④ 힘의 균형이 치우치게 되면 조직의 구성이 깨지기 때문에 경영자의 개입 등으로 힘의 균형을 유지하기 위한 노력이 필요하다.

⑤ 각각 소속이 다른 구성원들이 참여하기 때문에 커뮤니케이션이 그만큼 많이 필요하게 되며, 이에 따라 더 많은 시간과 비용 등이 소요된다.

89
정답 ③

BSC는 고객 관점, 내부 프로세스 관점, 성장 관점, 재무 관점 등을 통해 과거 성과를 바탕으로 미래가치를 창출하기 위한 시스템을 의미한다.

오답분석

① 고객 관점 : 고객들의 주요 니즈를 반영한다.

② 내부 프로세스 관점 : 고객 만족에 가장 큰 영향을 미치는 프로세스와 경쟁우위에 있는 주요 기술과 업무 프로세스를 반영한다.

④ 성장 관점 : 목표 달성을 위해 학습이 필요한 사항과 개선 사항을 반영한다.

⑤ 재무 관점 : 경영이 기업 손익 개선에 기여하고 있는 바를 반영한다.

90
정답 ③

후광효과는 각각의 평가 요소가 서로 관련이 있거나 중복되어 있는 경우에 나타나는 현상이다.

후광효과(後光效果, Halo Effect)
측정 대상의 1가지 속성에 강한 인상을 받아 이를 토대로 전체 속성을 평가하는 오류로, 어느 하나에 현혹되어 전체를 평가하게 되는 경향이 있기 때문에 현혹효과라고도 한다.

91
정답 분류법

분류법은 직무를 미리 정해진 등급에 따라 평가하는 방법으로 등급법이라고도 한다. 분류법은 직무의 가치를 기준으로 여러 등급으로 나누어 각 직무를 적절히 분류하는 정성적 방법이다. 일정한 기준(직무등급표)에 따라 직무를 분류할 수 있는 장점이 있지만, 각 등급의 정의가 모호할 수 있고 평가자의 주관적 판단이 개입될 가능성이 있다.

92
정답 멘체스터 플랜

멘체스터 플랜(멘체스터식 복률성과급)은 미숙련 노동자들에게도 최저 생활을 보장하기 위해 고안된 임금 체계이다. 성과와 관계없이 기본적인 일급을 보장하며, 기본 일급 외에 성과에 따른 추가임금을 제공한다. 이 방식은 단순 복률성과급과는 달리 근로자의 생활 안전성을 고려하며, 성과에 따른 인센티브를 제공하여 생산성 향상을 도모한다. 따라서 근로자의 기본적인 생활 보장과 성과 향상 동기 부여 사이의 균형을 추구하는 임금 체계이다.

93
정답 유연생산시스템(FMS)

유연생산시스템(FMS; Flexible Manufacturing System)은 소량의 다품종 제품을 짧은 납기로 하여 수요변동에 대한 재고를 지니지 않고 대처하면서 생산 효율의 향상 및 원가절감을 실현할 수 있는 생산시스템이다. 유연생산시스템은 다양한 제조업 분야에서 활용되고 있으며 급변하는 시장 수요에 신속하게 대응하고, 생산 효율을 극대화하는 데 중요한 역할을 한다.

94
정답 Promotion(판매촉진)

마케팅 믹스는 제품이나 서비스의 마케팅 프로세스를 구성하는 4가지 핵심 요소를 말하며, 구성요소로는 Product(제품), Price(가격), Promotion(판매촉진), Place(유통)이 있다. 제품이나 서비스를 소비자에게 널리 알리는 활동은 Promotion(판매촉진)으로 광고, 홍보, 마케팅 정략, 마케팅 채널 등이 포함된다.

95
정답 포지셔닝 전략

포지셔닝 전략은 자사 제품의 큰 경쟁우위를 찾아내어 선정된 목표시장의 소비자들의 마음속에 자사의 제품을 자리 잡게 하는 전략으로 경쟁사와 대비되는 제품이나 서비스의 고유한 특성을 강조하고, 우수성을 보여주는 전략이다.

96
정답 10.5%

(실질수익률)=[1+(명목수익률)]÷[1+(기대인플레이션)]−1
=(1+0.15)÷(1+0.04)−1≒10.5%

97
정답 재판매가격 유지정책

재판매가격 유지정책(유표가격제)은 제조업자가 자사의 브랜드 제품(유표품)에 대해 도매상과 소매상이 판매할 최저 가격을 미리 정해놓고 그 가격 이하로는 판매하지 못하도록 하는 전략이다. 주로 고급 브랜드나 명품에서 많이 사용하며 제품의 가치를 유지하고 브랜드 이미지를 보호하는 데 효과적인 가격정책이다.

98
정답 델파이 기법

델파이 기법(Delphi Method)은 불확실한 미래를 예측하고 이에 따른 의사결정을 하기 위해 설문을 반복하며, 전문가들의 의견을 수렴하는 기법으로 전문가 합의법이라고도 불린다. 다수의 전문가 의견을 취합하여 객관성을 높일 수 있으며, 익명성 보장을 통해 솔직한 의견 표현이 가능하다. 그러나 전문가 선정 과정에서 편향이 발생할 수 있으며, 시간과 비용이 많이 소요될 수 있는 단점이 있다.

99
정답 교환사채

교환사채는 사채발행회사가 소유하고 있는 상장유가증권과의 교환을 청구할 수 있는 권리가 부여된 사채이다. 교환사채의 교환 대상은 발행회사가 보유한 다른 회사의 상장주식, 발행회사의 자기주식, 발행회사의 자회사나 다른 특정회사의 주식이 있다.

100
정답 5,200만 원

확정기여형 퇴직급여액은 (회사부담금)+(운용수익)이므로
[(10년간 임금 총액)×(회사부담금 비율)]+[(회사부담금)×(운용수익률)]=$\left(6억 \times \frac{1}{12}\right)$+(5,000만×0.04)=5,200만 원이다.

41	42	43	44	45	46	47	48	49	50
②	④	②	③	③	③	②	④	③	②
51	52	53	54	55	56	57	58	59	60
⑤	④	④	④	①	①	⑤	①	③	④
61	62	63	64	65	66	67	68	69	70
④	①	③	④	④	②	⑤	②	①	②
71	72	73	74	75	76	77	78	79	80
④	④	③	①	②	⑤	⑤	④	⑤	⑤
81	82	83	84	85	86	87	88	89	90
④	③	②	①	②	①	⑤	⑤	④	①

91	92
128	8
93	94
50	70,000원
95	96
20	4대
97	98
130	24%
99	100
4,600원	9,000

41
정답 ②

중국은 의복과 자동차 생산에 있어 모두 절대우위를 갖는다. 그러나 리카도(Ricardo)는 비교우위론에서 양국 중 어느 한 국가가 절대우위에 있는 경우라도 상대적으로 생산비가 낮은 재화생산에 특화하여 무역을 한다면 양국 모두 무역으로부터 이익을 얻을 수 있다고 보았다. 이때 생산하는 재화를 결정하는 것은 재화생산의 기회비용으로 문제에서 주어진 표를 바탕으로 각 재화생산의 기회비용을 알아보면 다음과 같다.

구분	중국	인도
의복(벌)	0.5	0.33
자동차(대)	2	3

기회비용 표에서 보면 중국은 자동차의 기회비용이 의복의 기회비용보다 낮고, 인도는 의복의 기회비용이 자동차의 기회비용보다 낮다. 따라서 중국은 자동차, 인도는 의복에 비교우위가 있다.

42
정답 ④

ⓒ · ② 산업 간 무역에 대한 설명이다.

오답분석

⑦ · ⑥ · ⑩ 산업 내 무역(Intra – industry Trade)에 대한 설명이다.

43
정답 ②

빅맥 지수는 각국의 빅맥 가격을 미국의 빅맥 가격으로 나누어 각국의 구매력을 측정하는 지표이다. 제시된 자료를 통해 빅맥 지수를 구해보면 다음과 같다.

국가	빅맥 지수
한국	$4,500 \div 5.66 \fallingdotseq 795.05$
일본	$390 \div 5.66 \fallingdotseq 68.90$
노르웨이	$52 \div 5.66 \fallingdotseq 9.19$
스위스	$6.5 \div 5.66 \fallingdotseq 1.15$

빅맥 지수는 실질구매력을 나타내므로, 빅맥 지수는 구매력평가설에 따른 적정 환율 수준이다. 만약 빅맥 지수보다 현재 환율이 높다면 현재 화폐가치는 과소평가되어 있고, 빅맥 지수보다 현재 환율이 낮다면 현재 화폐가치는 과대평가되어 있음을 의미한다. 따라서 한국과 일본의 경우 빅맥 지수보다 현재 환율이 높기 때문에 화폐가치가 과소평가되어 있다.

44
정답 ③

환율이 내려가면 미국에 수출하는 국내 제품의 가격 경쟁력이 떨어지므로 국내 대미 수출기업들의 수출은 감소한다.

45
정답 ③

⑦ 5달러를 원화로 환전한 금액은 5,500원이므로 1달러는 1,100원이다. 한국의 빅맥 가격은 4,400원이므로 달러로 환산하면 4달러이다.

② 현재 원화의 명목환율은 1,100원으로, 상대적인 구매력을 나타내는 실질환율의 1,375원보다 낮으므로 원화의 구매력을 과소평가하고 있다.

오답분석

ⓒ 구매력평가설에 의하면 환율은 국내 물가수준을 외국 물가수준으로 나눈 비율과 동일하다. 빅맥 1개의 가격이 미국에서는 5달러, 한국에서는 4,400원이므로 원화의 대미 달러 환율은 $\frac{4,400}{5,500} \times 1,100 = 880$원이다.

ⓒ $(\text{실질환율}) = \frac{(\text{명목환율}) \times (\text{외국물가})}{(\text{자국물가})} = \frac{1,100 \times 5,500}{4,400} = 1,375$원이다.

46
정답 ③

환율하락은 원화의 평가절상을 의미한다. 환율이 하락하면 수출품의 가격이 상대적으로 상승하여 수출이 감소하고, 수입은 증가하며 국내경기침체 가능성이 높아진다. 국제수지는 악화되고 해외 현지 공장 건설비용은 감소하게 된다. 또한 인플레이션 발생 가능성은 감소한다.

47
정답 ②

표에 제시된 'A국 통화로 표시한 B국 통화 1단위의 가치'란 A국 통화의 명목환율을 의미한다. 명목환율을 e, 실질환율을 ε, 외국 물가를 P_f, 국내 물가를 P라고 할 때, 실질환율은 $\varepsilon = \dfrac{e \times P_f}{P}$ 로 표현된다. 이것을 각 항목의 변화율에 대한 식으로 바꾸면 $\dfrac{\Delta\varepsilon}{\varepsilon} = \dfrac{\Delta e}{e} + \dfrac{\Delta P_f}{P_f} - \dfrac{\Delta P}{P}$ 이 된다. 제시된 자료에서 명목환율은 15%, A국(자국) 물가지수는 7%, B국(외국) 물가지수는 3% 증가하였으므로, 앞의 식에 대입하면 실질환율(ε)의 변화율은 15+3−7=11% 상승이다. 실질환율이 상승하면 수출품의 가격이 하락하게 되므로 수출량은 증가한다.

48
정답 ④

- 유량변수 : GDP, 국제수지, 생산, 소득, 소비, 저축 등과 같이 '일정 기간' 동안 측정하는 변수이다.
- 저량변수 : 외환보유액, 통화량, 인구수, 부(Wealth), 자산(Asset), 부채(Debt) 등과 같이 '일정 시점'에 측정하는 변수이다.

49
정답 ③

ⓒ 일반적으로 무차별곡선은 원점에 대하여 볼록한 형태이며, 원점에서 멀어질수록 효용수준이 높다.

ⓓ 무차별곡선이란 소비자가 동일한 효용을 얻을 수 있는 X재와 Y재의 조합을 나타낸 선으로, 서수적 효용개념을 이용하여 소비자이론을 설명할 수 있다.

오답분석

ⓐ 서수적 효용의 개념에 기초한 효용함수를 그림으로 나타낸 것이 무차별곡선이다.

ⓔ 어떤 재화의 소비량이 조금씩 변하는 경우 효용도 조금씩 증가하는 것은 소비자 선호에 대한 기본가정 중 연속성에 대한 설명이다. 이행성이란 소비자의 선호에 일관성이 있다는 뜻이다. 예를 들면 재화 A가 B보다 선호되고, B가 C보다 선호되면 A가 C보다 선호되는 것이다.

50
정답 ②

한계기술 대체율이 체감하는 것은 등량곡선이 우하향하기 때문이 아니라 원점에 대하여 볼록하기 때문이다.

오답분석

① 총생산함수가 $Q = AL^{0.5}K^{0.5}$ 이면 $MRTS_{LK} = \dfrac{K}{L}$ 이므로, 등량곡선의 우하방으로 이동함에 따라 노동투입량이 증가하고 자본투입량이 감소하면 한계기술 대체율이 체감한다.

③ 한계기술 대체율은 등량곡선 접선의 기울기로 측정된다.

④ $MRTS_{LK} = \dfrac{MP_L}{MP_K}$ 로 구할 수 있다.

⑤ 한계기술 대체율은 동일한 생산량을 유지하면서 노동을 추가로 1단위 더 고용하기 위하여 감소시켜야 하는 자본의 수량을 의미한다.

51
정답 ⑤

무차별곡선은 서수적인 개념인 것에 반해 등량곡선은 기수적인 개념이다.

52
정답 ④

예산제약에서의 효용극대화의 소비자균형조건은 $MRS_{XY} = \dfrac{P_X}{P_Y}$ 이다.

A의 한계대체율을 효용극대화 조건에 대입하면 $MRS_{XY} = \dfrac{Y}{3X} = \dfrac{P_X}{P_Y}$, $3P_X X = P_Y Y$이다. 따라서 예산제약식($M = P_X X + P_Y Y$)에 대입하면 X재의 수요함수는 $X = \dfrac{M}{4P_X}$ 임을 알 수 있다.

따라서 소비자 A는 소득의 $\dfrac{1}{4}$ 을 X재 소비에 지출하고 있으며, 특정재화에 소득의 일정비율을 지출하고 있으므로 수요의 소득탄력성과 가격탄력성은 1이고, 수요함수를 소득에 대해 정리하면 $X = \dfrac{M}{4P_X}$, $M = 4P_X X$이므로 엥겔곡선의 기울기는 $4P_X$이다.

53
정답 ④

하루당 총비용이 5,000,000원이고 총고정비용이 1,000,000원이므로, 총가변비용은 4,000,000원이다. 생산량이 1,000개이므로 평균비용은 5,000원, 평균가변비용은 4,000원이다. 단위당 가격(P)은 평균가변비용과 평균비용 사이에 존재해야 된다.

54
정답 ④

빵의 한계효용이 25로 일정하고 빵의 가격이 5이므로 $\dfrac{MU_{빵}}{P_{빵}} = \dfrac{25}{5} = 5$로 일정하다.

김밥의 한계효용이 15로 일정하고 김밥의 가격이 5이므로 $\dfrac{MU_{김밥}}{P_{빵}} = \dfrac{15}{5} = 3$으로 일정하다.

김밥 1원어치의 한계효용이 빵 1원어치의 한계효용보다 작으므로 소득전부를 빵 구입에 지출해야 한다. 따라서 소득이 20이라면 소비자 A는 빵만 4단위를 구입해야 한다.

55 정답 ①

순수전략이란 참여자가 여러 가지 전략 중에서 특정한 한 가지의 전략만을 사용하는 것을 의미한다. 기업 B가 전략 (다)를 선택하면 기업 A는 전략 (나)를 선택하고, 기업 B가 전략 (라)를 선택하면 기업 A는 전략 (가)를 선택한다. 기업 A가 전략 (가)를 선택하면 기업 B는 전략 (다)를 선택하고, 기업 A가 전략 (나)를 선택하면 기업 B는 전략 (라)를 선택한다.

따라서 이 경우는 순수전략 내쉬균형이 존재하지 않는다.

56 정답 ①

$2 = MRS_{XY}^{A} = \dfrac{MU_X}{MU_Y} < \dfrac{P_X}{P_Y} = \dfrac{2,000}{5,000} = 0.4$ 이므로, 소비자 A는 효용극대화를 위해서 X재 소비를 증가시키고, Y재 소비를 감소시킬 것이다.

$0.1 = MRS_{XY}^{B} = \dfrac{MU_X}{MU_Y} < \dfrac{P_X}{P_Y} = \dfrac{2,000}{5,000} = 0.4$ 이므로, 소비자 B는 효용극대화를 위해서 Y재 소비를 증가시키고, X재 소비를 감소시킬 것이다. 또한 두 소비자 모두 효용극대화를 아직 달성하지 못한 상태이다.

57 정답 ⑤

ⓒ 내쉬균형이 항상 파레토 효율적인 자원배분을 보장하는 것은 아니다. 대표적으로 죄수의 딜레마는 비효율적인 우월전략균형의 사례이다.

ⓔ 우월전략균형은 내쉬균형이지만, 내쉬균형이라고 해서 우월전략균형인 것은 아니다.

58 정답 ①

㉠ 우월전략균형은 내쉬균형이지만, 내쉬균형이라고 해서 모두 우월전략균형인 것은 아니다.

ⓛ 죄수의 딜레마와 같이 내쉬균형이 항상 파레토 효율적인 자원배분을 보장하지 않는다.

59 정답 ③

공공재는 모든 사람들이 공동으로 이용할 수 있는 재화나 서비스이다. 시장의 가격 원리가 적용될 수 없고, 그 대가를 지불하지 않고도 재화나 서비스를 이용할 수 있는 비배제성, 사람들이 소비를 위해 서로 경합할 필요가 없는 비경합성을 가지고 있다.

60 정답 ④

과점시장은 유사하거나 동일한 상품을 공급하는 소수의 공급자가 존재하는 시장구조이다. 공급자 수가 많지 않은 까닭에 소수의 기업 대표가 담합해 판매 가격을 일치시키거나 생산량을 서로 할당하여 이윤을 극대화하는 사례가 발생한다. 과점시장은 가격이 경직적이므로 광고·제품 차별화 등 비가격경쟁이 치열하다. 정부는 과점시장의 폐해를 막기 위해 공정거래위원회를 통해 공정한 경쟁을 유도한다.

오답분석

㉠ 독점시장(Monopoly)은 시장에 유일한 생산자가 존재하는 시장으로, 특허권이나 정부 허가, 규모의 경제가 발생하는 경우 등에 의해 형성된다.

ⓔ 과점시장의 수요곡선은 우하향하므로 제품 가격을 높일수록 판매량이 줄어 기업 이윤은 감소하게 된다.

61 정답 ④

공공재의 시장수요곡선은 소비자들이 소비하는 수량이 동일하지만, 지불하는 가격이 상이하므로 개별수요의 수직합으로 도출된다.

62 정답 ①

• 공공재 적정공급모형 : 사무엘슨(Samuelson) 모형
• 공공재 시장수요곡선 : 개별수요곡선의 수직합

공공재 시장균형에 따라 가격이 결정되면 각 수요자의 수요함수(곡선)에 따라 개별소비자들이 분담한다. 공공재 시장수요곡선은 개별수요곡선의 수직합으로 도출된다.

$\sum P = (10-Q) + (20-Q) + (20-2Q) = 50-4Q$

• 공공재 시장균형 : [시장가격(P_M)]=[한계비용(MC)] → $50-4Q = 30$ → $Q = 5$

• 개별소비자 지불가격 : $P_a = 10-5 = 5$, $P_b = 20-5 = 15$, $P_c = 20-2\times5 = 10$

63 정답 ③

독점시장은 시장지배력을 갖는 1개의 기업에 의해 이루어지는 시장 형태로, 시장에서 가격설정자로 행동하며 규모의 경제에 의해 자연독점이 발생하기도 한다. 또한 장기에 완전경쟁기업과 독점적 경쟁시장과 달리 초과이윤을 획득한다.

독점적 경쟁시장은 진입과 퇴거가 자유롭고 다수의 기업이 존재하며 차별화된 재화를 생산하는 시장형태로, 재화들이 서로 대체성이 높기 때문에 비가격경쟁이 치열하다. 미용실, 커피전문점, 식당 등이 해당되며, 장기에는 정상이윤만 얻게 되는 특징이 있다.

64 정답 ④

오답분석

ⓛ 독점적 경쟁기업이 생산하는 재화의 이질성이 높아지면 수요가 더 비탄력적이 되므로 독점적 경쟁기업이 보유하는 초과설비규모는 점점 커진다.

ⓒ 독점적 경쟁기업은 기술혁신에 대해 가장 부정적인 시장이다.

65
정답 ④

역선택은 정보가 없는 쪽에서 볼 때 관찰할 수 없는 속성이 바람직하지 않게 작용하는 경향이다. 이 현상이 나타나는 전형적 시장은 중고차 시장으로, 중고차 판매자는 차량 결점을 잘 알지만 구매자는 잘 모르는 경우가 많기 때문이다. 구매자는 양질의 중고차 판매자와 거래하고 싶으나, 정보 부족으로 불량한 판매자를 거래 상대방으로 선택(역선택)하는 경우가 생긴다. 보험 가입도 가입자가 보험회사보다 더 많은 정보를 갖고 있기 때문에 보험회사로선 건강한 사람보다 그렇지 않은 사람과 거래하는 역선택이 발생하기 쉽다.

66
정답 ②

평균비용함수는 $AC = 2Q(Q-1) + 20$이기 때문에 생산량이 1일 때 최소평균비용이 20이다. 완전경쟁시장의 장기균형에서 이윤은 0이기 때문에 가격은 20이 된다. 따라서 시장수요함수에 대입하면 시장수요량은 $200 - 2 \times 20 = 160$이다.

67
정답 ⑤

재화가격을 P로 두고 L기업의 이윤극대화 조건을 나타내면 다음과 같다.
$$\pi = P \times Q - w \times L = P(300L - L^2) - 2,000L$$
이윤극대화 노동고용량을 구하기 위해 L에 대해 미분한 후 0으로 두면 $300P - 2PL = 2,000$이다. 노동을 50단위 고용하고 있으므로 $L = 50$을 위의 식에 대입하면 $300P - 100P = 2,000$, $200P = 2,000$이다. 따라서 $P = 10$이다.

68
정답 ②

외부불경제 현상은 완전경쟁시장과 불완전경쟁시장 모두에서 발생한다.

69
정답 ①

피구세는 외부성 문제를 해결하기 위한 조세이며, 보조금을 통한 지급 시 피구보조금이라고 부른다.
㉠ 피구세는 외부한계비용을 가격체계(혹은 시장기구)에 내부화하여 시장기구에 의해 외부성 문제를 해결하는 방안이다.
㉡ 외부효과 상황에서 피구세가 부과하게 되면 MC곡선이 상방으로 이동하게 되어 PMC와 SMC가 서로 일치하게 된다.

오답분석
㉢ 피구보조금이 지급되면 수요곡선이 이동한다.
㉣ 피구세는 조세이기 때문에 수요곡선이 아닌 공급곡선이 이동한다.

70
정답 ②

오답분석
① 세이의 법칙이란 공급이 이루어지면 그만큼의 수요가 생겨나므로, 경제 전체로 볼 때 수요부족에 따른 초과공급은 발생하지 않음을 의미한다.
③ 고전학파는 실질이자율이 상승하거나 하락하면, 그에 따라 투자가 신축적으로 변한다고 본다.
④ 고전학파는 저축을 미덕으로 보는 반면, 케인스는 소비를 미덕으로 본다.
⑤ 확대적인 재정정책으로 인해 실질이자율이 상승하여 민간투자와 민간소비가 둘 다 감소하는 것을 구축효과라고 한다.

71
정답 ④

현재가치법은 대표적인 투자함수이론에 해당하는 이론으로, 미래에 생길 돈이 현재의 돈 가치로 얼마가 될지 계산하는 공식이다. 따라서 소비함수이론에 해당하지 않는다.

72
정답 ④

케인스에 따르면 현재소비는 현재의 가처분소득에 의해서만 결정되므로, 이자율은 소비에 아무런 영향을 미치지 않는다.

73
정답 ③

• 정부지출이 400일 때
[IS식]
$$Y = C + I + G = [100 + 0.2(Y - 400)] + (200 - 10r) + 400$$
[LM식]
$$\left(\frac{M}{P}\right)^s = \frac{1,500}{5} = \left(\frac{M}{P}\right)^d = Y - 50r$$
두 식을 연립하면 $Y = 680$, $r = 7.6$이 된다.
• 정부지출이 500일 때
[IS식]
$$Y = C + I + G = [100 + 0.2(Y - 400)] + (200 - 10r) + 500$$
[LM식]
$$\left(\frac{M}{P}\right)^s = \frac{1,500}{5} = \left(\frac{M}{P}\right)^d = Y - 50r$$
두 식을 연립하면 $Y = 780$, $r = 9.6$이 된다.
따라서 균형이자율은 7.6에서 9.6으로 2.0만큼 증가한다.

74

항상소득가설은 항상소득이 소비를 결정한다는 이론으로, 미국의 경제학자 프리드먼(Friedman)이 주장했다. 프리드먼에 따르면 소득은 정기적이고 고정적인 항상소득과 임시적 수입인 변동소득(일시소득)으로 구분된다. 철수는 240만 원의 항상소득을 벌고 있지만, 이번 달은 일시적으로 소득이 60만 원 줄었다. 항상소득가설에 따르면 일시적으로 소득이 60만 원 줄어든다고 해서 소비에 변화가 생기지는 않는다.

75

정답 ②

경기호황으로 인한 임시소득의 증가는 소비에 영향을 거의 미치지 않기 때문에 저축률이 상승하게 된다.

오답분석
① 직장에서 승진하여 소득이 증가한 것은 항상소득의 증가를 의미하므로 승진으로 소득이 증가하면 소비가 증가한다.
③ 항상소득가설에 의하면 항상소득이 증가하면 소비가 큰 폭으로 증가하지만, 임시소득이 증가하는 경우에는 소비가 별로 증가하지 않는다. 그러므로 항상소득에 대한 한계소비성향이 임시소득에 대한 한계소비성향보다 더 크게 나타난다.
④ 항상소득의 비율이 높을수록 소비성향이 높아지고, 변동소득의 비율이 높을수록 저축성향이 높아진다.
⑤ 소비가 현재소득뿐 아니라 미래소득에도 영향을 받는다는 점에서 항상소득가설과 유사하다.

76

정답 ⑤

통화승수란 본원통화가 1단위 증가하였을 때 통화량이 몇 단위 증가하는지를 나타낸 것으로, 통화량을 본원통화로 나눠서 계산할 수 있다.

[통화승수(m)]＝[통화량(M)]÷[본원통화(H)]

오답분석
① 신용창조가 이루어지면 경기 전체의 유동성은 증가한다. 다만, 신용창조과정에서 대출이 이루어져 부채도 증가한다. 그러므로 경제 전체의 부가 증가하는 것은 아니다.
② 본원통화는 중앙은행이 발행한 것으로, 중앙은행의 통화성부채이다.
③ 본원통화에는 현금도 포함된다.
④ 재할인율을 인상하면 통화 공급이 감소한다.

77

정답 ⑤

오답분석
㉠ 중앙은행은 지급준비율을 인상시킬 경우 시중은행에서 보유하여야 지급준비금이 증가한다. 이에 따라 본원통화가 감소하면서 화폐공급이 감소한다.
㉡ 경제위기로 인해 실물자산(금, 토지 등)에 대한 선호도가 증가할 경우 화폐공급은 감소한다.

78

정답 ④

IS곡선이란 생산물시장의 균형이 이루어지는 이자율(r)과 국민소득(Y)의 조합을 나타내는 직선을 말하며, 관계식은 다음과 같다.

$$r = \frac{-1-c(1-t)+m}{b}Y + \frac{1}{b}(C_0 - cT_0 + I_0 + G_0 + X_0 - M_0)$$

즉, IS곡선의 기울기는 투자의 이자율탄력성(b)이 클수록, 한계소비성향(c)이 클수록, 한계저축성향(s)이 작을수록, 세율(t)이 낮을수록, 한계수입성향(m)이 작을수록 완만해진다. 한편, 소비, 투자, 정부지출, 수출이 증가할 때 IS곡선은 오른쪽으로, 조세, 수입, 저축이 증가할 때 왼쪽으로 수평이동한다. 외국의 한계수입성향이 커지는 경우에는 자국의 수출이 증가하므로 IS곡선은 오른쪽으로 이동한다.

79

정답 ⑤

새케인스학파는 개별경제주체들이 합리적기대를 이용하여 경제변수를 예상하고, 시장청산이 이루어지지 않는 비시장청산모델을 가정한다. 또한 실질임금의 경직성을 설명하기 위해 효율성임금이론과 내부자 - 외부자이론을 제시하며, 기본적으로 가격이 경직되어 있다고 본다. 경제여건의 변화에 따라 가격이 신축적으로 신속하게 조정된다고 보는 입장은 새고전학파의 입장이다.

80

정답 ⑤

구축효과(Crowding Out Effect)란 정부지출의 확대가 이자율을 상승시켜 민간소비, 민간투자를 감소시키는 현상을 말한다. 화폐수요의 소득탄력성이 클수록, 투자의 이자율탄력성이 클수록, 화폐수요의 이자율탄력성이 작을수록 구축효과가 커진다. 또한 IS곡선이 완만할수록, LM곡선이 가파를수록 구축효과가 커진다.

81

정답 ④

오답분석
① 인플레이션으로 인한 사회적 비용 중 구두창 비용이란 인플레이션으로 인해 화폐가치가 하락한 상황에서 화폐보유의 기회비용이 상승하는 것을 나타내는 용어이다. 이는 사람들이 화폐보유를 줄이게 되면 금융기관을 자주 방문해야 하므로 거래비용이 증가하게 되는 것을 의미한다.
② 메뉴비용이란 물가가 상승할 때 물가 상승에 맞추어 기업들이 생산하는 재화나 서비스의 판매 가격을 조정하는 데 지출되는 비용을 의미한다.
⑤ 예상하지 못한 인플레이션이 발생하면 기업들은 노동의 수요를 증가시키고, 노동의 수요가 증가하게 되면 일시적으로 생산량과 고용량이 증가하게 된다.

82
정답 ③

만 15세 이상 인구는 생산가능인구를 뜻하므로 경제활동참가율 공식에 대입하여 경제활동인구를 구할 수 있다.

- [경제활동참가율(%)]$=\dfrac{(경제활동인구)}{(생산가능인구)}\times100$

(경제활동인구)=(생산가능인구)×(경제활동참가율)÷100= 2,600만×0.55=1,430만 명

경제활동인구는 취업자 수와 실업자 수의 합이며, 실업률은 경제활동인구 중에서 실업자가 차지하는 비중을 말한다. 실업률이 30%이므로 실업자 수는 1,430만×0.3=429만 명이고, 취업자 수는 경제활동인구에서 실업자 수를 뺀 값이므로 1,430만−429만=1,001만 명임을 알 수 있다. 따라서 A국가의 취업자 수는 1,001만 명, 실업자 수는 429만 명이다.

83
정답 ②

실업률은 '(실업자)÷(경제활동인구)'이다. 분자인 실업자 수가 증가하거나 분모인 경제활동인구가 감소하는 경우 실업률은 상승한다. 전업주부는 비경제활동인구로 분류되므로, 직장인이 전업주부가 되면 비경제활동인구가 증가하고 경제활동인구가 감소하기 때문에 실업률이 상승한다.

오답분석
㉠ 취업준비생은 경제활동인구 중 실업자에 해당하고, 구직 포기자는 비경제활동인구에 해당한다. 따라서 취업준비생이 구직을 포기하는 경우, 실업자 수와 경제활동인구 수가 동시에 감소하여 실업률이 하락한다.
㉢ 취업 상태를 유지하고 있는 것이므로 실업률은 불변이다.
㉣ 대학생은 비경제활동인구에 해당한다. 부모님의 식당 등 가족 사업장에서 주당 18시간 이상 근로하는 경우 취업자로 분류되기 때문에 분모인 경제활동인구가 증가하게 되어 실업률은 하락한다.

84
정답 ①

㉠ 자연실업률이란 경제가 장기균형에 있어 마찰적 실업과 구조적 실업만 존재할 때의 실업률을 의미한다.
㉡ 오쿤의 법칙(Okun's Law)은 실증적인 분석을 통해 실업과 GDP갭 간의 상관관계를 정리한 식으로, 이를 이용하면 실업에 따른 산출량 손실을 계산할 수 있다.

85
정답 ②

㉠ 갑국은 실제실업률이 자연실업률보다 낮으므로 확장 갭이 발생하는 상태이다. 따라서 갑국에서는 실제GDP가 잠재GDP를 초과할 것이므로 갑국의 잠재GDP는 1,600조 원보다 작을 것이다.
㉡ 을국은 실제실업률과 자연실업률이 일치하므로 실제GDP와 잠재GDP가 일치한다. 그러므로 을국의 잠재GDP는 1,500조 원이다.

㉣ 정국은 실제실업률이 자연실업률보다 높으므로 침체 갭이 발생하는 상태이다. 따라서 정국은 실제GDP가 잠재GDP에 미달할 것이므로 정국의 잠재GDP는 800조 원보다 클 것이다.

86
정답 ①

- (테일러 법칙)=(균형 이자율)+(인플레이션 갭)−(산출 갭)
- [(인플레이션 갭)=(실제 인플레이션율)−(목표 인플레이션율)]
- (목표 이자율)$=0.03+\dfrac{1}{4}\times[4(실제\ 인플레이션율)-0.02]-$
  $\dfrac{1}{4}\times1(GDP갭)$
  $=0.03+\dfrac{1}{4}\times(0.04-0.02)-\dfrac{1}{4}\times0.01=0.0325$

따라서 목표 이자율(3.25%)은 균형 이자율(3%)보다 높다.

87
정답 ⑤

기대부가 필립스곡선에 따르면 예상 인플레이션율이 상승하면 우하향의 단기필립스곡선은 절편이 커지면서 우상방으로 이동한다.

오답분석
① 필립스곡선은 물가와 실업 간의 관계를 나타낸다.
② 기대물가상승률이 합리적 기대에 따라 결정될 경우 예상된 통화정책은 국민소득이나 실업률에 영향을 미치지 않는다.
③ 필립스곡선이 가파를 경우 AS곡선도 가파르다. 따라서 AS곡선의 기울기가 가파를수록 물가하락에 따른 생산량 감소 크기는 작아지므로 희생률(Sacrifice Ratio)이 작다.
④ 원유가격의 급등과 같은 부정적 공급충격이 발생하면 필립스곡선이 우측으로 이동한다.

88
정답 ⑤

주식가격변동이나 부동산가격변동 같은 자본이득과 관련된 항목은 GDP에 포함되지 않는다.

89
정답 ④

솔로우 모형은 저축, 인구, 기술진보가 시간의 흐름에 따라 경제성장에 어떤 영향을 미치는지를 동태적으로 분석한 모형이다.

솔로우 모형(Solow Model)의 가정
- 재화는 1가지만 존재한다.
- 인구증가율은 n으로 일정하다.
- 저축은 소득의 일정비율이며, 저축과 투자는 항상 일치한다.
- 생산함수는 일반적으로 요소대체가 가능한 1차 동차함수이다.

90

교역 이후 가격하락으로 소비자잉여는 $(B+D)$만큼 증가하여 $(A+B+D)$가 되고, 생산자잉여는 (B)만큼 감소하여 (C)가 된다. 즉, 교역으로 소비자들이 얻는 이익$(B+D)$이 농민들이 입는 손해(B)보다 크기 때문에 소비자잉여와 생산자잉여를 합하여 구하는 사회적잉여는 농산물 수입 이전보다 (D)만큼 증가한 $(A+B+C+D)$가 된다.

91
정답 128

수요함수와 공급함수를 연립하여 풀면 $200-4Q=100+6Q \rightarrow 10Q=100$이므로 균형거래량 $Q=10$이고, 이를 수요함수 혹은 공급함수에 대입하면 $P=160$이다.
단위당 40원의 소비세가 부과되면 공급곡선이 40만큼 상방으로 이동하여 공급함수는 $140+6Q$가 된다. 조세부과 후의 거래량을 재계산하면 $Q=6$, $P=176$이다.
소비자잉여는 P축과 균형점을 빗변으로 하는 직각삼각형이므로 소비세 부과 이전의 소비자잉여는 $(200-160) \times 10 \div 2 = 200$이고, 소비세 부과 이후의 소비자잉여는 $(200-176) \times 6 \div 2 = 72$이다. 따라서 소비자잉여 감소분은 $200-72=128$이다.

92
정답 8

각 공장의 총비용함수를 미분하면 각각의 한계비용은 $MC_1=2Q+2$, $MC_2=4Q$이다. 이윤극대화 조건은 $MR=MC_1=MC_2$이므로, $MC_1=12$, $2Q+2=12 \rightarrow Q_1=5$, $MC_2=12$, $4Q=12 \rightarrow Q_2=3$이다. 따라서 이윤극대화를 위한 두 공장의 총생산량은 8이다.

93
정답 50

최적소비량을 구하기 위해서는 효용극대화 조건식과 예약제약식이 서로 일치해야 한다. 예산제약에서 소비자의 효용극대화의 조건식은 다음과 같다.

$$MRS_{XY} = \frac{MU_X}{MU_Y} = \frac{P_X}{P_Y}$$

주어진 조건을 따라 정리하면 $\frac{MU_X}{MU_Y} = \frac{2XY^2}{2X^2Y} = \frac{Y}{X}$이며,

$\frac{P_X}{P_Y} = \frac{400}{800} = 0.5$이므로 $X=2Y$이다.

주어진 조건을 기초로 예산제약식으로 나타내면 $80,000=400X+800Y$이고, 효용극대화 조건식과 예산제약식 두 식을 연립하여 풀면 $X=100$, $Y=50$이 된다. 따라서 Y재의 최적소비량은 50이다.

94
정답 70,000원

콥 – 더글라스 생산함수의 특징은 다음과 같다.
- $U=AX^\alpha Y^\beta$
- $\alpha = X$재의 지출비중
- $\beta = Y$재의 지출비중

따라서 민수는 소득 100,000원의 70%인 70,000원을 콜라에 소비한다.

95
정답 20

생산량이 3단위에서 4단위로 추가적으로 증가하는 한계비용은 4단위의 총비용에서 3단위의 총비용을 차감하여 알 수 있다. 따라서 $37-32=5$이므로 X재 3단위 생산 시의 한계비용은 5이며, 총고정비용은 X재 1단위 생산 시에 15였으며, 그 이후로 증감이 없음을 통해 총고정비용은 15임을 알 수 있다. 그러므로 $5+15=20$이다.

96
정답 4대

공공재의 경우 시장수요함수는 개별수요함수를 수직으로 합쳐서 계산한다. 따라서 개별수요함수가 $P=15-3Q$로 주어져 있으므로 시장수요함수는 $P=30-6Q$가 된다. 한계비용이 6이므로 $P=30-6Q=MC=6$으로 설치할 공용자전거의 수량 Q는 4대이다.

97
정답 130

이윤극대화 조건은 $P=MR=MC$이므로 $40=-4Q+220 \rightarrow Q=45$이다. 쿠르노 균형에서는 각 기업이 완전경쟁의 $\frac{1}{3}$씩 생산하므로 두 기업의 생산량의 합은 $Q^*=30$이다. 따라서 생산량이 30일 때의 균형가격은 $P=100$이다.
$\therefore 30+100=130$

98
정답 24%

균제상태의 실업률이란 자연실업률을 의미하고, 매년 12%의 실직률(s)이 발생하므로 38%의 구직률(f)로 나타날 경우 자연실업률(u_N)은 다음의 식에 의해 계산된다.

$$u_N = \frac{s(\text{실직률})}{s(\text{실직률})+f(\text{구직률})}$$

따라서 위에서 주어진 자료를 대입하면

$\frac{12\%}{12\%+38\%} = \frac{0.12}{0.12+0.38} = \frac{0.12}{0.50} = 24\%$가 된다.

99

$(\text{실질임금}) = \dfrac{(\text{명목임금})}{(\text{물가지수})} \times 100$

$(\text{변화 전 실질임금}) = \dfrac{16,000}{200} \times 100 = 8,000원$

$(\text{변화 후 실질임금}) = \dfrac{16,000 \times 1.15}{200 \times 2} \times 100 = 4,600원$

100

정답 9,000

국내총생산은 일정기간 동안 한 나라 국경 안에서 생산된 최종생산물의 시장가치의 합이다. 주부의 가사노동, 여가, 환경오염, 정부의 생계보조비(정부의 이전지출)는 GDP에 포함되지 않는다. 따라서 GDP에 포함되는 값의 합은 '(금융서비스)+(파출부의 가사노동)+(귀속임대료)'인 9,000이다.

LH 한국토지주택공사 사무직 답안카드

성 명

지원 분야

문제지 형별기재란

( )형 Ⓐ Ⓑ

수 험 번 호

감독위원 확인 (인)

⓪ ① ② ③ ④ ⑤ ⑥ ⑦ ⑧ ⑨

1	① ② ③ ④ ⑤	21	① ② ③ ④ ⑤	41	① ② ③ ④ ⑤	61	① ② ③ ④ ⑤	81	① ② ③ ④ ⑤
2	① ② ③ ④ ⑤	22	① ② ③ ④ ⑤	42	① ② ③ ④ ⑤	62	① ② ③ ④ ⑤	82	① ② ③ ④ ⑤
3	① ② ③ ④ ⑤	23	① ② ③ ④ ⑤	43	① ② ③ ④ ⑤	63	① ② ③ ④ ⑤	83	① ② ③ ④ ⑤
4	① ② ③ ④ ⑤	24	① ② ③ ④ ⑤	44	① ② ③ ④ ⑤	64	① ② ③ ④ ⑤	84	① ② ③ ④ ⑤
5	① ② ③ ④ ⑤	25	① ② ③ ④ ⑤	45	① ② ③ ④ ⑤	65	① ② ③ ④ ⑤	85	① ② ③ ④ ⑤
6	① ② ③ ④ ⑤	26	① ② ③ ④ ⑤	46	① ② ③ ④ ⑤	66	① ② ③ ④ ⑤	86	① ② ③ ④ ⑤
7	① ② ③ ④ ⑤	27	① ② ③ ④ ⑤	47	① ② ③ ④ ⑤	67	① ② ③ ④ ⑤	87	① ② ③ ④ ⑤
8	① ② ③ ④ ⑤	28	① ② ③ ④ ⑤	48	① ② ③ ④ ⑤	68	① ② ③ ④ ⑤	88	① ② ③ ④ ⑤
9	① ② ③ ④ ⑤	29	① ② ③ ④ ⑤	49	① ② ③ ④ ⑤	69	① ② ③ ④ ⑤	89	① ② ③ ④ ⑤
10	① ② ③ ④ ⑤	30	① ② ③ ④ ⑤	50	① ② ③ ④ ⑤	70	① ② ③ ④ ⑤	90	① ② ③ ④ ⑤
11	① ② ③ ④ ⑤	31	① ② ③ ④ ⑤	51	① ② ③ ④ ⑤	71	① ② ③ ④ ⑤	91	
12	① ② ③ ④ ⑤	32	① ② ③ ④ ⑤	52	① ② ③ ④ ⑤	72	① ② ③ ④ ⑤	92	
13	① ② ③ ④ ⑤	33	① ② ③ ④ ⑤	53	① ② ③ ④ ⑤	73	① ② ③ ④ ⑤	93	
14	① ② ③ ④ ⑤	34	① ② ③ ④ ⑤	54	① ② ③ ④ ⑤	74	① ② ③ ④ ⑤	94	
15	① ② ③ ④ ⑤	35	① ② ③ ④ ⑤	55	① ② ③ ④ ⑤	75	① ② ③ ④ ⑤	95	
16	① ② ③ ④ ⑤	36	① ② ③ ④ ⑤	56	① ② ③ ④ ⑤	76	① ② ③ ④ ⑤	96	
17	① ② ③ ④ ⑤	37	① ② ③ ④ ⑤	57	① ② ③ ④ ⑤	77	① ② ③ ④ ⑤	97	
18	① ② ③ ④ ⑤	38	① ② ③ ④ ⑤	58	① ② ③ ④ ⑤	78	① ② ③ ④ ⑤	98	
19	① ② ③ ④ ⑤	39	① ② ③ ④ ⑤	59	① ② ③ ④ ⑤	79	① ② ③ ④ ⑤	99	
20	① ② ③ ④ ⑤	40	① ② ③ ④ ⑤	60	① ② ③ ④ ⑤	80	① ② ③ ④ ⑤	100	

※ 본 답안카드는 마킹연습용 모의 답안지입니다.

LH 한국토지주택공사 사무직 답안카드

1	① ② ③ ④ ⑤	21	① ② ③ ④ ⑤	41	① ② ③ ④ ⑤	61	① ② ③ ④ ⑤	81	① ② ③ ④ ⑤

번호	1~20	21~40	41~60	61~80	81~100
1	① ② ③ ④ ⑤	① ② ③ ④ ⑤	① ② ③ ④ ⑤	① ② ③ ④ ⑤	① ② ③ ④ ⑤
2	① ② ③ ④ ⑤	① ② ③ ④ ⑤	① ② ③ ④ ⑤	① ② ③ ④ ⑤	① ② ③ ④ ⑤
3	① ② ③ ④ ⑤	① ② ③ ④ ⑤	① ② ③ ④ ⑤	① ② ③ ④ ⑤	① ② ③ ④ ⑤
4	① ② ③ ④ ⑤	① ② ③ ④ ⑤	① ② ③ ④ ⑤	① ② ③ ④ ⑤	① ② ③ ④ ⑤
5	① ② ③ ④ ⑤	① ② ③ ④ ⑤	① ② ③ ④ ⑤	① ② ③ ④ ⑤	① ② ③ ④ ⑤
6	① ② ③ ④ ⑤	① ② ③ ④ ⑤	① ② ③ ④ ⑤	① ② ③ ④ ⑤	① ② ③ ④ ⑤
7	① ② ③ ④ ⑤	① ② ③ ④ ⑤	① ② ③ ④ ⑤	① ② ③ ④ ⑤	① ② ③ ④ ⑤
8	① ② ③ ④ ⑤	① ② ③ ④ ⑤	① ② ③ ④ ⑤	① ② ③ ④ ⑤	① ② ③ ④ ⑤
9	① ② ③ ④ ⑤	① ② ③ ④ ⑤	① ② ③ ④ ⑤	① ② ③ ④ ⑤	① ② ③ ④ ⑤
10	① ② ③ ④ ⑤	① ② ③ ④ ⑤	① ② ③ ④ ⑤	① ② ③ ④ ⑤	① ② ③ ④ ⑤

(답안카드: 문항 1~100, 각 문항 ① ② ③ ④ ⑤)

성 명

지원 분야

문제지 형별기재란 ( )형   Ⓐ Ⓑ

수 험 번 호
0 ① ② ③ ④ ⑤ ⑥ ⑦ ⑧ ⑨

감독위원 확인   (인)

※ 본 답안지는 마킹연습용 모의 답안지입니다.

LH 한국토지주택공사 사무직 답안카드

성 명

지원 분야

문제지 형별기재란

(   )형   Ⓐ Ⓑ

수 험 번 호

감독위원 확인

(인)

※ 본 답안지는 마킹연습용 모의 답안지입니다.

〈절취선〉

문번	①	②	③	④	⑤
1	①	②	③	④	⑤
2	①	②	③	④	⑤
3	①	②	③	④	⑤
4	①	②	③	④	⑤
5	①	②	③	④	⑤
6	①	②	③	④	⑤
7	①	②	③	④	⑤
8	①	②	③	④	⑤
9	①	②	③	④	⑤
10	①	②	③	④	⑤
11	①	②	③	④	⑤
12	①	②	③	④	⑤
13	①	②	③	④	⑤
14	①	②	③	④	⑤
15	①	②	③	④	⑤
16	①	②	③	④	⑤
17	①	②	③	④	⑤
18	①	②	③	④	⑤
19	①	②	③	④	⑤
20	①	②	③	④	⑤
21	①	②	③	④	⑤
22	①	②	③	④	⑤
23	①	②	③	④	⑤
24	①	②	③	④	⑤
25	①	②	③	④	⑤
26	①	②	③	④	⑤
27	①	②	③	④	⑤
28	①	②	③	④	⑤
29	①	②	③	④	⑤
30	①	②	③	④	⑤
31	①	②	③	④	⑤
32	①	②	③	④	⑤
33	①	②	③	④	⑤
34	①	②	③	④	⑤
35	①	②	③	④	⑤
36	①	②	③	④	⑤
37	①	②	③	④	⑤
38	①	②	③	④	⑤
39	①	②	③	④	⑤
40	①	②	③	④	⑤
41	①	②	③	④	⑤
42	①	②	③	④	⑤
43	①	②	③	④	⑤
44	①	②	③	④	⑤
45	①	②	③	④	⑤
46	①	②	③	④	⑤
47	①	②	③	④	⑤
48	①	②	③	④	⑤
49	①	②	③	④	⑤
50	①	②	③	④	⑤
51	①	②	③	④	⑤
52	①	②	③	④	⑤
53	①	②	③	④	⑤
54	①	②	③	④	⑤
55	①	②	③	④	⑤
56	①	②	③	④	⑤
57	①	②	③	④	⑤
58	①	②	③	④	⑤
59	①	②	③	④	⑤
60	①	②	③	④	⑤
61	①	②	③	④	⑤
62	①	②	③	④	⑤
63	①	②	③	④	⑤
64	①	②	③	④	⑤
65	①	②	③	④	⑤
66	①	②	③	④	⑤
67	①	②	③	④	⑤
68	①	②	③	④	⑤
69	①	②	③	④	⑤
70	①	②	③	④	⑤
71	①	②	③	④	⑤
72	①	②	③	④	⑤
73	①	②	③	④	⑤
74	①	②	③	④	⑤
75	①	②	③	④	⑤
76	①	②	③	④	⑤
77	①	②	③	④	⑤
78	①	②	③	④	⑤
79	①	②	③	④	⑤
80	①	②	③	④	⑤
81	①	②	③	④	⑤
82	①	②	③	④	⑤
83	①	②	③	④	⑤
84	①	②	③	④	⑤
85	①	②	③	④	⑤
86	①	②	③	④	⑤
87	①	②	③	④	⑤
88	①	②	③	④	⑤
89	①	②	③	④	⑤
90	①	②	③	④	⑤
91	①	②	③	④	⑤
92	①	②	③	④	⑤
93	①	②	③	④	⑤
94	①	②	③	④	⑤
95	①	②	③	④	⑤
96	①	②	③	④	⑤
97	①	②	③	④	⑤
98	①	②	③	④	⑤
99	①	②	③	④	⑤
100					

LH 한국토지주택공사 사무직 답안카드

성 명	

지원 분야	

문제지 형별기재란	Ⓐ Ⓑ
(형)	

수 험 번 호
⓪ ① ② ③ ④ ⑤ ⑥ ⑦ ⑧ ⑨
⓪ ① ② ③ ④ ⑤ ⑥ ⑦ ⑧ ⑨
⓪ ① ② ③ ④ ⑤ ⑥ ⑦ ⑧ ⑨
⓪ ① ② ③ ④ ⑤ ⑥ ⑦ ⑧ ⑨
⓪ ① ② ③ ④ ⑤ ⑥ ⑦ ⑧ ⑨
⓪ ① ② ③ ④ ⑤ ⑥ ⑦ ⑧ ⑨
⓪ ① ② ③ ④ ⑤ ⑥ ⑦ ⑧ ⑨

감독위원 확인
(인)

번호	1	2	3	4	5		번호	1	2	3	4	5		번호	1	2	3	4	5		번호	1	2	3	4	5		번호	1	2	3	4	5
1	①	②	③	④	⑤		21	①	②	③	④	⑤		41	①	②	③	④	⑤		61	①	②	③	④	⑤		81	①	②	③	④	⑤
2	①	②	③	④	⑤		22	①	②	③	④	⑤		42	①	②	③	④	⑤		62	①	②	③	④	⑤		82	①	②	③	④	⑤
3	①	②	③	④	⑤		23	①	②	③	④	⑤		43	①	②	③	④	⑤		63	①	②	③	④	⑤		83	①	②	③	④	⑤
4	①	②	③	④	⑤		24	①	②	③	④	⑤		44	①	②	③	④	⑤		64	①	②	③	④	⑤		84	①	②	③	④	⑤
5	①	②	③	④	⑤		25	①	②	③	④	⑤		45	①	②	③	④	⑤		65	①	②	③	④	⑤		85	①	②	③	④	⑤
6	①	②	③	④	⑤		26	①	②	③	④	⑤		46	①	②	③	④	⑤		66	①	②	③	④	⑤		86	①	②	③	④	⑤
7	①	②	③	④	⑤		27	①	②	③	④	⑤		47	①	②	③	④	⑤		67	①	②	③	④	⑤		87	①	②	③	④	⑤
8	①	②	③	④	⑤		28	①	②	③	④	⑤		48	①	②	③	④	⑤		68	①	②	③	④	⑤		88	①	②	③	④	⑤
9	①	②	③	④	⑤		29	①	②	③	④	⑤		49	①	②	③	④	⑤		69	①	②	③	④	⑤		89	①	②	③	④	⑤
10	①	②	③	④	⑤		30	①	②	③	④	⑤		50	①	②	③	④	⑤		70	①	②	③	④	⑤		90	①	②	③	④	⑤
11	①	②	③	④	⑤		31	①	②	③	④	⑤		51	①	②	③	④	⑤		71	①	②	③	④	⑤		91					
12	①	②	③	④	⑤		32	①	②	③	④	⑤		52	①	②	③	④	⑤		72	①	②	③	④	⑤		92					
13	①	②	③	④	⑤		33	①	②	③	④	⑤		53	①	②	③	④	⑤		73	①	②	③	④	⑤		93					
14	①	②	③	④	⑤		34	①	②	③	④	⑤		54	①	②	③	④	⑤		74	①	②	③	④	⑤		94					
15	①	②	③	④	⑤		35	①	②	③	④	⑤		55	①	②	③	④	⑤		75	①	②	③	④	⑤		95					
16	①	②	③	④	⑤		36	①	②	③	④	⑤		56	①	②	③	④	⑤		76	①	②	③	④	⑤		96					
17	①	②	③	④	⑤		37	①	②	③	④	⑤		57	①	②	③	④	⑤		77	①	②	③	④	⑤		97					
18	①	②	③	④	⑤		38	①	②	③	④	⑤		58	①	②	③	④	⑤		78	①	②	③	④	⑤		98					
19	①	②	③	④	⑤		39	①	②	③	④	⑤		59	①	②	③	④	⑤		79	①	②	③	④	⑤		99					
20	①	②	③	④	⑤		40	①	②	③	④	⑤		60	①	②	③	④	⑤		80	①	②	③	④	⑤		100					

LH 한국토지주택공사 사무직 답안카드

1	① ② ③ ④ ⑤	21	① ② ③ ④ ⑤	41	① ② ③ ④ ⑤	61	① ② ③ ④ ⑤	81	① ② ③ ④ ⑤
2	① ② ③ ④ ⑤	22	① ② ③ ④ ⑤	42	① ② ③ ④ ⑤	62	① ② ③ ④ ⑤	82	① ② ③ ④ ⑤
3	① ② ③ ④ ⑤	23	① ② ③ ④ ⑤	43	① ② ③ ④ ⑤	63	① ② ③ ④ ⑤	83	① ② ③ ④ ⑤
4	① ② ③ ④ ⑤	24	① ② ③ ④ ⑤	44	① ② ③ ④ ⑤	64	① ② ③ ④ ⑤	84	① ② ③ ④ ⑤
5	① ② ③ ④ ⑤	25	① ② ③ ④ ⑤	45	① ② ③ ④ ⑤	65	① ② ③ ④ ⑤	85	① ② ③ ④ ⑤
6	① ② ③ ④ ⑤	26	① ② ③ ④ ⑤	46	① ② ③ ④ ⑤	66	① ② ③ ④ ⑤	86	① ② ③ ④ ⑤
7	① ② ③ ④ ⑤	27	① ② ③ ④ ⑤	47	① ② ③ ④ ⑤	67	① ② ③ ④ ⑤	87	① ② ③ ④ ⑤
8	① ② ③ ④ ⑤	28	① ② ③ ④ ⑤	48	① ② ③ ④ ⑤	68	① ② ③ ④ ⑤	88	① ② ③ ④ ⑤
9	① ② ③ ④ ⑤	29	① ② ③ ④ ⑤	49	① ② ③ ④ ⑤	69	① ② ③ ④ ⑤	89	① ② ③ ④ ⑤
10	① ② ③ ④ ⑤	30	① ② ③ ④ ⑤	50	① ② ③ ④ ⑤	70	① ② ③ ④ ⑤	90	① ② ③ ④ ⑤
11	① ② ③ ④ ⑤	31	① ② ③ ④ ⑤	51	① ② ③ ④ ⑤	71	① ② ③ ④ ⑤	91	
12	① ② ③ ④ ⑤	32	① ② ③ ④ ⑤	52	① ② ③ ④ ⑤	72	① ② ③ ④ ⑤	92	
13	① ② ③ ④ ⑤	33	① ② ③ ④ ⑤	53	① ② ③ ④ ⑤	73	① ② ③ ④ ⑤	93	
14	① ② ③ ④ ⑤	34	① ② ③ ④ ⑤	54	① ② ③ ④ ⑤	74	① ② ③ ④ ⑤	94	
15	① ② ③ ④ ⑤	35	① ② ③ ④ ⑤	55	① ② ③ ④ ⑤	75	① ② ③ ④ ⑤	95	
16	① ② ③ ④ ⑤	36	① ② ③ ④ ⑤	56	① ② ③ ④ ⑤	76	① ② ③ ④ ⑤	96	
17	① ② ③ ④ ⑤	37	① ② ③ ④ ⑤	57	① ② ③ ④ ⑤	77	① ② ③ ④ ⑤	97	
18	① ② ③ ④ ⑤	38	① ② ③ ④ ⑤	58	① ② ③ ④ ⑤	78	① ② ③ ④ ⑤	98	
19	① ② ③ ④ ⑤	39	① ② ③ ④ ⑤	59	① ② ③ ④ ⑤	79	① ② ③ ④ ⑤	99	
20	① ② ③ ④ ⑤	40	① ② ③ ④ ⑤	60	① ② ③ ④ ⑤	80	① ② ③ ④ ⑤	100	

※ 본 답안카드는 마킹연습용 모의 답안지입니다.

〈절취선〉

LH 한국토지주택공사 사무직 답안카드

번호	① ② ③ ④ ⑤	번호	① ② ③ ④ ⑤	번호	① ② ③ ④ ⑤	번호	① ② ③ ④ ⑤	번호	① ② ③ ④ ⑤
1	① ② ③ ④ ⑤	21	① ② ③ ④ ⑤	41	① ② ③ ④ ⑤	61	① ② ③ ④ ⑤	81	① ② ③ ④ ⑤
2	① ② ③ ④ ⑤	22	① ② ③ ④ ⑤	42	① ② ③ ④ ⑤	62	① ② ③ ④ ⑤	82	① ② ③ ④ ⑤
3	① ② ③ ④ ⑤	23	① ② ③ ④ ⑤	43	① ② ③ ④ ⑤	63	① ② ③ ④ ⑤	83	① ② ③ ④ ⑤
4	① ② ③ ④ ⑤	24	① ② ③ ④ ⑤	44	① ② ③ ④ ⑤	64	① ② ③ ④ ⑤	84	① ② ③ ④ ⑤
5	① ② ③ ④ ⑤	25	① ② ③ ④ ⑤	45	① ② ③ ④ ⑤	65	① ② ③ ④ ⑤	85	① ② ③ ④ ⑤
6	① ② ③ ④ ⑤	26	① ② ③ ④ ⑤	46	① ② ③ ④ ⑤	66	① ② ③ ④ ⑤	86	① ② ③ ④ ⑤
7	① ② ③ ④ ⑤	27	① ② ③ ④ ⑤	47	① ② ③ ④ ⑤	67	① ② ③ ④ ⑤	87	① ② ③ ④ ⑤
8	① ② ③ ④ ⑤	28	① ② ③ ④ ⑤	48	① ② ③ ④ ⑤	68	① ② ③ ④ ⑤	88	① ② ③ ④ ⑤
9	① ② ③ ④ ⑤	29	① ② ③ ④ ⑤	49	① ② ③ ④ ⑤	69	① ② ③ ④ ⑤	89	① ② ③ ④ ⑤
10	① ② ③ ④ ⑤	30	① ② ③ ④ ⑤	50	① ② ③ ④ ⑤	70	① ② ③ ④ ⑤	90	① ② ③ ④ ⑤
11	① ② ③ ④ ⑤	31	① ② ③ ④ ⑤	51	① ② ③ ④ ⑤	71	① ② ③ ④ ⑤	91	
12	① ② ③ ④ ⑤	32	① ② ③ ④ ⑤	52	① ② ③ ④ ⑤	72	① ② ③ ④ ⑤	92	
13	① ② ③ ④ ⑤	33	① ② ③ ④ ⑤	53	① ② ③ ④ ⑤	73	① ② ③ ④ ⑤	93	
14	① ② ③ ④ ⑤	34	① ② ③ ④ ⑤	54	① ② ③ ④ ⑤	74	① ② ③ ④ ⑤	94	
15	① ② ③ ④ ⑤	35	① ② ③ ④ ⑤	55	① ② ③ ④ ⑤	75	① ② ③ ④ ⑤	95	
16	① ② ③ ④ ⑤	36	① ② ③ ④ ⑤	56	① ② ③ ④ ⑤	76	① ② ③ ④ ⑤	96	
17	① ② ③ ④ ⑤	37	① ② ③ ④ ⑤	57	① ② ③ ④ ⑤	77	① ② ③ ④ ⑤	97	
18	① ② ③ ④ ⑤	38	① ② ③ ④ ⑤	58	① ② ③ ④ ⑤	78	① ② ③ ④ ⑤	98	
19	① ② ③ ④ ⑤	39	① ② ③ ④ ⑤	59	① ② ③ ④ ⑤	79	① ② ③ ④ ⑤	99	
20	① ② ③ ④ ⑤	40	① ② ③ ④ ⑤	60	① ② ③ ④ ⑤	80	① ② ③ ④ ⑤	100	

성 명

지원 분야

문제지 형별기재란
( ) 형   Ⓐ Ⓑ

수 험 번 호
⓪ ① ② ③ ④ ⑤ ⑥ ⑦ ⑧ ⑨

감독위원 확인
(인)

2025 최신판 시대에듀 사이다 모의고사
LH 한국토지주택공사 사무직 NCS + 전공

개정6판1쇄 발행	2025년 02월 20일 (인쇄 2024년 12월 24일)
초 판 발 행	2021년 04월 15일 (인쇄 2021년 02월 17일)
발 행 인	박영일
책 임 편 집	이해욱
편 저	SDC(Sidae Data Center)
편 집 진 행	김재희 · 하진형
표지디자인	박종우
편집디자인	김경원 · 임창규
발 행 처	(주)시대고시기획
출 판 등 록	제10-1521호
주 소	서울시 마포구 큰우물로 75 [도화동 538 성지 B/D] 9F
전 화	1600-3600
팩 스	02-701-8823
홈 페 이 지	www.sdedu.co.kr

I S B N	979-11-383-8528-2 (13320)
정 가	19,000원

사이다

사사사
이이
다다다

사일 동안
이것만 풀면
다 합격!

LH
한국토지주택공사
사무직